权威 · 前沿 · 原创

皮书系列为

“十二五”“十三五”国家重点图书出版规划项目

中国人权事业发展报告
No.7（2017）

ANNUAL REPORT ON CHINA'S HUMAN RIGHTS
No.7 (2017)

中国人权研究会／编
主　编／李君如
副主编／常　健

社会科学文献出版社
SOCIAL SCIENCES ACADEMIC PRESS (CHINA)

图书在版编目（CIP）数据

中国人权事业发展报告.7，2017/李君如主编. --
北京：社会科学文献出版社，2017.9
（人权蓝皮书）
ISBN 978 -7 -5201 -1280 -2

Ⅰ.①中… Ⅱ.①李… Ⅲ.①人权 - 研究报告 - 中国
-2017 Ⅳ.①D621.5

中国版本图书馆 CIP 数据核字（2017）第 203179 号

人权蓝皮书
中国人权事业发展报告 No.7（2017）

主　　编 / 李君如
副 主 编 / 常　健

出 版 人 / 谢寿光
项目统筹 / 刘骁军
责任编辑 / 关晶焱　刘　翠

出　　版 / 社会科学文献出版社（010）59367161
地址：北京市北三环中路甲 29 号院华龙大厦　邮编：100029
网址：www.ssap.com.cn
发　　行 / 市场营销中心（010）59367081　59367018
印　　装 / 北京季蜂印刷有限公司

规　　格 / 开　本：787mm × 1092mm　1/16
印　张：28.75　字　数：478 千字
版　　次 / 2017 年 9 月第 1 版　2017 年 9 月第 1 次印刷
书　　号 / ISBN 978 -7 -5201 -1280 -2
定　　价 / 98.00 元

皮书序列号 / PSN B -2011 -215 -1/1

本书如有印装质量问题，请与读者服务中心（010 -59367028）联系

人权蓝皮书编辑委员会

主要编撰者简介

李君如 男，研究员，博士生导师，中国人权研究会副会长，中共中央党校原副校长，第十届全国政协委员、第十一届全国政协常委，国务院政府特殊津贴享受者。曾发表《中国在人权事业上的历史性进步》《人权实现及其评估方法研究》《社会建设与人权事业》《“十二五”规划与中国人权事业发展》《中国的文化变革与人权事业的进步》《中国梦，中国人民的人权梦》《在全面推进法治中全面保障人权》等学术论文，曾获联合国艾滋病规划署颁发的“艾滋病防治特殊贡献奖”。

常　健 男，博士，教授，博士生导师，中国人权研究会常务理事，南开大学人权研究中心（国家人权教育与培训基地）主任，国务院政府特殊津贴享受者。曾出版《人权的理想·悖论·现实》《当代中国权利规范的转型》《效率、公平、稳定与政府责任》《中国公共冲突化解的机制、策略和方法》《社会治理创新与诚信社会建设》《中国人权保障政策研究》等学术专著，主编或参与主编《中国特色人权发展道路研究》、《当代中国人权保障》、《公务员人权培训教师用书》、《公务员人权培训学员用书》、《人权知识公民读本》、《中国人权建设60年》、《中国人权在行动》（2003~2004年、2005年、2006~2007年、2008~2009年、2010年、2011年、2012年、2013年）、《公共冲突管理评论》（2014年、2015年）、《公共冲突管理》、《领导学教程》、《欧美哲学通史（现代哲学卷）》，参与翻译《人权百科全书》、《领导学》、《公共部门管理》，在专业学术期刊发表学术论文100余篇。

摘　要

这是有关中国人权事业发展的第七本蓝皮书，重点分析研究 2016 年中国人权事业的最新进展。

全书包括总报告、专题报告、调研报告和个案研究以及附录。

总报告重点讨论了全面从严治党对中国人权事业发展的影响，指出全面从严治党是全面建成小康社会，在更高水平上保障人权的重要举措。十八届六中全会审议通过的《关于新形势下党内政治生活的若干准则》和《中国共产党党内监督条例》，要求进一步严肃和规范党内政治生活，强化思想建党和制度治党，完善党纪执行制度，以党的领导机关和领导干部为重点以上率下加强党建。这些举措对于防止侵权，反对特权，有效惩治腐败，保障被审查人的权利和加强党对人权事业的领导具有重要的意义。

17 篇专题报告聚焦于 2016 年中国人权事业各领域的发展状况。新设的“发展权”栏目中包括 2 篇研究报告，分别分析了 2016 年中国对发展权的研究，以及发展权在人权体系中地位研究的新进展。在经济、社会和文化权利方面，共有 6 篇报告，分别涉及精准扶贫与农村贫困人口人权保障的新进展，疫苗监管与公民健康权利保障，中国尘肺病工人的权利保障，土壤污染防治与健康权利保障，京津冀大气污染综合治理与公民环境权保障的新进展，以及土地流转中的农民权利保障。在公民权利和政治权利方面，有 4 篇报告，分别讨论户籍制度改革与平等权保障的新进展，法官责任制与公正审判权保障，规范行政执法与人权保障，互联网的依法治理与人权保障。在特定群体的人权保障方面，共有 3 篇报告，分别涉及对口援疆与少数民族人权保障，困境儿童的权利保障，以及反校园欺凌和校园暴力与儿童青少年人权保障。在人权立法和国际合作方面有 2 篇报告，分别涉及 2016 年国家的人权立法以及中国在人权领域的国际合作与交流。

在调研报告和个案研究部分，共有 5 篇报告，分别涉及天津市文化惠民工程，江苏省为保障立法与政策的性别平等而建立的咨询和评估机制，中国民众互联网人权观念调查，城市少数民族语文公共服务保障，以及重庆市儿童性教育及免于性侵害状况调查。

2 篇附录分别是 2016 年中国人权大事记以及 2016 年制定、修订或修改的与人权直接相关的法律法规。

所有报告的撰写都本着严肃认真的科学态度，遵循蓝皮书关于权威性、前沿性、原创性、实证性、前瞻性、时效性的要求，实事求是地反映 2016 年中国人权事业的实际发展，客观地分析取得的进步和存在的问题，并在充分研究的基础上提出促进各项人权保障的政策建议，对中国人权事业发展的前景做出展望。

目 录

Ⅰ 总报告

Ⅱ 专题报告

发展权

经济、社会和文化权利

公民权利和政治权利

Ⅲ　调研报告和个案研究

Ⅳ　附录

皮书数据库阅读使用指南

总 报 告

General Report

B.1 全面从严治党与中国人权事业的发展

李君如　常 健*

摘　要：全面从严治党是全面建成小康社会，在更高水平上保障人权的重要举措。十八届六中全会审议通过了《关于新形势下党内政治生活的若干准则》和《中国共产党党内监督条例》，要求进一步严肃和规范党内政治生活，强化思想建党和制度治党，完善党纪执行制度，以党的领导机关和领导干部为重点以上率下加强党建。这些举措对于防止侵权，反对特权，有效惩治腐败，保障被审查人的权利和加强党对人权事业的领导具有重要意义。

关键词：中国共产党　中国人权事业　全面从严治党

* 李君如，男，中国人权研究会副会长，中共中央党校原副校长，研究员，博士生导师；常健，男，博士，南开大学人权研究中心主任，南开大学周恩来政府管理学院教授，博士生导师，主要研究方向为人权理论与制度。

2016 年，中国人权事业发展历史打开了崭新的一页，十八届六中全会审议通过了《关于新形势下党内政治生活的若干准则》（以下简称《准则》）和《中国共产党党内监督条例》（以下简称《条例》），提出要在全面从严治党中严肃党内政治生活，净化党内政治生态。这次全会抓的是党，出发点和落脚点是为了人民。这一决策标志着全面从严治党进入了一个新阶段，也标志着中国人权事业发展由此进入了一个新阶段。

一　全面从严治党是全面建成小康社会的战略举措，也是全面尊重和保障人权的战略举措

党的十八届六中全会研究和部署的全面从严治党，是从实现“两个一百年”奋斗目标、实现中华民族伟大复兴的中国梦的战略高度，统筹国内国际两个大局，把握我国发展新特征确定的治国理政新方略，也是在协调推进“四个全面”战略布局过程中，全面推进中国人权事业发展的战略举措。

我们知道，中国在确定全面建成小康社会的战略目标时，已经明确尊重和保障人权是其中一项重要任务。在“四个全面”战略布局中，全面从严治党是服从和服务于全面建成小康社会的，从而也是为尊重和保障人权服务的。党的十八大以来，以习近平同志为核心的党中央在治国理政中，形成并提出了“四个全面”战略布局。党的十八届三中、四中、五中全会已经对全面深化改革、全面依法治国、全面建成小康社会做了专题研究和部署，党的十八届六中全会决定以制定《准则》、修订《条例》为重点专题研究全面从严治党。习近平总书记说：“这是党中央根据‘四个全面’战略布局对全会议题的一个整体设计。”[①] 根据党中央对“四个全面”战略布局的论述，全面建成小康社会是战略目标，全面深化改革、全面依法治国、全面从严治党是战略举措，因此党的十八届六中全会研究和部署的全面从严治党，同全面深化改革、全面依法治国一样，都是为了全面建成小康社会，从而也都是为了全面尊重和保障人权。

① 习近平：《关于〈关于新形势下党内政治生活的若干准则〉和〈中国共产党党内监督条例〉的说明》，《人民日报》2016 年 11 月 3 日。

我们只要把党的十八届六中全会提出的全面从严治党的战略举措，同2016年在十二届全国人大四次会议上审议通过的《国民经济和社会发展第十三个五年规划纲要》，以及国务院新闻办公室和外交部发布的《国家人权行动计划（2016－2020年）》联系起来研究，就可以发现全面从严治党与全面建成小康社会、全面尊重和保障人权之间密不可分的关系。"十三五"规划是决胜全面建成小康社会的经济和社会发展规划。这个规划提出，一要保持经济中高速增长，到2020年国内生产总值和城乡居民人均收入比2010年翻一番；二要强化创新引领作用，深入实施创新驱动发展战略，持续推动大众创业、万众创新；三要推进新型城镇化和农业现代化，缩小城乡区域差距，实现1亿左右农业转移人口和其他常住人口在城镇落户，完成约1亿人居住的棚户区和城中村的改造，引导约1亿人在中西部地区就近城镇化；四要推动形成绿色生产生活方式，深入实施大气、水、土壤污染防治行动计划，加强生态保护和修复；五要深化改革开放，构建发展新体制；六要持续增进民生福祉，使我国现行标准下的农村贫困人口实现脱贫，贫困县全部摘帽，解决区域性整体贫困，缩小收入差距，人均预期寿命提高1岁。[①] 从中我们可以清楚地看到，"十三五"规划讲的是中国的经济和社会发展问题，但从根本上说，它就是保障中国人民的切身利益和基本人权的发展规划。

事实上，《国家人权行动计划（2016－2020年）》就是根据全面建成小康社会的奋斗目标，以及实现这一目标的经济社会发展规划编制的。自2009年以来，中国先后实施了两期人权行动计划。2016年，国务院新闻办公室和外交部按照全面建成小康社会的新要求，编制了《国家人权行动计划（2016－2020年）》。其目标很明确：一是全面保障经济、社会和文化权利；二是依法保障公民权利和政治权利；三是充分保障各类特定群体权利；四是深入开展人权教育；五是积极参与国际人权工作，包括向发展中国家提供人权技术援助。由于中国是中国共产党长期执政的国家，中国经济社会的健康发展取决于中国共产党的正确领导；中国人权事业的持续推进，也取决于中国共产党的重视和领导。由此可见，2016～2020年是中国全面建成小康社会的决胜阶段，也是

① 《国民经济和社会发展第十三个五年规划纲要》，2016年3月17日，新华网：http://news.xinhuanet.com/politics/2016lh/2016－03/17/c_1118366322.htm。

实现中国人权事业持续稳定有序发展的重要时期。

而要实现“十三五”时期这样宏伟的经济社会发展规划和国家人权行动计划，关键就在于全面从严治党，就在于切实加强党对经济社会发展和人权事业的领导。这不仅是因为中国共产党是一个要在中国长期执政的政党，而且是因为中国共产党的执政是全面执政，从立法、执法到司法，从中央部委到地方、基层，都在中国共产党的统一领导之下，再加上我国公务员队伍中党员比例超过80%，县处级以上领导干部中党员比例超过95%，因此，要实现我们的发展战略和国家人权行动计划，就要坚持全面从严治党，监督中国共产党依法执政，监督国家公务员正确用权、廉洁用权，这是关系到我们能不能全面建成小康社会，关系到宪法所确定的“尊重和保障人权”的原则能不能落实的关键问题。党的十八届六中全会提出严肃和规范党内政治生活、加强党内监督、净化党内政治生态，对于中国人权事业发展的意义，就在这里。

二　严肃和规范党内政治生活，有效惩治侵犯人权的腐败现象

腐败，是一个社会毒瘤，同时是人权的天敌。反腐败斗争，也是人类社会尊重人权和侵犯人权之间的严肃斗争。党的十八届六中全会以严肃和规范党内政治生活、加强党内监督为主题，把党的十八大以来坚持全面从严治党、反腐倡廉的斗争推进到一个新的发展阶段，从而把我们在反腐败斗争中尊重和保障人权的工作推进到一个新的发展阶段。

腐败是一种用公权力为个人谋私利的行为。在社会主义社会中，干部手中掌握的公权力是人民赋予的，只能用来为人民谋利益，而决不能为干部自己包括为他们的亲朋好友谋私利。用人民赋予他们的公权力谋私利的腐败行为，从根本上说，都是侵犯人权的行为。党的十八大以来全面从严治党，特别是反腐倡廉中暴露出来的触目惊心的事实告诉我们，党内存在的侵犯人权的腐败问题不仅面广量大、层次高，而且关系到整个党内政治生态，必须把严肃和规范党内政治生活、加强党内监督、净化党内政治生态提上重要议事日程。习近平总书记在党的十八届六中全会上说了一大段分量十分重的话：“在长期实践中，党内政治生活状况总体是好的，但一个时期以来，也出现了一些亟待解决的突

出矛盾和问题，主要是：在一些党员、干部包括高级干部中，理想信念不坚定、对党不忠诚、纪律松弛、脱离群众、独断专行、弄虚作假、慵懒无为，个人主义、分散主义、自由主义、好人主义、宗派主义、山头主义、拜金主义不同程度存在，形式主义、官僚主义、享乐主义和奢靡之风问题突出，任人唯亲、跑官要官、买官卖官、拉票贿选现象屡禁不止，滥用权力、贪污受贿、腐化堕落、违法乱纪等现象滋生蔓延。特别是高级干部中极少数人政治野心膨胀、权欲熏心，搞阳奉阴违、结党营私、团团伙伙、拉帮结派、谋取权位等政治阴谋活动。这些问题，严重侵蚀党的思想道德基础，严重破坏党的团结和集中统一，严重损害党内政治生态和党的形象，严重影响党和人民事业发展。周永康、薄熙来、郭伯雄、徐才厚、令计划等人严重违纪违法案件，不仅暴露出他们在经济上存在严重问题，而且暴露出他们在政治上也存在严重问题，教训十分深刻。这就使我们认识到，要解决党内存在的一些突出矛盾和问题，必须把党的思想政治建设摆在首位，营造风清气正的政治生态。"① 习近平总书记揭露的这些突出矛盾和问题，概括起来就是"腐败"二字。所有这些腐败，包括思想腐败、作风腐败、经济腐败、吏治腐败、政治腐败等，无一不是对人权的严重侵犯。因此，在某种意义上我们完全可以说，腐败是"反人权"，反腐败是"反反人权"。中国共产党全力以赴推进的反腐倡廉，其实质就是捍卫人权与侵犯人权的严肃斗争。

由表 1 至表 6 可见，党的十八大以来，我们在全面从严治党、惩治腐败、保障人权方面取得了突出的成效。

表 1　十八大以来查处违规问题情况

查处 \ 年份	2013	2014	2015	2016	合计
查处违规问题(万起)	2.4	5.3	3.7	4.1	15.5
处理(万人)	3.0	7.1	4.9	5.8	20.8
给予党纪政纪处分(万人)	0.7	2.3	3.4	4.3	10.7

资料来源：根据中央纪委第三至第七次全会工作报告整理。

① 习近平：《关于〈关于新形势下党内政治生活的若干准则〉和〈中国共产党党内监督条例〉的说明》，《人民日报》2016 年 11 月 3 日。

表 2 十八大以来对违法违纪中管干部处理情况

查处 \ 年份	2013	2014	2015	2016	合计
结案处理和正在立案检查(人)	31	68	90	51	240
涉嫌犯罪移送司法机关处理(人)	8	30	42	143	223

资料来源：根据中央纪委第三至第七次全会工作报告整理。

表 3 十八大以来纪检监察机关接受举报和处理情况

<table>
<tr><th>举报和处理 \ 年份</th><th>2013</th><th>2014</th><th>2015</th><th>2016</th><th>合计</th></tr>
<tr><td>接受信访举报[万件(次)]</td><td>195.0</td><td>272.0</td><td>281.3</td><td>253.8</td><td>1002.1</td></tr>
<tr><td>处置问题线索(万件)</td><td>—</td><td>—</td><td>53.4</td><td>73.4</td><td>126.8</td></tr>
<tr><td>函询(万人)</td><td>1.8</td><td>1.7</td><td rowspan="2">5.4</td><td rowspan="2">14.1</td><td rowspan="2">30.4</td></tr>
<tr><td>谈话(万人)</td><td>4.2</td><td>3.2</td></tr>
<tr><td>了结处理(万人)</td><td>4.3</td><td>3.0</td><td>2.8</td><td>30.5</td><td>40.6</td></tr>
<tr><td>立案(万件)</td><td>17.2</td><td>22.6</td><td>33.0</td><td>41.3</td><td>114.1</td></tr>
<tr><td>结案(万件)</td><td>17.3</td><td>21.8</td><td>31.7</td><td>—</td><td>—</td></tr>
<tr><td>依规依纪诫勉谈话(万人)</td><td>—</td><td>—</td><td>—</td><td>3.1</td><td>—</td></tr>
<tr><td>给予党纪政纪处分(万人)</td><td>18.2</td><td>23.2</td><td>33.6</td><td>41.5</td><td>116.5</td></tr>
<tr><td>涉嫌犯罪移送司法机关处理(万人)</td><td>0.96</td><td>1.2</td><td>1.4</td><td>1.1</td><td>4.66</td></tr>
</table>

资料来源：根据中央纪委第三至第七次全会工作报告整理。

表 4 十八大以来检察机关立案和法院审结的贪渎案件

立案和审结 \ 年份	2013	2014	2015	2016	合计
检察机关立案贪污贿赂、渎职侵权等犯罪(万人)	5.1	5.5	5.4	4.8	20.8
法院系统审结一审贪污贿赂案件(万件)	2.3	2.5	1.6	3.2	9.6
法院系统审结一审渎职侵权案件(件)	—	5500	4300	5266	15066

资料来源：根据中央纪委第三至第七次全会工作报告整理。

表 5 十八大以来通报和问责情况

通报和问责 \ 年份	2013	2014	2015	2016	合计
违反八项规定典型通报(起)	32	33	30	44	139
对失职渎职行为问责(万人)	—	2.1	2.6	—	—
被追责单位(个)	—	—	850	990	1840
被追责党员领导干部(万人)	—	—	1.5	1.7	3.2

资料来源：根据中央纪委第三至第七次全会工作报告整理。

表6　十八大以来追逃情况

追逃 ＼ 年份	2014	2015	2016	合计
追逃人数(人)	500	1023	1043	2566
追赃(亿元)	30	30	26.4	86.4
百名外逃人员红色通缉令归案(人)	—	18	19	37

资料来源：根据中央纪委第三至第七次全会工作报告整理。

这两年，特别是2016年，中央纪委还对一些侵犯人权的典型腐败案例进行了曝光、问责和惩处。例如，2014年，对湖南衡阳发生的以贿赂手段破坏选举案件严肃问责，给予党纪政纪处分467人，移送司法机关处理69人。[①] 2015年，严肃查处四川南充拉票贿选案，477名涉案人员全部受到处理。实行责任追究报告和通报制度。中央纪委先后4次，对部分地方和部门查处的责任追究案例进行公开通报。2016年，严肃查处辽宁省委换届、省人大常委会换届以及全国人大代表选举中出现的系统性拉票贿选问题，共查处955人，其中中管干部34人，并通报全党。从人权事业发展的角度来评价这一举措，就是要从根子上更加有效地惩治侵犯人权的腐败现象。

同时，中央决定开展“猎狐”行动，开通网上举报平台，敦促在逃境外经济犯罪人员投案自首。加强《联合国反腐败公约》框架下双边、多边协作，与美国、加拿大、澳大利亚等国建立反腐败执法合作机制。亚太经合组织领导人非正式会议期间，发表《北京反腐败宣言》。[②] 2015年，中国发布百名外逃人员红色通缉令，开展“天网行动”，并借助《联合国反腐败公约》、亚太经合组织、二十国集团、国际刑警组织等多边平台，发挥双边合作机制的作用，加强与美、俄、英、加、澳等国的合作，推动追逃追赃工作取得实效。[③]

从2015年开始，国务院还对干部不作为、乱作为问题开展专项督查，监

---

① 《十八届中央纪委第五次全会工作报告》，2015年1月12日，中央纪委监察部网站：http：//www.ccdi.gov.cn/xxgk/hyzl/201501/t20150130_50785.html。

② 《十八届中央纪委第五次全会工作报告》，2015年1月12日，中央纪委监察部网站：http：//www.ccdi.gov.cn/xxgk/hyzl/201501/t20150130_50785.html。

③ 《十八届中央纪委第六次全会工作报告》，2016年1月12日，中央纪委监察部网站：http：//www.ccdi.gov.cn/xxgk/hyzl/201601/t20160126_73506.html。

察机关会同相关部门问责处理 1046 人。[①] 2016 年，中央纪委派驻纪检组共谈话函询 2600 件次、立案 780 件、给予纪律处分 730 人，分别增长 134%、38%、56%。[②] 2016 年，处分省部级干部 76 人、厅局级干部 2781 人、县处级干部 1.8 万人、乡科级干部 6.1 万人。2016 年，全国共处分乡科级及以下干部 39.4 万人，增长 24%，其中处分村党支部书记、村委会主任 7.4 万人，增长 12%。[③]

此外，党中央印发严重违纪违法中管干部的忏悔录、部分省市县党委书记违纪违法案件及其教训警示的通报，发挥警示教育作用。2015 年，主动向纪检监察机关交代违纪问题的党员干部为 5400 余人。2016 年，在强有力的震慑下，有 5.7 万名党员干部主动交代了违纪问题。

坚持不懈开展反腐败斗争，增强了人民群众对党的信任和支持。在 2016 年 1 月 16 日举行的第十八届中纪委第六次会议上，习近平总书记在讲话中用一系列调查数据说明了人民群众对于反腐败斗争的满意度。他说，国家统计局 2015 年的问卷调查结果显示，91.5% 的群众对党风廉政建设和反腐败工作成效表示很满意或比较满意。中国社会科学院的问卷调查显示，93.7% 的领导干部、92.8% 的普通干部、87.9% 的企业人员、86.9% 的城乡居民对中国反腐败表示有信心或比较有信心。[④] 他说，这再次印证党风廉政建设和反腐败斗争顺党心、合民意，有着广泛和坚实的政治基础和群众基础。只要我们管党治党不放松、正风肃纪不停步、反腐惩恶不手软，就一定能赢得这场输不起也决不能输的斗争！[⑤]

总之，十八大以来，党中央着力解决管党治党失之于宽、失之于松、失之

① 《十八届中央纪委第六次全会工作报告》，2016 年 1 月 12 日，中央纪委监察部网站：http：//www.ccdi.gov.cn/xxgk/hyzl/201601/t20160126_73506.html。

② 《十八届中央纪委第七次全会工作报告》，2017 年 1 月 6 日，中央纪委监察部网站：http：//www.ccdi.gov.cn/xxgk/hyzl/201701/t20170120_93095.html。

③ 《十八届中央纪委第七次全会工作报告》，2017 年 1 月 6 日，中央纪委监察部网站：http：//www.ccdi.gov.cn/xxgk/hyzl/201701/t20170120_93095.html。

④ 《正风反腐深得党心民心——2015 年全国党风廉政建设民意调查数据分析》，《中国纪检监察》2016 年 1 月 15 日，新华网：http：//news.xinhuanet.com/legal/ttgg/2016-01/15/c_128633288.htm。

⑤ 《习近平在中纪委第六次全体会议上的讲话》，2016 年 1 月 12 日，新华网：http：//news.xinhuanet.com/politics/2016-05/03/c_128951516.htm。

于软的问题，使不敢腐的震慑作用充分发挥，不能腐、不想腐的效应初步显现，反腐败斗争压倒性态势正在形成。这些反腐败斗争成果，是严肃和规范党内政治生活、加强党内监督、净化党内政治生态所取得的初步成果，也是坚定不移捍卫中国人民基本人权所取得的重要进步和成果。

三　坚持思想建党和制度治党相结合，反对特权思想，遏制特权现象

同人权根本对立的，除了用公权力谋取私利的腐败，还有一些干部身上沾染的特权思想和在日常生活中存在的特权现象。一些领导干部就是从迷恋特权，一步一步走向腐败深渊的。习近平总书记在学习贯彻党的十八届六中全会精神专题研讨会上强调，领导干部要严格自律，自觉同特权思想和特权现象做斗争，从自己做起，从身边人管起，从最近身的地方构筑起预防和抵制特权的防护网。

特权，指的是一些人在政治上、经济上、生活上享有的制度和法律以外的权利。特权不仅有违公平正义的原则，使人民群众非常不满，而且在特权横行的时候还会直接侵犯公民的基本人权，引起人民群众的公愤。中国共产党历来是反对特权、维护人权的。中国共产党的党章明确规定："中国共产党党员永远是劳动人民的普通一员。除了法律和政策规定范围内的个人利益和工作职权以外，所有共产党员都不得谋求任何私利和特权。"① 1980 年制定的《关于党内政治生活的若干准则》也明确指出："在我们的国家中，人们只有分工的不同，没有尊卑贵贱的分别。谁也不是低人一等的奴隶或高人一等的贵族。那种认为自己的权力可以不受任何限制的思想，就是腐朽的封建特权思想，这种思想必须受到批判和纠正。共产党员和干部应该把谋求特权和私利看成是极大的耻辱。"②

党的十八大以来，以习近平同志为核心的党中央一再强调各级领导干部决不允许搞特权。习近平总书记在第十八届中纪委第二次会议上就已经说过：

---

① 《中国共产党章程》第一章第二条。

② 《关于党内政治生活的若干准则》第十一条。

“在我们的一些干部中，特权思想、特权现象还是比较严重的。”① 这些特权现象，主要表现在干部的办公用房、住房、用车等问题上，有的还表现在提干问题上。他尖锐地指出：“从上到下的一些干部中，违规占有多套住房的，违规占有公家车辆的，以各种形式侵占公共利益的，违规侵占群众利益的，明里暗里为子女亲属升官发财奔走的，以权枉法的，不乏其人啊！这些特权现象严重损害了社会公平正义，引起了群众极大不满。决不能见怪不怪啊！焦裕禄、杨善洲同志的事迹之所以感人，群众之所以信服，很重要的一个原因就是他们绝对不搞任何特权，有的事做到一般人看来都不近人情的地步，但就是这样过得硬的干部，在群众中才有口碑。”② 习近平总书记揭露的这些特权现象，在党政军机关中都存在，严重地损害了社会公平正义，侵犯了公民的基本人权。

特权现象不仅表现在领导干部个人身上，还表现在领导干部“身边人”的身上。领导干部职位越高，他们和身边人就越容易获取特殊利益，因此，党中央一再要求高级干部要以身作则、以上率下，抵制特权思想，不搞特殊化，加强对亲属子女和身边工作人员的教育管理。习近平总书记曾向领导干部语重心长地指出，各级领导干部特别是高级干部要自觉遵守廉政准则，既严于律己，又加强对亲属和身边工作人员的教育和约束，决不允许以权谋私，决不允许搞特权。在2015年12月28～29日召开的中共中央政治局专题民主生活会上，习近平总书记明确指出：“中央政治局的同志不能有权力上、地位上的优越感。无论公事私事，都要坚持党性原则，都要加强自我约束，鼓励和欢迎下级和身边工作人员监督，不折不扣执行党的纪律和规矩。对亲属子女和身边工作人员，要严格教育、严格管理、严格监督，发现问题及时提醒、坚决纠正。”③ 党的十八届六中全会之所以要强调加强党内监督，特别是加强对中央领导层的监督，一个重要的考虑就是要同特权思想和特权现象做不妥协的斗争，纠正一切有违社会公平正义、侵犯人权的不合理现象。

---

① 《习近平在十八届中央纪委二次全会上发表重要讲话》，2013年1月22日，人民网：http://cpc.people.com.cn/n/2013/0122/c64094-20289660.html。

② 《习近平在十八届中央纪委二次全会上发表重要讲话》，2013年1月22日，人民网：http://cpc.people.com.cn/n/2013/0122/c64094-20289660.html。

③ 《人民日报》2015年12月30日。

关于领导干部的特权问题，经历过“文化大革命”的中国共产党一直保持高度关注。早在1999年，有关部门就已经制定了相关规定，明确了各级领导干部在住房、车辆配备、秘书配备、办公用房等待遇方面的具体标准。比如，部长级配备轿车须在45万元以下，正部级住房标准是220平方米，正部级每人办公面积54平方米。但是，由于缺少公开性和透明度，长期以来许多群众并不了解这些情况，许多干部也不把这样的规定当回事。前几年一些地方大兴土木，随心所欲扩大办公用房，引起群众强烈不满。

十八大以来，党中央根据群众的呼声，要求国家发展改革委、住房城乡建设部会同有关部门在深入调查研究和广泛征求意见的基础上，对颁布了15年之久的《党政机关办公用房建设标准》进行修订。新版标准不仅明确了办公室的使用面积，还明确规定党政机关办公用房不得在办公区域内建设阶梯式和有舞台灯光音响、舞台机械、同声传译的会堂、报告厅、大型会议室。建筑物内不宜设置阳光房、采光中厅、室内花园、景观走廊等超出办公用房功能的其他空间或房间。主入口门厅高度不应超过两层，中央及省级机关的门厅使用面积不应超过300平方米，市级机关不应超过240平方米，县级机关不应超过120平方米。党政机关办公用房的会议室、接待室及主入口门厅不应选用豪华灯具，外墙面不宜大面积采用玻璃幕墙，主入口不应使用铜质门、豪华旋转门，等等。经报请党中央、国务院批准，2014年11月24日修订后的《党政机关办公用房建设标准》印发给了各地各部门，并在网站上向全社会公开了这些标准（见表7）。2016年，按标准清查整顿党政机关办公用房工作扎实推进，取得了明显的进展。

表7　各级工作人员办公室使用面积

单位：平方米/人

类别	适用对象	使用面积
中央机关	部级正职	54
	部级副职	42
	正司(局)级	24
	副司(局)级	18
	处级	12
	处级以下	9

续表

类别	适用对象	使用面积
省级机关	省级正职	54
	省级副职	42
	正厅(局)级	30
	副厅(局)级	24
	正处级	18
	副处级	12
	处级以下	9
市级机关	市级正职	42
	市级副职	30
	正局(处)级	24
	副局(处)级	18
	局(处)级以下	9
县级机关	县级正职	30
	县级副职	24
	正科级	18
	副科级	12
	科级以下	9
乡级机关	乡级正职 乡级副职 乡级以下	由省级人民政府按照中央规定和精神自行做出规定,原则上不得超过县级副职

资料来源：国家发展改革委、住房城乡建设部：《党政机关办公用房建设标准》。

2015 年和 2016 年，党中央有关部门对各级领导干部的公务用车、秘书配备和住房、办公用房等问题进行了清查，发现了许多违规问题。一是近几年来，一些地方一些部门并不把党和政府制定的这些标准当回事，出现了超范围配车配秘书，超标准建干部住房，领导干部调离后依然保留他在当地的住房等问题；二是一些领导干部退出领导岗位后还在多地有住房、多处有办公室，引起群众强烈不满。2016 年在清查的基础上对发现的问题进行了认真的整顿和处理。在住房方面，严格执行领导干部住房待遇标准和相关政策，不准多处占用住房。严格执行办公用房配备使用标准，不准超标准配备和装修办公用房；领导干部在不同部门同时任职的，只在主要工作部门安排一处办公用房，其他任职部门不再安排办公用房；领导干部工作有调动的，由调入部门安排办公用房，原单位的办公用房不再保留；领导干部已办理离退休手续的，原单位的办公用房全部腾退。在用车方面，严格执行领导干部专车、相对固定用车和机关工作用车配备、购置、使用的具体规定，收回违规超编制超标准配备的公车，收回违规使用的军车、警车牌照等装置，严禁公车私用。领导干部调动，其所配专车或相对固定用车留在原单位。在秘书配备和警卫工作方面，严格执行领导干部秘书配备规定，不得随意配备秘书工作人员特别是配备专职秘书。此外还规定严格按照相关规定部署组织警卫工作，不得违反规定扩大警卫范围，不准超规格进行警卫。在公务接待方面，严格执行公务接待各项规定，不准超标准进行公务接待。同时，还明确要加强日常监督，对领导干部住房、办公用房、公车、公务接待等实行集中统一管理，将保障领导干部待遇所需经费逐步列入财政预算，以预算改革推动领导干部待遇标准的严格执行。①

2016 年 11 月 30 日，中共中央政治局还召开会议，审议通过了规范党和国家领导人有关待遇的文件。会议认为，对党和国家领导人办公用房、住房、用车、交通、工作人员配备、休假休息等待遇进一步做出规定，明确提出党和国家领导人退下来要及时腾退办公用房；不能超标准配备车辆、超规格乘坐交通工具，外出要轻车简从，最大限度减少对群众生产生活的影响；按规定配备工作人员并加强教育管理，严格约束亲属和身边工作人员；压缩赴外地休假休息时间，实行严格报批制度等。这些规定坚持从严要求，按照“保障工作需要、待遇适当从低”的原则，统一规范，强化约束，是贯彻落实党的十八届六中全会精神的重要举措，是对中央八项规定的拓展和深化，对加强党的作风建设意义重大，充分体现了以习近平同志为核心的党中央坚持以身作则、率先垂范，对全党具有重要示范和带动作用。有关规定从十八届中央政治局率先做起，并分批实施。② 对此，全国政协常委、复旦大学教授葛剑雄 2016 年 12 月 1 日接受《北京青年报》记者采访时表示，他在 2013 年“两会”期间向全国政协提交过“关于制定公布离任国家领导人礼遇条例和退休官员待遇规定提

---

① 《全会〈决定〉解读：规范并严格执行领导干部工作生活保障制度》，2013 年 12 月 11 日，中央纪委监察部网站：http：//www. ccdi. gov. cn/special/szqh/qwjd/201312/t20131211_15109. html。

② 《中共中央政治局召开会议 审议规范党和国家领导人有关待遇等文件》，2016 年 11 月 30 日，新华网：http：//news. xinhuanet. com/politics/2016 - 11/30/c_ 1120025506. htm。

案”。这一年“两会”闭幕后，中组部就在提案答复函中说，中组部正会同有关部门对省部级干部生活待遇规定进行修订，党和国家领导人生活待遇规定也正由有关部门研究修订。葛剑雄认为，目前制定的文件强调的是“全面规范”，其中确定“待遇适当从低”的原则体现了党的十八届六中全会全面从严治党的要求，而且中央政治局率先做起，并分批实施是符合实际的做法。

特权的另外一种表现，是在用人问题上，如明里暗里为子女亲属升官发财奔走。对此，党中央要求各级领导干部严格自律，注重在选人用人上把好方向、守住原则，坚持党管干部原则，带头执行党的干部政策，坚决纠正各种不正之风。领导干部严格自律，要注重防范被利益集团“围猎”，坚持公正用权、谨慎用权、依法用权，坚持交往有原则、有界限、有规矩。领导干部要严格自律，要注重自觉主动接受监督，对党忠诚老实，党员干部决不能以任何借口拒绝接受监督，党组织也决不能以任何理由放松监督。①

为了遏制特权思想、遏制特权现象蔓延，党中央强调要坚持思想建党与制度治党相结合，全面从严治党。习近平总书记指出：“从严治党靠教育，也靠制度，二者一柔一刚，要同向发力、同时发力。”思想建党是全面从严治党的根本，要从根本上解决党员干部思想上的滑坡问题，拧紧世界观、人生观、价值观这个“总开关”，补足共产党人精神之“钙”，引导党员干部坚定理想信念，坚守共产党人“为民务实清廉”的价值追求，为全面建成小康社会提供精神动力和思想保证。制度建党是全面从严治党的治本之策，要制定务实管用、科学严密的制度体系，把党章作为管党治党和党内各项制度建设的根本依据，不断深化党的建设制度改革，切实增强制度的科学性、系统性、权威性和可操作性，特别是提高制度执行力，坚持制度执行到人到事到底，制度面前人人平等，执行制度没有例外，使制度成为硬约束而不是“橡皮筋”。②

2015 年 10 月，中共中央印发通知，将 2010 年制定的《中国共产党党员领导干部廉洁从政若干准则》修订为《中国共产党廉洁自律准则》，并对

---

① 《习近平：以解决突出问题为突破口和主抓手推动六中全会精神落到实处》，2017 年 2 月 13 日，新华网：http：//news. xinhuanet. com/2017 -02/13/c_ 1120459366. htm。

② 桑学成：《全面从严治党为全面建成小康社会提供坚强保证》，《学习时报》2016 年 6 月 13 日，人民网：http：//theory. people. com. cn/n1/2016/0613/c49154 -28429307. html。

2003 年制定的《中国共产党纪律处分条例》进行了修订。新修订的准则和条例于 2016 年 1 月 1 日开始实施。各级党委和政府在落实《中国共产党廉洁自律准则》的同时，加大财政预算公开力度，从严控制行政经费支出。严肃整治公款大吃大喝行为，落实公务接待有关规定，严禁以各种名义用公款互相宴请和安排高消费娱乐活动。严肃整治公款旅游行为，严禁以开会、调研、考察、检查、培训等名义变相旅游。继续从严控制党政机关办公楼、接待场所等楼堂馆所建设，禁止违反规定购建、装修办公用房和配置高档办公用品。继续做好公务用车问题专项治理，规范公务用车管理。规范领导干部出访活动，坚决制止公款出国（境）旅游。严格规范领导干部离职或退休后从业行为。同时，严禁违反规定干预和插手市场经济活动，严禁违规收送礼金、有价证券和支付凭证，严禁利用职权和职务影响为配偶、子女及其配偶以及其他亲属经商办企业提供便利条件。加强对配偶子女均已移居国（境）外的国家工作人员的管理和监督。认真执行领导干部报告个人有关事项制度，并开展抽查核实工作。① 2016 年 6 月 28 日，中共中央政治局还召开会议，审议通过了《中国共产党问责条例》，明确规定了问责的对象、内容和方式方法，强调要“加强党的建设，全面从严治党，做到有权必有责、有责要担当、失责必追究，落实党组织管党治党政治责任，督促党的领导干部践行忠诚干净担当”。② 坚持失责必问，把权力和义务、责任和担当统一起来，这为强化问责提供了制度利器。③ 这些思想建党和制度治党相结合的重大举措，对于全党反对特权思想、遏制特权现象，发挥了重要作用。与此同时，所有这些措施，都有力地遏制了侵犯人权的现象频发，对于保障公民公正地享有基本人权发挥了重要的作用。

党的十八届六中全会强调指出，新形势下加强和规范党内政治生活，重点是各级领导机关和领导干部，关键是高级干部特别是中央委员会、中央政治

---

① 王岐山：《深入学习贯彻党的十八大精神　努力开创党风廉政建设和反腐败斗争新局面——在中国共产党第十八届中央纪律检查委员会第二次全体会议上的工作报告》，2013 年 1 月 21 日，中国网：http://finance. china. com. cn/news/gnjj/20130226/1297819. shtml。

② 《中国共产党问责条例》，中共中央政治局 2016 年 6 月 28 日通过，新华网：http://news. xinhuanet. com/politics/2016 - 07/17/c_ 1119232150. htm。

③ 《十八届中央纪委第七次全会工作报告》，2017 年 1 月 6 日，中央纪委监察部网站：http://www. ccdi. gov. cn/xxgk/hyzl/201701/t20170120_ 93095. html。

局、中央政治局常务委员会的组成人员。[①] 明确这一点非常重要，不仅有利于凝聚党心民心，而且坚持以上率下严肃党内政治生活，丰富发展了党在加强自身建设中积累的重要经验，体现了全面从严治党的客观要求，是解决执政党建设问题的根本之策。因此，以习近平为核心的党中央提出领导干部要严格自律，自觉同特权思想和特权现象做斗争，更具有关系到从严治党全局的重大意义。

四　完善党纪执行制度，防止“灯下黑”，保障被审查人的权利

为了保证全面从严治党的制度能够得到有效落实，中共中央还在反腐败斗争中，进一步完善纪律执行制度，一方面积极发挥纪检监察机关的执纪执法监督作用，另一方面有效监督和惩治纪检监察人员的违纪违法行为，防止“灯下黑”，同时也使被审查人的各项人权得到有效保障。

为了加强对纪检部门本身的监督管理，十八届中央纪委第六次全会工作报告在强调不能混淆纪律和法律的界限的同时，明确指出：“纪委决不能成为党内的‘公检法’，执纪审查决不能成为‘司法调查’，要依纪监督、从严执纪，真正把纪律立起来、严起来，执行到位”。[②]

从2014年起，中纪委就对纪检监察干部配偶子女移居国（境）外情况进行摸底排查，带头对自建培训中心存在的问题自查自纠。严肃查处违反中央八项规定精神的问题，点名道姓、通报曝光。以零容忍态度清除害群之马，处分违纪违法干部1575人。[③] 2015年，中央纪委机关查处违纪纪检监察干部7人，各级纪检监察机关处分2479人。[④] 党的十八大以来，中央纪委机关谈话函询218人、组织调整21人、立案查处17人，全国纪检监察系统共谈话函询5800

① 《中国共产党第十八届中央委员会第六次全体会议公报》，2016年10月27日，新华网：http：//news. xinhuanet. com/politics/2016－10/27/c_ 1119801528. htm。

② 《十八届中央纪委第六次全会工作报告》，2016年1月12日，中央纪委监察部网站：http：//www. ccdi. gov. cn/xxgk/hyzl/201601/t20160126_ 73506. html。

③ 《十八届中央纪委第五次全会工作报告》，2015年1月12日，中央纪委监察部网站：http：//www. ccdi. gov. cn/xxgk/hyzl/201501/t20150130_ 50785. html。

④ 《十八届中央纪委第六次全会工作报告》，2016年1月12日，中央纪委监察部网站：http：//www. ccdi. gov. cn/xxgk/hyzl/201601/t20160126_ 73506. html。

人次、组织处理2500人、处分7900人，维护了队伍纯洁。[①]

全面从严治党的同时强调保障被审查人的人权。中纪委早就明文规定，要维护被查者的申辩权、申诉权、人身权、知情权和财产权，尊重被调查人的人格，坚持文明办案。不得以讽刺、挖苦等方式对被调查人进行人格侮辱。不得打骂、体罚或变相体罚被调查人。中纪委向党的十八大所做的工作报告指出，要"严格依纪依法、安全文明办案，保障被审查人员合法权益"。[②] 党的十八届六中全会以后，以习近平为核心的党中央进一步要求各级纪委强化自我监督，自觉接受党内和社会监督，建设一支让党放心、让人民信赖的纪检干部队伍，为全党全社会树起严格自律的标杆。

2016年，党中央根据依法治国和健全社会主义监督体系的要求，把深化国家监察体制改革作为事关全局的重大政治体制改革，提上了议事日程。中央决定，积极稳妥推进国家监察体制改革，加强统筹协调，做好政策把握和工作衔接，并为此制定了深化国家监察体制改革的方案，确定了时间表、路线图，推动试点先行。中央政治局、中央政治局常委会和中央全面深化改革领导小组进行了6次专题研究，审议通过了改革和试点方案，决定整合反腐败力量，设立国家监察委员会，实现对所有行使公权力的公职人员监察全覆盖；监察委员会作为监督执法机关，履行监督、调查、处置职责，赋予谈话、询问、留置等调查权限，体现全面深化改革、全面依法治国、全面从严治党的有机统一。党的纪律检查机关和监察机关合署办公，构建集中统一、权威高效的监察体系。中央还决定成立中央深化国家监察体制改革试点工作领导小组，由全国人大常委会做出相关决定，在北京市、山西省、浙江省部署开展改革试点。中央纪委召开20多次会议研究制定改革和试点方案，深入试点地区调查研究，推动检察机关反贪污贿赂等部门转隶。会同全国人大机关成立工作专班，研究将行政监察法修改为国家监察法。[③]

---

① 《十八届中央纪委第七次全会工作报告》，2017年1月6日，中央纪委监察部网站：http：//www. ccdi. gov. cn/xxgk/hyzl/201701/t20170120_ 93095. html。

② 《中共中央纪律检查委员会向党的第十八次全国代表大会的工作报告》，2012年11月14日通过，中央纪委监察部网站：http：//www. ccdi. gov. cn/xxgk/hyzl/201307/t20130719_ 45382. html。

③ 《十八届中央纪委第七次全会工作报告》，2017年1月6日，中央纪委监察部网站：http：//www. ccdi. gov. cn/xxgk/hyzl/201701/t20170120_ 93095. html。

正如习近平在十八届六中全上指出的，党的十八大以来，全面从严治党取得显著成效，要做到惩治腐败力度决不减弱、零容忍态度决不改变，坚决打赢反腐败这场正义之战，必须坚持原则，完善配套措施，推动问责制度落地生根，同时各级纪委要强化自我监督，自觉接受党内和社会监督，把尊重和保障人权的原则体现在纪律检查全过程。

总之，中国共产党十八届六中全会要求在新形势下加强和规范党内政治生活，净化党内政治生态，这标志着全面从严治党进入了一个新阶段。全面从严治党将巩固和强化中国共产党作为中国人权事业领导核心的地位，对中国人权事业的长远发展也必将产生深远的影响。

专 题 报 告

Thematic Reports

· 发展权 ·

B.2
2016年中国发展权研究综述

汪习根　刘 远*

摘　要：　2016 年是联合国《发展权利宣言》通过 30 周年之际，中国学界在研究发展权问题方面取得了巨大成就，尤其是在 2016 年举办的关于发展权的两次学术盛会上，中国学者表现活跃，围绕与发展权有关的各项议题展开热烈讨论，充分展现了中国学界在发展权利研究方面所进行的不懈努力和取得的卓越成果，提升了中国发展权话语体系的世界影响力。

关键词：　发展权　《发展权利宣言》　新发展理念

* 汪习根，湖北天门人，武汉大学人权研究院执行院长，发展与人权法研究中心主任，教育部长江学者特聘教授，国家"2011 计划"司法文明协同创新中心博士生导师；刘远，湖北孝感人，武汉大学法学院在读研究生。

2016年是联合国《发展权利宣言》通过整整30年的重要一年，也是中国学术界大规模进行发展权研究的一年。中国在2016年举办的有关发展权的两次大型学术研讨会展现了学界在发展权方面研究意识、学术水平和实践价值的显著提升。第一场研讨会是2016年5月7日在武汉大学召开的由中国人权研究会主办的“新发展理念与中国人权保障——纪念联合国《发展权利宣言》通过30周年”理论研讨会。十届全国政协副主席、中国人权研究会会长罗豪才和中宣部副部长、国务院新闻办公室副主任崔玉英等出席会议并致辞，来自全国近40所高校和人权研究机构的60多位专家学者参加了会议。而另一场重要会议则是在同年12月4~5日由国务院新闻办公室和外交部共同举办的“共享发展：更好造福各国人民——纪念《发展权利宣言》通过30周年”国际研讨会，习近平总书记专门为会议发来贺信。中共中央政治局委员、中央书记处书记、中央宣传部部长刘奇葆在会上宣读了习近平总书记的贺信并致辞。联合国副秘书长吴红波代表秘书长潘基文专程出席研讨会并致辞。来自40多个国家和地区的150多名代表围绕“共享发展：更好造福各国人民”这一主题，展开交流和讨论。在这两次重要的研讨会上，中国学者表现非常活跃，提出了许多创造性的新观点，同时也于会后在各类杂志上发表了多篇关于发展权的文章，集中展现了2016年中国发展权研究的成果。笔者将从价值理念、概念构建、权利主体、权利客体、法律保障、实践对策和国际视野七个方面对学者们的观点进行梳理。

一　发展权的价值理念

理念是行动的先导，为了更好地实现发展权，应对各种发展危机和挑战，中国在过去30年的发展实践中围绕发展和发展权提出了一系列原创性的理论命题，如30年前邓小平提出“发展是硬道理”的著名论断，江泽民提出“发展是党执政兴国的第一要务”，胡锦涛提出以人为本全面、协调、可持续的科学发展观。面对发展新态势，习近平总书记创造性地提出的“创新、协调、绿色、开放、共享”五大新发展理念，高屋建瓴地揭示了中国今后的发展思路和发展方向，为发展权迈向新境界奠定了坚实的基础。2016年，围绕发展权价值理念的命题，中国学界一方面对过去发展实践和理论探索中形成的发展权价值理念进行总结，另一方面对五大新发展理念和发展权的相互关系进行理论解析。

在对中国的发展权实践经验和理论探索成果进行提炼和总结之后，武汉大学人权研究院执行主任汪习根教授提出了中国发展权的十大命题，分别是：定位上，发展权与生存权一道构成首要的基本人权；性质上，发展权是社会主义的本质要求；战略上，以“发展是第一要务”落实发展权；内容上，坚持经济、政治、文化、社会、生态“五位一体”的发展权利体系；概念上，保障人民平等参与、平等发展的权利；原则上，坚持以人民为中心的发展权导向；步骤上，在实现中华民族伟大复兴的中国梦中增进发展权；核心方面，将“发展机会均等”作为发展权的核心要义；方式上，以法治思维和法治方式推动发展权；理念方面，以创新、协调、绿色、开放、共享发展理念引领发展权。陈佑武教授从多个层面深入解析和全面归纳了中国发展权的指导原则、理论基础、价值导向、战略对策与实践方式等一系列问题，深刻阐释了中国在发展权问题方面所秉持的价值理念，探讨了中国特色的发展权话语体系构建问题。

在新发展理念和发展权的关系上，学者们也进行了深度的理论解析。2016年5月的研讨会上，与会学者达成了共识，指出新发展理念是发展权迈向新时代的价值先导，是中国实现发展权的原创性理论根据，而发展权是践行新发展理念的根本追求和目标所在，新发展理念的关键是人民和人权的价值导向。南开大学人权研究中心副主任常健教授认为，“创新发展”理念不仅对经济发展具有工具性价值，而且对人的自由和全面发展具有目的性价值；“协调发展”理念体现了均衡发展的要求，有助于消除发展格局的失衡现象；“绿色发展”理念力求保障子孙后代的发展权，关注健康和可持续发展的权利；“开放发展”理念有助于实现各国在发展与合作中的交互受益权；而“共享发展”理念与发展的平等参与权和受益权密切相关。中国人民大学法学院教授叶传星特别强调“共享发展”的关键地位，指出“共享发展”是代表价值导向的一种理念，其他四种发展理念最终也要归结于共享发展。鲜开林教授提出，维护人民权利和尊严是共享发展理念之魂。汪习根教授归纳了五大发展理念与发展权的内在关联性，指出：创新是实现发展权的第一动力，协调是实现发展权的内在保障，绿色是实现发展权的必然要求，开放是实现发展权的外部条件，共享是实现发展权的必由之路。

在对新发展理念和发展权关系进行体系性论证的同时，一些学者也对某些具体的发展理念和发展权的关系进行了探索。在“协调发展”理念和发展权方面，学者们从法律援助、基本医疗服务保障、公共服务体系等角度出发，探讨了如何削减发展不平衡带来的负面影响的问题。在“绿色发展”理念和发展权方面，学者们指出应当加强生态文明建设及有关法律制度建设，研究发展权与环境权的矛盾关系问题。山东工商学院法学院教授王秀哲从环境保护公众参与立法保障的角度，对我国环境保护相关法规进行了梳理，指出了其中的缺陷并提出了改进方案。在“开放发展”理念和发展权方面，学者们结合“一带一路”倡议、自由贸易区建设、亚洲基础设施投资银行等国际发展合作实践，探讨如何统筹国内和国际两个大局，通过国内法和国际法协调并进，加强国际发展合作，构建公平合理的国际政治经济新秩序，促进发展权在国内和国际两个层面同步实现的问题。在“共享发展”理念和发展权方面，学者们认为共享发展的重点在于保障社会弱势群体的平等发展权，维护每一个人的权利和尊严。

二　发展权的概念构建

2016 年，中国学者在发展权概念构建方面继续探索，提出和论证了广义发展权、狭义发展权、和平发展权、平等发展权、均衡发展权、区域发展权、绿色发展权等新概念，进一步丰富和完善了中国特色发展权概念体系。

广州大学人权研究与教育中心主任李步云教授在发展权的定义问题上采用两分说，即广义发展权和狭义发展权。他认为，狭义发展权是一项集体人权，是发展中国家积极推动制定《发展权利宣言》的主要成果，是发展中国家要求发展机会均等的权利，要求各种国际组织和所有发达国家采取措施促进不发达国家的发展；广义发展权是一项个人人权，发展的主体是具体的个人，其内涵和意义适用于每一个国家每一个人，而不仅仅是一部分国家一部分人。

中国社会科学院人权研究中心名誉主任刘海年教授从历史和现实两个角度阐释和平与安全对发展权实现的重要意义。西南政法大学人权研究院执行院长张永和教授直接提出了“和平发展权”的概念，认为“和平发展权”不是单指某一具体权利，而是一束权利，是积极的权利，是以实现人的自由全面发展和全人类团结为根本归宿的“权利簇”。它不仅包括发展的权利，也包括发展产生的权利，即发展过程中产生的动态的权利归属与利益分配。

中国人权研究会副会长李君如教授从协商民主的角度论证了发展权新思路，为政治发展权的实现以及通过政治发展权带动经济社会文化发展权利的一体实现贡献了智慧。

汪习根教授提出了平等发展权、区域发展权、绿色发展权等概念。他认为，只有把发展进程与发展结果、发展手段与发展目的融合在一起，才会成为现实的发展权利，保证人民平等参与平等发展权利。在理念上，要以“创新、协调、绿色、开放、共享”发展观导引发展权。协调是实现发展权的内在要求，在普遍保护发展权的前提下重点保护后发达主体的发展权，尤其是要注重推动区域协调发展，实现区域发展权。绿色是实现发展权的必要条件。随着人与自然关系问题的不断凸显，可持续发展日益受到重视，一项新的发展权形式——“可持续发展权”受到关注。

常健教授提出了均衡发展权问题。他认为，十八届五中全会公报提出的“协调发展”，就是不断增强发展的整体性、协调性，在协调发展中拓宽发展空间，在加强薄弱领域中增强发展后劲。“协调发展”的理念体现了均衡发展的要求。

昆明理工大学人权研究中心黎尔平教授结合中国“一带一路”倡议，提出了“一带一路”发展权的新概念。他认为，“一带一路”发展权的主体是中国和沿线56个国家，而其内容更加具体化并具有可操作性。这一发展权最终将通过人类“命运共同体”的概念将发展权的权利义务主体落实到各国，实现各国的共同发展。

三　发展权的权利主体

2016年，中国学术界已经在发展权的权利主体问题上达成了共识，即发展权既是一项个人人权，也是一项集体人权，发展权的主体既包括国家、民族之类的由个体的人所组成的集合体，也包括每个实在的人。在肯定发展权是个体主体和集体主体相互沟通的历史产物的同时，学者们对发展权主体范围的具体划分做出了不同的阐述。李步云教授理论中的狭义发展权是一项集体人权，反映了发展中国家的权利诉求，而广义发展权则是一项个人人权。中南财经政法大学研究生院副院长张德森教授认为，发展权的主体是个人主体和集体主体的有机结合，个人、国家、民族和地区都是发展权的主体。叶传星教授认为，应该对发展权的主体和内涵进行明确的定位。发展权既是作为集合体的人民的权利，也是个人的权利，其主体是每个个人以及作为集体的人民，而人民可以是政治共同体，也可以是民族共同体。但他同时也认为国家不是拥有发展权的主体，而是推进发展权的主要义务主体，国际法上所说的国家的发展权利实际上是一种旨在实现每个个人发展权利的手段。在集体主体和个人主体的关系上，他认为个人发展权是核心，而人民、民族的集体发展权是实现个人发展权利的辅助。

同时，学术界特别关注少数民族、贫困人口、残障人士、留守儿童以及残疾儿童等特定群体的发展权保障问题。在少数民族的发展权保障方面，四川大学法学院李累教授采取实证的方式，探究了中国城镇化进程中城镇发展与实现少数民族就业权的密切联系。浙江财经大学法学院唐勇博士认为，少数民族发展权的主体包括少数民族的个人以及少数民族集体，在保障少数民族发展权时应该从国家积极行为、完善赋权机制以及促进民族交融三个方面着手。西北政法大学人权研究院副院长钱锦宇教授从发展权的视角考察残障者权利保障问题，认为应该以积极行动为中心推进残障者的发展权利保障。所谓积极行动的制度性目标是追求实质意义上的平等和社会正义，积极行动需要建构保障发展权利的制度，营造良善社会生态，并通过强化政府责任提供有力保障。刘雪斌教授从新发展理念和人权保障的关系的角度研究残疾儿童发展权保障的问题。他对残疾儿童发展权的概念做了界定，认为受教育权和康复权利是残疾儿童发展权客体的核心。他还根据新发展理念的内容，对中国目前残疾儿童发展权利保障体系的改进提出了几点建议。李云龙教授回顾了中国农村扶贫的历史进程，分析总结出当代中国通过农村扶贫开发，保障农村贫困地区人口发展权的两个趋势。在农村留守儿童发展权方面，也有一些学者对留守儿童发展权的主体、客体以及保障路径进行了探讨和研究。

四　发展权的权利客体

中国学者普遍认为，发展权的内容应该包含经济、政治、文化、社会、生态发展五个方面，中国的建设和发展理论应该以“五位一体”的全面发展为基本模型。广州大学人权研究与教育中心副主任陈佑武教授在总结30年来中国发展实践经验的基础上，认为“中国模式”取得成功的一个重要经验就在于注重经济、政治、文化、社会、生态文明的全方位发展。他指出中国的发展模式不仅体现了《发展权利宣言》的要求，而且对其进行了丰富和发展，形成了带有典型中国标志的“五位一体”发展权保障格局。张永和教授认为，发展权追求的是人的全面发展。发展权的内容并非政治权利与经济、社会、文化权利的简单相加，而是在实现人的自由全面发展的目标的指引下强调各项权利的统合。汪习根教授对“五位一体”的发展权利进行了深刻全面的论述。他认为，“五位一体”的发展权利，不仅突破了传统的将发展等同于经济增长的理论桎梏，也不是对《发展权利宣言》规定的简单重复，而是以人民利益为根本归宿的五个关键变量之间的协调和统一。在论述五个发展的关系时，他指出政治发展是一切发展的前提，构成发展权的基本出发点和立足点；经济发展是一切发展的关键，是发展的坚实基础；社会发展是发展权的保障；文化发展是发展权的重要内容，是发展权的价值基础；生态文明不仅直接制约发展，还构成发展的基本要素，并成为推动发展可持续进行的关键。

面对当前环境日益恶化的紧张态势，中国学界尤为关注发展权和环境权的矛盾关系，探究如何以法治机制加强生态文明建设，实现全面协调可持续的发展。李红勃副教授研究了发展和环境之间的关系，指出发展和环境的关系是对立统一的，二者之间虽然存在冲突和紧张，但也有协调和融合的必要和可能。当前环境和发展面临前所未有的冲突和矛盾，需要人类共同努力摆脱旧的发展模式，迈向可持续发展的新路，实现发展权和环境权的兼顾与平衡。外交学院国际法系张爱宁教授认为，当前国际社会已经形成的“可持续发展”概念较好地表达了经济发展和环境保护之间所应实现的平衡，将是很长时间内指导各个国家、国际组织、国内团体和个人在环境和发展领域内行为的一般准则。面对目前经济发展对环境造成的威胁，张教授指出，无论是发展还是环境都是手段而非目的，二者最终都应该服务于人类的福祉。此外，学者们还围绕发展权视角下的碳排放问题、环境保护法律制度建设路径、以可持续发展方式进行外层空间合作、GDP可持续发展等议题，形成了一系列富有洞见的理论观点，为丰富发展权做出了重要的贡献。

五　发展权的法律保障

人权保障离不开法律保障，发展权的实现需要构建发展权法律救济机制，利用立法确认权利内容，通过司法进行强制保障。汪习根教授揭示了法治对于发展和发展权利的实现的重要意义。他认为通过法治推动发展权实现的内在机理在于以下五个方面：其一是基于“市场经济本质上是法治经济”的命题，只有全面推进社会主义法治国家建设，才能推动经济健康可持续发展；其二是“人民在全面依法治国中的主体地位”这一中国特色法治本质要求将维护人民的发展权落实到依法治国全过程；其三是消除发展不平衡、不协调、不可持续的现实问题需要密织法律之网、强化法治之力；其四是综观世界近现代史，凡是顺利实现现代化的国家，皆较好地解决了法治和人治问题；其五是只有“全面建成小康社会、全面深化改革、全面依法治国、全面从严治党”这“四个全面”相辅相成、相互促进，才能共同担负起最大限度地保障全体人民发展权的神圣使命。

张德淼教授认为，以法治视角探究新时期发展权现实化的真实向度和可能视域，既在于立法，也在于司法保障和法律救济。其关键在于将发展权从应然的权利落实到可操作的指标体系。他从主体、客体和时空三个角度探讨了如何将发展权落实到具体实施的法律机制层面的问题。从主体角度，他指出法治建设应该把现实的人放在第一位，坚持以人为本、人民主体地位的原则。从客体角度，他提出应该对发展权进行法治量化评估，要同时把握好评估的价值基准选择、现实化和制度化进路选择以及充分考察社会效果等问题。从时空维度，他指出法治建设应该以自觉自发实现国家推进和社会自发的双向循环，坚持规则系统和行动结构并行不悖的理想蓝图，在融入世界潮流的同时发出中国自己的声音。

中国人民大学法学院教授朱力宇结合《立法法》修改后的实际情况，论述了地方立法与脱贫攻坚的关系。他认为，只有依法治理，才能保证在发展过程中使资源得以充分利用，环境得以有效保护。而我国《立法法》和《“十三五”规划纲要》都显示，脱贫攻坚事项属于扩大后的地方立法权应该囊括的范围。因此，有关地方应当依据宪法和法律，结合地方经验，从实施脱贫攻坚、解决区域性整体贫困问题等方面加强相关立法。同时，他也指出有关地方在立法时应该注意制定规划，并将防止“返贫”和城镇化进程的立法事项作为一项长期的工作来抓。

西北政法大学王国龙教授指出，公正司法不仅能够确认发展权的具体分配，还能够解决发展权之间的内在冲突，是全面落实发展权的重要途径。他指出了通过司法保障发展权过程中必须重视的几个问题：首先，要充分认识司法在保障发展权全面落实当中的角色和地位，积极发挥其化解发展权之间内在冲突的核心功能；其次，优先通过司法落实符合社会发展条件的发展权要求，发挥其引领国家发展和个人发展之间良性互动关系的建构的作用；再次，正确认识发展权全面落实需要依托的社会条件，通过司法有序地落实国家发展和个人发展的价值序列；最后，发挥司法确认各项具体发展权的特有优势，通过个案不断积累发展权的内容。

六　发展权的实践对策

发展权的实现离不开法律保障，但也不能仅仅依靠法律保障。中国在30多年的发展中积累了丰富的发展和发展权领域的实践经验，为学者们在发展权保障实践对策方面的理论创新提供了大量素材。2016年，学界对这些经验进行了总结和梳理，提炼出了一系列回应实践难题的新观点、新理念。

西南政法大学校长、人权研究院院长付子堂教授提出了从国际社会和国内社会两个层面进行归纳的新发展权战略。就国内社会而言，发展权首先是一种更好地发展的权利，意味着发展战略必须提高平衡性、包容性和可持续性；而就国际社会而言，应坚持和平发展、开放发展、共赢发展，保障每一个国家都有“发展机会均等”的权利。他指出，只有以新的发展权战略为指导，才能保证发展理念、发展布局和发展格局朝着满足人民日益增长的发展权利需求的道路前进，才能使社会的发展与人权的保障同步，在全面建成小康社会的同时实现人的自由而全面的发展。就具体的实践对策来说，他尤为关注中国国家人权计划这种有中国特色的人权事业发展模式，认为这不但使中国人民的发展权利得到日益充分的实现，也为其他发展中国家人权事业的发展提供了宝贵的经验。他还注重构建持续性的发展评价机制的重要性，认为这对于发展权国内立法的协调具有重要意义。

唐勇博士梳理了中国在平等发展权实现上所形成的五种模式，即地方行政合作模式、公权力与私权利互动模式、可持续发展模式、综合开发模式和政府干预模式。中国将平等发展权视为基本人权，并通过上述五种不同模式推动平等发展权的切实实现，为人权实践提供了良好的范例。夏清瑕教授则从“发展是硬道理”的战略定位、建立责任政府的战略措施以及确定发展中的优先事项这三个方面对中国的发展战略进行了探究。同时，夏教授也指出了中国发展过程中存在的不足，主要表现在发展成果共享不足，公民权利和政治权利增进迟缓以及经济社会权利质量尚不完善等方面。

西北政法大学王玉楼教授结合中国新型城镇化建设的实践成果，认为中国新型城镇建设规划应该坚持“以人为本”、可持续发展的理念，并通过确保城镇建设中的公民参与，使城镇的发展与人的自由全面发展相结合，以保障涉及的公民的发展权的实现。黎尔平教授以云南虎跳峡乡村的发展实践为例，阐释了中国精准扶贫对发展权保障的理论贡献，认为中国精准扶贫中体现的“共同富裕”的终极目标、政府主导的发展模式、精准化的扶贫理念以及多样化的扶贫模式为全世界范围内保障贫困人口的发展权做出了巨大的理论贡献。高其才教授以贵州省文斗村通过村规民约保护环境的实践入手，分析了这种以《村民自治合约》规范发展行为，实现绿色发展模式的作用和可行性，展示了利用村规民约这种民间资源进行发展权保障的可能性。

七　国际视野下的发展权

“中国的发展离不开世界，世界的发展也需要中国。”国际视野下的发展权已经成为中国学术界日益关注的命题，围绕这一问题许多学者从不同的角度做了深刻而有创造力的阐释。

中国社会科学院国际法研究所赵建文教授从人类命运共同体这一宏观视角出发，论证了构建人类命运共同体对发展权的价值功能以及发展权对人类命运共同体建设的意义。黎尔平教授论证了“一带一路”倡议对世界发展的意义，尤其是对实现中国与沿线国家人民的发展权的贡献。鲜开林教授认为，中国倡导的亚洲基础设施投资银行为共享发展的人权文明提供了新方案，丰富了其内涵，做出了新贡献。中国提出的“人类命运共同体”“人类利益共同体”“人类责任共同体”的人权发展新理念和新战略，深刻揭示了“共享发展”的人权文明的新本质和新趋势，为世界发展权做出了卓越贡献，对构建中国特色人权话语体系具有重要的理论意义和实践价值。北京理工大学人权法研究中心主任杨成铭教授认为，中国提出的共建“一带一路”倡议为各国的发展权合作提供了三大宝贵经验：建立政治互信、加强经济融合以及实现文化包容。“一带一路”为世界各国在合作的基础上实现发展权做出了巨大贡献，最终将走出一条合作实现发展权之路。

朱力宇教授回顾了法律与发展运动的历史，总结了在当今全球治理的趋势下，这一运动呈现四个维度的面相。他指出在2015年后发展议程下的国际法治与发展权研究的成败关键在于能否提出真正符合广大发展中国家利益的、具有行动性和实施性的法治发展方案和地方性法律知识。

一些学者则强调了在实现发展权的过程中进行国际合作的重要性并对如何加强国际合作提出了建议。山东大学人权研究中心主任齐延平教授在论证发展权的属性时指出，任何一个国家的发展都离不开“国际连带之网”，而习近平总书记提出的“人类命运共同体”的概念和理念，为发展权理论的完善和实践展开奠定了哲学基础和正义根基。西北政法大学国际人权法研究中心主任王秀梅教授认为母国域外人权已经成为国际人权领域的一个新的导向。在全球化的背景下，针对跨国公司侵犯东道国经济、社会和文化权利的情形，母国有义务采取措施对总部在本国领土上的跨国公司进行规制，防止其在海外侵犯人权，这已经成为通过国际合作保护东道国人民发展权的新路径。姚琨指出要推动可持续发展进程、全面落实发展权，应该在国际层面建立专门机制，加强发展权的经验总结和分享。对于中国而言，则应该继续以人权理事会为平台为推动世界范围内的人权实践发展做出贡献。中国社会科学院国际法研究中心教授朱晓青在论述促进发展权实现的路径时指出，只有促进各国间以及多机构和多层面的积极合作，才能真正实现国家间的发展机会均等，从而真正有效地保证作为发展权主体的个人发展权的充分实现。

参考文献

［1］国务院新闻办公室、外交部：《“共享发展：更好造福各国人民——纪念〈发

展权利宣言〉通过 30 周年”国际研讨会论文集》，2016 年 12 月 4 ~5 日。

[2] 中国人权研究会、武汉大学法学院、武汉大学人权研究院：《“新发展理念与中国人权保障——纪念联合国〈发展权利宣言〉通过 30 周年”理论研讨会论文集》，2016 年 5 月 7 日。

[3] 汪习根：《新发展理念与中国人权保障——纪念联合国〈发展权利宣言〉通过三十周年理论研讨会综述》，《人权》2016 年第 4 期。

[4]《人权》2016 年第 1 ~12 期。

B.3 关于发展权在人权体系中地位研究的新进展

常 健*

摘 要： 在纪念联合国《发展权利宣言》发表30周年之际，中国学界对发展权在人权体系中的地位进行了更加深入的探讨。中国学者不仅研究了发展权在人权体系中的形态定位和排序定位，而且进一步研究了它的结构定位和功能定位，提出发展权在人权体系中应当居于核心地位，发挥着统摄、协调、整合各项人权的功能，并在此基础上提出了以发展权为核心重建人权理论体系的发展主义人权观。这些观点对在国际人权领域长期占据垄断地位的自由主义人权观形成了有力的冲击。

关键词： 发展权 人权体系 人权理论 核心权利

2016年是联合国《发展权利宣言》发表30周年之际，中国各界举办了各种纪念活动。2016年5月7日，由中国人权研究会主办、武汉大学法学院和武汉大学人权研究院承办的“新发展理念与人权保障——纪念联合国《发展权利宣言》通过30周年”理论研讨会在武汉大学国际学术交流中心举行。来自国内近40所高校和研究机构的60余名人权专家学者出席了会议。会议聚焦“创新、协调、绿色、开放、共享”五大新发展理念与人权保障的关系，特别围绕发展权这一人权的概念界定、科学内涵、价值理念和实践保障进行了广泛深入的探讨。

---

* 常健，南开大学人权研究中心（国家人权教育与培训基地）主任，南开大学周恩来政府管理学院教授、博士生导师，主要从事人权理论和人权保障制度研究。

2016年12月4~5日，国务院新闻办公室和外交部在北京人民大会堂共同举办了“纪念《发展权利宣言》通过30周年国际研讨会”，来自40多个国家和地区的150多名代表出席了会议。会议围绕“共享发展：更好造福各国人民”这一主题展开交流。国家主席习近平发来贺信，指出：“发展是人类社会永恒的主题。联合国《发展权利宣言》确认发展权利是一项不可剥夺的人权。作为一个拥有13亿多人口的世界最大发展中国家，发展是解决中国所有问题的关键，也是中国共产党执政兴国的第一要务。中国坚持把人权的普遍性原则同本国实际相结合，坚持生存权和发展权是首要的基本人权。多年来，中国坚持以人民为中心的发展思想，把增进人民福祉、保障人民当家作主、促进人的全面发展作为发展的出发点和落脚点，有效保障了人民发展权益，走出了一条中国特色人权发展道路。中国积极参与全球治理，着力推进包容性发展，努力为各国特别是发展中国家人民共享发展成果创造条件和机会。当前，中国人民正在为实现‘两个一百年’奋斗目标、实现中华民族伟大复兴的中国梦而努力，中国人民生活将更加幸福，中国人民权利将得到更充分保障，中国将为人类发展进步作出更大贡献。30年前，经过包括中国在内的世界多国共同努力，联合国通过了《发展权利宣言》，对促进人类社会发展进步发挥了重要作用。中国希望国际社会以联合国2030年可持续发展议程为新起点，努力走出一条公平、开放、全面、创新的发展之路，实现各国共同发展。”① 会议通过了《纪念〈发展权利宣言〉通过30周年北京倡议》。

在研讨中，中国学者深入分析了发展权的提出对人权体系发展的历史意义，特别指出发展权的确立和获得日益广泛的认同，是对传统自由主义人权观视野的重要突破，标志着人权发展的新趋势。吉林大学法学院教授何志鹏在《以发展看待人权》一文中指出：将发展置于人权的框架之内，不仅使得发展问题不再局限于国际经济体制领域，而是普遍体现在整个人权的体系之中；而且更重要的是，这意味着对以往的人权传统的革新，是对以西方文化为核心的，建立在文艺复兴、宗教改革、启蒙运动基础上的人权思想和观念的结构性重塑和范式转换。以西方思想为基础所建立起的传统人权理念主要强调人的自

---

① 《习近平致“纪念〈发展权利宣言〉通过30周年国际研讨会”的贺信》，2016年12月4日，新华网：http：//news. xinhuanet. com/politics/2016－12/04/c_ 1120048817. htm。

由，或者称为人的消极权利，也就是期待政府尽量少作为，不去干扰人们在言论、选举、宗教信仰方面的自由，强调公民参与国家治理的机会，其核心要义都是防止政府滥用权力。显然，仅有自由的社会、享有自由的人，并不足以形成良好的生活，不足以使人获得幸福，人类的需求并不止于这些因素，他们同样还希望生活在一个对前景充满期待的国度。因而，传统的人权主张只能说是人权这一大的谱系中的一个方面、一个领域、一种表现方式，而不能说是人权的全部，更不宜将西方所主张的人权视为世界人权的唯一正确版本、唯一正确方案。[①]“如果说传统的人权范式强调的是一种以自由为基础的方式治理格局反思的话，那么更新的人权范式就是以发展为目标的治理模式建构。”[②]

中国学者对发展权在人权体系中的地位进行了深入的研讨。值得注意的是，在研究中，除了先前已经提出的形态定位和排序定位之外，中国学者特别研究了发展权在人权体系中的结构定位和功能定位，提出发展权在人权体系中应当居于核心地位，发挥统摄、协调、整合各项人权的功能，并在此基础上提出了以发展权为核心重建人权理论体系的发展主义人权观。这些观点对于打破自由主义人权观在人权理论上的垄断地位，根据中国和世界人权事业发展实践重新建构人权理论体系，无疑具有重要的启发意义。

一　发展权的结构定位：人权体系中的核心权利

在2016年的发展权研讨中，一些学者明确提出了发展权在人权体系中的结构定位。南开大学人权研究中心常健教授和刘明博士在《论发展权在人权体系中的核心地位》[③]一文中，从结构定位的角度将发展权视为人权体系中的核心权利。

该文首先指出各项人权在人权体系中存在结构性定位。尽管1993年世界

① 何志鹏：《以发展看待人权》，国务院新闻办公室、外交部：《纪念〈发展权利宣言〉通过30周年国际研讨会论文集》，2016年12月4～5日，第85页。

② 何志鹏：《以发展看待人权》，国务院新闻办公室、外交部：《纪念〈发展权利宣言〉通过30周年国际研讨会论文集》，2016年12月4～5日，第86页。

③ 常健、刘明：《论发展权在人权体系中的核心地位》，国务院新闻办公室、外交部：《纪念〈发展权利宣言〉通过30周年国际研讨会论文集》，2016年12月4～5日，第31～37页。

人权大会就提出各类人权应当受到平等重视，但如果人权是一个体系而非散乱的权利丛，那么各项人权之间必然存在一定的结构关系，其中有些人权居于核心地位，有些人权居于支持性地位。将何种权利视为人权体系的核心，涉及对人和人权本质的理解，涉及人权保障的核心维度，人权间关系的核心结构，保障人权的核心义务，限制人权的合理方式，以及评价人权发展的核心标准。因此，对这一问题的研究具有重要的理论意义。

关于什么权利在人权体系中居于核心地位，存在理论上的争论。该文根据对核心人权的不同认定，区分了自由主义人权观和发展主义人权观。自由主义人权观将个人自由权利作为人权体系的核心；而发展主义人权观则认为发展权在人权体系中具有核心的地位，其他各项人权都在不同层次上为发展权的实现提供基础和支撑。自由主义人权观在理论上受到了来自多方面的质疑，在实践中也产生了一系列严重的后果。发展主义人权观则力图超越自由主义人权观的局限，重构人权理论体系。

该文认为，目前居于人权领域主流的是自由主义人权理论，它将个人自由权作为人权体系的核心，这主要体现在五个方面。第一，主流人权学者在论证人权的来源与本质时，主要是将自由作为人的本质和尊严，并将个人自由权作为人权的核心内容。第二，近代西方各国是在反抗封建专制制度的背景下提出人权主张的。在这种背景下，首先提出的人权是各项个人自由权利，它们被作为人权的核心内容，并被称为“第一代人权”。欧美资产阶级革命时期所遗留的这种人权传统，至今仍然主导着欧美国家的人权理论和实践。西方国家或是忽视经济、社会和文化权利，或是将经济、社会和文化权利视为实现各项自由权利的支持条件。第三，西方国家奉行法律中心主义，将在法律上可诉的人权作为“真正”意义上的人权。而法律上可诉的人权主要是各项个人自由权利。第四，在西方的核心价值排序中，自由被排在首位。这意味着当自由与其他价值发生冲突时，自由是优先的。例如，当代最著名的自由主义政治哲学家罗尔斯在《正义论》中论证了两个正义原则，其中，以自由权为核心的第一个正义原则，要优先于以机会和公共物品的公平分配为核心的第二个正义原则。①第五，在评判各国的人权状况时，西方国家将各项自由权利的实现作为人权评

① 约翰·罗尔斯：《正义论》，何怀宏等译，中国社会科学出版社，2009，第196~197页。

价的核心维度。它们对发展中国家人权状况的指责，主要集中在个人自由权利方面。

该文进一步分析了自由主义人权观的历史贡献和现实困境，指出自由主义人权观在反抗封建体制的过程中发挥了积极的作用，但其自身也存在一定的局限性。随着社会的发展，其局限性日益明显，并在现实中面临日益严峻的挑战。首先，它导致人权保障措施专注于自由权的核心维度，缺少为人的发展创造条件的人权保障措施，从而导致各种弱势或边缘群体空有自由却缺乏发展机会和条件，使其所享有的自由权成为一种缺乏积极内容的空洞自由。其次，它导致政府更偏向承担消极的“尊重”义务和事后的“保护”义务，忽视采取积极措施履行“实现”义务。再次，当以个人自由权为核心标准来评判各国的人权状况时，结论带有明显的自由权偏见。这导致对发展中国家的人权进步常常视而不见，看到的只是其在自由权方面存在的不足，从而形成对发展中国家的片面批评，而对发达国家存在的人权问题不以为意，将西方发达国家作为人权保障的楷模。最后，它在实践中导致人权保障的自由主义陷阱。当一些发展中国家遵循自由主义人权观的主张，将自由权作为人权保障的核心维度，而忽视对发展权的保障时，其人权保障的实际效果与其初衷往往相去甚远，人民对国家和政府的满意度往往不增反降，不少国家还出现了严重的社会动荡。因此，人权事业的发展必须根据时代发展的要求和人权实践的经验教训，突破自由主义人权观的局限，重构人权理论体系，促进各项人权的真正实现。

在批判自由主义人权观的基础上，该文明确提出将发展权置于人权体系的核心地位，并将这种观点称为“发展主义人权观”。它主要包含以下几层内容。第一，将人的发展作为人和人权的本质核心体现。人的本质不在于消极自由，而在于具有自我发展的潜能。实现发展潜能，体现了人的尊严和独特价值。为人的发展提供实现条件，构成了人权的本质要求。人的本质在于潜能的实现，而人权的本质就在于为人的潜能实现和人的发展创造公平的机会和基本的条件。第二，将发展权作为人权的核心维度，将其他人权作为实现发展权的条件或途径。保障人权的根本目的是促进人和社会的发展。各项人权都在为实现发展权提供基础、条件或途径。生存权为实现发展权提供主体条件；教育权为实现发展权发掘潜能和培育能力；政治权利为平等享有发展权提供政治保障；经济、政治、社会和文化参与权利为实现发展权提供路径；社会保障权利体现了公平分享发展成果的发展权要求；环境权利保障发展权享有的代际公平。需要强调的是，认为发展权在人权体系中具有核心的地位并不是要否认个人自由权的重要性，而是将个人自由权视为实现发展权的重要条件。第三，将尊重、保护和促进发展权的实现作为国家承担的核心人权义务。将发展权作为理解人权的核心，意味着国家在保障人权方面不能只是承担消极性的义务，而是要承担积极性的保障和促进实现的义务，在教育、医疗、最低生活保障、就业等经济、社会文化方面提供基本的条件和公平的机会，以便为人的发展权的实现创造良好的条件。第四，将促进发展权的实现作为其他各项人权限度的依据和化解人权间冲突的指导原则。各项人权的现实保障方式之间会出现冲突，将更好地促进发展权的实现作为化解人权间冲突的核心依据，能够对权利间关系进行更综合性的考量，更全面地协调和平衡各项权利的实现方式。第五，将发展权的实现程度作为评价人权状况的核心标准。将发展权作为一项核心人权，意味着在国际人权机构以及对各国进行定期审查等事项的人权评价中，应该突出发展权的地位和意义，将与发展权相关的人权事项作为评估人权状况的核心部分。①

该文认为，发展主义人权观在理论上能够超越自由主义人权观的局限性，同时对促进世界人权事业的健康发展具有重要的现实意义。首先，它有助于克服国际人权领域的自由主义偏见，将自由权保障视为实现人的发展权的手段，从而对人权形成更加全面和深刻的理解，使国际人权事业朝着健康的方向发展。其次，它有助于克服自由主义人权评价标准的局限。将发展权作为人权的核心维度和评价的核心标准，可以对发展中国家取得的人权成就形成更清晰的理解。再次，它有助于防止人权发展战略的自由主义陷阱。从自由主义人权观出发所制定的人权发展战略，往往偏重强调改善自由权利的保障，其背后的假定往往是只要自由权有了充分的保障，社会就一定能够发展，各项人权的保障水平也能随之提高。但在现实中，片面地保障自由权，不处理好自由与发展的关系以及自由与社会秩序和安全之间的关系，社会的整体人权保障水平不仅很难提升，而且经常由于爆发内战或社会动乱而使人权状况急剧恶化。从发展主

① 常健：《发展权对传统人权视野的扩展》，《光明日报》2016 年 12 月 7 日，第 10 版，光明网：http：//epaper. gmw. cn/gmrb/html/2016 – 12/07/nw. D110000gmrb_ 20161207_ 3 – 10. htm。

义人权观出发来制定人权发展战略，能够平衡自由权保障与生存权保障，平衡个人权利保障与集体权利保障，平衡人权保障与公共秩序、公共安全、公共卫生、公共道德等各项公共利益，使其相辅相成，为发展权的实现创造适宜条件。最后，它有助于克服在人权保障上法律中心主义陷阱，促使各国政府更全面地承担尊重、保护、实现人权的三重义务，法律手段与政策手段并用，政府、企业与社会组织合力，推进发展权和各项人权的有效实现。

二　发展权的功能定位：人权体系中的统摄者、协调者和整合者

在 2016 年对发展权的定位研究中，一些学者对发展权在人权体系中的功能进行了深入研究，指出发展权对于其他所有人权具有统摄、协调、整合的重要功能。

西南政法大学人权研究院执行院长张永和教授在《论“发展”与“发展权”》[①] 一文中分析了发展权在人权体系中的整合和协调功能。他指出，从发展体系来看，人权本身并不具有目的性价值，人权的产生是为了回应一个更为根本、更为终极的问题，即人的自由全面发展。在此，人权的关键并不简单在于实现特定的权利，相反，特定权利的实现是人发展的手段。而发展权之所以被认为是人必不可少的基本人权，其根本原因在于发展权有利于保障人有人格尊严、有权利自由地生存和发展。与作为实现发展权手段的发展主要指涉一个国家之经济社会文化各方面发展不同，作为发展权目的的发展是指人自身的发展，即人的自由全面发展。发展权理念追求人的全面发展。完整意义上的人是私生活、社会生活和政治生活主体的三重角色的统一体，丧失了经济、社会、文化和政治发展权中的任意一方面，人都是不完整的。从权利内容的角度讲，发展权超越了经济社会文化权利以及公民权利与政治权利何者优先的纷争，认为两种权利的最终目的都在于实现人的自由全面发展。发展权并非政治权利与经济社会文化权利的简单统合，而是强调各项权

① 张永和：《论“发展”与“发展权”》，国务院新闻办公室、外交部：《纪念〈发展权利宣言〉通过 30 周年国际研讨会论文集》，2016 年 12 月 4 ~5 日，第 349 ~353 页。

利之间的协调。因为只有在至少一项权利改善的同时而又没有其他权利被侵犯的情况下，发展权才得以实现。发展权中任何一项权利遭到侵害都是对整体发展权的践踏，如果在实现某项权利的同时，没能很好地保护和促进其他权利的实现，那么此权利的实现则是不可能的，这体现了发展权的整体性。[①]

中国人民大学法学院教授叶传星在《发展权概念的定位：在政治与法律之间》[②]一文中认为发展权具有作为元权利的功能。他借用阿玛利亚·森（A. Sen）的“元权利”概念[③]，认为发展权是一项“元权利”。发展是充分实现人权的基本条件。没有经济、社会、政治和文化等各个方面的发展，个人要充分实现其各个方面的权利显然是不大可能的。确认发展权，对于进一步促进各项其他权利的充分实现，具有重要意义。在这个意义上可以说发展权是其他所有人权和自由的一个条件或前提。发展权是一项前提性的“元权利”。作为“元权利”，发展权是创造一项权利的实现条件或政策的资格权，通过这种资格权，才有可能更充分地享有这种权利。这个意义上的发展权对于其他所有人权而言，是一种前提性的权利。借助于这项元权利，个人可以获得参与发展进程的平等资格、公平分享发展成果的资格，可以将各类权利更加密切地联系在一起。因而，发展权作为人权体系中的元权利，重点关注发展的过程性和对发展的参与性，关注个人及所有人寻求参与发展和发展成果分配的公平机会，重在强调国家或国际社会制定促进更加公平发展和发展各项基本人权的政策和措施的资格和能力。发展权的元权利性质，说明发展权并不是简单地重复性地包装已有的各项人权，而是强调对这些权利可以从发展的角度予以理解，强调实现权利需要从权利的整体发展进程来考虑。发展权作为人权，关注并创造实现人权的更充分社会条件，尤其在国际社会中为人民争取实现其各项权利的全球环境和有利条件。[④]

---

① 张永和：《论“发展”与“发展权”》，国务院新闻办公室、外交部：《纪念〈发展权利宣言〉通过30周年国际研讨会论文集》，2016年12月4～5日，第352页。

② 叶传星：《发展权概念的定位：在政治与法律之间》，国务院新闻办公室、外交部：《纪念〈发展权利宣言〉通过30周年国际研讨会论文集》，2016年12月4～5日，第296～310页。

③ 参见A. Sen, *Resources, Values and Development*, Oxford: Basil Blackwell, 1984, Chapter 2。

④ 叶传星：《发展权概念的定位：在政治与法律之间》，国务院新闻办公室、外交部：《纪念〈发展权利宣言〉通过30周年国际研讨会论文集》，2016年12月4～5日，第304页。

山东大学人权研究中心主任齐延平教授在《论发展权的属性》① 一文中分析了发展权的动态性，认为这为人权砌入了“发展之基”。他指出，发展权进入人权体系，其更为重要的意义在于为人权哲学实现从静态向动态的历史性变革提供了可能。发展权首先表达的是一种全新的人权哲学，那就是国家在不侵犯人的基本权利与自由，在平等保障公民的经济、社会、文化等基本生存权利的基础上，还要积极创造条件，促进人权质量与水平的提升。可见，作为人权哲学意义上的发展权，是在人权自由之基、平等之基上砌入的第三层——发展之基。发展维度既贯穿所有的传统人权种类之中，又是传统各人权种类获得良好保障和向更高水平迈进的前提、条件和必要途径。②

三　发展权的形态定位：具有概括性、补充性、兜底性的综合性权利

从发展权的形态来看，国内外许多学者将发展权视为一种综合性权利。发展权独立专家森古波特（Arjun Sengupt）认为发展权有两个鲜明的特征：“首先，发展权是各项权利相互依存的一种综合权利，发展权的实现要求所有权利一起实现，而并非只实现权利的总和。其次，只有在至少一项权利改善又没有别的权利被侵犯的情况下，发展权才得以增进。”③ 但如何理解发展权的综合性，学者们有着不同的见解。在2016年对发展权的讨论中，中国学者提出了一些新的理解。

南京财经大学法学院夏清瑕教授对发展权综合性的解释是，发展权包含了其他所有人权。她指出：“发展权打破了公民权利、政治权利和经济社会文化权利的意识形态分离，将两类人权统一到发展进程之中，承认所有人权相互关联、相互依赖，实现发展权的过程就是实现所有人权的过程。”④

---

① 齐延平：《论发展权的属性》，国务院新闻办公室、外交部：《纪念〈发展权利宣言〉通过30周年国际研讨会论文集》，2016年12月4~5日，第177~182页。

② 齐延平：《论发展权的属性》，国务院新闻办公室、外交部：《纪念〈发展权利宣言〉通过30周年国际研讨会论文集》，2016年12月4~5日，第182页。

③ Arjun Sengupta：《作为人权的发展》，王燕燕编译，《经济社会体制比较》2005年第1期。

④ 夏清瑕：《从发展权到立足人权的发展方针——联合国发展与人权结合的发展道路》，中国人权研究会、武汉大学法学院、武汉大学人权研究院：《新发展理念与人权保障——纪念〈发展权利宣言〉通过30周年学术研讨会论文集》，2016年5月，第304页。

齐延平在《论发展权的属性》一文中从发展权的概括性和兜底性来解释发展权的综合性。发展权的概括性首先表明它迥异于在人权体系中内涵特定、外延与人权体系、人权家族其他权种可以明确（哪怕是相对地明确）析分的一项权利（比如选举权），因为它是人权体系、人权家族中一类具有相似要求、资格、利益的总括性的权利。如果要力图努力证成发展权是一项可诉的具体权利，不仅是徒劳的，而且会打破人权已有的逻辑相对自洽的体系，而更为重要的是还会降低、消解其应有的理论意义与实践意义。[①] 发展权的概括性特质提醒我们，使用全新的而不是传统的权利分析框架对之进行研究乃是必要的。传统权利分析框架最典型的就是与公民权利、政治权利第一代人权相匹配的分析框架，其哲学基础是消极权利观，其框架结构主要由权利主体、权利内容、侵权责任构成，其救济途径主要依赖于司法。围绕第二代人权是否属于人权的论争毫无悬念地也扩展到了第三代人权，但论争各方使用的分析框架和理论工具仍然是第一代的，第二代、第三代人权倡导者无一不自觉地陷入了反方的陷阱。在个人主义立场上、在自由主义进路上，人权主体是原子化的个人，各权种边界清晰（其实有的权利也是相互交叉的），侵权者特定化，司法上救济可操作，这一切构成了传统的人权分析框架和理论工具。但随着人权理论的发展、人权实践的进步，人权本身早已超越（不是替代）了其传统内涵，仍然使用传统分析框架和理论工具来分析人权就是作茧自缚。[②] 既然发展权是一项概括性的权利，人们必然会问：那么它到底包含哪些权种呢？走出第一代人权（各权种都是相对比较基础性的、权种间界限都是相对比较清晰的）而进入第二代、第三代人权哲学视野，我们会发现各种权利交织连带、共生互促已是基本图景，在这样的图景中，意欲构建出发展权的树状家族谱系作业就是不可能的。[③] 发展权的概括性表明它如同平等权一样，是一项权利（不同于可诉的权利），但它首先是一项人权原则、法律

---

① 齐延平：《论发展权的属性》，国务院新闻办公室、外交部：《纪念〈发展权利宣言〉通过30周年国际研讨会论文集》，2016年12月4~5日，第180页。

② 齐延平：《论发展权的属性》，国务院新闻办公室、外交部：《纪念〈发展权利宣言〉通过30周年国际研讨会论文集》，2016年12月4~5日，第179~180页。

③ 齐延平：《论发展权的属性》，国务院新闻办公室、外交部：《纪念〈发展权利宣言〉通过30周年国际研讨会论文集》，2016年12月4~5日，第180页。

原则。[①]

根据齐延平的观点，发展权的兜底性，体现在权利的主体和权利内容两个方面。在权利主体方面，发展权的兜底性表现在发达国家有责任为发展中国家实现发展权利创造国际条件。各国对创造有利于实现发展权利的“国际条件”负有主要责任，既内含着各国均负有责任，还内含着发达国家对发展中国家负有更多的责任，这种责任既是基于不公正的国际政治经济史的道义责任，也是基于当下全球化一体发展的伦理责任，更是基于现有国际人权法体系的国际法律责任。发展中国家借助发展权利向发达国家提出的“提供促进全面发展的适当手段和便利”（宣言第 4 条第 2 款）就体现了发展权的兜底性。同理，在国内层面上，除了采取措施确保人人发展权利均等之外，在教育、就业、脱贫等领域采取的纠偏措施，也体现了国家对弱势群体的兜底性保障。在权利内容方面，发展权的兜底性表明：由各种次级权利类别组合而成的人权体系，无论多么完备细密，权利种类间总有难以涵盖的间隙，特别是随着社会生活方式的历史性变迁和人们探索自然、探索社会、探索自身深度的加深，总会出现定型的已有权利种类难以涵摄的要求，人权体系的空白与裂痕必然会急剧扩大，在这个时候，发展权作为一项兜底性权利，就可以很好地填充空白、弥补裂痕。[②]

叶传星指出，发展权作为综合性的权利，是说发展权贯穿于各类权利之中，各类权利之中皆可体现发展权的价值取向。在这个意义上，发展权也体现了各类权利的相互依赖性和不可分割性。发展权被认为是某些学者所言的第三代人权，这是突出强调发展权的连带性质。[③] 发展权属于第三代人权，但显然它并不是要取代前两代人权，而是要从更充分实现这两代人权的角度提出，在当今时代全球连带性关系高度密切的背景中，如何更有效实现前两代人权，如何将发展的精神贯穿于前两代人权之中。从发展的角度来理解公民权和政治

① 齐延平：《论发展权的属性》，国务院新闻办公室、外交部：《纪念〈发展权利宣言〉通过 30 周年国际研讨会论文集》，2016 年 12 月 4 ~5 日，第 181 页。

② 齐延平：《论发展权的属性》，国务院新闻办公室、外交部：《纪念〈发展权利宣言〉通过 30 周年国际研讨会论文集》，2016 年 12 月 4 ~5 日，第 181 ~182 页。

③ 卡雷尔·瓦萨克：《人权的不同类型》，载《法哲学与法社会学论丛》，中国政法大学出版社，2001。

权利、经济社会文化权利，也要认识到这两类权利之间的内在密切联系。而正是发展权的这种综合性特点，淡化了对人权的“代”的划分。各种权利之间都有内在的关联，每一种权利的充分实现都要依赖其他各项权利的发展。发展权的综合性最好被理解为，在各种权利中体现发展权精神的综合性。发展权的核心应当是公民权利、政治权利与经济权利、社会权利以及文化权利等各项权利随着社会的发展得到全面的发展。这个意义上的发展权似乎也更像是贯穿于人权法体系的一项发展原则。可见，发展权为理解各项权利补充了发展的视角。也就是说，理解每一项权利，都可以将平等发展、公平发展、参与式发展等发展理念融入其中。发展权对各项权利的“渗透”，更突出强调各项权利与发展的关联，强调权利本身所包含的发展含义，每一项权利中都包含一种发展维度。这种“渗透”提示人们，应当在社会结构、社会转型、社会发展、社会公平的大背景下来认识人权。在这个意义上，认识发展权的综合性，意味着它有助于对各项权利在发展视角下进行统一的考察，尤其是考察影响各类权利得以充分实现的各种制度性、社会性的障碍。人权的实现要依托发展，不能脱离社会发展的阶段和实际情况提出不切实际的人权诉求。考虑到发展的渐进性、逐步性，人权的实现也是渐进的、逐步的。发展既给人权的充分实现创造了现实的社会条件，也给人权的实现设置了现实的界限。①

叶传星认为，发展权还是一项补充性权利。作为一项独立的权利类型，发展权是一种概括性的“一般权利”。发展权集中体现了人权的开放性特点。发展权显然并不可能替代其他已经在公约或法律中明确被确认的权利。发展权概念的提出，一方面有助于丰富各项权利的价值和内涵；另一方面发展权作为概括性权利，为新权利的生成和发展提供了空间。借助发展权，可以提出在现有权利体系中尚未明确确认的一些具体的发展权利。发展权的补充性，使其具有推动人权体系不断发展的功能，促进新的权利纳入人权体系中，或者增加对权利的来自发展权的新解释。发展权的补充性功能，在全球连带关系日益紧密的背景中更明显地展示出来了。传统人权通常强调的是国家在国内制度体系中的

① 叶传星：《发展权概念的定位：在政治与法律之间》，国务院新闻办公室、外交部：《纪念〈发展权利宣言〉通过30周年国际研讨会论文集》，2016年12月4～5日，第306页。

角色，但在全球体系的不断发展进程中，这些权利的实现遇到一些困境，也就是说，如果不考虑国家间的密切关系，如果不借助国际社会提供的压力、动力和帮助，国内人权的发展可能会更加缓慢。诸如气候变化、反贫困等都影响着人权的实现。在全球化背景下，为了实现公民权、政治权利以及经济社会文化权利，需要借助发展权所激发的发展框架，尤其需要借助被发展权忽略的传统人权。①

四　发展权的排序定位：具有基础性和前提性的首要人权

2016 年 12 月 4 日，习近平在致“纪念《发展权利宣言》通过 30 周年国际研讨会”的贺信中指出：“中国坚持把人权的普遍性原则同本国实际相结合，坚持生存权和发展权是首要的基本人权。”②

对发展权是首要人权的论证，主要基于理论和现实两个层面。在理论层面的论证主要是从基础论出发的，即认为发展权是其他人权实现的前提和基础。在现实层面的论证主要是基于中国作为发展中国家的现实，同时扩展到发达国家也存在如何促进发展权实现的问题。

齐延平在《论发展权的属性》一文中指出：“发展权是生存权这一首要人权的逻辑延伸，这一逻辑链环是在对西方传统消极人权观，也就是‘唯有公民权利、政治权利才是人权’观念的质疑、解构、重塑过程中发展起来的。”③

武汉大学人权研究院执行院长汪习根教授在《中国发展权理论创新与实践贡献》④ 中对发展权是首要人权的观点做出了更深入的论证。他指出，对人

---

① 叶传星：《发展权概念的定位：在政治与法律之间》，国务院新闻办公室、外交部：《纪念〈发展权利宣言〉通过 30 周年国际研讨会论文集》，2016 年 12 月 4 ~ 5 日，第 304 页。

② 《习近平致“纪念〈发展权利宣言〉通过 30 周年国际研讨会”的贺信》，2016 年 12 月 4 日，人民网：http：//politics. people. com. cn/n1/2016/1204/c1024 – 28923470. html。

③ 齐延平：《论发展权的属性》，国务院新闻办公室、外交部：《纪念〈发展权利宣言〉通过 30 周年国际研讨会论文集》，2016 年 12 月 4 ~5 日，第 178 页。

④ 汪习根：《中国发展权理论创新与实践贡献》，国务院新闻办公室、外交部：《纪念〈发展权利宣言〉通过 30 周年国际研讨会论文集》，2016 年 12 月 4 ~5 日，第 206 ~222 页。

权体系中何种人权最为重要，学界存在不同观点。有的人认为，公民人身自由是最基本的权利；有的人认为，政治权利应位列榜首；还有的人认为，人权没有高低之分，任何人权形式都同等重要。之所以存在这些分歧，关键在于价值观不同。他认为，发展权与生存权一道成为人权体系中的首要人权，主要基于四个方面的理由。一是外部依据。“中国主张相互尊重国家主权，优先维护广大发展中国家人民的生存权和发展权。”① 当今世界，贫富悬殊，许多发展中国家社会经济发展缓慢，1/3 的人口生活在贫困线以下。只有消除不公正和不合理的国际政治经济旧秩序对发展带来的极为不利的影响，建立公平合理的国际关系新秩序，才能为实现全体人类的共同发展创造积极条件。“对广大发展中国家人民来说，最紧迫的人权问题仍然是生存权利和经济、社会和文化发展的权利。因此发展权应优先受到重视。”② 二是历史依据。中国是世界上人口最多的国家，人均资源相对贫乏，发展不平衡，同其他发展中国家一样，曾经长期遭受外国侵略、掠夺和压迫，二战后又受“冷战”思维制约，经济社会发展严重受阻。③ “享有生存权和发展权，历史地成为中国人民最迫切的要求。”三是理论依据。公平正义是社会的核心价值，全面平等地享有发展权，符合中国国情和全体人民的根本利益。四是现实依据。④ 改革开放以来，“中国政府一直将解决人民的生存权、发展权问题放在首位”，大力发展经济，创造了国民经济年均增速全球第一的世界奇迹，人民生活水平极大提高。实践证明，“将人民的生存权、发展权摆在首位，在改革、发展、稳定的条件下全面改进人权状况……所取得的成就也是举世公认的”。⑤ 当然，强调发展权的首要地位，并不是要否定其他人权的重要性，相反，在强调生存发展权利的同

① “自 1981 年起，中国参加了联合国人权委员会起草《发展权利宣言》的政府专家组的历届会议，并积极提出意见，直至《发展权利宣言》于 1986 年在第四十一届联大获得通过。中国还积极支持人权委员会关于实现发展权问题的全球磋商，支持将发展权问题作为一个单独的议题在人权委员会加以审议。中国一直是人权委员会关于发展权问题决议的共同提案国。”（1991 年《中国的人权状况》）

② 《中国的人权状况》，《中华人民共和国国务院公报》1991 年第 39 期。

③ 汪习根：《中国发展权理论创新与实践贡献》，国务院新闻办公室、外交部：《纪念〈发展权利宣言〉通过 30 周年国际研讨会论文集》，2016 年 12 月 4 ~5 日，第 207 ~208 页。

④ 汪习根：《中国发展权理论创新与实践贡献》，国务院新闻办公室、外交部：《纪念〈发展权利宣言〉通过 30 周年国际研讨会论文集》，2016 年 12 月 4 ~5 日，第 207 ~208 页。

⑤ 《中国人权事业的进展》，《中华人民共和国国务院公报》1995 年第 32 期。

时，应将保护公民的政治权利和经济社会文化权利作为不可忽视的人权目标，因为各类人权及其具体形式是相互依赖、相互关联、不可分离的。这就是一条“真正符合中国国情的促进和发展人权的道路”①，对全面尊重和保障人权具有至关重要的意义。②

中国社会科学院荣誉学部委员李步云发表了《坚持生存权、发展权是首要人权——“首要人权”观对人类可持续发展有极其重要意义》③ 的文章，主张“生存权和发展权是首要人权，是中国人权观的基本观点”。他指出，“有些学者对‘生存权、发展权是首要人权’这一观点还存在误解”，这主要是因为《维也纳宣言和行动纲领》第5条明确指出：“一切人权均为普遍、不可分割、相互依存、相互联系。国际社会必须站在同样地位上，用同样重视的眼光，以公平、平等的态度全面看待人权。固然，民族特性和地域特征的意义以及不同的历史、文化以及宗教背景必须考虑，但是各个国家不论其政治、经济文化体系如何，都有义务促进和维护一切人权和基本自由。”④ 李步云认为，中国政府参与了这份宣言的起草，并完全赞同这一宣言，主张“生存权、发展权是首要人权”与该条款并不矛盾。他从权利实现基础与发展中国家的人权发展战略两个方面分析了“生存权、发展权是首要人权”的特定含义。第一，从人权实现的基础来看，正如恩格斯在马克思墓前的演说中曾谈道的，“人们首先必须吃喝住穿，然后才能从事政治、科学、艺术、宗教等等”，“马克思正是从这一最最简单的事实，悟出了一条历史发展的基本规律：生产力的发展是人类社会发展进步最终的决定性的力量”。换句话说，一个国家经济发展很落后，人们生活很贫困，要想民主、科学、文化发达还是很困难的。这也可以用一个最简单的道理来说明：当一个人还处于忍饥挨饿的状态的时候，他最需要的不是一张选票，而是一袋面粉。第二，从发展中国家人权发展战略排序来看，由于各国具体国情不同，人权发展战略的优先事项会有很大差异。发

① 《中国人权发展50年》，《中华人民共和国国务院公报》2000年第10期。

② 汪习根：《中国发展权理论创新与实践贡献》，国务院新闻办公室、外交部：《纪念〈发展权利宣言〉通过30周年国际研讨会论文集》，2016年12月4~5日，第207~208页。

③ 李步云：《坚持生存权、发展权是首要人权——“首要人权”观对人类可持续发展有极其重要意义》，《北京日报》2015年12月7日，第18版。

④ 联合国：《维也纳宣言和行动纲领》，1993年6月25日，中国妇女研究网：http://www.wsic.ac.cn/internationalwomenmovementliterature/13447.htm。

达国家人们的生活水平高了，受教育程度高了，自然更有兴趣和能力关心竞选；而发展中国家为了提高保障人权的整体水平，自然会把发展经济、提高人们的生活标准放在优先位置。这两点并不妨碍政府应对各类人权都予以重视。①

五　趋势分析

回顾中国人权界对发展权的研究，可以发现其呈现不断扩展和深化的趋势：从确定发展权的内容范围到确定发展权的特殊形态，从论证发展权的人权地位到提出发展权的优先排序，从分析发展权在人权体系中的功能到确认发展权在人权体系中的地位。这种研究的扩展和深化从一个侧面反映了中国人权理论研究正不断走向深入。

从对发展权在人权体系中地位的研究来看，中国学者在广泛吸收和借鉴国外人权观点的基础上，提出了许多具有重要启发性的创新主张。从多年前提出的生存权和发展权是首要人权的观点，到近年来特别是2016年提出的一系列新概念和新主张，如常健教授提出的发展权在人权体系中居于核心地位的观点，张永和教授提出的发展权在人权体系中具有协调和统摄功能的观点，齐延平教授所主张的发展权为人权体系在自由之维和平等之维之上又增加了发展之维的观点，以及何志鹏教授提出的人权范式从以自由为基础向以发展为目的转换的观点等，这反映出中国人权学者基于中国人权实践的丰富经验，突破西方主流人权话语体系的局限，构建了更具理论解释力和现实说服力的中国人权话语体系。

回顾人权思想、话语和理论的发展历史，可以看到人权的话语和理论体系随着时代的发展和实践的要求呈现出不同的变化。而人权理论的生命力恰恰在于它能够顺应实践的要求不断发展出更具理论解释力和现实说服力的人权话语。中国人权事业正在经历历史性的大发展，它在如何更好地实现人权发展方面提出了大量前所未有的问题，传统自由主义人权理论的回答无法满足中国人权发展的实践需求，这迫使人权理论工作者正视现实的问题和挑战，肩负起人

① 李步云：《坚持生存权、发展权是首要人权——“首要人权”观对人类可持续发展有极其重要意义》，《北京日报》2015年12月7日，第18版。

权理论创新的历史重任，突破现有人权理论的历史局限和理论禁锢，提出更具解释力的人权理论观点，重构人权理论体系。可以预见，在中国人权事业发展实践的强有力推动下，中国人权理论创新会枝繁叶茂，展现出勃勃生机，绽放出更灿烂的花朵。

毋庸置疑，人权理论体系的创新和重构是一项异常艰巨的工程。从对发展权在人权体系中地位的研究来看，学者们的观点间存在许多分歧，如关于发展权是不是一项综合性权利，以及如何理解发展权是一项综合性权利的问题，学者们提出了许多不同的见解；关于如何理解发展权是首要人权的问题，学者们的解释也存在很大差异；关于发展权是否应在人权体系中居于核心地位的问题，学者之间出现了非常激烈的争论。不同观点之间的差异和争论反映了理论创新的迫切需求，推动着人权理论界开展更深入的理论研究，也预示着具有更强解释力的新的理论观点的诞生。

B.4

精准扶贫与农村贫困人口人权保障的新进展*

郑若瀚**

摘　要： 2016 年是"十三五"开局之年也是脱贫攻坚战的开局之年，精准扶贫进入全新阶段。精准扶贫政策支撑体系基本建成：重视目标治理，注重分类实施，强化财政、金融和土地政策支持，突出体制机制支撑。精准扶贫各项政策全方位铺开，我国农村贫困人口减少 1240 万，农村贫困人口的生产生活进一步改善，发展机会进一步增加。为期五年的脱贫攻坚战役刚刚打响，尚未脱贫的多是贫中之贫、困中之困之人，脱贫任务仍然十分艰巨，精准扶贫工作和农村贫困人口人权保障，仍有诸多工作需要落实和改进，特别是要治理精准扶贫中的"权力滥用"问题，警惕精准扶贫中的"形式主义"，及时解决光伏扶贫等政策落地难问题，预判和消减精准扶贫与人权保障中的消极因素。

关键词： 脱贫攻坚　精准扶贫　人权保障

---

* 本成果受到2016年重庆市社会科学规划项目（2016BS048）和西南政法大学2016年度校级项目"'精准扶贫'的法治保障"（2016XZQN－34）的资助。

** 郑若瀚，西南政法大学人权研究院讲师，主要研究方向为发展权、经济法。

一 2016年精准扶贫工作新进展：政策体系建构完成

2016 年是中国实施第十三个经济社会发展五年规划的开局之年，亦是脱贫攻坚战的开局之年，以《中共中央、国务院关于打赢脱贫攻坚战的决定》为基础，精准扶贫工作迈入了全新阶段。在 2016 年，全国动员近 200 万人开展建档立卡“回头看”，进村入户摸底排查工作，共剔除识别不准人口 929 万，补录贫困人口 807 万，为后续的扶贫工作打下了重要基础。更为重要的是，在 2016 年，精准扶贫的政策体系搭建完成：国务院组织编制印发了《“十三五”脱贫攻坚规划》，中办、国办就落实《中共中央、国务院关于打赢脱贫攻坚战的决定》制定了 10 个配套文件，32 个牵头部门和 77 个参与部门共出台 118 个政策文件或实施方案，清晰呈现了精准扶贫工作的实施目标、专项行动、政策支撑、机制保障等关键问题。总体而言，精准扶贫政策体系的内容和部署可以归纳为四个要点，即重视目标治理，注重分类施策，强化财政、金融和土地政策支持，突出体制机制支撑。

其一，重视目标治理。

目标治理（或指标治理）是一种特殊的治理模式，它将政策目标分解为若干细目、指标，并通过行政系统层级下达，以政绩考核的方式保障实施。精准扶贫政策体系呈现出较显著的目标治理特征，2016 年底发布的《“十三五”脱贫攻坚规划》是其典型代表。《“十三五”脱贫攻坚规划》以“稳定实现现行标准下农村贫困人口不愁吃、不愁穿，义务教育、基本医疗和住房安全有保障。贫困地区农民人均可支配收入比 2010 年翻一番以上，增长幅度高于全国平均水平，基本公共服务主要领域指标接近全国平均水平。确保我国现行标准下农村贫困人口实现脱贫，贫困县全部摘帽，解决区域性整体贫困”为总体目标，共设计 10 项脱贫主要指标，约束性指标和预期性指标各 5 个。其中，5 个约束性指标分别是：建档立卡贫困人口全部脱贫、建档立卡贫困村全部“摘帽”、贫困县全部“摘帽”、易地扶贫搬迁贫困人口总计 981 万、建档立卡贫困户存量危房基本完成（改造率近 100%）。5 个预期性指标分别是：贫困地区农民人均可支配收入年均增速高于全国平均水平、贫困地区农村集中供水率达到 83% 以上、贫困县义务教育巩固率达到 93% 以上、建档立卡贫困户因

病致（返）贫现象基本消除、建档立卡贫困村村集体经济年收入超过5万元（见表1）。除以上主要指标之外，《“十三五”脱贫攻坚规划》中的一些其他细节安排亦强调了指标治理导向。如在“产业发展脱贫”中，“在前期开展试点、光照条件较好的5万个建档立卡贫困村实施光伏扶贫，保障280万无劳动能力建档立卡贫困户户均年增收在3000元以上”；在“转移就业脱贫”中，“到2020年，力争使各类农村转移就业劳动者都有机会接受1次相应的职业培训，平均每年培训800万人左右，优先保障有劳动能力的建档立卡贫困人口培训”；在“教育扶贫”中，“到2020年，对全体乡村教师校长进行360学时的培训”；在“健康扶贫”中，“到2020年，每个贫困县至少有1所县级公立医院，每个乡镇有1所标准化乡镇卫生院，每个行政村有1个卫生室”；等等。其他政策文件也都以指标治理为导向，注重量化目标，并在具体实践中尽可能地分解为年度目标，2016年包括年度脱贫人数等指标在内的精准扶贫政策各项目标顺利达成，有力推动了精准扶贫工作的高效开展和农村贫困人口的人权发展。总体而言，量化指标的设定促进了扶贫治理及政策措施的精细化、科学化，有助于帮助施政者理清目标和推进步骤，同时也有助于精准实施，便于评估监督。与此同时，指标一经公布，便成了国家对人民的承诺，指标达成情况关涉政治信用和政治合法性问题，将扶贫这一重要的人权事业的目标拆解为若干具有实质意义的数目字，表明了党和政府对中国人权事业愈渐增长的热情和信心。

表1 “十三五”时期贫困地区发展和贫困人口脱贫主要指标

指标	2015年	2020年	属性	资料来源
建档立卡贫困人口（万人）	5630	实现脱贫	约束性	国务院扶贫办
建档立卡贫困村（万个）	12.8	0	约束性	国务院扶贫办
贫困县（个）	832	0	约束性	国务院扶贫办
实施易地扶贫搬迁贫困人口（万人）	—	981	约束性	国家发展改革委、国务院扶贫办
贫困地区农民人均可支配收入增速（%）	11.7	年均增速高于全国平均水平	预期性	国家统计局
贫困地区农村集中供水率（%）	75	≥83	预期性	水利部
建档立卡贫困户存量危房改造率（%）	—	近100	约束性	住房城乡建设部、国务院扶贫办

续表

指标	2015 年	2020 年	属性	资料来源
贫困县义务教育巩固率(%)	90	93	预期性	教育部
建档立卡贫困户因病致(返)贫户数(万户)	838.5	基本解决	预期性	国家卫生计生委
建档立卡贫困村村集体经济年收入(万元)	2	≥5	预期性	国务院扶贫办

资料来源:《"十三五"脱贫攻坚规划》。

其二,注重分类施策。

精准扶贫一改"大水漫灌"的传统扶贫方略,强调精准发力,因需治宜,其关键点是按照贫困地区和贫困人口的具体情况,实施"五个一批"工程,即发展生产脱贫一批、易地搬迁脱贫一批、生态补偿脱贫一批、发展教育脱贫一批、社会保障兜底一批。2016 年,国务院各部委颁布并实施了一系列指导文件,推进分类施策方略的系统化、科学化。①发展生产脱贫。发展生产脱贫主要依托兴办特色产业,相较于资源条件恶劣而需要进行整体搬迁以谋求发展机会的情形,产业扶贫是一种"就地脱贫"方案,其关键是将资源优势有效转化为产业优势、经济优势,提高贫困地区自我发展能力。由于易地搬迁脱贫、生态保护脱贫、发展教育脱贫都需要通过发展产业实现长期稳定就业增收,因而产业扶贫是减贫脱贫的根本之策,它将承担为 3000 万人摘掉"贫困帽"的任务,2016 年农业部等九个部门联合印发了《贫困地区发展特色产业促进精准脱贫指导意见》,对产业扶贫目标、推进方案、工作机制进行系统部署。②易地搬迁脱贫。易地搬迁脱贫是实施脱贫攻坚的重点措施,旨在解决自然条件恶劣、开发受限、基础设施建设和运行成本高以及地方病严重、地质灾害频发地区的贫困人口生存发展问题,通过易地搬迁实现彻底"挪穷窝""拔穷根"。2016 年 9 月,国家发改委发布《全国"十三五"易地扶贫搬迁规划》,计划五年内对近 1000 万建档立卡贫困人口实施易地扶贫搬迁,"着力解决居住在'一方水土养不起一方人'地区贫困人口的脱贫发展问题"。③生态补偿脱贫。生态补偿脱贫重点指向因生态保护而损失经济发展机会和发展利益的贫困地区,通过多种方式对贫困人口进行经济补偿。2016 年 4 月,国务院办公厅发布《关于健全生态保护补偿机制的意见》，明确指出“结合生态环境保护和治理，探索生态脱贫新路子”。从政策安排和实施情况来看，除了结合产业脱贫思路通过发展林业经济增收和直接给予经济补偿外，另一种较为有效的方式是利用生态保护补偿和生态保护工程资金使当地有劳动能力的部分贫困人口转为生态保护人员。④发展教育脱贫。教育是阻断贫困代际传播的关键，为农村贫困人口提供更充分的教育资源，降低因接受教育而承受的经济负担，对于贫困人口脱贫具有重要而长远的意义。2016 年底，教育部、国家发展改革委、民政部、财政部、人力资源社会保障部、国务院扶贫办六部门联合印发了《教育脱贫攻坚“十三五”规划》，以此作为“十三五”时期教育脱贫工作的行动纲领，针对建档立卡学龄前、义务教育阶段、高中教育阶段、高等教育阶段和学龄后五个阶段教育群体分类施策，分别确保普遍地接受学前教育的机会，义务教育的公平和质量，普遍地接受高中阶段教育特别是中等职业教育的机会，更多接受高等教育的机会以及适应就业创业需求的职业技能培训。按照该“规划”，到 2020 年贫困地区教育总体发展水平显著提升，实现建档立卡等贫困人口教育基本公共服务全覆盖，不让一个学生因家庭困难而失学。⑤社会保障兜底。社会保障兜底主要是针对丧失劳动能力、无法通过产业扶持和就业帮助脱贫的贫困人口。在地方实践中，社会保障兜底脱贫对象被进一步细分，如 2016 年 8 月，湖南省人民政府印发《社会保障兜底脱贫对象认定工作方案》，将社会保障兜底脱贫对象分为五类，即无劳动力或者丧失劳动能力的家庭，因残重度贫困的家庭，因病重度贫困的家庭，因灾或意外事故造成重度贫困的家庭以及因其他不可抗拒因素无法依靠产业扶持和就业帮助脱贫的重度贫困家庭。根据《“十三五”脱贫攻坚规划》的要求，社会保障兜底的总体思路是将符合农村低保条件的贫困家庭全部纳入农村低保范围，加大省级统筹工作力度，动态调整农村低保标准，确保 2020 年前所有地区农村低保逐步达到国家扶贫标准，亦即逐渐实现低保标准和扶贫标准“两线合一”。

其三，强化财政、金融和土地政策支持。

脱贫攻坚需要调动大量资金资源，为各项措施的推进、落实提供坚实支撑，2016 年全年，中国在财政、金融和土地政策方面给予扶贫最充分的支持。在财政支持方面，中央和省级财政专项扶贫资金首次突破 1000 亿元，其中中央财政扶贫资金667亿元，同比增长43.4%；省级财政超过400亿元，同比增长50%以上。在金融支持方面，2016年3月国家发改委等七部门联合印发《关于金融助推脱贫攻坚的实施意见》，对于增强扶贫金融服务的精准性和有效性进行了部署。2016年4月国家开发银行、中国农业发展银行分别设立扶贫金融事业部，2016年9月证监会发布了《中国证监会关于发挥资本市场作用 服务国家脱贫攻坚战略的意见》，为支持贫困地区产业发展，帮助贫困群众稳定脱贫，证监会对贫困地区企业首次公开发行股票、新三板挂牌、债券、并购重组等开辟绿色通道。在贷款支持上，2016年各类金融机构累计发放扶贫小额贷款1645亿元，支持贫困户766万。在土地政策支持方面，2016年国土资源部印发《全国土地利用总体规划纲要（2006－2020年）调整方案》，保障贫困地区22个省（区、市）建设用地规模；出台了《关于用好用活增减挂钩政策 积极支持扶贫开发及易地扶贫搬迁工作的通知》，加大对扶贫开发及易地扶贫搬迁增减挂钩指标支持，允许贫困地区增减挂钩节余指标在省域范围内流转使用。在政策的具体实施上，2016年国土资源部下达贫困地区新增建设用地计划458万亩，为贫困地区420万建档立卡贫困人口和随迁人口实施易地扶贫搬迁工程建设供地280余万亩。

其四，突出体制机制支撑。

让精准扶贫措施落到实处，需要有坚实的体制和机制支撑，依托《中共中央、国务院关于打赢脱贫攻坚战的决定》和《“十三五”脱贫攻坚规划》的总体战略要求，2016年的精准扶贫工作着力推进了责任制、退出机制、考核机制和协作机制的建立健全。①脱贫攻坚责任制与考核机制。2015年中央扶贫工作会议期间，中西部22个省份党委和政府向中央签订责任书。2016年底国务院扶贫开发领导小组各成员单位组成巡视组，对这22个省份脱贫攻坚工作展开了督查巡查，进行成效考核，委托专家学者实施第三方评估。此外，2016年2月，为增强约束激励效果，中共中央办公厅、国务院办公厅印发《省级党委和政府扶贫开发工作成效考核办法》，提出了包括减贫成效、精准识别、精准帮扶、扶贫资金在内的4项考核内容。对出现问题的党委和政府主要负责人采取约谈整改等措施，造成不良影响将被追责，考核结果作为对省级党委、政府主要负责人和领导班子综合考核评价的重要依据。对完成年度计划减贫成效显著的省份，给予一定奖励。2017年2月28日，国家发改委网站公示了拟激励的省份名单，对2016年在易地搬迁工作中表现突出的贵州省、四川省、湖北省、山东省予以奖励。[①] ②退出机制。2016年4月中共中央办公厅、国务院办公厅印发《关于建立贫困退出机制的意见》，建立起贫困退出机制的总体框架，各地方以此为依据，结合地方实际情况建立起更具操作性的标准和程序。例如，江西建立了包括贫困发生率、交通、饮水、住房、用电、通信、环境建设、公共服务设施8个方面在内的指标体系。[②] 甘肃省则分别为贫困人口、贫困村、贫困县设计了指标体系，贫困退出以户为单位，以该户当年人均可支配收入稳定超过国家现行扶贫标准、有安全住房、家庭无因贫辍学学生、有安全饮水等7项内容为主要指标。其中“贫困户年人均可支配收入”“有安全住房”属否决指标。贫困村退出以贫困发生率为主要衡量标准，综合考虑村内基础设施、公共服务和产业发展等共13项指标。贫困县退出以贫困发生率为主要衡量标准，共15项退出指标。[③] 值得指出的是，执行退出机制时采取扶贫对象“摘帽”不摘政策的做法，以巩固脱贫成果。③协作机制。2016年，中共中央办公厅、国务院办公厅印发《关于进一步加强东西部扶贫协作工作的指导意见》，进一步确立了东西结伴关系和协助任务。从2016年的实践来看，东西部协作进一步深化，东西部扶贫协作首次实现对全国30个民族自治州全覆盖；启动“携手奔小康”行动，东部发达地区267个经济较强县（市、区）结对帮扶西部406个贫困县。[④] 与此同时，社会其他力量也广泛参与到脱贫攻坚战中，国务院国资委组织中央企业设立贫困地区产业投资基金，51家央企参与出资。④驻村帮扶机制。在各省市现有工作基础上，普遍建立驻村工作队（组）制度，确保每个贫困村都有驻村工作队（组），每个贫困户都有帮扶责任人。2016年，全国各地共向贫困村选派驻村工作队12.8万个，派出驻村干部54万多人，全国选派18.8万名优秀干部到贫困村和基层党

---

① 《国务院办公厅关于对真抓实干成效明显地方加大激励支持力度的通知》第19条指出：对易地扶贫搬迁工作积极主动、成效明显的省（区、市），通过易地扶贫搬迁中央预算内投资给予奖励或倾斜支持，用于搬迁安置区相关建设。

② 魏本貌：《江西建立贫困村退出指标体系》，《人民日报》2016年12月19日，第23版。

③ 柴秋实：《甘肃建立贫困县“摘帽”指标体系——攻坚期内扶贫政策不变，扶持力度不减》，《人民日报》2016年4月12日，第13版。

④ 顾仲阳：《脱贫攻坚首战全面告捷（打赢脱贫攻坚战）——去年全国减贫1000万人，今年确保再减贫1000万人》，《人民日报》2017年2月17日，第1版。

组织薄弱村担任第一书记，提升群众脱贫能力。⑤监督执纪与司法保障。精准扶贫伴随着大量资源的调动和分配，如果缺乏监督，必然会滋生腐败。2016年纪检部门加强对精准扶贫工作的监督执纪，各地严肃查处建档立卡中弄虚作假、失职渎职、优亲厚友等行为，共处理干部7465名。此外，纪检部门还通过公布典型案例对扶贫腐败予以警示监督。与此同时，司法机关也对扶贫领域的腐败问题给予了更高关注，《最高人民法院、最高人民检察院关于办理贪污贿赂刑事案件适用法律若干问题的解释》于2016年4月18日起施行，贪污扶贫特定款物数额在一万元以上而不满三万元时，将被认定为《中华人民共和国刑法》第383条中的“其他较重情节”，以“贪污罪”定罪；挪用扶贫款物将被认定为《中华人民共和国刑法》第384条中的“情节严重”，将被从重处罚。2016年1~10月，全国检察机关共查办扶贫领域职务犯罪案件1892人，同比上升102.8%。此外，最高检还向全国通报了13起扶贫领域典型职务犯罪案件，形成了有力震慑。

二　2016年农村贫困人口人权保障新成就：更充分的生存权和发展权

减贫脱贫问题的实质，是保障人的生存权并在此基础上获得人的发展权。2016年，我国精准扶贫各项政策、措施全方位铺开，农村贫困人口减少1240万，超额完成1000万人的全年目标任务；贫困地区农村居民人均可支配收入比上年实际增长8.4%，增速高于全国平均水平，农村贫困人口的生产生活进一步改善，生存权和发展权有了基本的保障。

（一）从改善农村贫困人口生产生活条件着手，保障人的生存权和发展权

基础设施薄弱一直是制约贫困地区人的生存和发展的瓶颈，2016年，政府继续支持贫困地区基础设施建设，加大投入力度，关键基础设施供给在数量上显著增加，质量上显著提升，贫困地区人民的生存和发展条件得到了进一步改善。

在公路建设上，《“十三五”交通扶贫规划》提出力争到2020年，贫困地

区全面建成“外通内联、通村畅乡、班车到村、安全便捷”的交通运输网络，总体实现“进得来、出得去、行得通、走得畅”。截至2016年10月底，全国新改建农村公路23.6万公里，提前完成了国务院下达的年度任务，其中交通扶贫规划范围涉及的1177个县新改建农村公路15.9万公里。[①] 2016年全年全国新增通硬化路建制村超过1.3万个。在水利建设方面，2016年农村饮水安全巩固提升工程重点解决712个贫困县，2.2万个贫困村，125.7万户贫困户，国家建档立卡432万贫困人口的用水问题。[②] 在电力建设方面，国家电网启动了新一轮农网改造工程，同时，开展西藏、新疆及四川、甘肃、青海等地的农村电网建设攻坚工程，促进西部及贫困地区农网供电服务均等化，提高553个贫困县供电能力，全面解决342.6万农村用户“低电压”问题。[③] 从具体实施情况来看，截至2016年12月30日，农网改造已累计完成78.2万眼机井通电、3.6万个小城镇（中心村）电网改造升级、2.2万个自然村通动力电工程改造建设，动力电进入贫困农村，许多村民建起了农产品加工厂，并尝试电子商务，获得了更良好的发展条件。在住房安全方面，继续实施危房改造工程，目前全国居住在危房中的1600多万贫困农户，都已户户建档并录入信息系统。2016年全国共完成153万建档立卡贫困户的危房改造，贫困农户的住房条件得到了改善。在网络建设方面，中央网信办、国家发展改革委、国务院扶贫办联合印发《网络扶贫行动计划》，明确提出实施“网络覆盖工程、农村电商工程、网络扶智工程、信息服务工程、网络公益工程”五大工程，到2020年，建立起网络扶贫信息服务体系，实现网络覆盖、信息覆盖、服务覆盖。截至2016年11月底，我国农村网络光纤接入占比（FTTH端口占比）达到82.2%，比2015年底提升19个百分点；贫困村宽带覆盖率超过80%；农村光纤宽带用户超过6100万，比2015年底提升90%。[④]

---

① 刘志强：《交通扶贫超额完成 保障规划资金落实》，《人民日报》2016年11月25日，第6版。

② 郑爽、王浩宇：《精准扶贫托起全面小康》，《中国水利报》2016年10月18日，第1版。

③ 于佳欣：《国家电网实施新一轮农网改造 总投资5222亿元》，2016年4月29日，新华网，http://news.xinhuanet.com/fortune/2016-04/29/c_1118772592.htm。

④ 侯云龙、林远：《多项产业扶持政策预计陆续出台 新一代信息技术产业今年全面提速》，《经济参考报》2017年1月5日，第A02版。

（二）从拓展农村贫困人口发展机会着手，保障人的生存权和发展权

2016 年，通过分类施策，落实精准扶贫各专项行动，农村贫困人口获得了更多就业创业机会、增收机会、教育机会，发展机遇进一步拓展，自身的可持续发展能力得到了进一步改善，工作权利、财产权利、受教育权利、社会保障权利等诸项权利得到了更好保障。

其一，发展产业脱贫方面。产业扶贫因具有较强的可持续性在精准扶贫中占据重要地位，2016 年产业扶贫行动，如特色种养业、特殊经济林、林下经济等绿色富民产业也切实改善了农村贫困人口脱贫致富的能力。从地方实践来看，贵州省 2016 年实施产业扶贫项目约 2 万项，重点发展种养业、农产品加工业、乡村旅游业和劳务经济等，全年共有 73.4 万贫困人口实现脱贫。[①] 重庆市 2016 年累计实施项目 5432 个，通过特色产业覆盖带动贫困群众 34 万人。[②] 特色产业扶贫专项行动下的电商扶贫、旅游扶贫、资产收益扶贫等措施在带动贫困农户就业、增收方面也都取得了良好效果。电商扶贫是发展产业扶贫的一个重要的创新形式，它以电子商务为手段，拉动网络创业和网络消费。2016 年，428 个县开展了电商扶贫试点，在缓解农产品出售困难、增加贫困群众收入方面成效明显。[③] 例如，在甘肃省陇南市，近两年当地农民人均可支配收入从 4345 元增长到 6108 元，增长了 41%，其中，电商对增长的贡献率达到 43.4%。2016 年贫困人口通过电商人均增收 620 元，陇南市贫困人口也由 2014 年的 64.4 万下降到 2016 年的 36.9 万，减少了 42.7%，贫困发生率由 26.04% 下降到 14.86%。[④] 旅游扶贫是产业扶贫的另一个亮点工程，通过发展乡村旅游带动全国 25 个省（区、市）2.26 万个建档立卡贫困村，230 万贫困户，747 万贫困人口实现脱贫。2016 年各地旅游扶贫的实践也取得了良好的效果，如福建省 2016 年 52 个旅游扶贫试点村全年帮助 2.5 万人完成转移就业，

---

① 周燕玲：《中国脱贫攻坚“贵州样本”》，2017 年 3 月 6 日，中国新闻周刊网，http://www.inewsweek.cn/news/observe/602.html。

② 蒋青琳、钟旖：《重庆累计实施产业扶贫项目 5432 个，“特色”二字成关键》，2017 年 1 月 9 日，中国新闻网，http://finance.china.com.cn/news/dfjj/20170119/4075845.shtml。

③ 何凡、高畅：《2016 中央经济工作会议释放的“民生十惠”》，2016 年 12 月 16 日，新华网，http://news.xinhuanet.com/fortune/2016-12/16/c_129407920.htm。

④ 李慧：《电商扶贫的陇南模式》，《光明日报》2017 年 2 月 25 日，第 2 版。

占常住人口的比重达35%，试点村人均年可支配收入达到8344元，同比增长15.4%，其中旅游从业人员人均年可支配收入8926元，同比增长19.4%。[①] 湖北省2016年完成旅游投资890.87亿元，共带动25万人通过旅游脱贫致富。[②] 贵州省则通过100个旅游景区建设和乡村旅游发展，覆盖全省1417个建档立卡贫困村，带动了29.4万建档立卡贫困人口就业增收脱贫。[③] 在资产收益扶贫方面，全国已有多个省份先后探索出多种资产收益扶贫模式。比如，将扶贫资金或贴息贷款作为贫困户股份，参与农业合作社或企业的生产经营和收益分红；开展“三权”抵押贷款试点，鼓励贫困户抱团入股参与企业、合作社生产经营；将专项扶贫资金补助建设项目形成的固定资产，按投资比例确定资产份额，盈余分配权归贫困户和新型主体。光伏扶贫是资产收益扶贫的一个重要模式，旨在为建档立卡的无劳动能力贫困户（包括残疾人）每年每户增加3000元以上收入，它主要通过在农户住房屋顶和农业大棚上铺设太阳能电池板，由农户使用电能，并将剩余电能卖给国家电网，从中获得收益。国家能源局和国务院扶贫办2016年10月对外发布第一批光伏扶贫项目，总规模为516万千瓦，其中村级光伏电站（含户用）218万千瓦，集中式地面电站298万千瓦。这些项目分布在河北、安徽、山东、江西等14个省份，将帮扶55万余贫困户。[④] 这些省份2016年的实践已经取得一定成效，如山西省全省光伏扶贫开工建设村级电站783座、地面集中电站10座，惠及1800个贫困村5.7万贫困户。[⑤]

其二，易地搬迁脱贫方面。易地搬迁扶贫作为分类施策的另一项重点工程，在2016年的精准扶贫中同样发挥了重要作用，借助一系列倾斜性支持政策，易地搬迁顺利展开，为居住在发展受限地区的农村贫困人口提供了全新的发展契机。截至2016年12月底，22个省（区、市）1282个县（区）易地扶贫搬迁项目已全部开工，安置住房、配套基础设施和基本公共服务等建设也在

---

① 储白珊：《乡村搞旅游，不止好山好水》，《福建日报》2016年12月9日，第2版。

② 吴坚：《2016年湖北完成旅游投资逾890亿元　全省旅游十大亮点发布》，2017年2月20日，荆楚网，http://news.cnhubei.com/xw/jj/201702/t3789166.shtml。

③ 敖克模、胡松：《贵州旅游扶贫成效显著》，《中国旅游报》2017年3月1日，第1版。

④ 陈炜伟：《国家下达首批光伏扶贫项目惠及55万余贫困户》，2016年10月17日，新华网，http://news.xinhuanet.com/fortune/2016-10/17/c_1119735229.htm。

⑤ 赵建军：《光伏发电惠及我省5.7万贫困户》，《山西日报》2017年2月28日，第1版。

推进之中，2016 年 249 万人易地扶贫搬迁建设任务如期完成[①]，显著带动了贫困人口脱贫。特别是在西南地区，受制于特殊地理环境，“一方水土养不起一方人”的问题尤为突出，易地搬迁解决了占贫困人口相当大比例的农户脱贫问题，如贵州省 2016 年减少贫困人口 120.8 万，易地扶贫搬迁 45 万人，与之比例相当，云南省 2016 年减少贫困人口 120 万，易地扶贫搬迁 44.5 万人。在搬迁后，贫困人口不仅住房得到保障，在务工就业（包括就职公益岗位）、产业发展、资产收益等方面也都获得了相应的扶持。

其三，教育脱贫方面。目前我国农村地区特别是老少边穷地区的教育水平还比较滞后，这也是我国农村贫困代际传播的一个重要原因，教育脱贫是根本性扭转这一局势的关键。2016 年，教育脱贫工作扎实展开，惠及众多农村贫困人口，使贫困生在学费、基本生活、高等教育机会等方面享受到诸多实惠。从 2016 年秋季学期起，免除公办普通高中建档立卡家庭经济困难学生，包括非建档立卡家庭经济困难残疾学生的学杂费，并且实现了农村义务教育阶段学生营养计划对贫困地区的全覆盖。2016 年，全国累计资助学前教育（幼儿）、义务教育、中职学校、普通高中和普通高校学生 9126.14 万人次（不包括义务教育免除学杂费和免费教科书、营养膳食补助），比上年增加 692.87 万人次，增幅为 8.2%。2016 年，全国共有 1563.83 万家庭经济困难寄宿生享受到生活费补助政策，政策覆盖率为 53.64%。其中，西部地区 1010.89 万人，覆盖率（占该地区寄宿生总数）达 79.12%；中部地区 375.28 万人，覆盖率为 31.22%；东部地区 177.66 万人，覆盖率为 40.74%。[②] 在推进中职教育方面，22 个省份实现中职学生全部免学费，农村贫困学生受教育机会进一步扩展。除此之外，高考招生继续给予贫困地区倾斜性支持，2016 年，支援中西部地区招生协作计划安排 21 万人，其中本科 14 万人，由北京、天津、江苏等 14 个省（区、市）的公办普通高校承担，面向河南、广西、贵州、甘肃等 10 个中西部省（区、市）招生，同时，国家贫困地区定向招生专项计划安排 6 万人，由中央部门和以地方“211 工程”学校为主的本科一批招生高校承担。[③]

① 刘祎辰：《国家发改委：2016 年 249 万人易地扶贫搬迁建设任务如期完成》，2017 年 2 月 10 日，央广网，http：//china. cnr. cn/NewsFeeds/20170210/t20170210_ 523584972. shtml。

② 以上数据源于教育部发布的《2016 年中国学生资助发展报告》。

③ 宗河：《支援中西部地区招生协作计划安排 21 万人》，《中国教育报》2016 年 5 月 6 日，第 1 版。

其四，生态保护脱贫和社会保障兜底方面。生态保护扶贫多与产业扶贫相衔接，为农村贫困人口提供了新的发展机会。除退耕还林还草获得的直接补偿外，农村贫困人口还有机会成为护林员，2016 年林业部门为扶贫对象安排护林员岗位近 30 万个。[①] 此外，生态扶贫还会带动林业经济的发展，为贫困人口提供更多的增收机会，如 2016 年四川省通过发展林业经济各贫困县农民人均林业收入达 1300 元。[②] 在社会保障兜底方面，2016 年农村贫困人口的社会保障水平进一步提高。2016 年，城乡居民基本医保制度对建档立卡农村贫困人口实现全覆盖，新农合人均补助标准提高到 420 元/年，政策范围内门诊和住院费用报销比例分别达到 50% 和 75% 左右[③]，2016 年贫困人口住院实际补偿比达到 67.6%，贫困群众医疗成本降低；74% 的贫困县初步实现了县域内先诊疗后付费，减少了危重病情被耽搁的情况[④]；889 家三级甲等医院对口帮扶 1189 个贫困县医院，在一定程度上缓解了贫困地区医疗技术、医疗人才短缺问题；白内障等专项救治行动启动实施，贫困群众获得了更多及时有效的医疗救治的机会。此外，山东、河北等省份全省农村低保已全部达到国家扶贫线标准，实现了低保标准与国家扶贫标准“两线合一”。

三　精准扶贫与农村贫困人口人权保障的建议

在中国脱贫攻坚的开局之年，精准扶贫政策全面实施，中国农村贫困人口的人权保障取得诸多新成就，为今后四年的精准扶贫工作奠定了坚实基础。但是也应当意识到，为期五年的脱贫攻坚战刚刚起步，尚未脱贫的多是贫中之贫、困中之困之人，脱贫任务仍然十分艰巨，现有工作仍然存在诸多问题，必须正视这些问题并及时予以回应。

---

① 顾仲阳：《精准脱贫　首胜可期——中央扶贫开发工作会议一年来脱贫攻坚综述》，《人民日报》2016 年 11 月 27 日，第 1 版。

② 王成栋：《2016 林业扶贫交卷　贫困县人均林业年收入突破 1300 元》，《四川日报》2017 年 1 月 3 日，第 11 版。

③ 李唐宁：《新农合人均补助标准提至 420 元》，《经济参考报》2016 年 5 月 9 日，第 A03 版。

④ 陈聪：《国家卫计委：建档立卡农村贫困人口已实现基本医保全覆盖》，2017 年 1 月 19 日，新华网，http：//news. xinhuanet. com/politics/2017 -01/19/c_ 1120347508. htm。

（一）治理精准扶贫中的“权力滥用”问题

2016 年的精准扶贫工作大规模展开，见效显著，但基层实践中仍然存在“权力滥用”的问题。强行摊派职工捐款；错配资源，“富人”被扶贫；虚报套取国家扶贫资金、冒领低保和危房改造等补助资金，截留私分专项扶贫资金；强制农民参与扶贫项目；不负责地推进产业项目，导致项目趋同，产品滞销……凡此种种，都折射出精准扶贫工作中存在不负责任地行使职权的问题。这意味着对后续精准扶贫的监督执纪工作仍须保持充分警惕，同时，这也表明精准扶贫的监督方式仍有待拓展。应当讲，自精准扶贫工作开展以来，监督执纪工作不可谓不严格，但它始终要面临执法的边际成本递增和边际效益递减的问题，因此，有必要通过赋予并保障农村贫困人口的知情权、表达权、参与权、监督权来改变监督格局和效能。总体而言，引入贫困农户自主监督机制应当至少包含如下四个方面。其一，扶贫专项资金的使用情况、建档立卡贫困户名单等重要信息应当以便于触及的方式及时向农户公示；其二，对于扶贫项目，特别是产业扶贫项目，贫困农户有自主选择权；其三，在县级人民政府开通监督热线，设立监督奖励机制，鼓励贫困农户积极行使监督权；其四，将贫困农户的知情权、表达权、参与权、监督权的保障状况纳入考核。

（二）警惕精准扶贫中的“形式主义”问题

在“权力滥用”情况之外，“形式主义”在精准扶贫工作中也以不同的方式存在。基层干部陷入编制报表的日常循环，“不看实效看资料”的工作方式并非个例；未“吃透”政策便程式化地层层上传下达，又在后续反馈解答过程中给出前后不一的解释，导致无效返工的情况颇为常见；进村入户拍照、拉横幅等慰问走过场的情况时有发生；对一线人员扶贫能力评价不重效果只重政策熟识度的现象亦不少见。在政策实施上，仍有地方疏于真诚对待和怠于进行分类施策，而简单运用社保兜底，“一兜了之”。尽管如此施策可以完成数字意义上的脱贫，然而低保户和五保户（分散供养），大部分是残疾人、孤寡老人或认知障碍者，由于行动不便、认知能力有限或者精神存在障碍，即使拿到低保金或者五保金也没有能力改变自身生活境况，精准扶贫的实质效果大打折扣。有鉴于此，避免和减少形式主义应当是未来推进和优化精准扶贫工作的一项重点问题。总体而言，它应当着力解决如下几方面的问题。其一，优化考核方式，减少需通过“资料”进行检验的项目，压缩报表提交频率，更注重效果检验，在具体考核过程中，直接下基层，避免层层陪同，“不打招呼”“不设定路线”，直接调研考察群众诉求和满意度。其二，强化第三方评估，注重长期脱贫能力评估，尤其要着重关注收入达到脱贫标准或短期内能够脱贫但仍具有较高返贫风险的群体。其三，加强人才队伍建设，使精准扶贫具体工作拥有合格的引导者，具备能够从形式面向实质的实施基础，可一方面整合大学生村官、西部计划志愿者等人才资源参与精准扶贫工作，另一方面则在医疗卫生、基础教育、职业教育、就业培训、实用技术等领域吸收专门人才组建专业服务队。①

（三）及时解决政策落地难问题

政策从制定到落实仍然存在许多有待清理的障碍、难题，精准扶贫政策亦不例外，在时间短、任务重的情势下，更需要关注和及时解决政策落地问题。光伏扶贫作为脱贫攻坚的重点扶持项目在多地被推广实践，然而在实践中，目前已经有多个项目出现了“卡壳儿”，原因涉及诸多方面。贫困地区的电网基础建设相对薄弱，装机容量有限，存在并网难问题；前期投资大，成本回收周期长，存在融资难问题；光伏补贴缺口近 600 亿元，收入保障仍面临一定风险。与此同时，更值得注意的是，光伏产业还面临着市场饱和的问题，数据显示，全国弃光限电约 19 亿千瓦时，主要集中在西北地区，西北地区的甘肃、新疆和宁夏都被列入弃光严重的行列。新疆和甘肃是最早出现弃光的地区，2015 年上半年，国家能源局首次公布光伏发电运行情况时就显示，甘肃省弃光电量 11.4 亿千瓦时，弃光率 28%，新疆弃光电量 5.41 亿千瓦时，弃光率 19%，弃光露出端倪。② 如此一来，在种种现实困难的交相作用下，光伏扶贫政策的效能尚未真正发挥出来，“保障 200 万建档立卡无劳动能力贫困户每年每户增加收入 3000 元”的目标面临挑战，即使在 2020 年实现该目标，政策

① 吴江：《精准扶贫要有“精准”的人才队伍》，《光明日报》2016 年 3 月 15 日，第 15 版。

② 张旭东：《西北弃光严重　光伏发电东南飞》，2016 年 4 月 23 日，第一财经网，http://www.yicai.com/news/5006571.html。

效益的维持能力和维持期限也仍然不明朗。因此，需要尽快完成政策协调和措施配套。①从宏观上，在继续支持村级光伏电站、户用光伏电站建设的前提下，调整光伏电站发展布局，严格控制弃光严重地区新增规模；②健全投入保障机制，设立光伏扶贫专项基金，引导政策性银行、商业银行设立专项贷款业务，在贷款年限、利率上给予支持；③统筹推进农网升级改造工作，提高并网速度；④设立光伏扶贫电费补贴绿色通道，保障贫困户的光伏发电收益。

（四）预判和消减精准扶贫与人权保障中的潜在消极因素

精准扶贫伴随着大规模资源流动、利益分配，难免会牵涉利益格局、利益关系的大调整，为了尽可能减少由此产生的消极因素对贫困人口脱贫及人权发展效果的抵消、弱化，应当及时回应已经出现的一些苗头性、倾向性问题。从目前来看，有待着重关注的问题至少包括“资本下乡”和扶贫利益公平分配。产业扶贫常常伴随“资本下乡”，“资本下乡”固然能够带来更多就业岗位，增加贫困农户收入，但也会产生诸多新问题。例如，在“资本下乡”过程中，龙头企业成为乡村经济的主要带动力量，通过推动“农民上楼”、土地整理和流转、规模经营，极大地改变了农民的生活方式和生产方式，同时也在改变村庄的治理结构，村庄和企业的关系日益紧密，以至于形成了“村企合一”模式，村级组织依附于公司存在。[①] 在这样的情势下，贫困农户乃至整个乡村的自治权都会逐渐瓦解，同时，其土地财产的自主权和收益权亦容易受到侵犯。此外，资本下乡扶贫过程中，工商资本由于种植业利润有限而往往会倾向于开发乡村旅游、工业园建设等产业，这同国家的总体农业政策导向又出现了一定程度的冲突。从整体上统筹考虑精准扶贫、农业政策实施、土地制度完善、乡村社会基础重建等问题将具有重要的现实意义。

精准扶贫旨在帮助贫困人口摆脱贫困，促进贫困人口实现其生存权和发展权，公平地分享社会发展、经济进步的成果。然而，值得注意的是，扶贫措施不当也可能酝酿拉大贫富差距的后果。有研究表明，区域性扶贫开发在促进贫困地区的经济增长、缩小贫困地区与其他地区差距的同时，也因为贫困地区内

---

① 焦长权、周飞舟：《“资本下乡”与村庄的再造》，《中国社会科学》2016 年第 1 期。

部相对富裕的家庭受益更多而扩大了贫困地区内部的收入差距。在《中国农村扶贫开发纲要（2001－2010年）》实施期间，扶贫工作重点县即出现了不同收入组的收入差距不断扩大的现象。① 精准扶贫政策实施以来，扶贫引发的贫困地区内部贫富差距扩大的总体情况尚无法掌握，但个别经验研究仍证明此种情况真实存在（并且在一段时间内会继续存在），在扶贫过程中先富起来的农户利用其不断积累的经济、政治和其他资源条件获得了更多的发展机会，而其他贫困户由于显见的竞争劣势而被压缩了发展空间，这种缺乏公平感的脱贫致富导致了一些贫困群体的消极情绪，滋生了一系列社会矛盾。② 有鉴于此，在未来四年，精准扶贫政策的实施应配备一种能够表达和满足公平发展诉求的评价体系，并且在扶贫项目规划、扶贫资源分配中进行预先的公平性论证，甄别潜在的非公平因素，同时，也应当注意加强民主建设，保障贫困村民的知情权、参与权、表达权和监督权。

参考文献

[1] 王佳宁、白静、罗重谱：《中国经济社会发展主要指标更迭及“十三五”重要指标述评》，《改革》2016年第6期。

[2] 焦长权、周飞舟：《“资本下乡”与村庄的再造》，《中国社会科学》2016年第1期。

[3] 汪三贵、刘未：《以精准扶贫实现精准脱贫：中国农村反贫困的新思路》，《华南师范大学学报》（社会科学版）2016年第5期。

[4] 王国勇、邢溦：《我国精准扶贫工作机制问题探析》，《农村经济》2015年第9期。

[5] 李云龙：《人权保障视野下的中国农村扶贫进程》，《东北财经大学学报》2016年第4期。

[6] 孙兆霞：《脱嵌的产业扶贫——以贵州为案例》，《中共福建省委党校学报》2015年第3期。

① 汪三贵、刘未：《以精准扶贫实现精准脱贫：中国农村反贫困的新思路》，《华南师范大学学报》（社会科学版）2016年第5期。

② 孙兆霞：《脱嵌的产业扶贫——以贵州为案例》，《中共福建省委党校学报》2015年第3期。

B.5
疫苗监管与公民健康权利保障

贾平　刘锐一*

摘　要： 疫苗安全是保障公民健康权利的要求。中国政府一向重视疫苗生产、运输及使用安全，为公民健康提供了坚实的保障。2016年疫苗安全监管体制进一步完善，疫苗安全法律进一步完善，受种者健康救济权利得到专门制度保障。今后，应当进一步提高疫苗监管法制化水平，提高疫苗安全管理水平，完善预防接种异常反应补偿机制，加强对接种异常反应的法律救济。

关键词： 疫苗监管　公民健康权利　法律保障

一　疫苗安全是保障公民健康权利的要求

公民健康权是为国际人权公约和世界卫生组织所肯定的基本人权之一。① 我国宪法明确规定发展医疗卫生事业，保护和促进公民健康。② 疫苗作为预防、控制乃至消灭传染病最经济、安全和有效的手段，已被许多国家纳入国家

---

* 贾平，四川大学法学院博士研究生，公共卫生治理项目执行主任，主要研究方向为公共卫生法律政策、人权法、生命伦理学和法律；刘锐一，四川大学法学院宪法学博士研究生，主要研究方向为宪法、人权法。

① 如《世界人权宣言》第25条规定："人人有权享受为维持他本人和家属的健康和福利所需的生活水准，包括食物、衣着、住房、医疗和必要的社会服务。"《经济、社会、文化权利国际公约》第12条第1款，第12条第2款分别规定了缔约国保障公民健康权利的义务和为实现这项权利应采取的步骤。

② 《宪法》第33条第3款，第36条第3款；《宪法》宪法第21条，第26条第1款。

医疗体系，成为各国政府成效最为显著、影响最广泛的基本公共卫生服务，是世界各国保障公民健康权利的重要途径。

发展疫苗事业、确保疫苗安全对保障公共卫生安全，促进公民健康具有重大意义。我国自1978年实施计划免疫以来，日益完善的疫苗供应和疫苗安全保障体系为我国传染病防治和人均寿命的持续延长做出了巨大贡献。20世纪60年代初，我国通过接种牛痘消灭了天花，2000年实现了无脊髓灰质炎目标，2008年实现了消除丝虫病的目标，2012年消除了新生儿破伤风。2004年以来，我国传染病疫情形势总体平稳，甲乙类传染病年报告发病率、死亡率分别控制在272/100000和1.25/100000以下。[①] 我国覆盖城乡的预防接种体系日臻完善，疫苗储运的冷链管理系统实现全覆盖，国家免疫规划疫苗接种率达到并保持在较高的水平，多数疫苗可预防疾病发病率降到了历史较低水平，人民群众的健康水平不断提高。

与此同时，近年暴露出的疫苗安全问题不容忽视，以非法获利为目的的涉疫苗犯罪也呈上升趋势。自2004年以来，在全国具有较大影响的非法疫苗案件已达十余起，涉案金额与影响人数呈上升趋势。比较典型的有2009年的大连狂犬疫苗事件、2010年的山西疫苗事件、2010年的麻疹疫苗事件、2013年的乙肝疫苗事件以及2016年的山东疫苗事件。其中山东疫苗案涉及25种儿童、成人用二类疫苗，涉案金额高达5.7亿元，疫苗流入全国24个省、区、市。[②] 疫苗安全问题不仅危害公民健康，也阻碍我国基础卫生事业的发展，加强疫苗监管，维护疫苗安全刻不容缓。

加强疫苗安全监管，保护公民健康权利是我国人权保障的重要内容。《国家人权行动计划（2016－2020年）》将保障公民健康权利列为公民社会权利保障的重要内容，要求加强重大疾病防控，保障用药安全。[③] 2016年中共中央、国务院印发《“健康中国2030”规划纲要》，提出了“保障食品药品安全”和“强化药品安全监管”的目标（第15章第2节）。

山东疫苗案发生后，国家强化了疫苗安全监管，进一步完善疫苗监管制

---

① 《中国疾病预防控制工作进展》，国家卫生与计划生育委员会网站：http://www.nhfpc.gov.cn/jkj/s7915v/201504/d5f3f871e02e4d6e912def7ced719353.shtml。

② 徐鹏：《“5.7亿非法疫苗案”暴露监管漏洞》，《法治日报》2016年3月21日，第1版。

③ 《国家人权行动计划（2016－2020年）》，《人民日报》2016年9月30日，第13版。

度。2016 年 4 月 23 日，李克强签署第 668 号国务院令，颁布《国务院关于修改〈疫苗流通和预防接种管理条例〉的决定》（以下简称《决定》）。2016 年新修订的《疫苗流通和预防接种管理条例》将二类疫苗并入省级公共资源交易平台进行采购，取消了疫苗批发企业经营疫苗的环节，实行疫苗生产企业通过省级公共资源交易平台与县级接种机构对接，“铲除了因利益影响疫苗安全的土壤”[①]；对疫苗流通和流通管理做出了更加严格的规定，确保疫苗储存、运输全程处于规定的温度环境中。这一系列举措，对消除疫苗生产和流通安全隐患，促进疫苗事业的健康发展和公民健康具有重要意义。

二　2016年强化疫苗安全，保障公民健康权利的进展和成就

疫苗生产和监管中存在的问题，关键在于生产、流通和监管部门是把这样的问题当作一个单纯的市场管理问题来看待，还是把它作为人民群众的生命权和健康权来对待的问题。2016 年，中国政府采取一系列措施加强疫苗安全监管，不断完善疫苗生产和流通及使用安全监管制度。2016 年 2 月国务院办公厅发布了《关于进一步加强疫苗流通和预防接种管理工作的意见》（国办发〔2017〕5 号），要求完善疫苗管理工作机制、促进疫苗自主研发和质量提升、加强疫苗流通全过程管理、规范接种管理以及落实保障措施，进一步加强疫苗流通和预防接种管理，确保疫苗质量和接种安全，保障人民群众生命安全和身体健康。2016 年 4 月，《国务院关于修改〈疫苗流通和预防接种管理条例〉的决定》着力完善第二类疫苗的销售渠道、冷链储存、运输等流通环节的法律制度，建立疫苗全程追溯法律制度，加大处罚及问责力度。2016 年 6 月，国家食品药品监管总局和国家卫生计生委发布《关于贯彻实施新修订〈疫苗流通和预防接种管理条例〉的通知》（食药监药化监〔2016〕74 号），要求严格规范疫苗销售和采购行为，落实疫苗配送管理，落实疫苗冷链和追溯管理要求，严格规范疫苗使用管理，强化疫苗流通和使用监督检查及加强预防接种和疫苗管理能力建设。为配合《疫苗流通和预防接种管理条例》的贯彻实施，

① 《从疫苗管理新规读懂严管新常态》，《医药经济报》2016 年 5 月 6 日，第 3 版。

国家卫生计生委办公厅于2016年12月印发了《预防接种工作规范》，进一步规范预防接种工作。

（一）以人民生命安全和身体健康为中心的疫苗安全制度进一步完善

1. 建立了疫苗全过程追溯管理制度，监管责任更加明确

国家食品药品监管总局和国家卫生计生委发布《关于贯彻实施新修订〈疫苗流通和防接种管理条例〉的通知》（食药监药化监〔2016〕74号），规定建立疫苗全程追溯制度，相关企业和单位应记录疫苗流通、储存和使用信息，实现疫苗最小包装单位的全程可追溯。① 具体包括以下五个方面。第一，疫苗生产企业销售疫苗时有严格的程序，销售进口疫苗的，还要提供进口药品通关单复印件。② 第二，疫苗生产企业应当建立真实完整的销售记录，并保存至超过疫苗有效期2年备查。③ 第三，接种单位也要索要疫苗储存、运输过程温度监测记录，建立接收和购入记录。④ 第四，接种医务人员也要对包括疫苗品种、有效期、接种者在内的信息进行记录并保存。⑤ 第五，国家应建立疫苗

① 《国务院关于修改〈疫苗流通和预防接种管理条例〉的决定》，国务院网站：http://www.gov.cn/zhengce/content/2016-04/25/content_5067597.htm。

② 《决定》第四条，将第十七条第一款修改为："疫苗生产企业在销售疫苗时，应当提供由药品检验机构依法签发的生物制品每批检验合格或者审核批准证明复印件，并加盖企业印章；销售进口疫苗的，还应当提供进口药品通关单复印件，并加盖企业印章。"

③ 《决定》第五条，对原条例第十八条进行了修改。第五条第二段规定："疾病预防控制机构应当依照国务院卫生主管部门的规定，建立真实、完整的购进、储存、分发、供应记录，做到票、账、货、款一致，并保存至超过疫苗有效期2年备查。疾病预防控制机构接收或者购进疫苗时应当索要疫苗储存、运输全过程的温度监测记录；对不能提供全过程温度监测记录或者温度控制不符合要求的，不得接收或者购进，并应当立即向药品监督管理部门、卫生主管部门报告。"

④ 《决定》第六条，将第二十三条第一款修改为："接种单位接收第一类疫苗或者购进第二类疫苗，应当索要疫苗储存、运输全过程的温度监测记录，建立并保存真实、完整的接收、购进记录，做到票、账、货、款一致。对不能提供全过程温度监测记录或者温度控制不符合要求的，接种单位不得接收或者购进，并应当立即向所在地县级人民政府药品监督管理部门、卫生主管部门报告。"

⑤ 《决定》第七条，将第二十五条第二款修改为："医疗卫生人员应当对符合接种条件的受种者实施接种，并依照国务院卫生主管部门的规定，记录疫苗的品种、生产企业、最小包装单位的识别信息、有效期、接种时间、实施接种的医疗卫生人员、受种者等内容。接种记录保存时间不得少于5年。"

全程追溯制度，国务院药品监督管理部门应会同国务院卫生主管部门制定统一的疫苗追溯体系技术规范（参见表1、表2）。

表1　2016年国家食药监总局和国家卫生计生委发布的相关规范性文件

发布时间	规范文件
6月13日	《关于贯彻实施新修订〈疫苗流通和预防接种管理条例〉的通知》(食药监药化监〔2016〕74号)
3月19日	《食品药品监管总局关于依法查处非法经营疫苗行为的通知》(食药监稽〔2016〕30号)①
3月19日	《食品药品监管总局关于非法经营疫苗案件查处工作有关事项的通告》(2016第62号)②
7月15日	《国家卫生计生委办公厅关于进一步加强预防接种监督工作的通知》(国卫办监督发〔2016〕32号)

注：①《食品药品监管总局关于依法查处非法经营疫苗行为的通知》，中华人民共和国中央人民政府网站：http：//www. gov. cn/xinwen/2016－03/20/content_ 5055575. htm。

②《总局关于非法经营疫苗案件查处工作有关事项的通告》，国家食品药品监督管理总局网站：http：//www. sda. gov. cn/WS01/CL0087/147626. html。

表2　2016年部分省份关于开展强化疫苗监管的配套性文件

地区	发布时间	规范文件
湖北	3月20日	《湖北省食品药品监督管理局关于加强疫苗监管严厉查处非法经营疫苗行为的通知》(鄂食药监文〔2016〕30号)①
河北	5月26日	《关于进一步加强疫苗流通和预防接种管理工作的实施意见》(冀政发〔2016〕25号)②
四川	5月6日	《关于进一步加强和规范预防接种工作的通知》(川卫办发〔2016〕124号)③
宁夏	3月22日	《关于依法查处非法经营疫苗行为的通知》(宁食药监〔2016〕47号)④
西藏	3月23日	《关于印发〈开展非法经营疫苗处置工作实施方案〉的通知》(藏食药监办〔2016〕95号)

注：①《湖北省食品药品监督管理局关于加强疫苗监管严厉查处非法经营疫苗行为的通知》，湖北省食品药品监督管理局：http：//www. hubfda. gov. cn/zxbw/gztz/eslj/25187. htm。

②《〈关于进一步加强疫苗流通和预防接种管理工作的实施意见〉政策解读》，河北省人民政府网站：http：//www. hebei. gov. cn/hebei/13172779/13172783/13424762/index. html。

③《关于进一步加强和规范预防接种工作的通知》，四川省人民政府网站：http：//www. sc. gov. cn/10462/11855/12018/12058/2016/6/30/10386384. shtml。

④《关于依法查处非法经营疫苗行为的通知》，宁夏食品药品监督管理局：http：//www. nxfda. gov. cn/CL0040/10375. html。

2. 统一二类疫苗采购平台，铲除因利益影响疫苗安全的土壤

2005 年颁行的《疫苗流通和预防接种管理条例》，将一类和二类疫苗分开，二类疫苗可进入药品经营环节，允许有条件的药品批发企业经营。就其本身而言，这也是一种以市场化的方式降低政府管理成本的尝试，但因为监管措施不到位等因素，导致生产流通由药监部门管理，而接种由卫生行政部门管理，产生了一系列的监管盲区。2016 年新修订的《疫苗流通和预防接种管理条例》将二类疫苗并入省级公共资源交易平台进行采购。修改后的《疫苗流通和预防接种管理条例》第十条规定："采购疫苗，应当通过省级公共资源交易平台进行。"第十五条第一款修改为："第二类疫苗由省级疾病预防控制机构组织在省级公共资源交易平台集中采购，由县级疾病预防控制机构向疫苗生产企业采购后供应给本行政区域的接种单位。"这一规定取消了疫苗批发企业经营疫苗的环节，实行疫苗生产企业通过省级公共资源交易平台与县级接种机构对接，"铲除了一大块因利益影响疫苗安全的土壤"。[①] 各地积极落实新的疫苗流通和预防接种管理条例，加强疫苗生产、流通和使用监管，加强疫苗安全管理能力建设（见表 3）。

表 3　2016 年部分省份关于二类疫苗采购的配套性文件

地区	发布时间	规范文件
山西	4 月 22 日	《山西省卫生计生委〈关于对第二类疫苗实行网上阳光采购的通知〉》[①]
四川	6 月 7 日	《四川省卫生计生委关于修改〈四川省第二类疫苗挂网阳光采购实施方案〉的通知》[②]
广东	10 月 28 日	《广东省卫生和计划生育委员会关于印发第二类疫苗集中采购实施方案的通知》（粤卫〔2016〕112 号）[③]
江苏	10 月 31 日	《江苏省第一类疫苗、第二类疫苗集中采购公告》（苏采药〔2016〕41 号）[④]
山东	11 月 25 日	《关于印发〈山东省实施第二类疫苗省级集中采购工作方案〉的通知》（鲁卫药政发〔2016〕3 号）[⑤]
河北	12 月 16 日	《河北省关于印发〈河北省第二类疫苗省级集中采购实施方案（试行）〉的通知》（冀卫发〔2016〕47 号）[⑥]
海南	9 月 22 日	《海南省卫生和计划生育委员会〈关于再次征求 2016 年海南省第二类疫苗集中采购实施方案（试行）意见的函〉》（琼卫疾控函〔2016〕98 号）

① 《从疫苗管理新规读懂严管新常态》，《医药经济报》2016 年 5 月 6 日，第 3 版。

续表

地区	发布时间	规范文件
陕西	11月25日	《陕西省第二类疫苗采购实施方案(试行)》[7]
甘肃	11月15日	《甘肃省第二类疫苗采购实施方案(试行)》(第二类疫苗集中采购平台自2016年11月15日正式上线启用,整合入甘肃省药品集中采购平台中)[8]
海南	12月21日	《关于印发〈2016年海南省第二类疫苗集中采购实施方案(试行)〉的通知》[9]

注：①《山西省卫计委下发二类疫苗实行阳光采购通知》，黄河新闻网：http：//lf. sxgov. cn/content/2016－04/22/content_ 7070300. htm。

②《省卫计委关于修改〈四川省第二类疫苗挂网阳光采购实施方案〉的通知》，四川省卫计委网站：http：//www. scwst. gov. cn/jg/jgsz/cspd/jkc/gzdt_ 324/201606/t20160607_ 12710. html。

③《广东省卫生和计划生育委员会关于印发第二类疫苗集中采购实施方案的通知》，广东省疾病控制中心网站：http：//www. cdcp. org. cn/gdsjbyfkzzx/gnwxx001bv/201611/9b80f5f8aaaf49848747eefd5b843e25. shtml。

④《江苏省第一类疫苗、第二类疫苗集中采购公告》，江苏省卫计委网站：http：//ypcgzx. jswst. gov. cn/zxxx/6900. html。

⑤《关于印发〈山东省实施第二类疫苗省级集中采购工作方案〉的通知》，山东省卫计委网站：http：//www. sdyypt. net/Website/newsshow. aspx？id＝91d90058－5324－4586－a8fd－af7599b78d33。

⑥《我省对第二类疫苗实行省级集中采购》，河北日报网：http：//hbrb. hebnews. cn/html/2016－12/23/content_ 145208. htm。

⑦《陕西省第二类疫苗采购实施方案（试行）》，陕西省卫计委网站：http：//www. sxwjw. gov. cn/newstyle/pub_ newsshow. asp？id＝1059398&chid＝100207。

⑧《甘肃省第二类疫苗集中采购平台上线》，新华网：http：//www. gs. xinhuanet. com/news/2016－11/16/c_ 1119921193. htm。

⑨《关于印发〈2016年海南省第二类疫苗集中采购实施方案（试行）〉的通知》，海南省卫生和计划生育委员会网站：http：//xxgk. hainan. gov. cn/hi/HI0110/201612/t20161226_ 2195796. htm。

3. 疫苗流通与冷链管理更加规范

修订后的条例对疫苗流通和冷链管理做出了一系列规定，主要有以下几点。第一，规定疾病预防控制机构、接种单位、疫苗生产企业、接受委托配送疫苗的企业应当遵守疫苗储存、运输管理规范，保证疫苗质量。疫苗储存、运输的全过程应当始终处于规定的温度环境中，不得脱离冷链，并定时监测、记录温度（第16条）。第二，疾病预防控制机构接收或者购进疫苗时应当索要疫苗储存、运输全过程的温度监测记录；对不能提供全过程温度监测记录或者温度控制不符合要求的，不得接收或者购进，并应当立即向药品监督管理部门、卫生主管部门报告（第18条第2款）。第三，接种单位接收第一类疫苗或者购进第二类疫苗，应当索要疫苗储存、运输全过程的温度监测记录，对不能提供全过程温度监测记录或者温度控制不符合要求的，接种单位不得接收或者购进，并应当立即向所在地县级人民政府药品监督管理部门、卫生主管部门报告（第23条第1款）。第四，对《传染病防治卫生监督工作规范》也相应做出修改，对核查单位及接种单位温度记录、接种情况、报告记录等的传递和保存做出明确的规定。①

地方政府也采取了相应举措，如2016年11月24日，山东省卫计委官方网站发布由7部门联合印发的《山东省实施第二类疫苗省级集中采购工作方案》，明确“疫苗储存、运输全过程应当始终处于规定的温度环境，不得脱离冷链，并定时监测、记录温度”。《太原晚报》报道，太原严格冷链管理，执行疫苗冷链制度，做到疫苗运输到接种全程冷链监控，确保每个环节无缝对接，并且做到有记录可查。

（二）以人民生命安全和身体健康为中心的疫苗安全法律进一步完善

1. 严厉打击疫苗违法犯罪

2016年3月22日，最高人民检察院将山东省非法经营疫苗系列案件列为挂牌督办案件，并下发通知，要求各级检察机关做好督办工作。② 截止到5月19日，检察机关对涉嫌非法经营疫苗案件的125人批准逮捕，立案侦查涉疫苗涉嫌职务犯罪22件37人（见表4）。③

2. 加强疫苗安全行政执法监督

山东济南非法经营疫苗案发生后，党和政府高度重视。2016年3月28日，国务院批准组织成立案件部门联合调查组，由国家食品药品监督管理总局局长毕井泉任组长，国家卫生计生委、公安部、监察部、国家食药总局负责同志任副组长，中宣部、国家网信办、最高人民检察院派员参加，调查组下设专家委员会。

① 《国家卫生计生委办公厅关于进一步加强预防接种监督工作的通知》，国卫办监督发〔2016〕32号。

② 《最高检挂牌督办非法经营疫苗系列案》，2016年3月22日，人民网：http://legal.people.com.cn/n1/2016/0322/c42510-28218785.html。

③ 《检察机关已对涉嫌非法经营疫苗犯罪的125人批准逮捕》，新华网：http://news.xinhuanet.com/legal/2016-05/20/c_129001755.htm。

表 4　2016 年非法经营疫苗案各地检察机关涉职务犯罪侦查及批捕情况

单位：件，人

<table>
<tr><th colspan="3">涉职务犯罪侦查</th><th colspan="2">批准逮捕</th></tr>
<tr><th>地　区</th><th>案件数</th><th>人数</th><th>地　区</th><th>人数</th></tr>
<tr><td>福　建</td><td>14</td><td>14</td><td>福　建</td><td>25</td></tr>
<tr><td>内蒙古</td><td>3</td><td>12</td><td>河　南</td><td>19</td></tr>
<tr><td>江　苏</td><td>1</td><td>4</td><td>黑龙江</td><td>15</td></tr>
<tr><td>安　徽</td><td>1</td><td>3</td><td>广　西</td><td>13</td></tr>
<tr><td>山　东</td><td>2</td><td>2</td><td rowspan="2">河北、辽宁、江苏、安徽、内蒙古、山西、陕西、广东、四川分别批捕</td><td rowspan="2">1 ~ 8</td></tr>
<tr><td>湖　北</td><td>1</td><td>2</td></tr>
</table>

资料来源：《检察机关已对涉嫌非法经营疫苗犯罪的 125 人批准逮捕》，新华网：http：//news. xinhuanet. com/legal/2016 - 05/20/c 129001755. htm。

国务院同时成立工作督查组，由国务院副秘书长丁向阳任组长，对调查工作进行全程督查指导。[①] 2016 年 4 月 21 日，国家食品药品监管总局、公安部、国家卫生计生委发布通知，要求地方各级食品药品监管、公安、卫生计生部门成立联合工作组，尽快查清涉案产品流向。按照通知要求，地方联合工作组要统一指挥，密切配合，共同做好非法经营疫苗涉案产品处置和案件查办工作。河南、广东、安徽、四川、辽宁、贵州、新疆等地的食药监部门随即展开排查。[②]

（三）受种者健康救济权利得到专门制度保障

目前，各级疾控机构和预防接种单位一般是按照《全国疑似预防接种异常反应监测方案》的要求，通过中国免疫规划信息管理系统及时上报每例疑似预防接种异常反应（AEFI）病例信息。省市县三级疾控中心要每季度定期分析辖区内 AEFI 情况，发现异常增长立即向当地卫生计生行政主管部门和食

① 《食品药品监管总局　公安部　国家卫生计生委关于共同做好非法经营疫苗案件查处工作的通知》，食药监药化监〔2016〕31 号。

② 《各地已开展涉案问题疫苗核查》，新华网：http：//news. xinhuanet. com/local/2016 - 03/19/c_ 1118382560. htm；《辽宁：紧急排查非法疫苗涉辽线索》，2016 年 3 月 20 日，新华网：http：//news. xinhuanet. com/legal/2016 - 03/20/c_ 1118385014. htm；《贵州成立专案组彻查非法疫苗经营人员和疫苗流向》，2016 年 3 月 22 日，新华网：http：//news. xinhuanet. com/local/2016 - 03/22/c_ 1118403763. htm。

品药品监管部门报告。国家卫生计生委等8部门联合下发的《关于进一步做好预防接种异常反应处置工作的指导意见》（国卫疾控发〔2014〕19号）和《预防接种异常反应鉴定办法》规定，要完善相关工作程序，规范开展预防接种异常反应的调查诊断、鉴定工作，切实维护受种者及其家属的合法权益。各级疾控机构和医学会在出具的预防接种异常反应诊断书或鉴定书中，必须明确申请人的权利，在送达预防接种异常反应诊断书和鉴定书时必须留下申请人接收的相关信息。

2016年1月29日，全国疾控工作会议在京召开。国家卫生计生委副主任王国强在会上强调要整合优化疾病及健康危害因素监测网络，完善预防接种异常反应保险补偿机制。[①] 国家卫生计生委、国家食品药品监管总局新闻发言人4月13日对记者表示，要建立完善预防接种异常反应补偿保险机制，鼓励建立通过商业保险等形式对预防接种异常反应受种者予以补偿的机制，提高预防接种异常反应的补偿公平性和补偿效率。在未建立预防接种异常反应保险机制之前，各地应仍按现行规定开展补偿工作。[②] 修改后的条例第46条第2款规定："因接种第一类疫苗引起预防接种异常反应需要对受种者予以补偿的，补偿费用由省、自治区、直辖市人民政府财政部门在预防接种工作经费中安排。因接种第二类疫苗引起预防接种异常反应需要对受种者予以补偿的，补偿费用由相关的疫苗生产企业承担。国家鼓励建立通过商业保险等形式对预防接种异常反应受种者予以补偿的机制。"

三　发展与展望

我国采取的一系列措施，提高了疫苗监管水平，针对疫苗的生产、流通及使用建立了一套完善的管理制度，有效促进了疫苗的生产、流通及使用安全，切实保障了人民群众的健康权利。但同时我们也应当看到，我国的疫苗安全仍有提升的空间。

① 《2016年全国疾控工作会议在京召开》，中华人民共和国卫生计生委疾病控制局网站：http：//www.nhfpc.gov.cn/jkj/s7915v/201601/d4a0c77ca9964473b30e00a8c509634c.shtml。

② 《建立更加规范的疫苗流通和预防接种管理长效机制》，国家卫生计生委宣传司：http：//www.nhfpc.gov.cn/xcs/s3574/201604/8fb85e7b36eb453e982d82fb4f3d1de6.shtml。

（一）进一步推进疫苗监管法制化，严格落实疫苗生产、配送和质量法律责任

现行的《疫苗流通和预防接种管理条例》经过修改，虽有了很大的进步，但依然存在诸多不足，如执法主体不明、缺乏经费制度保障、监管机构职责划分依然有盲区、执法的力度缺乏保障等。《疫苗流通和预防接种管理条例》法律层级较低，配套的法律法规不完善，立法进程也较为缓慢。应尽快修订《中华人民共和国药品管理法》等法律法规，严格药品的生物等效性规定，增加对生物制品（包括疫苗）的质量控制、审批程序、流通和储存的相关规定，进一步严格相关法律责任，明确执法主体，加强立法的时效性、科学性和可操作性。地方政府应当围绕《疫苗流通和预防接种管理条例》等进一步加强配套立法工作，尽快制定和完善地方性法规和地方政府规章。与此同时，应完善其他相关配套政策，如疫苗生产企业的质量控制、生物等效性评定、冷链管理流程和射频技术的发展和普及、食药监局和卫计委系统的职责划分、如何与司法系统对接等，以满足当代社会对疫苗精细化管理的要求和广大人民群众对疫苗安全的期待。

（二）完善多部门协调下的疫苗监管体系，提高疫苗安全管理水平

我国目前的疫苗管理体系仍然存在诸多问题。二类疫苗采购并不能完全避免监管盲区。二类疫苗省级资源交易平台一方面可能会导致疫苗生产企业成本增加，使企业增加的成本通过价格向消费者转移，同时跨省采购平台的缺位容易形成市场壁垒，不利于市场竞争。要提高疫苗安全的监管水平，我国应当建立统一部门（最好以药监部门为主）协调下的监管体制，制定更具操作性的、细化的药品监管法律体系、行为规范和操作流程指南，履行政府依照规则进行监管的职责，并有能力对违法违规行为进行行政处罚，触犯刑律的，可在第一时间充分取证后移交司法机关处理。这一监管体系成员单位可以包括国家食品药品管理局、国家卫生计生委、公安部、交通运输部、工信部、最高人民检察院等部门。

（三）进一步完善预防接种异常反应补偿机制，加强对疫苗致害的法律救济

2005年发布的《疫苗流通和预防接种管理条例》规定，预防接种异常反应争议发生后，接种单位或者受种方可以请求接种单位所在地的县级人民政府卫生主管部门处理。预防接种导致受种者死亡、严重残疾或者群体性疑似预防接种异常反应的，则需移送至上一级人民政府卫生主管部门处理。这一规定在新版的条例中没有进行修订，该流程看似合理，但问题是一旦发生此类争议，卫生部门既是受害者索偿的对象，又是责任认定和裁判方，很难做出公平裁断。条例规定的赔偿金过低，对于严重残疾、需要终身医护的年轻受害者往往显得不足。预防接种异常反应商业保险机制的缺位，也导致预防接种异常反应受害人无法得到有效补偿。针对预防接种异常反应补偿程序过于复杂、补偿金过低的问题，中央和地方政府应当尽快制定和完善预防接种异常反应补偿的相关规定，明确补偿的条件、申请流程、补偿金额，设定合理的计算方式。由于未来我国可能面临更多生物制品的不确定性，以及个人因身体条件或本身基因问题对某些制品的不良反应（即便往往是孤案），因此需要在监管体制下，形成一套完善的多部门和各个利害相关方参与的事件调查、取证、评估、赔偿和解决机制，应当邀请一定比例的受害者群体代表和利害关系无涉的伦理、法律、医药专家参与其中，扩大公众参与，更好地解决社会不满问题。在政府补偿之外，应尽快制定预防接种异常反应的商业保险配套机制，通过商业保险机制分散疫苗接种异常反应带来的风险。

B.6
中国尘肺病工人的权利保障

高 薇　张万洪*

摘　要： 尘肺病高发是近年比较突出的现象。2016年，我国在尘肺病工人权利保障方面取得不少新进展，包括加强尘肺病防治法律政策制定，加大对尘肺病工人的医疗与生活救助力度，政府与民间合作共同推动、建立尘肺病工人的康复与再就业支持体系，加强预防，等等。基于各地的良好实践，为了更加高效地解决尘肺病问题，笔者建议：第一，设立全国性的尘肺病治理专项基金，用于尘肺病的预防、治疗、康复等，确保罹患尘肺病的工人能够得到及时、有效、充分的权利保障；第二，开发针对尘肺病的社区康复模式，通过综合性的支持服务，确保尘肺病工人得以平等参与社会各项事务，过有尊严的生活。

关键词： 尘肺病工人　尘肺病防治　尘肺病专项基金　权利保障　社区康复

引　言

1976年生效的《经济、社会、文化权利国际公约》确认缔约国应确保

* 高薇，法学硕士，武汉东湖社会发展研究院首席研究员、武汉大学公益与发展法律研究中心研究人员，主要研究方向为人权法；张万洪，法学博士，武汉大学法学院教授、武汉大学人权研究院副院长、武汉大学公益与发展法律研究中心主任，主要研究方向为法理学、人权法。

个人享受“安全和卫生的工作条件”的权利[①]，并且缔约国有义务预防、治疗和控制职业病以实现个人的健康权。[②] 国际劳工组织也先后通过了一系列公约和标准以确保工人工作环境的安全以及获得相应的治疗服务与待遇。[③] 尘肺病作为一种不可治愈的肺部疾病，是世界上最古老、最严重的职业病之一。国际社会在过去近一个世纪一直致力于降低和消除尘肺病带来的危害，尽管如此，尘肺病在世界范围内仍广泛存在，影响着数千万工人的健康。[④]

尘肺病问题产生于工业大发展的特定历史背景之下，并非中国独有。国家与社会通力合作，将有效推动当前尘肺病问题的解决；且随着产业转型和技术发展，尘肺病可以得到有效预防。中国自20世纪50年代起就发布了多项关于职业病特别是尘肺病防治的法律法规。但当前“由于一些用人单位不履行防治主体责任，健康监护不到位，加上部分农民工缺乏职业防护和维权意识，农民工罹患尘肺病的势头并没有得到有效控制，病后得不到及时诊断、救治和赔偿的问题也没有得到有效解决”，有专家估计在今后一段时间内，我国尘肺病仍将“呈持续高发态势”。[⑤] 该问题引起了有关部门的高度重视。2016年1月国家卫生和计划生育委员会、人力资源和社会保障部、国家安全生产监督管理总局和全国总工会等10部委联合制定了《关于加强农民工尘肺病防治工作的意见》，就“预防、控制和消除尘肺病危害，切实保护农民工职业健康和相关权益”提出具体意见。[⑥]

---

① 《经济、社会、文化权利国际公约》，第7条（乙）项。

② 《经济、社会、文化权利国际公约》，第12条第二款（丙）项。

③ 参见《职业安全与健康公约（第155号）》《职业健康服务公约（第161号）》《职业安全与健康促进框架公约（第187号）》，http://ilo.org/global/standards/subjects - covered - by - international - labour - standards/occupational - safety - and - health/lang - - en/index.htm。

④ The World Health Organization, "Elimination of Silicosis," *Gohnet Newsletter*. 2007. Vol. 12. http://www.who.int/occupational_ health/publications/newsletter/gohnet12e.pdf.

⑤ 《关于加强农民工尘肺病防治工作的意见》及《〈关于加强农民工尘肺病防治工作的意见〉解读材料》，2016年1月22日，国家安全生产监督管理总局网站，http://www.chinasafety.gov.cn/newpage/Contents/Channel_ 4140/2016/0122/264164/content_ 264164.htm。

⑥ 《关于加强农民工尘肺病防治工作的意见》，2016年1月22日，国家安全生产监督管理总局网站，http://www.chinasafety.gov.cn/newpage/Contents/Channel_ 4140/2016/0122/264164/content_ 264164.htm。

一　中国尘肺病工人的基本情况

尘肺病是一种严重的、不可完全治愈的职业病。根据中国疾病预防控制中心（以下简称“疾控中心”）职业卫生与中毒控制所的定义，尘肺病是“在职业活动中长期吸入生产性粉尘并在肺内潴留而引起的以肺组织弥漫性纤维化为主的全身性疾病”。[①] 尘肺病主要由在职业活动中吸入生产性粉尘所致，高发行业包括矿山开采、机械制造、冶炼、建筑材料等。[②] 根据笔者在四川、广东地区的调研，宝石打磨也是尘肺病高发工种之一。尘肺病的主要症状包括咳嗽、咯痰、胸痛和呼吸困难，并伴有肺结核、支气管炎、肺炎、肺气肿等多种并发症，这些并发症是尘肺病工人死亡的主要原因。[③] 尘肺病是一种不可逆的病变，目前尚无根治方法，只能通过相应的治疗和康复手段，预防和控制并发症以延缓病情发展。[④] 根据我国 2013 年的《职业病分类与目录》，尘肺病属于职业病的一种。[⑤]

根据中国疾控中心的统计数据，新中国成立以来截至 2008 年底，我国累积报告的尘肺病患者达 638234 例[⑥]，其后每年新增案例数呈上升趋势。如图 1 所示，2008 ~ 2010 年全国尘肺病病例数量大幅上升。按照 2008 年累积报告的尘肺病病例和之后每年新增报告病例计算，截至 2014 年底，全国累积报告的尘肺病病例达到 777173 人。由图 1 可见，代表历年尘肺病病例的曲线与代表

---

① 《粉尘及其危害概述》，2013 年 9 月 10 日，中国疾病预防控制中心网站，http://niohp.chinacdc.cn/zyyx/zyyx/201309/t20130910_87973.html。

② 《粉尘及其危害概述》，2013 年 9 月 10 日，中国疾病预防控制中心网站，http://niohp.chinacdc.cn/zyyx/zyyx/201309/t20130910_87973.html。

③ 《尘肺病的临床表现与诊断》，2013 年 9 月 10 日，中国疾病预防控制中心网站，http://niohp.chinacdc.cn/zyyx/zyyx/201309/t20130910_87975.html。

④ 《尘肺病的治疗与康复》，2013 年 9 月 10 日，中国疾病预防控制中心网站，http://niohp.chinacdc.cn/zyyx/zyyx/201309/t20130910_87976.html。

⑤ 《关于印发〈职业病分类和目录〉的通知》，2013 年 12 月 23 日，中华人民共和国人力资源和社会保障部网站，http://www.mohrss.gov.cn/SYrlzyhshbzb/ldbk/shehuibaozhang/gongshang/201401/t20140108_121649.htm。

⑥ 《2008 年全国职业病报告情况》，2011 年 11 月 7 日，中国疾病预防控制中心网站，http://niohp.chinacdc.cn/zyws/4ydnb/201212/t20121217_73052.html。

历年所有职业病病例的曲线非常接近。尘肺病占所有职业病病例的比例最高，达 90%，其中煤工尘肺和硅肺病占所有尘肺病病例的比例极高，几乎都高于 90%。这是由于我国采矿业发达，在煤矿和金属矿开采过程中，矿工可能接触和吸入大量粉尘，患上尘肺病。疾控中心相关报告还指出，目前我国尘肺病呈现发病工龄缩短的特点。1997 年各类尘肺病发病工龄中位数为 21.17 年[①]，到 2007 年，工龄小于 10 年甚至 5 年的人数比例升高。[②] 有研究表明中国尘肺病工人的平均年龄为 47.8 岁。[③]

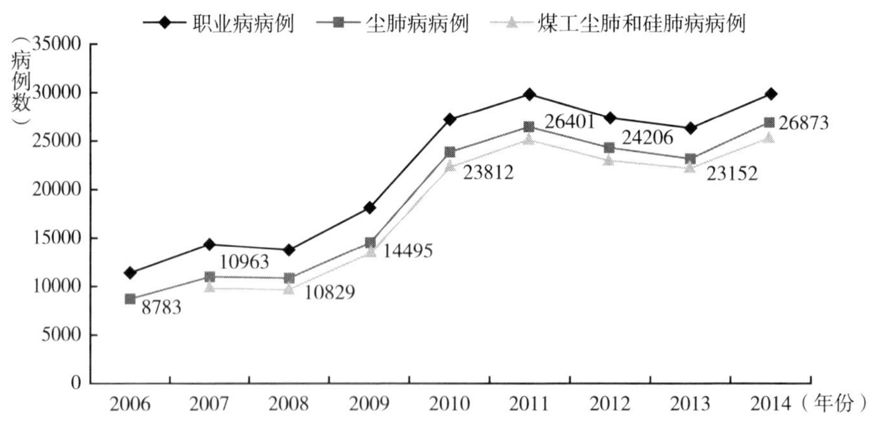

图 1　2006～2014 年全国（新增）职业病和尘肺病报告情况

注：上图曲线拐点处数字为历年全国报告尘肺病病例数；2006 年煤工尘肺和硅肺病病例数据缺失。

资料来源：中国疾病预防控制中心网站：http：//niohp. chinacdc. cn/zyws/4ydnb/。

尘肺病目前尚且无法治愈，病变不可逆转，病情发展由轻到重分为Ⅰ、Ⅱ、Ⅲ期。尘肺病工人面临难以承受的病痛和巨大的经济压力。随着病情加重，病人的肺部因严重纤维化而失去弹性，肺部功能下降，出现咳嗽、胸痛、

---

① 张敏等：《中国 1997 至 2009 年报告尘肺病发病特征和变化趋势》，《中华劳动卫生职业病杂志》2013 年第 5 期。

② 《2007 年全国职业病报告情况》，2008 年 6 月 6 日，中国疾病预防控制中心网站，http：//niohp. chinacdc. cn/jbjcbg/201211/t20121101_ 71330. html。

③ 中华社会救助基金会大爱清尘基金：《中国尘肺病农民工生存状况调查报告（2014）》，2014 年 7 月 14 日，http：//www. daaiqingchen. org/bencandy. php？ fid = 11&id = 1757。

呼吸困难等症状。另外，尘肺病工人患病后难以获得再就业机会，失去生活来源，家庭也随之陷入贫困。近年来，关于尘肺病工人的报道不断见诸媒体，引起全社会的关注。①

二　中国尘肺病工人权利保护实践及新进展

（一）加强尘肺病防治法律政策制定

由表1可以看出，近年来政府有关部门频繁发布关于安全生产、劳动保护、职业病防治的规范性文件，绝大多数都明确提出要加强对尘肺病的防治力度，保护尘肺病工人的合法权益，可以看出政府对尘肺病防治工作极为重视。2015年和2016年国家层面出台的法律与政策文件数量为历年最多，且重点强调尘肺病的预防、对相关责任主体的监管以及对尘肺病工人的救治力度。

表1　2015～2016年与尘肺病防治相关的部分全国规范性文件

施行日期	发布部门	文件名	与尘肺病相关的主要内容
2015.5.1	国家卫生计生委	《职业健康检查管理办法》	上岗前、在岗期间、离岗时健康检查，包括接触粉尘的劳动者
2015.3.24	国家安全生产监管总局	《用人单位职业病危害防治八条规定》	责任制、工作场所、防护设施、防护用品、警示告知、定期检测、培训教育、健康监护
2015.4.13	国务院办公厅	《关于加强安全生产监管执法的通知》	强化安全生产法治建设，严格执行安全生产法等法律法规

① 关于尘肺病工人的媒体报道参见《不能呼吸的村庄 100 多个成年男性患了尘肺病》，2016年1月20日，中国新闻网，http：//www.chinanews.com/sh/2016/01-20/7723827.shtml；《微博背后的尘肺病人》，2015年1月23日，南方周末，http：//www.infzm.com/content/107377；《无处安放的生命：尘肺病人的死亡之路》，网易新闻，http：//discover.news.163.com/special/00013A7D/pneumoconiosis.html；大爱清尘基金网站，http：//www.daaiqingchen.org/list.php？fid=17；《呼吸，有多难》，2015年9月8日，新华网，http：//news.xinhuanet.com/gongyi/2015-09/08/c_128207758.htm。

续表

施行日期	发布部门	文件名	与尘肺病相关的主要内容
2016. 1. 5	国家安全生产监管总局办公厅	《关于印发〈用人单位劳动防护用品管理规范〉的通知》	接触粉尘、有毒、有害物质的劳动者应当根据不同粉尘种类、粉尘浓度及游离二氧化硅含量和毒物的种类及浓度配备相应的呼吸器、防护服、防护手套和防护鞋等
2016. 1. 22	国家卫生计生委、国家发展改革委、科技部、工业和信息化部、民政部、财政部、人力资源和社会保障部、国务院国资委、国家安全生产监管总局、全国总工会	《关于加强农民工尘肺病防治工作的意见》	源头治理、职业健康检查、诊断鉴定和救治、工伤保险待遇、医疗与生活救助、落实政府责任、完善权益维护机制
2016. 1. 26	国家卫生计生委	《关于印发2016年卫生计生工作要点的通知》	强化尘肺病防治工作
2016. 2. 15	国家安全生产监管总局办公厅	《关于印发〈陶瓷生产和耐火材料制造企业粉尘危害专项治理工作方案〉的通知》	控制、减少和消除陶瓷生产和耐火材料制造企业粉尘危害，控制矽尘超标和尘肺病
2016. 9. 6	国务院办公厅	《关于印发国家残疾预防行动计划（2016－2020年）的通知》	预防工伤、尘肺病、职业中毒及其他职业病致残
2016. 10. 25	中共中央、国务院	《“健康中国2030”规划纲要》	强化安全生产和职业健康，遏制尘肺病和职业中毒高发势头
2016. 12. 26	国务院办公厅	《关于印发〈国家职业病防治规划（2016－2020年）〉的通知》	强化源头治理、落实用人单位责任、加大监管执法力度、提升防治服务水平、落实救助保障措施、推进防治信息化建设、宣传教育、加强科研及成果转化应用
2017. 2. 3	国务院办公厅	《关于印发安全生产“十三五”规划的通知》	突出作业场所高危粉尘和高毒物质危害预防和控制，有效遏制尘肺病和职业中毒

资料来源：根据国务院、国家卫生与计划生育委员会、国家安全生产监督管理总局等网站信息整理。

其中特别值得一提的是2016年出台的《关于加强农民工尘肺病防治工作的意见》（以下简称《意见》）。该《意见》由国家卫计委、国家发改委、民政部、人社部、国家安监总局和全国总工会等10部门联合制定，反映了国家对职业病防治工作的高度重视。《意见》就农民工尘肺病防治工作的各个环节提出了全面、有针对性的建议。①加强源头治理，落实防尘防治主体责任，具体措施有落实防尘设施与建设工程同时设计、同时施工、同时投入生产和使用；加强对粉尘危害严重行业领域的专项治理、加大监管力度以及加强农民工的自我防护意识。②加强对农民工的职业健康检查，建立统一、科学、合理、便利的职业健康检查制度和流程。③加强尘肺病的诊断鉴定与救治。这一部分直指当前尘肺病诊断体系中的问题，特别强调“各级卫生计生、人力资源社会保障、安全监管等部门和工会组织要针对当前农民工尘肺病诊断过程中存在的实际问题，研究制定具体办法，简化诊断程序，缩短诊断时间，切实解决农民工尘肺病诊断的实际困难”，而且“没有证据否定职业病危害因素与病人临床表现之间的必然联系的，应当诊断为职业性尘肺病”，进一步确保工人的权益得到及时保护。④落实工伤保险待遇，强调用人单位对未参保工人的赔付责任及“先行支付”制度的落实。⑤解决特困尘肺病农民工的医疗和生活问题，从多方面落实医疗保险、医疗救助和生活救助制度。⑥加强工会在保护农民工职业健康权益中的作用。⑦强化政府的落实责任，加强各部门协调和经费保障。[①] 2016年12月26日，国务院办公厅正式发布《国家职业病防治规划（2016－2020年）》（以下简称《规划》），在2016年《意见》的基础上，就用人单位主体责任的落实、职业病防治体系的建立健全、职业病患者权益保障等方面设定了具体指标，包括到2020年，“接触职业病危害的劳动者在岗期间职业健康检查率达到90%以上”“职业病诊断机构报告率达到90%”“劳动者依法应参加工伤保险覆盖率达到80%以上”等。[②]

---

① 《关于加强农民工尘肺病防治工作的意见》，2016年1月22日，国家安全生产监督管理总局网站，http：//www.chinasafety.gov.cn/newpage/Contents/Channel_4140/2016/0122/264164/content_264164.htm。

② 《国务院办公厅关于印发〈国家职业病防治规划（2016－2020年）〉的通知》，2017年1月4日，中央人民政府网站，http：//www.gov.cn/zhengce/content/2017－01/04/content_5156356.htm。

表 1 只包括全国性文件，地方政府部门也发布了地方性法规以落实国家的法律政策。表 2 为 2016 年地方政府发布的相关规范性文件。

表 2　2016 年与尘肺病防治相关的部分地方规范性文件

施行日期	文件名	与尘肺病防治相关的内容
2016. 2. 22	《陕西省安全生产监督管理局 2016 年职业卫生监管工作要点》	组织开展以防治尘肺病为重点的粉尘危害专项治理、加大对尘肺病事件的查处力度
2016. 2. 25	《四川省安全生产监督管理局煤矿安全监察局 2016 年职业卫生监管监察工作要点》	全力遏制尘肺病
2016. 2. 25	《辽宁省人民政府关于加强职业病防治工作的指导意见》	要落实资金渠道，解决无社保且原单位不存在或无法确认劳动关系的尘肺病患者的医疗和生活救助问题
2016. 7. 12	《重庆市卫生和计划生育委员会等十部门关于印发〈重庆市加强农民工尘肺病防治工作实施意见〉的通知》	源头治理、职业健康检查、诊断鉴定和救治、工伤保险待遇、医疗与生活救助、落实政府责任、完善权益维护机制
2016. 7. 17	《柞水县人民政府办公室关于印发〈柞水县矽肺病救治救助实施方案〉的通知》	定点医疗、落实医疗费用、生活救助保障、法律援助、加强源头治理
2016. 8. 10	《洛南县人民政府办公室关于印发〈洛南县矽肺病患者救治救助实施方案〉的通知》	定点医疗、落实医疗费用、生活救助保障、法律援助、加强源头治理
2016. 9. 21	《重庆市永川区人民政府办公室关于加强职业卫生监督管理工作的通知》	针对当前尘肺病和职业性中毒两大高发职业病的实际情况，采取有力、有效措施，加强防尘、防毒职业危害专项治理

资料来源：根据“大爱清尘”网站和地方政府及安全生产监督管理总局等网站信息整理。

（二）加大对尘肺病工人的医疗与生活救助力度

尘肺病治疗费用高昂，患病工人难以承担。《职业病防治法》第 62 条规定：“用人单位已经不存在或者无法确认劳动关系的职业病病人，可以向地方人民政府民政部门申请医疗救助和生活等方面的救助。地方各级人民政府应当根据本地区的实际情况，采取其他措施，使前款规定的职业病病人获得医疗救治。”一直以来，中国的医疗保险体系也将尘肺病的治疗排除在外，所以无法享受工伤保险待遇的工人，也无法通过医疗保险制度来支付治疗费用。因此，社会各界多年来都在呼吁将尘肺病纳入城乡医保和大病保险。[①]《规划》指出，到2020年，“劳动者依法应参加工伤保险覆盖率达到80%以上，逐步实现工伤保险与基本医疗保险、大病保险、医疗救助、社会慈善、商业保险等有效衔接”，“及时让符合条件的职业病病人按规定享受大病保险待遇和纳入医疗救助范围，减轻病人医疗费用负担。将符合条件的尘肺病等职业病病人家庭及时纳入最低生活保障范围；对遭遇突发性、紧迫性、临时性基本生活困难的，按规定及时给予救助”。[②]

根据《意见》和《规划》的精神，各地方政府于2016年推出相关举措落实对尘肺病工人的医疗救助。如陕西省基于10部委意见出台救治尘肺病农民工的措施，其中就包括“将硅肺病农民工纳入城乡居民基本医疗保障范围，将符合低保条件的硅肺病农民工家庭纳入最低生活保障范围，切实做到应保尽保”。[③] 中国煤矿尘肺病防治基金会长沙代表处与湖南省职业病防治院合作启动尘肺病救助公益项目，为无法确认用人单位、未参加保险或民政部门未全额支付医疗费用的湖南籍尘肺病患者提供救助，救助方式包括医疗费用全免（Ⅲ期以上）、在医保基础上再给予总额20%的医疗救助以及提供肺灌洗补贴。[④] 经过多年的呼吁，人力资源和社会保障部于2017年2月公布了最新的国家基本医疗保险、工伤保险和生育保险药品目录，该目录增加了职业病特殊用药，特别包含了治疗尘肺病的粉防己碱。[⑤] 目前，国内尘肺病工人集中的地区大多出台了地方性专门救助政策，致力于解决尘肺病工人的医疗和生活保障问题。在表3中，笔者根据个人调研、其他学者研究和网络搜索资料，整理出了

① 《2016年“两会”热点舆情：基层卫生专题》，2016年3月6日，http：//114.255.123.95：9090/meeting/dailyTotal.htm？dayId＝06。

② 《国务院办公厅关于印发〈国家职业病防治规划（2016－2020年）〉的通知》，2017年1月4日，中央人民政府网站，http：//www.gov.cn/zhengce/content/2017－01/04/content_5156356.htm。

③ 张伟：《推动政府出台和完善尘肺病防治政策与立法的思考》，2016年3月9日，http：//www.daaiqingchen.org/bencandy.php？fid＝12&id＝2410。

④ 《贫困尘肺病患者救治“清尘行动”——湖南省尘肺病救助公益项目》，2016年7月18日，湖南省职业病防治院网站，http：//www.hnzfzx.com/i/116/855.html。

⑤ 《新版医保药品目录公布 关注儿童用药、重大疾病用药》，2017年2月24日，新华网，http：//news.xinhuanet.com/health/2017－02/24/c_1120520395.htm。

各地方救助政策的基本情况。① 这其中特别值得指出的是陕西省的救助方案，其补助标准较高且各部门分工明确，充分利用地方政府资源，协力解决尘肺病问题。

表 3　地方性尘肺病工人救助政策基本情况

地区	医疗	低保	其他生活救助	子女就学	其他
四川省乐山市	报销 90%，剩余部分民政部补贴	√	生活费 300 元/月	免费	—
四川省汉源县	免费治疗	部分	专门补贴 100 元/月	无补助	—
四川省甘洛县	报销全部费用（需先垫付费用）	√	年度慰问金约 4000 元	定额补助	—
甘肃省古浪县	免费治疗纳入新农合专项救治救助资金	√	伤残补助金、困难患者生活救助、节日慰问金	减免学杂费和生活资助	生产帮扶
湖北省十堰市	报销	√	困难救助	—	职业病防治纳入政府年度考核
湖南省安化县	医保报销，民政医疗救助	√	困难患者临时救助	—	—
湖南省耒阳市	—	√	一次性补偿 7 万～13 万元	—	—
湖南省涟源市	按比例报销	√	临时救助	—	—
云南省水富县	纳入新农合民政团购保险	√	—	—	—
山东省青岛市	工伤参保人员医疗费用限额结算	—	—	—	—

① 参考资料包括戴春《中国尘肺病群体救助模式分析》，《中国人力资源开发》2016 年第 1 期；《古浪县救治救助尘肺病农民工纪实》，2012 年 1 月 9 日，中国安全生产网，http://www.aqsc.cn/101812/101941/223017.html；《关于转发〈安化县人民政府办公室关于印发安化县尘肺病患者救助工作方案的通知〉的通知》，2016 年 11 月 3 日，安化县人民政府网站，http://www.anhua.gov.cn/ahxxgkpt/488/489/492/content_47508.html；访谈记录 HY20160909L、HY20160909W、HY20160910Y、HY20160910Z、LS20160910Z、LS20160910R、GL20160911W、GL20160911C 等。

续表

地区	医疗	低保	其他生活救助	子女就学	其他
陕西省柞水县、洛南县	纳入城乡医保，在新农合平均报销比例的基础上再提高 20%，每人每月门诊费报销上限为 1000 元；新农合报销后符合大病医疗保险的，按大病保险实施方案解决；报销结束后剩余部分纳入大病救助和特殊救助范围，由县民政局、扶贫局按有关政策解决	√	未纳入低保的困难户，民政部救助 250 元/月 未纳入低保的Ⅱ、Ⅲ期患者且家庭人均年收入低于 3500 元的，财政救助 500 元/月	教育局：义务教育阶段营养改善计划和寄宿生生活困难补助；中等职业学校免除学费并享受国家助学金；普通高中享受贫困生国家助学金并免除高中学费；上大学优先提供大学生生源地助学贷款 扶贫局：贫困硅肺病患者家庭子女上中高等职业学校每人一次性给予 3000 元补助；上商洛职业技术学院免除其学杂费和住宿费；上二本以上学校给予一定的生活资助 县总工会：考入本科大学提供一次性资助	人社局：有劳动能力者免费进行技能培训；同等条件优先支持就业创业 司法局：提供法律援助

注："—"为未收集到相关信息。

（三）政府与民间合作共同推动解决尘肺病问题

2016 年 3 月，由民政部批准，中国煤矿尘肺病防治基金会和中央财政共同出资，实施“洗肺清尘救助项目”，为尘肺病工人提供肺灌洗治疗。截至 2016 年 11 月底，共向 555 人提供了救助。中国煤矿尘肺病防治基金会于 2003 年在民政部登记注册，由国家安全生产监督管理总局主管，致力于“广泛募集社会资金，开展尘肺病防治、科研和新技术推广工作，以降低尘肺病的发病率，提高尘肺矿工劳动能力和生活质量，减轻痛苦，延长生命，降低死亡率，最终消灭尘肺病”。[①] 基金会之下开展了多个项目，从各个方面为尘肺病工人提供支持与救助，主要包括：①康复工程，在全国设立定点医院为尘肺病工人提供治疗服务和医疗费用资助，同时开展研究，探索治疗尘肺病的新技术、新

① 参见中国煤矿尘肺病防治基金会网站，http：//www. cfbjjh. org. cn/list－9－1. html。

方法；②预防工程，开展相关法律法规和尘肺病知识的宣传教育；③法律援助，依托信息研究院安全生产法律研究所设立了法律援助中心，为贫困的尘肺病患者提供法律援助服务。基金会成立13年来，累积救助尘肺病工人13万余人。[①] 该基金会的大部分资金用来为尘肺病工人提供一次性资助，金额从2000元到10000元不等；或者支持医院及疗养院购买尘肺病治疗设备，金额从10万元到200万元不等。[②] 据其审计报告，2014年该基金会共获得捐赠、政府补助、投资收益等收入近1400万元，支出1000万余元；2015年收入近600万元，支出1100万余元。[③]

另一个政府与民间合作的典型是前文提到的“大爱清尘公益基金”。该基金由中华社会救助基金会与相关民间人士共同发起，致力于救治尘肺农民工、支持尘肺病人家庭、普及尘肺病相关信息并推动立法和政策的完善等。[④] 自成立以来，该基金会的主要工作有以下几点。①尘肺病工人救助。将尘肺病农民工送至定点医院进行医疗救治，并提供最高额度10000元的一次性救治费用；为重症病人提供制氧机，供其在家缓解呼吸困难的症状；寻访困难家庭并提供帮助。②尘肺病工人康复。开展社区康复训练试点，提升病人肺功能，改善健康状态。③尘肺病工人子女助学。为患病工人子女提供小学生1000元/学年、初中生2000元/学年、高中生3000元/学年的学费支持。④尘肺病预防。通过媒体、广告和线下宣传等方式，普及尘肺病防治知识。⑤政策推动。通过实地调研，呈现尘肺病问题现状，并与政府合作，为决策者出台政策提供理论依据。[⑤] 截至2016年12月31日，“大爱清尘”共救治2114人，累积发放制氧机1784台，累积助学3947人次，发放助困包裹23611份。[⑥]

---

① 参见中国煤矿尘肺病防治基金会网站，http：//www. cfbjjh. org. cn/list－9－1. html。

② 参见中国煤矿尘肺病防治基金会网站，http：//www. cfbjjh. org. cn/list－25－1. html。

③《关于中国煤矿尘肺病防治基金会的审计报告书》，2016年3月20日，中国煤矿尘肺病防治基金会网站，http：//www. cfbjjh. org. cn/show－24－233－1. html。

④ 参见大爱清尘官方网站，http：//www. daaiqingchen. org/list. php？fid＝9。

⑤ 参见大爱清尘官方网站，http：//www. daaiqingchen. org/list. php？fid＝61。

⑥《大爱清尘2016年年报》（精华版），2017年2月9日，手机凤凰网，http：//wemedia. ifeng. com/8092985/wemedia. shtml。

（四）探索与建立尘肺病工人的康复与再就业支持体系

尘肺病不可治愈，为了延缓尘肺病工人病情的发展、增强其体能和独立生活能力，加强康复训练非常重要。相关研究也表明，包括康复功能锻炼、康复护理、心理疏导在内的康复服务对尘肺病患者而言是一种经济、实用、有效的方法，可以增强病人的肺功能、延长其寿命。[①] 长期以来，我国针对尘肺病的整体倾向是重治疗、轻康复。面对尘肺病人，医院首先采取的就是肺灌洗治疗法，但临床研究表明肺灌洗并不能改变肺部的纤维化。[②] 前文已指出，尘肺病工人的平均年龄较低，大部分为青壮年，且发病年龄还有持续降低的趋势，这使尘肺病工人患病后的生计和再就业成为一个不可回避的问题。

近年来，在地方政府和民间组织的积极协作下，我国发展出一些卓有成效的针对尘肺病工人康复的社区试点项目。湖南省涟源市于 2010 ~ 2016 年在当地村庄进行尝试，为尘肺病工人提供社区康复服务。这一项目从个人和社区两个层面开展工作，并希望通过试点推动政策改变。其主要的工作内容包括以下几点。①社工介入，通过宣传、教育和培训等，提升病人和照顾者在尘肺病康复方面的意识、知识和能力。②建立病友之间的互助关系，工作方式是由社工在农村建立尘肺病工友及其家庭成员的互助组织，支持并督导小组开展活动以及小组成员间互相探访，一段时间后退出，由病友自发进行互助活动。据项目负责人员介绍，社工离开后，原来的 18 个小组中有 12 个小组还在维持运作。③动员社区资源，培训村医、村委和乡镇政府人员，加强其对尘肺病的了解以提供相应支持，如让村医注意尘肺病工人感冒的情况以及对尘肺病工人进行肺功能检查、使用村委会场地组织康复活动等。④社区尘肺病预防及教育，如在附近的煤厂做职业卫生展览、分发资料、定期开展尘肺病预防知识讲座等。⑤家庭生计支持，支持病友建立合作社，饲养家禽等。如涟源市白竹村根据当

① 任彬：《尘肺病患者康复护理》，《中国康复护理学术高峰论坛暨推进优质护理服务研讨会论文集》，2012。

② 张志浩等：《大容量全肺灌洗治疗尘肺病及其他肺疾患 5000 例次临床分析》，《中国疗养医学》2009 年第 10 期。

地山地多的特点，开发黑山羊养殖业。[①]

在这个过程中，社工起到了特别重要的作用。一方面，社工与案主一起工作，提升其个人及家庭的意识和能力，同时与案主一起寻找可用的社区资源；另一方面，社工作为社区中介，在各个地方部门的专业机构之间穿针引线、有效协调，促成了多部门、跨专业的合作。特别值得强调的是，在农村因为其他村民不了解尘肺病，认为尘肺病会传染，或者是一种报应，往往对尘肺病工人存在歧视。项目社工在村里宣传时，会特别注意改变其他村民对待尘肺病工人的态度。这样的项目不仅效果好，成本也低，一个二三百病人的镇一年的费用大概为40万元，具有很强的可操作性和可持续性。[②]

2016年8月8日，在陕西省地方政府的支持下，“大爱清尘”首个正式挂牌的康复站在陕西省镇安县米粮镇界河村成立，该康复站将在康复训练、医疗保健、心理关怀、创业帮扶等方面为当地尘肺病工人提供支持。[③] 随后，“大爱清尘”又在贵州省思南县香坝乡和湖南省涟源市古塘乡砂托村等尘肺病工人集中地建立了康复站，为病友、村医和志愿者提供康复培训、组织康复训练等。[④]

（五）加强预防，从源头遏制尘肺病

解决不可治愈且治疗成本高昂的尘肺病最有效的策略是预防。鉴于我国尘肺病病例仍在上升的情况，2016年《关于加强农民工尘肺病防治工作的意见》强调要从源头控制和预防职业病，具体措施包括建设项目防护设施“三同时”、提供防尘劳动保护用品、加强职业卫生宣传与培训、关闭不合格企业、

---

① 访谈记录：HK20160613K；蒋国庆：《以资产建设理念建立农村尘肺病患者社区康复网络——湖南省涟源市白竹村之经验》，《长沙铁道学院学报》（社会科学版）2013年第4期。

② 访谈记录：HK20160613K；蒋国庆：《以资产建设理念建立农村尘肺病患者社区康复网络——湖南省涟源市白竹村之经验》，《长沙铁道学院学报》（社会科学版）2013年第4期。

③ 《大爱清尘首个正式挂牌的康复站在陕西成立》，2016年8月11日，新华网，http：//news. xinhuanet. com/gongyi/2016－08/11/c_ 129221897. htm。

④ 《大爱清尘首个正式挂牌的康复站在陕西成立》，2016年8月10日，一点资讯网，http：//www. yidianzixun. com/article/0E8lrusy。

加强农民工职业健康检查等。[①] 各地在年度安全生产和职业卫生工作要点中也都把尘肺病预防包括在内。

在预防方面，除了国家卫生计生委每年的《职业病防治法》宣传周，地方还开发出针对当地情况的宣传教育模式。自 2015 年 12 月 26 日起，贵州省遵义市安委办和湄潭县政府联手“大爱清尘”启动全国首个消除新发尘肺病试点县创建工作，目标是“让全县所有人知晓尘肺病、让全县所有涉尘企业防护达标、让每个劳动者知晓职业健康重要性提高自我防范意识、让全县所有尘肺病患者得到妥善救治”。[②] 根据这一目标，该镇积极推动尘肺病科普知识“入户”，将相关宣传资料送到当地农户家中，并且采取上门服务的方式，帮助当地企业改善职业健康管理与防护制度等。[③]

三　加强中国尘肺病工人权利保护的对策

尽管保护尘肺病工人权利的法律与政策繁杂细密，但是在实践中尘肺病工人在获得权利保障的道路上仍然面临法律救济渠道不畅、个人救助保障不充分、康复与再就业服务缺失、预防力度不够等障碍，需要我们进一步以保障人民的健康权为中心，加强对中国尘肺病工人权利的保护。

（一）尘肺病保护面临的困难

1. 在法律救济时劳动关系确认难，司法实践缺乏统一性、稳定性，诉讼程序冗长

尘肺病工人在获得法律救济方面面临的最大挑战是无法证明其与用工单位的劳动关系，导致其无法获得职业病诊断和工伤认定并享受工伤保险待遇和其他劳动者应享有的保障。劳动合同签订率低且存在较大的地区差异一直是工人特别是农民工获得劳动权利救济的最大障碍。另外，由于尘肺病有一定的潜伏

---

① 《关于加强农民工尘肺病防治工作的意见》及《〈关于加强农民工尘肺病防治工作的意见〉解读材料》，2016 年 1 月 22 日，国家安全生产监督管理总局网站，http：//www. chinasafety. gov. cn/newpage/Contents/Channel_ 4140/2016/0122/264164/content_ 264164. htm。

② 《湄潭有序推进全国首个消除新发尘肺病试点县创建工作》，2016 年 8 月 1 日，遵义在线网，http：//www. zunyiol. com/HTML/News/2016_ 08/369618. html。

③ 《贵州湄潭：尘肺病科普进村入户》，2016 年 2 月 4 日，新华网，http：//news. xinhuanet. com/gongyi/2016 －02/04/c_ 128703173. htm。

期，等工友发现患病时，用人单位通常已经关停或者转移，这使确认劳动关系更加艰难。

为了确保职业病工人的损失获得充分补偿，《职业病防治法》第59条规定：“职业病病人除依法享有工伤保险外，依照有关民事法律，尚有获得赔偿的权利的，有权向用人单位提出赔偿要求。”关于这一条的适用，学界和实务界一直存在争议。反对民事补充赔偿者认为职业病患者已经享受工伤保险待遇，不应再向用人单位追究侵权责任而“双重获益”。[①] 再者，这违背了工伤保险制度简化工人索赔程序的宗旨，同时当前使用侵权责任求偿的难度也使这一制度“形同虚设”。[②] 另外，司法实践中很多个案判决则反映了实务人员对职业病工人的民事求偿权的认可。由于立法的模糊和学理上的争议，司法实践在地区间缺乏统一性和稳定性，经常出现同案不同判的情况，很多尘肺病工人仍然无法享有民事求偿权，其损失无法得到充分补偿。

与职业病相关的劳动争议程序繁杂冗长，从劳动关系认定、职业病诊断到工伤认定和劳动能力鉴定、申请劳动仲裁直至走完整个诉讼流程，常常需要数年时间，这使患病工友失去控制病情的良机。这一点很多研究都已证明，本文不再赘述。[③]

2. 在个人救助时保障不充分，法律和政策覆盖面窄，救助额度低

上文第二部分介绍的我国中央和地方的相关政策，在相当大程度上缓解了尘肺病工人及其家庭的燃眉之急，但仍存在一些问题：一方面，由于没有明确救助资金来源和不提供救助的法律后果，地方政府缺乏动力采取措施，落实相关的法律和政策的规定；另一方面，外出打工的尘肺病工人往往来自经济欠发达地区，地方政府财力有限，难以承担巨大的医疗和救助费用。

笔者在调研中发现，地方性救助政策往往只覆盖一部分尘肺病工人。例如四川省某县集中为四五百名无法确认劳动关系的尘肺病工人开具了职业病诊断

---

① 尹竹：《论工伤保险与民事人身损害赔偿之适用关系》，《法制博览》2006年第5期（上）。

② 张新宝：《工伤保险赔偿请求权与普通人身损害赔偿请求权的关系》，《中国法学》2007年第2期；黄旭东：《职业病患者能否请求双重赔偿》，《人民司法》2011年第12期。

③ 如姚秀兰《职业病防治立法中的缺陷及其完善——以职业病救济为视角》，《江西社会科学》2012年第2期。

证明书，凭此证明书可以享受医疗救助，但当时未接受诊断的工人则不在受救助之列。① 或者有的工人确认有尘肺病，却无法享受低保待遇。② 另一种情况是当地政策中有对尘肺病工人的专门补贴或对子女的就学资助，但当事人一直没有拿到。③

对尘肺病工人而言，其面临的不仅是治疗的问题，还包括家庭失去经济来源、子女无法就学等长远的困难。虽然医疗报销比例比较高，但尘肺病工人通常需要到异地治疗并需要家人陪同，但异地治疗的交通费和生活费不在报销范围之内，所以可能影响病人及时就医。④ 地方性的生活补助通常是最低生活保障标准，一般一个月 100 多元，专门补贴一个月也就数百元，无法满足家庭的生活需要，很多家庭完全依靠妻子外出打工的微薄收入来维持，因此也导致了很多夫妻离异的情况。

3. 康复与再就业服务体系有待完善，预防力度需进一步加强

国内有一些医院如湖南省职业病防治院已将康复锻炼纳入尘肺病治疗方案中⑤，但这一措施还未成为尘肺病治疗的主流，对于很多在家休养的尘肺病工人而言也不是一项可及的服务。湖南和陕西的康复和再就业试点工作还有待在更大范围内铺开。

实践中尘肺病预防问题与其他职业卫生预防一直存在的问题类似，即用人单位违法成本低、监管力度不够大等，导致相关法律法规落实不到位。具体来讲，地方行使管理职责的部门重视程度不够，只是将总局的文件一转了之，而没有实在的跟进；或者“对用人单位的监督执法精力投入不足……在执法中，存在失之于软、失之于宽的问题，对那些职业病危害严重经整改后又无法达到要求的用人单位，在提请政府关闭问题上存在畏难情绪……”⑥ 从用人单位来

---

① 访谈记录：HY20160909L。

② 访谈记录：HY20160909W。

③ 访谈记录：HY20160910Z。

④ 访谈记录：HY20160909W。

⑤ 《我院将康复锻炼纳入尘肺病治疗必修课》，2014 年 11 月 17 日，湖南省职业病防治院网站，http：//hnzfzx. com/i/22/485. html。

⑥ 《关于 2013 年全国职业卫生监督执法有关情况的通报》，2013 年 12 月 31 日，国家安全生产监督管理总局网站，http：//www. chinasafety. gov. cn/newpage/Contents/Channel_ 21839/2013/1231/254226/content_ 254226. htm。

看，则广泛存在职业病防护措施不到位（如在接触粉尘的岗位配备无防尘效果的棉纱口罩）、职业卫生管理不规范等情况。[①] 要从根源上解决尘肺病问题，最核心的是政府和企业需要转变只看重短期经济效益、忽略劳动者权益的观念，加强对劳动者的职业卫生保护，预防尘肺病的发生。

（二）尘肺病工人权利保护的对策建议

为回应前文所述种种困境，基于实地调研和其他国家与地区的先进经验，笔者提出两点建议：第一，设立全国性的尘肺病治理专项基金，用于尘肺病的预防、治疗、康复等，确保尘肺病工人能够获得及时、有效、充分的权利保障；第二，开发针对尘肺病的社区康复模式，通过综合性的支持服务，确保尘肺病工人平等参与社会各项事务，过有尊严的生活。

1. 设立全国性的尘肺病治理专项基金

为了解决上述困境，我国急需通过设立专项基金来保障尘肺病工人医疗、生活等方面的权利。专项基金可向产生有害粉尘的企业征收，基金可设置于工伤保险基金之下或由民政部门进行管理，专款专用，形成卫生部门（疾控中心和职防院）、人社部门和民政部门之间的协调合作，管理和发放尘肺病工人救助金。专项基金由于其专门性，具有高效、简便、全面等优势。

专项基金可事先向存在粉尘危害风险的企业征收，按工程或项目款的一定比例收取，基金款项用于尘肺病的预防、治疗、康复以及工友的生活补偿。对于企业来说，比起事后救济工人索赔的金额和司法程序，事先缴款大大降低了企业主的经济和时间成本，因此企业的配合度较高。

鉴于很大一部分尘肺病工人无法证明其与用人单位存在劳动关系而被排斥在工伤保险制度之外，专项基金可安排疑似患有尘肺病的工人按一定程序接受检查，确认为尘肺病及鉴定劳动能力丧失程度后，由专项基金核发救助款。这将大大降低尘肺病的举证负担，简化其获得救助的程序。

---

① 《国家安全监管总局办公厅关于2016年建设项目职业卫生“三同时”专项检查情况的通报》，2016年12月20日，国家安全生产监督管理总局网站，http：//www.chinasafety.gov.cn/newpage/Contents/Channel_5916/2016/1220/280570/content_280570.htm。

专项基金还可根据个人能力丧失的程度和需要，为确认病情的尘肺病工人提供包括医疗、康复、护理、生活在内的相关补助，为尘肺病工人提供全方位的救助。

由于有专门的款项，基金还可用于推动与尘肺病防治相关的研究、加强尘肺病的预防宣传与教育，并为决策者制定政策提供有针对性的建议。

2. 建立基于社区的尘肺病工人综合康复支持体系

中国的尘肺病工人大多数是农民工，如果不是正在住院治疗，基本都是在农村老家休养。这样一来，去有相关经验的医院进行康复锻炼势必增加各方面的成本。如果可以开发出一个更加扎根于社区的模式，对于尘肺病人的康复将更加有效。另外，前文也已指出，尘肺病工人大多处于青壮年时期，除了身体的康复，还需要更多的支持，使之可以切实参与社会生活。上述湖南省涟源市的实践暗合了国际社会提倡的“以社区为基础的康复”（Community-based Rehabilitation，简称“社区康复”）策略，强调康复的社会性，旨在让人们除了在医疗卫生服务之外，还能在社区中获得医疗、教育、生计等各方面的服务，最终达到社区融合的目标。[①] 涟源市的经验还表明，综合性的康复支持不必然涉及高昂的成本，而在于充分利用社区资源，为尘肺病工人及其家庭成员提供支持，从而使他们也变成资源创造者，而不仅仅是人们眼中的“社会的负担”。因此，笔者建议在全国范围内推广涟源市的先进经验，建立起基于社区的尘肺病工人综合康复支持体系。

参考文献

[1]《残疾人权利公约》。

[2] 世界卫生组织等：《以社区为基础的康复指南（2010）》。

[3] 林永昕等：《当前中国职业病防治问题的研究综述》，《中国卫生法制》2010 年第 3 期。

[4] 朱常有等：《中国职业安全健康概况》，中国劳动社会保障出版社，2012。

① 郭悠悠、刘林：《残疾人社区康复的历史与现状》，《中国农业大学学报》（社会科学版）2011 年第 1 期；张万洪、姜依彤主编《平等、参与、融合》，社会科学文献出版社，2015。

[5] 中国残疾人联合会：《残疾人康复服务“十二五”实施方案》。

[6] 中国残疾人联合会：《残疾人康复服务“十三五”实施方案》。

[7] Chetwyn C. H. Chan et al. , “Using Who's ICF Model on Service Needs of Patients with Pneumoconiosis,” *Handbook on Vocational Rehabilitation and Disability Evaluation*, Springer International Publishing (Switzerland, 2015).

B.7

土地流转中的农民权利保障*

潘　俊**

摘　要： 2016年是中央层面肯定农村土地承包经营权分离，形成“三权分置”流转的第三年。中央和地方继续出台一系列政策，加大力度全面支持、保障农村土地流转。土地确权颁证工作有序推进，农民土地权利归属明确、界限清晰。土地流转速度日渐提高、流转规模日渐增长，农民财产性收入持续增加。但是，在流转规模、流转形式、流转土地用途以及流转收益分配方面仍存在有待改进、完善之处。我国土地流转必须尊重农民意愿，严格控制工商资本租赁农村土地，坚持农地用途，严守耕地红线，适度开展规模经营，并完善土地流转交易与配套机制。

关键词： 土地流转　农民权利　承包经营权　三权分置

土地流转主要是土地承包经营权的流转，是在承包权不变的基础上农户把自己承包的土地全部或部分流转给其他人。目前土地流转主要有转包、互换、转让、出租、代管代耕、抵押、入股等形式。2014年，十八届三中全会通过《中共中央关于全面深化改革若干重大问题的决定》，提出“稳定农村土地承包关系并保持长久不变，在坚持和完善最严格的耕地保护制度前提下，赋予农民对承包地占有、使用、收益、流转及承包经营权抵押、担保权能，允许农民以承包经营权入股发展农业产业化经营”，被认为正式提出“三权分置”理

---

* 本文系重庆市教委科技计划项目“‘三权分置’下农村土地经营权抵押机制研究”、西南政法大学青年项目“农村集体成员权的解构与变革”（2016XZQN-33）的阶段性研究成果。

** 潘俊，法学博士，西南政法大学人权研究院讲师，主要研究方向为土地法、民法。

论，拉开了农村土地第三次改革大幕。具体而言，“三权分置”是在保持农村土地集体所有的基础上，将承包经营权分离为承包权和经营权，其中农户享有承包权，而将经营权投入市场进行流转而形成的格局。2014～2016年多项中央文件均强调，落实集体所有权、稳定农户承包权、放活土地经营权这一农地流转精神。2016年8月30日，习近平总书记主持召开中央全面深化改革领导小组第二十七次会议并发表重要讲话。会议指出，深化农村土地制度改革，实行所有权、承包权、经营权“三权分置”，是继家庭联产承包制后农村改革的又一大制度创新，是农村基本经营制度的自我完善。土地流转既是现代农业发展的客观要求，也是农民的利益诉求所在。“三权分置”形式的土地流转促进了土地资源合理有效利用，有利于更好地维护农民集体、承包农户、经营主体的权益，其中，保障流转过程中农民的合法权益，是土地顺利流转的根本和关键。

一　土地流转中农民权利保障的进展

自农村土地包产到户后，土地就在不同范围内进行不同程度的流转。在中央正式提出农村土地“三权分置”之前，土地流转主要集中于农村集体经济组织内部，多为单一农户。随着农业结构调整和国家有关强农、惠农政策的出台，农业生产专业大户、农业龙头企业、农民专业合作社逐渐成为土地流转的受让主体，开始进行农业生产经营，导致承包权和经营权分离。截至2016年10月底，全国依法登记的农民合作社达174.9万家，入社农户占全国农户总数的43.5%。除了转让、互换、出租等传统流转形式外，入股经营、托管经营、抵押等新型土地流转模式逐渐推广。土地集中连片流转，流转规模逐渐扩大，农地流转率从1996年的2.6%增长到2014年的30.4%。[①] 截至2016年6月底，全国承包耕地流转面积达到4.6亿亩，占家庭承包耕地面积的34.3%，超过承包耕地总面积的1/3，部分东部沿海地区流转比例超过1/2。全国经营耕地面积在50亩以上的规模经营农户超过350万，经营耕地面积超过3.5亿亩。[②] 2007～2015年全国农村土地流转面积及其占家庭承包面积的比例见图1、图2。

---

① 中国社科院课题组：《中国农村土地市场发展报告（2015－2016）》。

② 高云才：《农村土地流转面积超承包耕地总面积》，《人民日报》2016年11月20日，第3版。

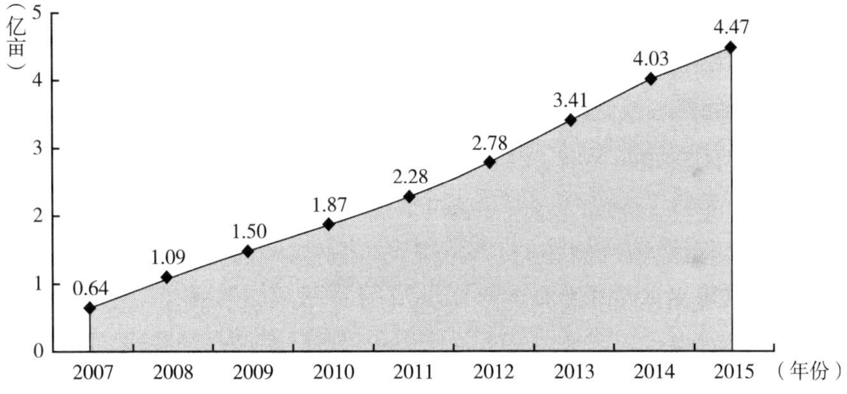

图1　2007~2015年全国农村土地流转面积

资料来源：国土资源部。

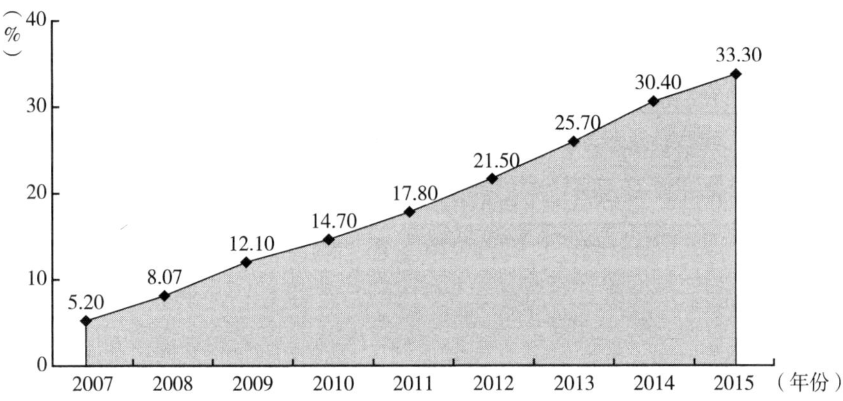

图2　2007~2015年全国农村土地流转面积占家庭承包面积的比例

资料来源：国土资源部。

2016年，中央选择了13个省份开展扶持集体经济发展试点工作。其中，截至2015年底，安徽省耕地流转面积为2921.9万亩，耕地流转率达46.8%，新型农业经营主体成为流转主力军。黑龙江省农村土地流转面积6897万亩，规模经营面积6389万亩，同比分别增长6%和7%。截至2015年2月，河南土地流转总面积3393万亩，占家庭承包经营土地面积的34.8%。2015年吉林省农村土地流转总面积为1683万亩，占家庭承包经营土地面积的27%，同比增长3%。各类规模经营主体6.3万户，经营面积1222万亩。山东省1800多个工商资本通过土地流转、土地入股等方式进入农业领域，流转土地200多万亩，占全省土地流转总面积的近10%，涉及农户40多万。截至2016年1月，湖北省农村家庭承包耕地流转面积达到1633万亩，比“十一五”期末增长231.5%。江西省分别建立市、县、乡农地流转服务机构7个、96个、1299个，推动全省流转农户承包土地1069万亩，流转率达33.7%，首次超出全国平均水平。①

为保障土地流转过程中农民的合法权益，中央出台了一系列规范性文件，放开土地流转限制，同时要求牢牢坚持农村土地农民集体所有，稳定农户承包权，放活土地经营权，赋予农民更多的土地权利、增加农民的财产性收入。各地方政府结合自身具体情况，纷纷出台细化政策，积极探索农地流转的多种实现形式，推进“三权分置”，保证农民从土地流转中获得更多利益，形成自上而下的顶层设计和政策支持。2016年中央和各地方规范农村土地流转、保障农民合法权益的文件见表1。

表1　2016年中央和各地方规范农村土地流转、保障农民合法权益的文件

文件名称	日期
《农村土地经营权流转交易市场运行规范(试行)》	2016年7月
《农业部关于做好农村土地承包经营权信息应用平台建设工作的通知》	2016年6月
《关于完善农村土地所有权承包权经营权分置办法的意见》	2016年10月
《农村承包土地的经营权抵押贷款试点暂行办法》	2016年3月
《青海省人民政府办公厅关于规范全省草原承包经营权流转工作的指导意见》	2016年11月
《重庆市人民政府办公厅关于印发重庆市进一步深化农村土地承包经营权确权登记颁证工作实施方案的通知》	2016年10月
《沈阳市农村土地承包经营权抵押贷款试点工作实施方案》	2016年9月
《七台河市农村土地承包经营权确权登记颁证工作实施方案》	2016年6月
《引导农村土地承包经营权有序流转发展农业适度规模经营工作方案》	2016年6月
《上海市农业委员会关于本市推进农村土地承包经营权流转公开交易市场建设的实施意见(试行)》	2016年5月
《黑龙江省农村土地承包经营权确权登记颁证工作方案》	2016年4月
《海东市关于引导农村土地承包经营权有序流转发展农业适度规模经营工作方案》	2016年5月
《盘锦市人民政府关于推进农村集体土地承包经营权抵押贷款(试点)工作的实施意见》	2016年3月

资料来源：北大法律数据库。

① 李慧：《土地流转在各地加速推进》，《光明日报》2016年11月24日，第15版。

（一）稳步推进确权颁证工作，全面确认农民土地权利归属

土地流转的基础是流转土地权属清晰无争议。“农民要想获得合理补偿或预期收益分配，必须理清集体经济组织与个体成员的权利义务关系，通过弱化甚至剥离村民委员会的经济职能，强化集体土地承包个人或组织所享有的经营权、使用权，从而赋予集体组织成员合法的处分权、收益权。”① 开展农村土地确权颁证，对家庭承包土地的地块、面积、位置等信息进行记载并颁发土地承包经营权证书，有利于清楚界定农民权利，促进土地流转，减少纠纷，是赋予农民财产权、增加农民财产性收入的重要保证。2009 年农业部开始开展土地承包经营权确权登记颁证试点工作；2009～2010 年以村组为单位，以 8 个村为试点，探索整村推进；2011～2013 年以乡镇为单位，在数百个县开展试点；2014 年以县为单位，首次在 3 个省份开展整省试点，计划用 5 年左右时间基本完成该项工作；2015 年底将江苏、江西、湖北、湖南、甘肃、宁夏、吉林、贵州、河南等 9 个省份纳入“整省推进”的试点。截至 2016 年 12 月底，全国已有 2582 个县（市、区），3 万个乡镇，51.2 万个村开展了农民土地承包经营权确权登记颁证工作，完成土地确权面积 8.5 亿亩，占全国二轮家庭承包集体耕地面积的 68%。② 2016 年 10 月，山东省委省政府向国务院报送了《关于农村土地承包经营权确权登记颁证工作情况的报告》，成为全国首个完成土地确权颁证工作的省份。截至 2015 年底，山东省 73910 个有耕地村完成土地确权登记颁证工作，占总数的 95.9%；确权耕地面积 8815.6 万亩，占家庭承包耕地面积的 98.1%；确权承包农户 1670.6 万，占家庭承包户数的 94.6%。通过土地确权颁证，农村土地承包关系更为稳固，农民因此吃上了“定心丸”、种上了“放心田”，保障了自身权益。

（二）增加土地流转收益、补贴，提高农民收入

据统计，随着城镇化的推进，每年约有 6000 万亩土地需要流转，全部实

① 朱冬丽：《土地使用权流转中农民权益保护探析》，《农业与技术》2016 年第 1 期。

② 张红宇：《落实三权分置，引导多种形式适度规模经营健康发展》，《农民日报》2016 年 12 月 27 日，第 7 版。

现后将给农民带来2万亿元的财产性收入。实际上，随着土地流转速度的提高、规模的扩大，土地的市场价值逐渐彰显，农民收入持续性增加。2014年全国农村常住居民人均可支配收入10489元，同比增长11.2%。若按老口径计算，农村居民人均纯收入9892元。2014年农村居民人均可支配收入中位数为19497元，比2013年增长12.7%，其中工资性收入增长13.7%，2014年净收入增长7.7%，财产净收入增长14.1%。得益于农村土地流转和规模经营较快增长，农村居民人均转让承包土地经营权租金的净收入增长达到40.3%，转移净收入增长达13.9%。[①] 2015年，我国农民人均收入突破万元大关，增幅连续6年高于GDP和城镇居民收入增幅。2016年，农村居民人均可支配收入12363元，增长8.2%，扣除价格因素实际增长6.2%。

全国多个地区积极推进多种形式流转农村土地，反映出土地流转提高农民家庭收入的绩效。如国家统计局赤峰调查队数据显示，内蒙古赤峰市2016年前三季度农牧民人均土地流转租金收入为90元，比2015年同期增长了25%。云南省西山区通过土地流转建立苹果基地，流转土地价格为每亩1000元，每5年增加20%，村民在果园打工每天收入为100元左右，公司收购全部农家肥，一家农户一年至少收入3万元，增收效果明显。[②] 河南省对全省96个村的调查显示，2010年平均土地流转价格为635元/亩；2012年为666元/亩，较2010年增长4.8%；2014年为768元/亩，较2012年增长15.3%；2015年为814元/亩，较2014年增长5.9%。受地形地貌、经济发展条件等多种因素影响，平原、山区、丘陵、坝上土地流转价格差异较大。2015年平原地区平均流转价格为920元/亩，山区为728元/亩，丘陵为397元/亩，坝上为245元/亩。[③] 通过土地流转，一些荒废土地得以集中，被统一开发利用，土地流出方的农民可以获得相应的租金、土地使用权转让收入以及土地使用权入股后的分红，土地流入方的农民也可以通过扩大生产规模等方式增加自身收入。如浙江省杭州市余杭区，部分村民将所承包的50亩农田租给蔬果专业合作社，土地

① 中国产业调研网：《中国农业行业发展回顾与市场前景预测报告（2015－2022年）》。

② 《西山区妥睦村调整产业结构——让土地流转促农民增收》，《云南日报》2016年9月8日，第4版。

③ 魏百刚：《农村土地流转及其对农民收入影响调查》，《农村经营管理》2016年第6期。

流转后，除了轻松收取上千元土地租金外，农民还可以安心外出打工，一年净收入翻倍。而土地流转流入方将集中起来的上千亩土地用于种植各类蔬菜，一年净赚上百万元。① 土地流转不仅直接增加农民收入，也让种植大户和集体受益。土地成片流转后，破除出来的田埂、水渠、分离带面积归集体或合作社所有，种植大户对成片土地集中管理，种植成本降低，种植收益增大。此外，2015 年 12 月财政部发布《扶持村级集体经济发展试点的指导意见》，提出中央财政以以奖代补的形式支持浙江、宁夏、江苏、安徽等 16 个省份开展土地流转试点工作，以每亩 100 元的标准对土地流出方给予一次性奖励。各试点省份也制定了自己的《财政扶持农村土地流转实施意见》，如浙江省绍兴市新昌县对新增流转连片农户承包经营的耕地种植水稻 20 亩以上、山林 200 亩以上、水域经营水产养殖 20 亩以上，农村土地流转年限 5 年以上并签订规范流转合同的，按流转面积分别给予经营户、流出户一次性奖励每亩 150 元、50 元、50 元；湖北省武汉市对符合要求的业主每亩给予 50 元补贴。

表 2　部分地区土地流转的补贴方式和补贴标准

地区	补贴方式和补贴标准
陕西省	城镇规划区意外连片规模流转耕地 1000 亩以上的，每亩补贴 10 元
河北省栾城区	农民合作社达到 50 户入社经营，合作社奖励 3 万元；达到 100 户的，奖励 5 万元；土地流转集中连片经营的农民专业合作社、种植大户等，流转面积 50 亩以上的，每亩奖励 100 元；流转面积 300 亩以上的，每亩 150 元；流转面积 500 亩以上的，每亩一次性奖励 200 元
安徽省宿州市	家庭农场连片流转土地 100 亩以上的，每亩补贴 200 元，连补 3 年；从事设施农业、养殖、特色种植等产业的中小型和大型家庭农场，分别给予一次性奖励 3 万元和 5 万元
广西壮族自治区南宁市	符合补助条件的流入承包经营权的农业规模经营主体每亩一次性补助 200 元，最高补助 50 万元
四川省郫县	流转规模在 500 ~ 1000 亩的按每亩 100 元奖励，流转规模在 1000 ~ 2000 亩的按每亩 300 元奖励

资料来源：全国农业社会化服务体系信息网。

① 《一亩土地流转背后：年产值从 200 多元变成近 2 万元》，新华网，http：//www.chinanews.com/cj/2015/01 -07/6942581.shtml。

（三）提供多种就业工作机会，保障农民基本生活

土地流转后，经营权进入市场，承包权长久不变，农民不用担心因为土地流转而失去土地，基本生存仍有保障，可以安心进城务工。同时，农民进城务工与退出承包地也没有必然关系。不愿土地流转或已流转但在城市生活困难的农民可以随时返乡，继续经营土地。2015 年 6 月，国务院办公厅印发《关于支持农民工等人员返乡创业的意见》，支持农民工、大学生和退役士兵等群体返乡创业，以促进农村人口就业、增加农民工资性收入。截至 2015 年底，农民工返乡创业人数累计已超过 450 万，约占农民工总数的 2%，大学毕业生返乡创业的比例从几年前的 0.5% 增至 1%。[①] 据统计，2013 年全国农民工数量近 2.7 亿人，约占农村劳动力总数的 45%。其中外出 6 个月以上的农民工达到 1.7 亿人，占农村劳动力总数的 1/3。2015 年全国农民工总量 27747 万人，比上年增加 352 万人，其中外出农民工 16884 万人。同时，2014 年的统计数据显示，自营就业的农民工所占比重为 17%，较上年提高 0.5 个百分点。[②]

土地流转带动资金、人才和技术管理的流动，农村产生了新的就业机会和职位，农民可以就近就业，实现在家门口工作目标。在安徽省徽县，土地流转面积达 16.17 万亩，占承包耕地总面积的 38.96%，参与流转农户 2.82 万。农户将土地流转给苗木花卉合作社，既能在合作社上班也能照顾家里，务工顾家两不误。如今，在合作社务工的农民遍及徽县 15 个乡镇，3 万多户农民参与工作，其中大部分是农村留守妇女和老人。[③] 特别是一些 50 后、60 后老人，土地流转后能在园区务工。如南充市 70 多岁的老人在园区从事除草、浇水、施肥、打药、栽苗、修枝等简单工作，获得相应收入，日子过得有滋有味。[④] 土地流转后，农民不失地、不失利、不失业，除了土地流转收入还能工作拿工资，获得“双薪”。

---

① 《农民工返乡创业人数累计超 450 万 约占总数 2%》，中新网，http://www.chinanews.com/cj/2016/07－22/7948233.shtml。

② 参见《2015 年度人力资源和社会保障事业发展统计公报》。

③ 周者军：《助农增收挑大梁——徽县发展农民专业合作社侧记》，《甘肃日报》2016 年 8 月 1 日。

④ 《土地流转，村民人均年收入近两万元》，四川新闻网，http://nc.newssc.org/system/20150813/001714786.html。

二 土地流转中农民权利保障存在的问题

（一）不尊重农户流转意愿，流转程序不规范

农村土地流转主要有农户自发性流转和组织性流转两种形式。在中央要求放活土地经营权、加快农地流转的背景下，部分地区把农地流转视为解决工业化、城镇化瓶颈的新途径和增加政府土地财政收入的新渠道，以调整产业结构和产业化经营的名义强迫承包方进行土地承包经营权流转。个别人为谋取私利阻碍土地承包经营权的流转。在一些地区，土地流转由村干部或镇干部一手操办，过程不公开、不透明。土地流转大多通过口头约定方式进行，较少签订合同，缺乏统一的标准、手续，流转管理无序。如粮食主产区河南省2016年调研显示，土地流转合约中有33%属于口头协议，67%的书面合同存在格式不规范、内容不全面等问题，最简单的土地流转合同只有20字左右，仅说明双方姓名、土地数量及租金。合同的不完善、不规范降低了对双方当事人的约束力，直接影响合同的执行。[①] 土地受让方毁约弃耕，土地承包方违约退耕现象普遍存在。[②] 特别是流入方为工商资本、大户时，他们在信息获取专业化程度方面具有天然优势，谈判能力更强。一旦土地流入方放弃耕种，农户无法取得农地租金，风险便转嫁给农民和政府。同时部分地区农民契约精神不强，可能因为流转大户收益高而随时要求提高租金，反向导致土地流转困难。

（二）非法改变农村土地用途，片面追求流转规模和效益

农村土地流转并不局限于农村内部，具有相应资质、能力的外来工商资本、企业都可以依法取得承包经营权，进行农业耕作。当前，工商资本下乡租赁农地呈发展加快态势。2015年流入企业的农户承包地面积达4600万亩，占流转土地总面积的10.4%。[③] 然而因为缺乏对合同签订和履行必要的监督，为了获得高额收益，

---

① 杨玉珍：《我国农地制度“被建构”与“被执行”的冲突》，《南京农业大学学报》（社会科学版）2016年第6期。

② 刘彦随：《农村土地流转何以健康前行》，《人民日报》2015年4月22日，第5版。

③ 乔金亮：《土地流转交易立新规》，《经济日报》2016年7月5日。

这些外来资本常假借土地流转、下乡投资之名，大搞圈地之实。一些地区“非农化”“非粮化”现象严重，少数地区“非粮化率”超过60%。2010～2014年，我国土地流转后用于非粮食作物的面积逐渐增长，耕地面积逐渐减少（见图3、图4）。截至2015年末，全国耕地面积为20.25亿亩，建设占用、灾毁、生态退耕、农业结构调整等原因减少的耕地面积达450万亩，通过土地整治、农业结构调整等方式增加的耕地面积达351万亩，年内净减少耕地面积99万亩。与2014年相比，2015年全国农用地面积净减少426.3万亩，其中耕地面积净减少89.2万亩。

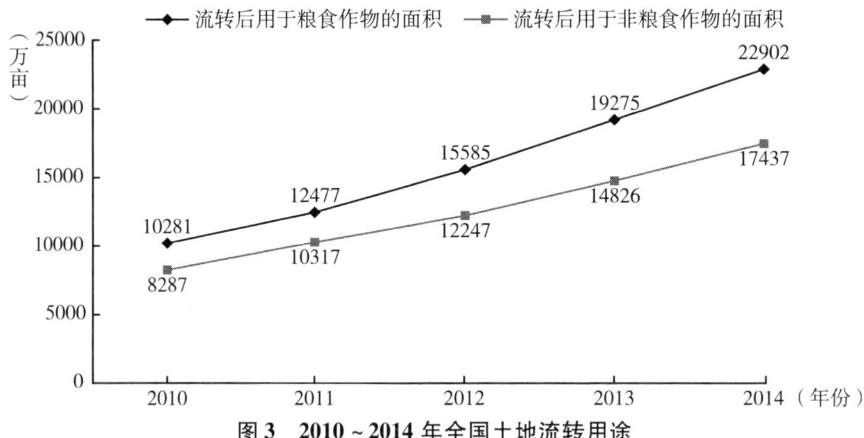

图3　2010～2014年全国土地流转用途

资料来源：聚土网。

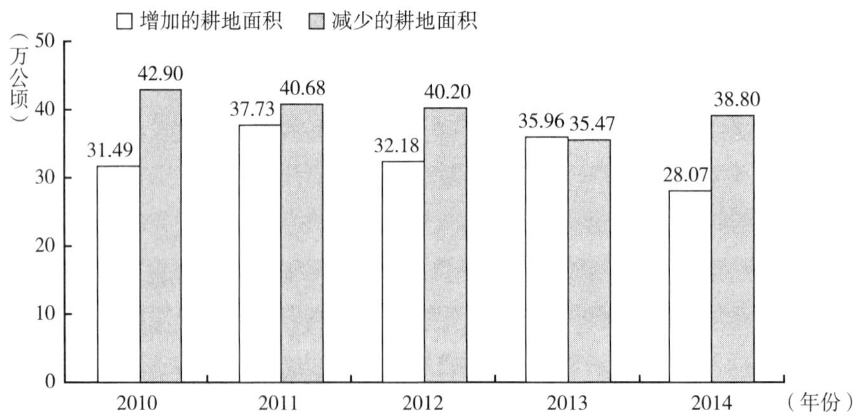

图4　2010～2014年全国耕地面积增减变化情况

资料来源：国土资源部。

2015年开展卫片执法，全国共查处土地违法案件12.66万宗，涉及土地面积90.41万亩，耕地面积33.98万亩，较上一年分别上升53%、35.64%、56.18%。[①] 某些农民合作社、龙头企业、工商企业将流转后的土地用于经营药材、果木、蔬菜等高效农作物，或发展休闲农业，呈现“非粮化”倾向，既容易挤占农民就业空间，也危及国家粮食安全。部分粮食主产省土地非农化、非粮化现象严重。2013年西北农林科技大学“粮食主产区土地流转的现状及机制构建”课题组对河北、河南、山东、安徽四省的土地流转调查显示，土地流转“非粮化率”达61.1%，且流转规模越来越大。此外，四川等省份农地流转后的种粮率也在逐年下降，截至2013年底，四川省用于种植粮食作物的流转耕地面积为443.3万亩，占流转总面积的32.6%。全省2010年、2011年和2012年的比例分别为41.2%、39.0%和35.7%，耕地种粮比例逐年下降。

（三）流转收益不稳定，农民缺乏长久生活保障

从土地流转的单户来看，流转价格上涨直接增加了农民收入，但整体并不明显。很多希望通过土地流转进行规模化现代化生产的经营主体因土地流转价格大幅攀升而望而却步，导致土地流转缓慢，农民收入因此受限。因此“地租”上涨有利有弊，农民合理的财产性收入增长应当得到保护，但过快的、非理性的上涨应受到抑制。[②] 随着土地市场的完善，土地进入市场交易产生巨大的增值收益，多个主体竞相追逐流转收益。部分地区村干部甚至截留、挪用、贪污土地流转收益，严重损害了农民对土地的收益权。在村集体内部，还存在部分农民以少数服从多数的名义剥夺少数农民的土地权益的情况。同时，就流转收益本身而言，收益形式单一，无法反映土地流转价值本身。各地、各类土地流转价格相差较大，农民自身难以确定土地流转的合理价格，缺乏和土地流入方特别是外来资本的谈判能力。离开土地，农民较难找到合适的工作，外出务工只能解决一时困难，远非长久之计。尽管农民可能进入土地流入方工作，但规模化的农业企业、农业合作社也不能形成稳定的雇工

---

① 《国土资源部：去年查处土地违法案逾十二万宗》，《法制日报》2016年3月25日。

② 朱隽：《每亩上千元，土地租金上涨如何看》，《人民日报》2014年6月22日，第9版。

需求，外来资本接收流转土地却可能拒绝接收当地农村劳动力，导致原本进城务工可能性较低的中老年人缺乏生活保障，农民的就业渠道和生存空间因此受到挤压。

三　土地流转后保障农民权利的建议

（一）尊重农民意愿，合理引导、规范流转

农村土地流转的客体是具有物权性质的承包经营权，流转的主体是农民，是否流转、如何流转、流转期限以及流转价格的决策权都应交给农民，避免集中到集体经济组织、地方政府手里。土地流转应当发挥农民的积极性、保障农民的主体地位，避免农村土地“被流转”。把选择权交给农民，由农民自己选择而不是代替农民选择；集体、政府可以示范和引导，但不搞强迫命令、不刮风、不一刀切。[①] 2014 年中共中央办公厅、国务院办公厅印发《关于引导农村土地经营权有序流转 发展农业适度规模经营的意见》，明确土地流转要坚持依法、自愿、有偿原则，以农民为主体，不得违背承包农户意愿、不得损害农民权益。2016 年 6 月，农业部公布《农村土地经营权流转交易市场运行规范（试行）》，对流出方进行土地经营权流转交易做出了严格限定：农村集体经济组织或中介组织统一流转农户通过家庭承包方式取得经营权时，应当提供书面委托书；流转未发包集体土地经营权时，应当提供农村集体经济组织成员的村民会议 2/3 以上成员或者 2/3 以上村民代表签署同意流转土地的书面证明。农村土地流转要保障农民合法权益就必须始终坚持农民自愿的原则，决不能强迫农民流转土地。集体经济组织和地方政府应当正确认识当前农地流转的要求，增强服务意识，如进行普法宣传、开展技能培训，提高农民维护自身权益的意识和实际就业的能力。流转过程中区别对待准备进城的和留在农村进行农地规模经营的农户。[②] 对那些在土地经营上有自己模式的农民，比如种植大棚、种植经济作物等，没有必要组

① 习近平：《加大推进新形势下农村改革力度》，新华网，http://news.xinhuanet.com/politics/2016-04/28/c_1118763826.htm。

② 于建嵘：《谨防土地流转中的农民利益受损》，《人民论坛》2016 年第 19 期。

织其进行土地流转，以避免与外来工商资本力量的竞争；对那些长期外出，迁入城市并有稳定职业和固定住所的农民，根据其放弃承包地的意愿组织流转。

（二）坚持土地流转用途，强化风险防范机制

土地流转中保障农民权益，必须正确对待家庭承包和农业现代化经营发展之间的关系。家庭经营始终是我国最基本的经营方式，对社会资本下乡应持谨慎态度。首先，工商资本进入农业，主要是鼓励发展良种种苗繁育、高标准设施农业、规模化养殖等适合企业化经营的行业和环节，而非长时间大面积租种承包地。其次，工商资本进入农村从事农业生产的，应当进行资格审查和项目审查，避免工商资本“一窝蜂”涌入农村。同时对合同履行状况进行检查，及时发现问题、解决问题，严格落实中共中央办公厅、国务院办公厅印发的《关于引导农村土地经营权有序流转 发展农业适度规模经营的意见》中有关土地流转用途管制的“四个严禁”：严禁借土地流转之名违规搞非农建设；严禁在流转农地上建设或变相建设旅游度假村、高尔夫球场、别墅、私人会所等；严禁占用基本农田挖塘栽树及其他毁坏种植条件的行为；严禁破坏、污染、圈占闲置耕地和损毁农田基础设施。如果土地流入方擅自改变土地用途，农户可以要求支付违约金或惩罚性损害赔偿金。为保障土地流转用途，《关于全面深化农村改革加快推进农业现代化的若干意见》提出建立工商企业流转农业用地风险保障金制度。目前，全国已有20个省（区、市），65个地级市（州），271个县（市、区、旗）出台了具体实施意见，442个县（市、区）开展了审核备案工作，共缴纳风险保障金1.98亿元。

土地流转是手段不是目的，不能为了流转而流转，片面追求快和大，而应结合实际情况，控制流转速度、流转规模，实行适度规模经营。“放活土地经营权，推动土地经营权有序流转，政策性很强，要把握好流转、集中、规模经营的度，要与城镇化进程和农村劳动力转移规模相适应，与农业科技进步和生产手段改进程度相适应，与农业社会化服务水平提高相适应。”① 发展适度规模经营，既要积极鼓励农民流转土地，也不能揠苗助长；既要避免土地撂荒和

① 习近平：《加大推进新形势下农村改革力度》，新华网，http://news.xinhuanet.com/politics/2016-04/28/c_1118763826.htm。

经营规模过于碎小，也要防止土地过度集中，人为“垒大户”。[①]《关于引导农村土地经营权有序流转 发展农业适度规模经营的意见》中明确了“适度规模经营”：现阶段对土地经营规模相当于当地户均承包地面积10～15倍、务农收入相当于当地第二、第三产业务工收入的，应当给予重点扶持。同时《农业部关于农村土地经营权流转交易市场运行规范（试行）》规定，对流入土地超过当地规定标准以上的，应当要求提供农业经营能力等证明、项目可行性报告以及有权批准机构准予流转交易的证明，以进一步规范工商资本下乡行为。

（三）合理分配流转收益，完善流转交易与配套机制

土地流转收益涉及农户等土地流出方、工商企业等土地流入方、村集体组织、地方政府甚至中介组织等多方主体。首先，合理确定土地流转价格是在土地流出方和流入方之间分配流转收益的第一步。各地方政府应当区分不同流转方式以及流转土地用途，制定土地流转指导价格，为流转双方合理确定流转价格提供参考。目前，北京、江苏南京、浙江台州、江西南昌、河北衡水等地都出台了土地流转指导价格。如南京市原则上2013～2014年全市规模流转农民承包土地并从事农业生产经营的耕地，流转价格不低于600元/亩。原则上流转期限超过3年的，应确定农村土地承包经营权流转价格递增幅度。江西南昌土地流转基准价按照当年每亩土地经营收益的70%计算，每3年发布一次。北京市农村土地流转期限超过5年的，需要建立价格调整机制，明确约定调整时限和幅度，分时段确定流转价格。其次，土地流转收益主要归流转农民，农村集体、地方政府、国家不得以任何形式截留。农村土地进入市场流转，离不开具体交易规则、交易平台的建设，如保障农民抵押承包经营权的信贷担保机构、提供土地流转信息等的土地流转服务中心。同时，完全依靠土地流转收益并非农民生存长久之计，相应的社会保险制度必不可少。扩大农村社保范围，加大农村社保资金筹集力度，稳步推进就业、医疗卫生、教育、社会保障等基本公共服务，能解除农民流转土地的后顾之忧，保障土地流转顺利进行。最后，目前有关农村土地流转的规范，特别是承包经营权分离形成“三权分置”的农地流转，大多停留在中央、地方政府政策规范文件中，待相应试点工作进

---

① 李慧：《土地流转怎样“转”》，《光明日报》2014年10月30日，第15版。

展成熟时应尽快修改《物权法》《土地管理法》《土地承包法》等法律，切实保障土地流转中农民的权益。

参考文献

［1］陈锡文：《农民有权依法自愿有偿流转土地》，《中国合作经济》2015 年第 3 期。

［2］张书勤、王洪林、孙卫华等：《规范农村土地流转，保护农民合法权益——河南柘城县法院关于农村土地流转纠纷的调研报告》，《人民法院报》2016 年 2 月 25 日，第 8 版。

［3］付江涛、纪月清、胡浩：《新一轮承包地确权登记颁证是否促进了农户的土地流转》，《南京农业大学学报》（社会科学版）2016 年第 1 期。

［4］韩长赋：《土地“三权分置”是中国农村改革的又一次重大创新》，《农村工作通讯》2016 年第 1 期。

［5］李俊高、李俊松：《新一轮的农村土地流转：理论争论、实践困境与机制创新》，《农村经济》2016 年第 1 期。

［6］杨玉珍：《我国农地制度“被建构”与“被执行”的冲突——以土地承包经营权流转为例》，《南京农业大学学报》（社会科学版）2016 年第 6 期。

［7］吴丽丽：《农村土地流转背景下失地农民社会保障体系构建》，《农业经济》2016 年第 2 期。

B.8
土壤污染防治与健康权利保障

张明涛　龚　燕*

摘　要：　2016年是我国土壤污染防治工作全面推进的一年，我国政府从制定发布《土壤污染防治行动计划》、建立健全土壤污染防治法律法规及标准、改革环境保护监督管理体制、支持推行环境公益诉讼和深入推进重金属污染综合防治五方面切实开展土壤污染防治工作，提升土壤环境质量，积极为保障公民健康创造条件。但是，现阶段我国土壤污染防治工作还不能满足土壤污染防治的需要，需要从制定专门法律法规标准、理顺监管体制、加强环境信息公开、完善公众参与、增强环境与健康管理能力五方面改进现有防治体系，促进公众健康权的实现。

关键词：　土壤污染防治　健康权利　法律保障

2016年上半年“常州外国语学校污染事件”引发社会公众关注，土壤污染对公民身体健康造成的不良影响成为整个事件的焦点。土壤是整个社会经济可持续发展的物质基础，土壤污染危及农产品质量安全和人居环境安全，土壤污染防治在公民健康权利保障中的重要性日益凸显。2016年9月29日，国务院新闻办公室发布《中国人权行动计划（2016－2020）》，提出了包括“总体改善生态环境”等内容在内的“全面保障经济、社会和文化权利”的目标，

* 张明涛，法学博士，河南师范大学法学院讲师，研究方向为人权法、环境保护法；龚燕，山西师范大学讲师，四川大学法学院2014级博士研究生，研究方向为人权法。

明确要求制订并实施土壤污染防治行动计划，着力解决土壤污染问题，实现环境质量总体改善。

一 土壤污染防治对保障健康权利的重要意义

土壤是生态体系的组成部分。作为物质和能量载体，土壤具有支持动植物生活、聚积大气和水污染物、堆放人类生活产生的垃圾及废物等功能①，对人类的生存和生活具有重要意义。土壤遭到污染，有害物质会进入土壤，引起土壤质量退化，进而对人类和生态环境产生危害。一方面，土壤污染会影响农产品质量，从而对人体健康造成损害。2013 年，“湖南镉大米”事件爆发。专家指出，土壤遭到重金属污染是稻米镉超标的直接原因②，而人体摄入过量的镉，会导致免疫系统、骨骼等多处损伤，同时，还会致癌、致畸形等。③ 另一方面，土壤污染也可借口摄入、呼吸吸入及皮肤接触等多种方式危害人体健康。据世界卫生组织估算，2012 年约有 1260 万人因在不健康的环境中生活或工作而死亡，约占全球总死亡人数的 1/4，而土壤污染是其中的环境风险因素之一。④

进入 21 世纪以来，我国土壤污染日趋加剧。据不完全统计，全国受污染的耕地约有 1.5 亿亩，污水灌溉污染耕地 3250 万亩，固体废弃物堆存占地和毁田 200 万亩，合计约占耕地总面积的 1/10，全国每年遭重金属污染的粮食达1200 万吨。⑤ 2014 年公布的《全国土壤污染状况调查公报》指出：“全国土壤环境状况总体不容乐观，部分地区土壤污染较重，耕地土壤环境质量堪忧，工矿业废弃地土壤环境问题突出。”同时，也就我国土壤变化情况进行了对比

---

① 参见《土壤质量词汇 GB/T 18834－2002》，第 2、3 条。

② 李柯勇、周勉、阳建等：《湖南“镉大米”：核实三月仍无果》，《新华每日电讯》2013 年 5 月 25 日，第 1 版。

③ 苗亚琼、林清：《广西土壤重金属镉污染及对人体健康的危害》，《环境与可持续发展》2016 年第 5 期。

④ 《不健康环境估计每年造成 1260 万人死亡》，世界卫生组织网站：http：//www. who. int/mediacentre/news/releases/2016/deaths－attributable－to－unhealthy－environments/zh/。

⑤ 陈德敏、薛婧媛：《中国土壤污染现状与法律责任解读》，《重庆大学学报》（社会科学版）2008 年第 1 期。

调查。结果显示，表层土壤无机污染物含量显著增加，镉的含量则在全国范围内普遍提升，部分地区增幅达50%。[①] 以上数据表明，我国土壤污染问题日益严重和突出，在一定程度上构成了影响和危及公民健康的不利因素。

《世界人权宣言》《经济、社会、文化权利国际公约》《儿童权利国际公约》等国际人权文件相继将健康权明确规定为基本人权。联合国经济、社会和文化权利委员会于2000年在第14号一般性意见第1条中指出："健康是行使其他人权不可或缺的一项基本人权。"同时，该意见对健康权的内涵进行了界定："健康权不应理解为身体健康的权利"[②]，"享有健康权必须理解为一项享有实现能够达到的最高健康标准所必须的各种设施、商品、服务和条件的权利"[③]，"健康权不仅包括及时和适当的卫生保健，还包括决定健康的基本因素"，其中包括符合卫生的职业和环境条件。[④] 国家对健康权负有尊重、保护和实现的义务，不仅不得干预公民平等享有健康权，而且需要采取积极措施保护公民健康权不受第三方的侵犯，创造健康权实现的诸项条件。《宪法》第26条第1款规定："国家保护和改善生活环境和生态环境，防治污染和其他公害。"2014年新修订的《环境保护法》将"防治污染和其他公害，保障公众健康"纳入立法范围。

土壤污染作为危害人类健康的不利因素，极大地影响了公民健康权利的实现。根据上述国际人权公约及我国《宪法》《环境保护法》的相关规定，国家不但应承担不得污染土壤的消极义务，而且要承担包括完善法律在内的治理土壤污染的积极义务，以保障公民健康权利的充分实现。

二　土壤污染防治与健康权利保障的新进展

2016年以来，以改善生态环境质量为目标，我国政府开展"水陆空"三

---

① 林玉锁：《我国土壤污染问题现状及防治措施分析》，《环境保护》2014年第11期。

② 《〈经济、社会、文化权利国际公约〉执行过程中出现的实质性问题》第14号一般性意见（2000），第8条。

③ 《〈经济、社会、文化权利国际公约〉执行过程中出现的实质性问题》第14号一般性意见（2000），第9条。

④ 《〈经济、社会、文化权利国际公约〉执行过程中出现的实质性问题》第14号一般性意见（2000），第11条。

位一体的污染防治工作。针对土壤污染治理问题，实施了以下几方面的措施，推动了公民健康权的实现。

（一）发布《土壤污染防治行动计划》

为切实加强土壤污染防治并对今后工作进行战略部署，国务院于2016年5月31日发布了《土壤污染防治行动计划》（以下简称“土十条”）。“土十条”提出了具体的三阶段土壤污染治理目标：“到2020年，全国土壤污染加重趋势得到初步遏制，农用地和建设用地土壤环境安全得到基本保障，土壤环境风险得到基本管控；到2030年，全国土壤环境质量稳中向好，农用地和建设用地土壤环境安全得到有效保障，土壤环境风险得到全面管控；到本世纪中叶，土壤环境质量全面改善，生态系统实现良性循环。”

“土十条”的突出特点是以农用地和建设用地污染为防治重点，保障农产品质量安全和人居环境安全。“土十条”规定，依据污染程度，对未污染或轻微污染的耕地、轻度和中度污染耕地和重度污染耕地实行分类管控，以保障农产品质量安全。其中，在重污染耕地区依法划定农产品禁种植区。同时，建设用地实行准入管理，对有色金属冶炼、石油加工等高污染风险企业用地使用权回收或转换为居住、商业及公共设施用途时，实行土壤环境状况调查评估制度。建立污染地块名录，强化环境污染风险管控。

在地方层面，福建①、辽宁②、重庆③及内蒙古④等省（区、市）制定了相关配套性政策文件，有效落实了“土十条”。

（二）建立健全土壤污染防治法律法规及标准

2016年，福建和湖北两省率先展开土壤污染防治立法工作。福建省人民

---

① 潘园园、林祥聪：《“土十条”落地，土壤治理有了军令状》，《福建日报》2016年10月24日，第3版。

② 赵静：《2020年土壤环境质量监测点覆盖所有县》，《辽宁日报》2016年9月2日，第A02版。

③ 《重庆市人民政府关于印发重庆市贯彻落实土壤污染防治行动计划工作方案的通知》，重庆市人民政府网站：http：//www. cq. gov. cn/publicinfo/web/views/Show！ detail. action？ sid = 4154588。

④ 《内蒙古自治区人民政府关于贯彻落实土壤污染防治行动计划的实施意见》，内蒙古自治区人民政府网站：http：//www. nmg. gov. cn/xxgkml/zzqzf/gkml/201611/t20161122_ 584087. html。

政府制定的于2016年2月1日生效的《福建省土壤污染防治办法》，填补了我国土壤污染防治地方立法的空白。同日，湖北省人大制定了《湖北省土壤污染防治条例》，该条例是“我国首部针对土壤污染防治的地方性法规”。[①]

同时，为有效贯彻“土十条”，环境保护部决定对《土壤环境质量标准》（GB 15618－1995）进行修改。2016年3月10日，环境保护部公布了《农用地土壤环境质量标准》、《建设用地土壤污染风险筛选指导值》和《土壤环境质量评价技术规范》三项国家环境标准征求意见稿。[②] 11月8日，环境保护部公布了《农用地土壤环境管理办法（试行）（征求意见稿）》，向社会公开征求意见[③]；12月31日，环境保护部发布了《污染地块土壤环境管理办法（试行）》。

（三）改革环境保护监督管理体制

为了克服环境治理中的机制障碍，2016年9月22日，中共中央办公厅、国务院办公厅发布《关于省以下环保机构监测监察执法垂直管理制度改革试点工作的指导意见》。该意见提出：市级环保局实行地方政府与省级环保厅（局）双重领导，其中以省级环保厅（局）领导为主，县级环保局调整为市级环保局派出分局；市县两级环境监察职能上收到省级环保厅（局）并由其统一行使，省级环保厅（局）以派驻等形式对市县实行环境监察；市级环境监测机构由省级环保厅（局）直接管理，作为省级环保厅（局）派驻市环境监测机构。

同时，为理顺环保部门内部分工职责，深入开展“三位一体”环境治理工作，2016年3月，环境保护部启动设置水环境管理司、大气环境管理司和土壤环境管理司实施方案，其中土壤环境管理司主要“负责全国土壤、固体废物、化学品、重金属等污染防治的监督管理”。鉴于我国上下级政府组成部门“上下对口，职责同构”的特征，环境保护部设立水、气、土环境管理三司的改革将对地方各级环境保护部门内设机构职责分工的完善起到重要的引导作用。

---

① 朱娟娟：《湖北率先立法防治土壤污染》，《中国青年报》2016年2月2日，第4版。

② 环境保护部办公厅发布《关于征求〈农用地土壤环境质量标准（三次征求意见稿）〉等三项国家环境保护标准意见的函》，环境保护部网站：http：//www.zhb.gov.cn/gkml/hbb/bgth/201603/t20160315_332881.htm。

③ 《污染地块、农用地管理办法征求意见》，《中国环境报》2016年11月8日，第1版。

（四）支持、推行环境公益诉讼

环境公益诉讼是推动公众对环境保护事务的参与、监督，促进公众环境权益实现的保障。新《环境保护法》确立了环境公益诉讼制度，并赋予社会组织起诉资格。随着“常州外国语学校污染事件”的曝光，2016 年 4 月 29 日，北京市朝阳区自然之友环境研究所和中国生物多样性保护与绿色发展基金会对江苏常隆化工有限公司、常州市常宇化工有限公司、江苏华达化工集团有限公司提起公益诉讼。[①] 虽然该案两原告于 2017 年 1 月 27 日一审败诉，但该案已推动了污染地块的修复，“由于常州市新北区政府已于涉案地块依法开展环境污染损害修复工作，环境污染风险已得到有效控制，并且后续的环境污染检测、环境修复工作仍然正在实施，原告方提起本案公益诉讼维护社会环境公共利益的诉讼目的已在逐步实现”。[②] 《中国环境资源审判（白皮书）》数据显示，“自 2015 年 1 月新环境保护法施行至 2016 年 6 月，全国法院共受理社会组织提起的环境民事公益诉讼一审案件 93 件”。[③]

同时，为充分发挥检察机关的法律监督职能并完善环境公益诉讼制度，全国人大常委会授权最高人民检察院在 13 个试点地区提起生态环境和资源保护等领域的公益诉讼案件。自 2015 年 7 月开展试点至 2016 年 12 月 31 日，“全国法院共受理检察机关提起的环境公益诉讼一审案 77 件。其中环境民事公益诉讼案 25 件，审结 5 件；环境行政公益诉讼案 51 件，审结 14 件；环境行政附带民事公益诉讼案 1 件，审结 1 件”。[④]

（五）深入推进重金属污染综合防治工作

首先，建设土壤污染综合防治先行区。根据“土十条”的要求，在土壤重金属污染比较严重的且具有典型性的浙江省台州市、湖北省黄石市、湖南省

---

① 李超：《江苏常州中院受理常外“毒地”公益诉讼》，《中国青年报》2016 年 5 月 23 日，第 3 版。

② 李超、恽奎照：《“常州毒地”环境公益诉讼一审宣判》，《中国青年报》2017 年 1 月 27 日，第 2 版。

③ 王逸吟：《最高法首发环境资源审判白皮书》，《光明日报》2016 年 7 月 28 日，第 3 版。

④ 刘婧：《最高法发布十件环境公益诉讼典型案例》，《人民法院报》2017 年 3 月 8 日，第 1 ~ 2 版。

常德市、广东省韶关市、广西壮族自治区河池市和贵州省铜仁市6市建设土壤污染综合防治先行区。

其次，加大土壤重金属污染防治投入。2016年中央财政预算中土壤污染防治专项资金为90.89亿元，比2015年执行数增加53.89亿元，增长145.6%。[①] 2016年6月，中央财政下达2016年土壤污染防治专项资金共计68.7508亿元，其中向浙江、山东及湖北等14个省（区、市）的30个市县共计下达13.7508亿元的重金属污染重点防控区示范资金。[②]

再次，公布《重金属污染综合防治"十二五"规划》实施情况全面考核结果。[③]"十二五"期间，中央投入210多亿元进行重金属污染治理，处理完分布在15个省的存放半个世纪的670余万吨铬渣。规划考核结果显示,2015年底，铅、汞、镉、铬和类金属砷5种重点重金属污染物排放总量比2007年下降27.7%。

最后，实行重金属污染耕地休耕制度。2016年6月29日，农业部会同中央农办等部门联合发布《探索实行耕地轮作休耕制度试点方案》，要求在重金属污染区、地下水漏斗区和生态严重退化地区休耕，其中作为重金属污染耕地休耕试点的湖南省休耕10万亩。[④]"今年湖南实际休耕晚稻10.01万亩，并在重金属污染耕地上调减稻谷5万吨"，"长株潭重金属污染区全年休耕"。[⑤]

三 防治土壤污染，保障公民健康权利所面临的主要问题

（一）土壤污染防治法律法规有待完善

目前，我国还缺乏专门的土壤污染防治法律。关于土壤污染防治的法律规定主要散见于《环境保护法》、《水污染防治法》、《固体废物污染环境防治法》

① 财政部发布《关于2016年中央对地方税收返还和转移支付预算的说明》。

② 财政部发布《2016年土壤污染防治专项资金预算汇总表》。

③ 王昆婷：《15省670余万吨铬渣处置完毕》，《中国环境报》2016年11月30日，第1版。

④ 乔金亮：《促进资源永续利用和农业可持续发展》，《经济日报》2016年7月1日，第12版。

⑤ 吴虹漫：《长株潭重金属污染区将全年休耕》，《三湘都市报》2016年11月22日，第A04版。

和《土地管理法》等相关法律中，缺乏系统的法律规范以满足土壤污染防治工作的迫切需要。

水、大气和土壤是一个系统整体，它们之间相互联系、相互影响。土壤污染在很大程度上是水和大气污染的结果，土壤是最终的污染物载体。

我国现阶段的污染防治法律主要集中在水、大气和固体废弃物污染防治方面，缺乏针对土壤污染防治的具体制度安排，需要充分考虑到土壤污染的隐蔽性、积累性、滞后性及难治理性等不同于其他污染的特性，形成对土壤污染的有效防治。同时，需要在农用地、建设用地分类管理后设立相应的土壤环境质量标准；农业生产资料中污染物控制标准、土壤环境监测、调查评估及治理与修复等技术规范、导则也需要及时修改。

（二）环境监管体制亟待完善

我国实行统一监督管理与分级、分部门监督管理相结合的环境监管体制，面对土壤污染的复杂性，这种监管体制需要进一步完善。一方面，中央与地方的土壤污染防治职责分工需要进一步明确。“目前，各级政府之间生态环境保护方面的事权划分主要依据法律法规和政府部门三定方案，但中央事权、中央和地方共同事权和地方事权并没有清楚的界定和划分，支出责任如何划分也没有明确说法。”① 在实践中，地方政府，尤其是基层政府，承担过多的土壤污染治理责任，治污事权与支出责任缺乏充分的匹配。另一方面，政府部门之间环保职责需要进一步明确划分。在土壤污染防治领域中，环境保护部门主管，国土资源、农业及建设等部门分管，主管部门与分管部门之间的相互关系及职责范围相关的法律规定相对笼统，需要进一步细化。

与此同时，随着我国在省级以下环保机构监测监察执法垂直管理制度改革试点工作的开展，在破除“地方保护主义”的同时，包括土壤污染防治工作在内的环境监管体制也面临一些新的问题。实行垂直管理后，市县两级政府，特别是县级人民政府，原有很多环境监管工作的实施失去了“责任主体”，如何落实环境保护地方政府负责制是一个亟待解决的问题。

① 王尔德：《环保系统这一年：生态环境监管职责再谋变》，《21 世纪经济报道》2014 年 3 月 7 日，第 2 版。

（三）环境信息公开程度需要进一步提升

土壤污染具有累积性、隐蔽性，环境信息公开是引导社会公众及时、有效防范土壤污染损害与风险的重要途径。然而，现阶段我国环境信息公开范围还有一定局限。

我国政府信息公开以限定性公开为原则，《环境信息公开办法（试行）》第 11 条列举了 17 项环保部门应当主动公开的环境信息，但其范围仍有扩展的空间。同时我国仅要求"重点排污单位"[①] 和"双超企业"[②] 公开"主要污染物的名称、排放方式、排放浓度和总量、超标排放情况以及防治污染设施的建设和运行情况"。[③] 在环境问题日益严峻的今天，这样的要求已难以满足环境治理的需要。此外，《新环保法实施情况评估报告》数据显示："61% 的样本城市公开了重点排污单位名录，但尚有 36% 的样本城市尚未公开"，"企业信息公开，除了部分国控企业做得较好外，绝大多数企业环境信息公开未达到法律要求"。[④]

（四）公众参与有待加强

公众参与是我国环境保护法的基本原则之一，该原则不仅是政府环境决策民主化、科学化的必然要求，而且也是重要的公众环境利益诉求表达机制。随着近年来我国环境保护法律制度的逐步完善，环境保护公众参与机制也得到快速发展，但仍需要进一步完善。虽然《环境保护法》对"公众参与"进行了规定，但"公众参与环境污染防治主要都局限于控告、举报及提出批评建议等传统手段"[⑤]，制度化、规范化的公众参与途径主要限于环境影响评价中的公众参与和环境公益诉讼等。同时，我国环境污染治理公众参与主要集中于"事中参与"和"事后参与"，其中又以"事后参与"为主，"事中参与"主

① 《环境保护法》第 55 条、《企业事业单位环境信息公开办法》第 9 条。

② 《环境信息公开办法（试行）》第 20 条。

③ 《环境保护法》第 55 条。

④ 王开广：《36% 城市未公开重点排污单位名录》，《法制日报》2016 年 5 月 24 日，第 6 版。

⑤ 刘继雁：《论我国环境保护中公众参与法律机制的健全与完善》，重庆法院网：http://cqfy.chinacourt.org/article/detail/2016/11/id/2353512.shtml。

要限于环境影响评价中的公众参与。“事后参与”有违环境保护优先原则，特别是对于土壤污染这类损害后果不可逆性强且治理代价大的污染类型，“事后参与”难以对环境污染形成有效的约束。

（五）环境与健康管理能力需进一步加强

近年来，环境污染已经成为危害公众健康权益的重要因素之一，在加强环境污染防治的同时，加强环境健康风险管理，是实现《环境保护法》“保障公众健康”立法目的的重要措施。《国家环境与健康行动计划》确立了以环保部和卫生部为牵头单位，多部门参与、多部门协调的环境与健康管理机制。《环境保护部主要职责内设机构和人员编制规定》所规定的 13 项主要职责并不包括环境与健康管理。

“环境与健康工作的核心是风险管理，工作的基础是建立有效识别环境健康风险的机制，从而将环境因素与健康影响有机联系起来。”① 在我国，环境污染监测和疾病监测是两个相互独立、并行的监测系统，它们在监测点位建设、监测指标及标准等方面缺乏兼容性和共享性，并且在监测重点方面也缺乏交集。我国还未建立将环境污染因素与公众健康联系在一起的环境与健康监测系统。

四　加强土壤污染防治，保障公民健康权利的对策建议

（一）制定专门法律及配套法规、标准

新《环境保护法》第 39 条规定：“国家建立、健全环境与健康监测、调查和风险评估制度；鼓励和组织开展环境质量对公众健康影响的研究，采取措施预防和控制与环境污染有关的疾病。”为了加强环境管理的制度建设应做到以下两点。首先，应尽快制定出台土壤污染防治法。土壤污染防治法的制定应注意以下几方面：一是土壤污染防治立法模式应实行预防与

① 李军：《现行监测不能识别环境健康风险？》，《中国环境报》2014 年 8 月 5 日，第 4 版。

治理兼顾，以治理与修复为立法重点；二是土壤污染防治立法要注意与现有环境保护立法相协调，避免“独立”立法，以形成“水、地、大气”三位一体的治污合力；三是贯彻“谁污染，谁治理”的环境污染治理基本归责原则，明确政府的土壤污染治理兜底责任；四是重点建立建设用地、农地的分级分类管理制度、土壤污染修复基金制度及土壤污染受害人救济制度等相关配套制度。其次，制定修改与土壤分类分级管理相适应的土壤环境标准、环境监测及调查评估等技术规范与导则，完善农业生产资料等涉及土壤污染的相关标准等。

（二）理顺监管体制

首先，强化中央的土壤污染防治事权。土壤污染防治不仅具有区域性，而且还具有很广的外溢性、很强的公益性。土壤污染防治属于中央与地方的共同事权范围，但中央应在土壤污染防治中发挥主导作用并加大投入。其次，整合监管职能，形成监管合力。改变目前土壤污染防治政出多门、主管与分管“条块分割”及职能交叉的现状，推动不同部门之间监管职能的优化重组，强化统一监管和部门协同，实现土壤污染防治执法的“无缝对接”。最后，解决好环保机构垂直管理后的新问题。针对县级政府环保职责弱化的新情况，基于权责一致原则，合理界定县级政府与省市环保机构之间的职责分工，并建立与之相适应的环保责任机制。

（三）加强环境信息公开

首先，加强政府环境信息公开：第一，扩大环境信息公开范围，满足公众环境知情权需要，以引导社会公众防范土壤污染风险；第二，严格限制政府对环境信息公开的不适当、非法干预；第三，建立环境信息公开问责制度，“倒逼”各级政府积极、认真履行环境信息公开职责；第四，放宽政府信息公开行政诉讼标准，加强公民环境知情权司法保障。其次，加强企业环境信息公开：第一，扩大强制公开环境信息企业范围及信息种类，并严格相应法律责任；第二，公有制企业，特别是中央国有企业，应在环境信息公开中积极发挥引领、示范作用。

（四）完善公众参与机制

首先，实现土壤污染防治公众参与的制度化和规范化，健全举报、检举、批评建议、听证会等公众参与方式的制度规定；同时，不断完善环境影响评价公众参与及环境公益诉讼等现有制度化公众参与途径。其次，支持、鼓励环境公益组织在土壤污染防治中发挥积极作用，实现公众参与主体的多元化、专业化。最后，完善相关法律法规，推动、促进土壤污染防治的公众事前和事中参与，实现土壤污染防治的公众全过程参与。

（五）增强环境与健康管理能力

首先，完善我国的环境保护与健康管理体制。从法律层面将环境保护与健康管理职责纳入环境保护部职责范围，实行以环境保护部为主导，多部门参与的环境与健康管理体制，实现依法管理、权责分明。同时，改变大多数地方缺乏环境与健康管理机构的现状，积极在地方特别是在土壤污染比较严重的地区设立相应的管理机构并配备专业人员和设备，以加强其防治能力。其次，整合环境污染监测与疾病监测系统资源，建立健全我国的环境与健康监测网络，为保障公众健康权益提供技术支持。

B.9 京津冀大气污染综合治理与公民环境权保障的新进展

许 尧*

摘 要： 京津冀大气污染严重引起了世人的高度关注。为保障公民的环境权、健康权，京津冀三地分别出台了大气污染防治条例，明确了政府的任务和应采取的主要措施，并积极探索政府间协同合作机制。2016年，三地在治理燃煤、工业企业污染，机动车尾气，扬尘，重污染天气预警与应急等方面做了大量工作，空气质量得到了一定程度的改善。同时，由于大气污染治理的长期性、复杂性、系统性，未来的形势依然严峻，需要进一步加强产业和能源结构调整、强化相关技术创新、推进政府协同和社会参与、优化大气污染科学治理机制。

关键词： 大气污染 综合治理 环境权保障 京津冀协同治理

随着中国经济社会的迅速发展，环境恶化问题日益显现出来，尤其是各地的大气污染越来越严重，广大公民的环境权、健康权面临严峻挑战。本文重点对京津冀地区大气污染及其综合治理情况进行回顾总结和分析。

一 京津冀大气污染存在的严重问题及其对公民环境权健康权的影响

京津冀是中国大气污染最为严重的地区，从2013～2015年连续三年对全

* 许尧，管理学博士，南开大学人权研究中心（国家人权教育与培训基地）、南开大学周恩来政府管理学院副研究员，研究方向为人权政策、公共冲突管理。

国空气质量检测城市（包括京津冀、长三角、珠三角等重点区域地级城市及直辖市、省会城市和计划单列市）来看，京津冀地区的城市长期占据倒数10名中的大部分（见表1）。[1] 根据《环境空气质量标准》进行评价，2015年全国74个重点城市中，京津冀及周边地区的重污染天气占全国总天次的44.1%。[2] 以2015年12月为例，在全国74个监测城市中，京津冀地区的城市几乎都在倒数15名之列，分别为保定、衡水、邢台、邯郸、廊坊、石家庄、北京、唐山、沧州、天津，占了后15名的66.7%。[3]

表1　2013～2015年全国74城市空气质量倒数10名城市

单位：%

年份	全国74个城市空气质量倒数10名城市	京津冀占比
2013	邢台、石家庄、邯郸、唐山、保定、济南、衡水、西安、廊坊、郑州	70
2014	保定、邢台、石家庄、唐山、邯郸、衡水、济南、廊坊、郑州、天津	80
2015	保定、邢台、衡水、唐山、郑州、济南、邯郸、石家庄、廊坊、沈阳	70

京津冀地区的大气污染严重，表现在以下三个方面。第一，范围很广，京津冀地区的城市几乎都面临严重污染的问题，除了张家口、承德等极少数城市空气质量较好外，其他城市都在全国的城市空气质量排名中长期占倒数20名以内。农村地区的污染也很严重。第二，冬季的空气质量尤其恶劣，北方供暖季来临后，由于燃煤量增加、空气流动不畅，以及近年来持续出现的暖冬，严重雾霾天气经常持续很多天，给当地民众的工作生活造成极大不便。第三，影响面大，京津冀地区是我国重要的人口集聚区域，三地人口总和超过1亿，首都北京作为国家最重要的政治、外交、文化中心，很多国际国内的重要活动在此举行，严重的大气污染不仅对各项重要活动的开展造成不便，也影响了国家形象。

---

① 《中国环境状况公报（2013－2015）》，环境保护部网站，http：//www.mep.gov.cn/hjzl/，访问时间：2017年3月15日。

② 全国大气污染防治部际协调小组办公室：《〈大气十条〉中期评估：全国城市$PM_{2.5}$、PM_{10}浓度呈下降趋势 总体预期2017年能实现既定目标》，《大气污染防治工作简报》2016年第24期。

③ 中国环境监测总站发布《2015年12月京津冀、长三角、珠三角区域及直辖市、省会城市和计划单列市空气质量报告》，环境保护部网站，http：//www.zhb.gov.cn/hjzl/dqhj/cskqzlzkyb/，访问时间，2017年1月6日。

大气污染的严峻形势给当地民众的环境权和健康权带来了巨大的挑战。①就环境权而言，长期的大气污染使人们无处躲藏，无法在不被污染和破坏的环境中生活和工作，蓝天白云成为可遇不可求的稀缺品，环境权面临直接的威胁。②就健康权而言，这种环境给生活在其中的人的健康造成了很大的伤害。一方面，大量的有害颗粒物被吸入，人们患气管炎、哮喘等呼吸道疾病，心脑血管疾病，癌症的概率大大增加，严重的甚至危害生命。比如，2013 年 1 月 10 ~ 31 日，京津冀地区因 $PM_{2.5}$ 短期暴露导致超额死亡 2715 人，其中呼吸系统疾病超额死亡 846 人，循环系统疾病超额死亡 1878 人。[①] 另一方面，受到空气污染的影响，人们无法正常进行体育锻炼和休闲，更容易导致心情压抑烦躁、情绪低落，给出行带来很大的安全隐患，这些都对人的健康权的保障更加不利。

二　近年来京津冀地区治理大气污染的主要法律与政策

为推进大气污染治理，切实保障广大公民的环境权及相关健康权，中央政府高度重视大气污染治理工作。2013 年，国务院印发《大气污染防治行动计划》，提出 10 条 35 项重点任务措施，为各地大气污染治理提供了权威指导。有关部门制定了京津冀及周边地区落实《大气十条》的实施细则，建立了京津冀及周边地区大气污染防治协作机制，出台了加强重污染天气监测、预警和应急管理工作的政策文件，实时发布包括京津冀地区地级以上城市在内的全国 74 个城市的城市颗粒物监测数据，并进行空气质量排名。2014 年，出台《大气污染防治成品油质量升级行动计划》《石化行业挥发性有机物综合整治方案》《关于进一步推进排污权有偿使用和交易试点工作的指导意见》等一系列相关政策。2015 年，全国人大常委会审议修订《中华人民共和国大气污染防治法》，党中央、国务院印发《关于加快推进生态文明建设的意见》和《生态文明体制改革总体方案》，中央高密度出台、修订相关法律、政策为京津冀大气污染治理指明了方向，提供了法律和政策保障。

---

① 张衍燊、马国霞、於方等：《2013 年 1 月灰霾污染事件期间京津冀地区 PM2.5 污染的人体健康损害评估》，《中华医学杂志》2013 年第 34 期。

党中央、国务院指示京津冀三地政府将治理大气污染和改善生态环境作为区域协调发展的重要突破口。三地政府面对大气治理和公民环境权保障的巨大压力，普遍将大气污染治理作为政府工作的重中之重，先后出台了大气污染防治条例和大量的相关政策，将大气污染治理工作法治化、制度化，这些法律和政策成为现实中治理大气污染的主要行动依据。表 2 列举了 2014 ~ 2016 年三地及相关部委出台的主要法律法规和政策，及该时段还在延续实施的政策。

表 2　京津冀地区 2014 ~ 2016 年为治理大气污染制定的主要法律法规和政策

项目	制定主体	法律、政策名称	通过时间
法律措施	北京市人民代表大会	《北京市大气污染防治条例》	2014 年 1 月
	天津市人民代表大会	《天津市大气污染防治条例》	2015 年 1 月
	河北省人民代表大会	《河北省大气污染防治条例》	2016 年 1 月
	河北省人大常委会	《河北省气候资源保护和开发利用条例》	2016 年 7 月
	河北省人大常委会	《石家庄市大气污染防治条例(修订)》	2016 年 12 月
省部级政府或部门采取的政策措施	北京市人民政府	《北京市 2013 - 2017 清洁空气行动计划》	2013 年 9 月
	天津市人民政府	《天津市清新空气行动方案》	2013 年 10 月
	河北省大气污染防治工作领导小组	《河北省大气污染深入治理三年(2015 - 2017)行动方案》	2015 年 4 月
	京津冀三地环保厅局	《京津冀区域环境保护率先突破合作框架协议》	2015 年 12 月
	国家发展改革委、环境保护部	《京津冀协同发展生态环境保护规划》	2015 年 12 月
	环保部联合京津冀三地人民政府	《京津冀大气污染防治强化措施(2016 - 2017 年)》	2016 年 6 月
	天津市环保局	《天津市环境违法行为有奖举报暂行办法(修订)》	2016 年 6 月
	天津市人民政府	《天津市重污染天气应急预案(修订)》	2016 年 10 月
	北京市人民政府	《北京市空气重污染应急预案(修订)》	2016 年 11 月
	河北省人民政府	《河北省重污染天气应急预案(修订)》	2016 年 12 月
	北京市人民政府	《北京市“十三五”时期环境保护和生态环境建设规划》	2016 年 12 月
	河北省住房和城乡建设厅	《河北省建筑施工扬尘防治强化措施 18 条》	2016 年 12 月

从表 2 中所列的三地及相关部门的法律政策措施可以得出如下结论。①三地在法律措施制定上具有很大的相似性，都出台了大气污染防治条例，而且从条例的具体内容来看，三地在大气污染治理目标、重点、手段等方面具有很多共性。这表明三地在大气污染治理上面对的问题基本相似，举措也比较相近。

②从时间上看，北京、天津、河北在制定大气污染条例上，先后各相差1年，这其中有政策学习、政策扩散的原因，也有各地实际情况不同的原因，比如相对于北京、天津的单一大都市的治理，河北省的情况要更复杂，涉及的城市更多，各地情况差异更大，无论是地域与人口规模，还是政府的层级结构，都具有显著不同。③随着各地大气污染治理的深入，三地的协同色彩更为浓厚，《京津冀区域环境保护率先突破合作框架协议》《京津冀协同发展生态环境保护规划》《京津冀大气污染防治强化措施（2016－2017年）》等都表明大气污染治理日益被构建为三地政府共同的目标，三地的融合性和协作性大大增强。④治理活动的延续性较强，比如北京、天津的清洁空气计划，都需要数年的努力，这也从侧面表明，治理大气污染是一个长期的过程。

三　2016年京津冀地区治理大气污染的具体举措

为有针对性地开展大气污染防治工作，京津冀的一些城市针对本地的污染物颗粒进行了深入研究和解析，北京市环境保护监测中心与北京大学、中国环境科学研究院等各机构联合对北京市的颗粒物来源进行了解析；南开大学国家环境保护城市空气颗粒物污染防治重点实验室对石家庄市的颗粒物来源进行了解析；唐山市委托北京工业大学对该市的颗粒物进行了解析等。各地$PM_{2.5}$的解析结果见表3。[①]

表3　京津冀部分城市大气污染$PM_{2.5}$解析结果

单位：%

$PM_{2.5}$贡献来源	北京市	天津市	石家庄市	唐山市	廊坊市
区域传输	28.36	22～34	23～30	—	—
本地污染	64～72	66～78	70～77	—	—
机动车	31.1	20	15.0	9.53	12
燃煤	22.4	27	28.5	10.26	50

① 最后一项其他的内容中，各地略有不同，北京为：餐饮、汽车维修、畜禽养殖、建筑涂装等。天津为：餐饮、汽车维修、畜禽养殖、建筑涂装、海盐粒子等。石家庄为：其他生物质燃烧、餐饮、农业等。表3中机动车、燃煤、工业生产、扬尘的占比均为在本地污染中的份额。唐山市工业生产中，冶金行业占20.67%，电力行业占7.47%，水泥建材行业占6.72%。京津冀区域其他城市暂未找到颗粒物解析结果报告。

续表

$PM_{2.5}$贡献来源	北京市	天津市	石家庄市	唐山市	廊坊市
工业生产	18.1	17	25.2	34.86	18
扬　　尘	14.3	30	22.5	11.40	20
其　　他	14.1	6	4.5	33.95	—

资料来源：（1）《2014 年北京市环境状况公报》，北京市环境保护局，http：//www. bjepb. gov. cn/bjepb/413526/413663/413717/413719/index. html，访问时间：2017 年 1 月 6 日；（2）《天津发布颗粒物源解析结果》，中国环保网，http：//www. chinaenvironment. com/view/viewnews. aspx？ k = 20140827151804718，访问时间：2017 年 1 月 6 日；（3）《石家庄市环境空气颗粒物来源解析研究成果新闻发布会》，石家庄新闻网，http：//www. sjzdaily. com. cn/pressconfer/2014 - 08/29/content_ 2330549. htm，访问时间：2017 年 1 月 6 日；（4）周迎久：《河北 11 市完成 $PM_{2.5}$源解析 污染源各不相同》，《中国环境报》2015 年 5 月 15 日。

2016 年，针对大气污染的具体情况，京津冀各地分别采取了多项举措。

北京市继续深入执行清洁空气计划，落实《北京市大气污染防治条例》，紧扣“治环境、补短板”，聚焦散煤、高排放机动车、城乡接合部等污染治理，加快了对南部四区（丰台区、房山区、通州区、大兴区）重点区域的污染治理；进一步完善了空气重污染应急和街道（乡镇）大气污染防治责任落实机制；着力提高环境监测、监管执法两项基础能力。① 同时，坚持铁腕治污，加大环境监管执法力度，环保、城管、农委、工商、质监、交管等部门联合开展了贯穿全年的“大气污染执法年”行动，推行环保执法人员“双随机”抽查制度，立案处罚违法行为 1394 起。②

天津市继续实施“清新空气”行动，狠抓控煤、控尘、控车、控工业污染、控新建项目“五控任务”，综合运用法律、行政、经济、科技“四种手段”治理大气污染。③ 修改《天津市环境违法行为有奖举报暂行办法》，充分

① 北京市政府印发实施《北京市 2013 ~2017 年清洁空气行动计划重点任务分解 2016 年工作措施》，北京市环境保护局，http：//www. bjepb. gov. cn/bjhrb/xxgk/ywdt/dqhjgl/qjkqxdjh16/307615/index. html，访问时间：2017 年 1 月 3 日。

② 陈一诺：《2016 年北京 PM2. 5 平均浓度下降 9. 9%　重污染天 39 天》，人民网，http：//bj. people. com. cn/n2/2017/0103/c82840 - 29544787. html，访问时间：2017 年 1 月 10 日。

③ 张华迎：《天津持续实施清新空气行动计划》，新华社，http：//news. xinhuanet. com/politics/2016 - 12/27/c_ 1120197927. htm，访问时间：2017 年 1 月 4 日。

发挥广大公民的参与监督作用。①

河北省出台了《河北省大气污染防治条例》和《河北省气候资源保护和开发利用条例》，继续深入贯彻实施《河北省大气污染深入治理三年（2015－2017）行动方案》，多地结合自身实际采取了多项专项行动。省环保厅、公安厅、高院、检察院联合开展“利剑斩污”行动，查处环境违法企业 3333 家，关停取缔 1545 家，挂牌督办 58 家。②

同时，三地的协同治理机制更加完善。三地环保厅（局）深入贯彻落实 2015 年底签署的《京津冀区域环境保护率先突破合作框架协议》，在联合立法、统一规划、统一标准、统一监测、信息共享、协同治污、联动执法、应急联动、环评会商、联合宣传十个方面，加强协同突破。③ 在此基础上，2016 年环保部联合京津冀三地人民政府又签署了《京津冀大气污染防治强化措施（2016－2017 年）》，对各种措施进行了更精细的规划和部署。

大气污染治理相关科研工作逐步推进。12 月 8～9 日，京津冀及周边地区大气污染防治协作小组办公室和世界银行在北京共同主办了“京津冀及周边地区空气质量管理政策国际研讨会”，对京津冀及周边地区科学编制区

---

① 《天津市环境违法行为有奖举报暂行办法》，中国发展网，http：//www. chinadevelopment. com. cn/news/zj/2016/11/1101802. shtml，访问时间：2017 年 1 月 7 日。

② 《2016 年河北省环境十大新闻出炉》，河北之窗网站，http：//www. hbrzw. com. cn/yc/201701/38059. html，访问时间：2017 年 3 月 15 日。

③ 该十项重点工作具体如下。联合立法，在环境保护部的领导下，共同编制《京津冀区域环境污染防治条例》。统一规划，以国家《京津冀协同发展生态环保规划》为统领，共同制定大气、水和固废等领域的专项规划，统筹区域污染治理。统一标准，建立区域协同的污染物排放标准体系，逐步统一区域环境准入门槛。统一监测，在国家统一的大气、水、土壤环境质量监测和污染源监测技术规范的指导下，共同研究确定统一的监测质量管理体系，共同构建区域生态环境监测网络。信息共享，建立三省（市）环境信息共享平台，共享环境质量、污染排放以及污染治理技术、政策等信息。协同治污，针对区域共性污染问题，协同开展大气、水、土壤污染治理，共同实施生态建设。联动执法，针对跨区域、跨流域的环境污染以及秸秆焚烧、煤炭、油品质量等区域性环境问题，集中时间，开展联动执法，共同打击违法排污行为。应急联动，针对跨区域的环境污染事件以及区域性、大范围的空气重污染，建立预警会商和应急联动工作机制。环评会商，针对可能对区域大气环境、水环境产生重大影响的重点行业规划、园区建设规划和重大工程项目实施环评会商。联合宣传，针对环境保护领域的重大政策、重要工作进展、区域环境质量改善情况等开展联合宣传。参见董立景《京津冀将联合治理环境十项重点工作实现突破》，北方网，http：//news. enorth. com. cn/system/2015/12/02/030669368. shtml，访问时间：2017 年 1 月 4 日。

域空气质量达标规划，设立区域空气质量管理规划、排污许可证及最佳可行性技术、区域空气质量管理立法、区域空气质量管理绿色金融等专题进行研讨。①

2016 年，三地在不同项目的治理上采取的主要措施如下。

（一）机动车污染防治

2015 年 4 月，京津冀及周边地区大气污染防治协作小组办公室印发了《京津冀及周边地区机动车排放污染控制协同工作实施方案（试行）》②，两个月后，京津冀及周边地区机动车排放控制工作协作小组办公室在北京正式成立。2016 年三地在控制机动车污染方面采取了一系列举措。

第一，高排车的淘汰工作。在 2013 ~ 2015 年北京市已经淘汰黄标车 122.2 万辆的基础上③，按照《北京市 2016 年清洁空气行动计划》，2016 年北京市再淘汰 20 万辆高排车④，实际全年淘汰（含转出）老旧机动车 42.4 万辆，累计为约 4.3 万辆出租车更换三元催化器，全市 5500 余辆新增重型柴油车全部安装壁流式颗粒捕集器。⑤ 天津市在 2015 年实施对黄标车全时段限行及淘汰补

① 《京津冀及周边地区空气质量管理政策国际研讨会在京召开》，北京市环保局，http://www.bjepb.gov.cn/bjhrb/xxgk/ywdt/qtdtlgzxx/514693/index.html，访问时间：2017 年 1 月 3 日。

② 该方案决定：成立协同工作机构，建立会商、人员交流、工作简报等制度。确定开展超标车异地代收罚款、区域市场新车一致性及在用车符合性抽查、互相业务交流活动等，搭建区域机动车排放污染防治监管电子系统、建立区域法规标准、开展联合执法、开展非道路机械管理等。要求加强领导，抓好落实；加强研究，完善制度；加强合作，保证沟通。李单：《京津冀及周边地区协同推进区域机动车排放污染控制》，央广网，http://news.cnr.cn/native/city/20150405/t20150405_518233075.shtml，访问时间：2017 年 1 月 7 日。

③ 全国大气污染防治部际协调小组办公室：《〈大气十条〉中期评估：全国城市 $PM_{2.5}$、PM_{10} 浓度呈下降趋势 总体预期 2017 年能实现既定目标》，《大气污染防治工作简报》2016 年第 24 期。

④ 北京市政府常务会通过《北京市 2016 年清洁空气行动计划》，北京市环境保护局，http://www.bjepb.gov.cn/bjhrb/xxgk/ywdt/dqhjgl/qjkqxdjh16/307618/index.html，访问时间：2017 年 1 月 3 日。

⑤ 陈一诺：《北京燃煤预计削减到 1000 万吨以内 335 家污染企业退出》，人民网，http://cnews.chinadaily.com.cn/2017-01/03/content_27846893.htm，访问时间：2017 年 1 月 7 日。

贴政策后，又发布了《2016 年老旧车提前淘汰补贴方案》，2016 年 8 月 1 日到 11 月 1 日，对未达到国家第四阶段排放标准的绿标车提前淘汰的给予 0.3 万元到 5 万元不等的补贴[①]，到 12 月 9 日，已注销淘汰老旧车 12.6 万辆。[②]

第二，机动车日常限行。北京、天津日常状态下在主城区内都采取了每工作日限行两个尾号的措施。石家庄在冬季采暖期间（2016 年 11 月 15 日至 2017 年 3 月 15 日）采取了主城区机动车限行政策。具体限号规则和北京、天津相同。

第三，特殊环境条件下的应急限行措施。2016 年 12 月 16 ~21 日重污染期间，北京、天津采取了单双号限行的措施，河北省 10 个城市实行了机动车单双号限行政策。石家庄市则在 2016 年 11 月 17 日至 12 月 31 日全天（含周六、周日及节假日）实施单双号限行，其间城市公交车可以免费乘坐，该政策可以使石家庄市每天减少出行车辆 60 万辆。石家庄市实施的单双号限行政策引发了一些争议。但石家庄市环境保护局网上对“您对我市在利剑斩污行动中，采取机动车单双号限行、限行期间城市公交车免费的工作措施是否理解和支持?”的调查显示，在截止到 2017 年 1 月 3 日的 1871 票中，1389 票对该该政策表示“理解和支持”，占总数的 74.24%；同时，有 464 票对该政策表示“不支持”，占总数的 24.80%；还有 18 票，表示“无所谓”，占总数的 0.96%。[③] 可见，广大民众对治理大气污染持高度支持的态度。

（二）燃煤污染治理

北京市高度重视燃煤污染的治理工作。北京市环保局发布的清洁空气行动计划工作成果显示，2016 年，北京市燃煤总量消减到了 1000 万吨以内，335 家污染企业退出。在农村地区实施了 663 个村散煤改清洁能源，在朝阳、海淀、丰台、石景山四区城镇完成居民散煤清洁能源替代 7.5 万户。在燃煤锅炉

---

① 王俐元：《天津市老旧车提前淘汰补贴 0.3 万 ~5 万元》，天津网，http：//www.tianjinwe.com/tianjin/jsbb/201608/t20160804_ 1037328.html，访问时间：2017 年 1 月 7 日。

② 张静淇：《天津大气污染治理见成效 专家释疑重污染天气何时休》，人民网，http：//tj.people.com.cn/n2/2016/1208/c375366 -29436494.html，访问时间：2017 年 1 月 7 日。

③ 石家庄市环境保护局，http：//www.sjzhb.gov.cn/cyportal2.3/template/site00_ dclb.jsp?survey_ id =8afaa1615870fb99015899280e014229&parent_ id =402882663fe4de03013fe50807e90802，访问时间：2017 年 1 月 3 日。

清洁能源改造方面，完成燃煤锅炉清洁能源改造 1858 台 8488 蒸吨，继 2015 年城内六区实现基本无燃煤锅炉后，通州区在远郊区率先实现基本无燃煤锅炉。①

天津市针对燃煤污染治理采取了有效行动。天津市清新空气行动分指挥部 2 月印发《天津市 2016 年小工厂小作坊燃煤污染治理工作方案》，要求 9 月底前完成小工厂小作坊燃煤设施治理工作。② 对市辖区内使用燃煤的各类小企业、家庭作坊和“小、散、乱”企业，以及企事业单位、团体、个人污染物直排的燃煤设施进行全面排查，共排查“三小”燃煤污染源 2647 家，燃煤总量 11 万吨/年③；7 月，市环保局印发实施《天津市 2016 年“三小”燃煤污染治理专项资金补贴方案》，对“小工厂、小作坊、小化工”按期完成燃煤污染治理并通过验收的项目进行资金补贴。④ 按照天津市清洁空气行动方案的要求，2016 年底前，对中心城区和滨海新区核心区 163 座 465 台 13755 蒸吨供热锅炉实施煤改燃或并网。⑤

河北省也进一步加强了燃煤治理工作。2016 年 4 月，河北省大气污染防治工作领导小组办公室印发《河北省散煤污染整治专项行动方案》。要求 2016 年，各市城市及县城建成区全面完成散煤压减替代，唐山、廊坊、保定、沧州 4 市全面完成散煤压减替代，全省压减散煤 200 万吨，洁净燃料替代散煤 1500 万吨左右；全省散煤煤质抽检覆盖率、合格率在 70% 以上，重点区域在 75% 以上；2016 年底前完成全省 16510 家煤炭经营单位深度整治。⑥ 为落实该方案，很多地市制定了细化的实施方案，如 6 月 14 日，《石家庄市散煤整治专项

① 陈一诺：《北京燃煤预计削减到 1000 万吨以内　335 家污染企业退出》，人民网，http：//cnews. chinadaily. com. cn/2017 - 01/03/content _ 27846893. htm，访问时间：2017 年 1 月 7 日。

② 张华迎：《天津：9 月底前完成小工厂小作坊燃煤设施治理工作》，新华社，http：//news. xinhuanet. com/2016 - 02/22/c_ 1118120553. htm，访问时间：2017 年 1 月 7 日。

③ 陈庆滨、王俐元：《天津开展“三小”燃煤污染治理 深化细化大气污染防治》，央广网，http：//news. cnr. cn/native/city/20160412/t20160412_ 521854830. shtml，访问时间：2017 年 1 月 7 日。

④《治理“三小”燃煤污染有补贴》，《人民日报》2016 年 7 月 15 日。

⑤《美丽天津·一号工程：天津市清新空气行动方案》，北方网，http：//news. enorth. com. cn/system/2013/10/19/011384119. shtml，访问时间：2017 年 1 月 4 日。

⑥《河北省启动散煤污染整治专项行动》，《河北日报》2016 年 4 月 19 日。

行动方案》印发，要求2016年全市散煤煤质抽检覆盖率、合格率在75%以上；在2016年底前，完成全市2823家煤炭经营单位排查核实与深度整治工作。①

（三）工业企业污染治理

2016年，北京加快淘汰落后产能，对不符合首都定位的污染企业加速调整或使之退出，全年调整退出印刷、铸造、家具等一般制造业与污染企业335家，提前一年完成五年退出1200家的任务。对于城乡接合部，完成4000余家违法违规排污及生产经营行为企业清理整治，组织实施了100多项环保技改项目工程，实现燕山石化及全市重点行业挥发性有机物减排1.37万吨。② 在大力推进燃煤锅炉清洁能源改造的同时，针对氮氧化物污染物，制定以奖代补政策，在全国率先实现1500余台燃气锅炉低氮燃烧改造，改造后单台锅炉减排氮氧化物50%以上。③

天津市在工业污染治理方面，截止到2016年12月，累计实施487项重点行业工业污染治理项目。全市20万千瓦以上火电机组全部完成脱硫、脱硝和除尘治理。完成176家汽车、制药、涂装等重点行业企业挥发性有机物治理或关停，以及824座加油站和9座大型储油库油气回收治理。全市60套石化生产装置全面完成了挥发性有机物在线检测和修复。全面实施7家钢铁联合企业44套生产装置烟粉尘无组织排放治理。在扩建、新建项目方面，所有新建、扩建项目，全部严格落实二氧化硫、氮氧化物和挥发性有机物排放总量倍量替代。④ 按照清新空气行动方案要求，天津市2016年底前，对重点火电企业进一步实施除尘升级改造；对石化、化工、医药、表面涂装、塑料制品、包装印刷等重点行业企业全面开展综合治理或关停。⑤

---

① 《石家庄市人民政府办公厅关于印发〈石家庄市散煤污染整治专项行动方案〉的通知》，石政办函〔2016〕90号。

② 陈一诺：《北京燃煤预计削减到1000万吨以内　335家污染企业退出》，人民网，http：//cnews. chinadaily. com. cn/2017－01/03/content_ 27846893. htm，访问时间：2017年1月7日。

③ 陈一诺：《2016年北京PM2.5平均浓度下降9.9%　重污染天39天》，人民网，http：//bj. people. com. cn/n2/2017/0103/c82840－29544787. html，访问时间：2017年1月10日。

④ 张静淇：《天津大气污染治理见成效 专家释疑重污染天气何时休》，人民网，http：//tj. people. com. cn/n2/2016/1208/c375366－29436494. html，访问时间：2017年1月7日。

⑤ 《美丽天津·一号工程：天津市清新空气行动方案》，北方网，http：//news. enorth. com. cn/system/2013/10/19/011384119. shtml，访问时间：2017年1月4日。

2016 年 2 月 20 日，河北省大气污染防治工作领导小组办公室印发《河北省焦化行业污染整治专项行动方案》，要求到 2016 年底前，现有焦炭生产企业全部达到排放标准中对颗粒物、二氧化硫等污染物的排放要求，实现生产废水不外排。开展焦炉烟气脱硝试点工作。[①] 11 月，河北省在全国第一个在大气污染防治上实施调度令制度，对石家庄、唐山、廊坊、保定、沧州、衡水、邢台、邯郸及定州、辛集的水泥、铸造、钢铁、火电、焦化等重点行业实施生产调控措施。要求相关行业企业原则上进行错峰停产，不能达到稳定达标排放的，一律停产整治。[②]

（四）扬尘污染防治

扬尘污染主要指道路、建筑工地、堆场和裸地、工业生产等场所产生的粉尘颗粒物，在风等自然力和生产、搬运、交通等人为作用下进入空气中，对大气造成的污染。2016 年，京津冀三地针对扬尘污染采取了很多实质性的措施。

北京市主要通过加强城市精细化管理和监管执法，强化扬尘污染防治。北京市住房和城乡建设委员会印发《2016 年建设施工现场扬尘治理专项行动工作方案》，要求符合安装范围的建设工程施工现场以及混凝土搅拌站要 100% 安装视频监控系统；具有安装条件且处于基坑土方施工阶段的施工现场出入口，要 100% 安装高效洗轮机，并确保 100% 使用，消除出土工地车辆车轮带泥上路现象；新开工轨道交通工程暗挖竖井 100% 实施全封闭施工；配合相关部门加强建筑垃圾土方砂石运输管理，加强源头治理，在运输渣土高峰时段组织专人检查施工工地，严禁违规渣土运输车辆驶出工地，杜绝道路遗撒；鼓励采用抑制扬尘的新技术新设备等。[③] 2016 年底，道路清扫保洁“吸、扫、冲、收”新工艺作业率达到 87%。[④] 同时，住建委多次按相关要求进行抽查监督，

① 《河北省大气污染防治工作领导小组办公室关于印发河北省焦化行业污染整治专项行动方案的通知》，冀气领办〔2016〕25 号。

② 《河北发出大气污染防治调度令限制重点行业及燃煤锅炉》，第一财经日报，http://finance.jrj.com.cn/2016/11/11202321698654.shtml，访问时间：2017 年 1 月 8 日。

③ 《2016 年建设工程施工现场扬尘治理专项行动工作方案》，京建发〔2016〕207 号附件。

④ 陈一诺：《2016 年北京 PM2.5 平均浓度下降 9.9%　重污染天 39 天》，人民网，http://bj.people.com.cn/n2/2017/0103/c82840-29544787.html，访问时间：2017 年 1 月 10 日。

如11月4日，住建委派出243个检查组，对全市2065项房建、市政、轨道交通工程进行抽查，56个项目因存在扬尘治理不达标被责令整改，违规情节严重的工程项目被要求立即停工。①

天津市城乡建设委员会制定了《天津市建设工程扬尘治理“五个百分之百”暂行标准》。② 2006年3~4月，天津市建设工程质量安全监督管理总队在全市范围内开展了施工扬尘治理专项大检查，要求严格按照扬尘治理5个100%的相关规定对在施项目进行检查，对违规项目予以停工处理，并在全市通报批评，在企业诚信系统中减分，复查不合格的一律不予复工。对问题较严重的项目，给予上限处罚。③ 10月，对全部在施项目进行拉网式排查，共检查177项次，下达整改通知书120份，停工通知书34份。④ 11月15日至12月31日，市质安监管总队要求所有在建项目实行施工特许管理，除特许施工项目外，原则上所有在建施工项目一律停止施工，并开展了施工扬尘治理专项抽查工作，对不合格的项目通报批评。⑤

河北省各地为治理扬尘做出很多努力，比如，廊坊市制定保洁专项方案，实施道路积尘负荷“以克论净”考核；邯郸市使用抑尘剂治理扬尘；等等。2016年12月，河北省住房和城乡建设厅印发《河北省建筑施工扬尘防治强化措施18条》，对施工单位设置扬尘防治公示牌、围挡施工现场出入口、严禁地面裸露及洒水频次等众多内容做出了更加严格细致的规定。⑥

---

① 赵实：《北京叫停扬尘治理不达标施工项目应对空气重污染》，《新京报》2016年11月4日。

② 《市建委关于印发〈天津市建设工程扬尘治理“五个百分之百”暂行标准〉的通知》，天津市城乡建设委员会，http://www.tjcac.gov.cn/xxgk/jjwwj/201603/t20160331_43911.html，访问时间：2017年1月9日。

③ 《天津市建设工程质量安全监督管理总队〈关于开展2016年第一次施工现场扬尘治理专项大检查的通知〉》，津建质安总〔2016〕8号。

④ 《天津市建设工程质量安全监督管理总队〈关于近期施工扬尘治理专项检查情况的通报〉》，津建质安总〔2016〕75号。

⑤ 《天津市建设工程质量安全监督管理总队〈关于重污染天气期间建设施工扬尘检查第一阶段的通报〉》，津建质安总〔2016〕92号。

⑥ 张秀娟：《我省发布建筑施工扬尘防治“新18条”》，河北省人民政府网站，http://www.hebei.gov.cn/hebei/11937442/10761139/13674130/index.html，访问时间：2017年1月8日。

（五）重污染预警与应急

2016 年三地政府继续协作，加强重污染天气预警的科学性和及时性，尽可能减少重污染天气的负面影响。环保部在其网站上快速及时地通报重污染天气督查情况，保障公民对环境信息的知情权。

第一，各地针对新的情况和挑战，以及对重污染天气过程认识的深化，纷纷修订本地的重污染天气应急预案，强化科学管理。比如，2016 年 10 月，天津市第 3 次修订发布《天津市重污染天气应急预案》，进一步降低应急启动门槛，加严应急响应措施。11 月，北京市第 4 次修订发布《北京市空气重污染应急预案》，在应急措施上，加强了对机动车污染减排的要求，红色预警停课措施不再“一刀切”，对企业停产措施进一步细化等。12 月，河北省修订《河北省重污染天气应急预案》，降低了发布重污染天气预警的条件，提高了工业企业减排比例，对京津冀大气污染联防联控进行了强化。

第二，三地的应急响应标准实现了统一。按照环保部的要求，京津冀统一了预警分级标准，并对空气重污染的预警分级进行了调整。其中，蓝、黄两色的预警启动条件不变，橙、红两色预警的启动各自增加了一个限定条件，对污染物单日高浓度提出了要求。

第三，重污染天气的预警及应急管理发挥了一定作用。2016 年 11 ~ 12 月，京津冀地区共发生 7 次持续性中到重度雾霾天气，各地严格按照应急预案的要求，通过扎实有效的应急管理降低重污染天气的负面影响。以 12 月 16 ~ 22 日重污染为例，河北省 10 个城市启动了重污染天气一级应急响应，应急期间减排比例在 40% 以上。河北省重污染天气预警与应急中心高级工程师王晓利认为：“应急减排措施的启动，对重污染天气过程起到了明显的削峰降速效果。石家庄市 PM2. 5 峰值削减了 18% 左右，应急响应 7 天期间 PM2. 5 的平均值大约下降了 12% 。”[①]

① 《河北省政府邀请专家解读十二月重污染天气频发原因》，河北省环境保护厅，http：//www. hb12369. net/hjzw/hbhbzxd/dq/201612/t20161228_ 52587. html，访问时间：2017 年 1 月 3 日。

四 京津冀大气污染综合治理的效果

京津冀三地经过近几年的综合治理，大气中污染物成分的含量有了比较显著的变化，具体情况见表4。

表4 2013～2016年京津冀地区大气污染情况

单位：微克/立方米

地区	大气污染物成分	2013年	2014年	2015年	2016年
北京	细颗粒物($PM_{2.5}$)	89.5	85.9	80.6	73
	二氧化硫(SO_2)	26.5	21.8	13.5	10
	二氧化氮(NO_2)	56.0	56.7	50.5	48
	可吸入颗粒物(PM_{10})	108.1	115.8	101.5	92
天津	细颗粒物($PM_{2.5}$)	96	83	70	69
	二氧化硫(SO_2)	59	49	29	21
	二氧化氮(NO_2)	54	54	42	48
	可吸入颗粒物(PM_{10})	150	133	116	103
河北	细颗粒物($PM_{2.5}$)	108	95	77	69
	二氧化硫(SO_2)	74	55	41	—
	二氧化氮(NO_2)	51	48	46	—
	可吸入颗粒物(PM_{10})	190	165	136	—
石家庄	细颗粒物($PM_{2.5}$)	156	126	89	99
	二氧化硫(SO_2)	106	64	47	—
	二氧化氮(NO_2)	69	54	51	—
	可吸入颗粒物(PM_{10})	309	216	147	—

资料来源：《2013年北京市环境状况公报》《2014年北京市环境状况公报》《2015年北京市环境状况公报》，北京市环境保护局：http：//www.bjepb.gov.cn/bjepb/413526/413663/413717/413719/index.html。《2013年天津市环境状况公报》《2014年天津市环境状况公报》《2015年天津市环境状况公报》，天津市环境保护局：http：//www.tjhb.gov.cn/env/env_quality/the_state_of_the_environment_bulletin/tianjin/。《河北省环境状况公报（2013～2015年）》，河北省环境保护厅：http：//www.hb12369.net/hjzlzkgb/。上述网站的访问时间均为：2016年12月28日。陈一诺：《2016年北京PM2.5平均浓度下降9.9% 重污染天39天》，人民网：http：//bj.people.com.cn/n2/2017/0103/c82840－29544787.html。访问时间：2017年1月10日。张鸣歧：《去年津城226天空气质量达标》，《天津日报》2017年1月13日。2016年河北的$PM_{2.5}$的值截止到2016年12月27日，参见：《2016年空气小盘点：为何指标在变好感觉却更糟》，经济网：http：//www.ceweekly.cn/2017/0109/177067.shtml。环保部部长带队督察石家庄空气质量，《新京报》，http：//epaper.bjnews.com.cn/html/2017－02/27/content_672672.htm？div＝－1，访问时间：2017年3月15日。

如果将表4中的数据用柱形图表示，则有图1。

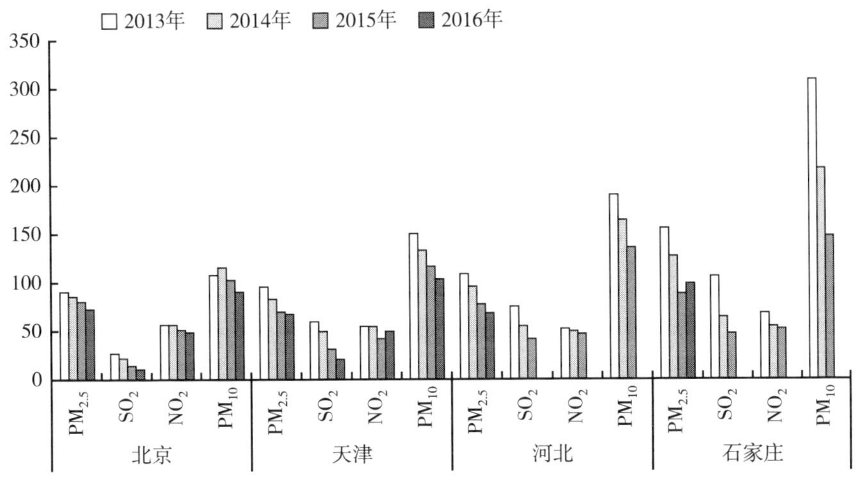

图1　2013~2016年京津冀地区大气污染情况

由表4和图1中的数据及趋势可以看出：①三地大气污染总体情况有一定好转。北京市除2014年PM_{10}有所增长外，其余各项指标基本持平或逐级下降；天津市各项指标基本呈下降态势或基本持平；河北省各项指标也显著下降或基本持平；石家庄市2016年除$PM_{2.5}$有所上升外，其他指标均显著下降。②在大气指标总体逐渐好转的同时，三地的污染程度仍然较高，尤其是石家庄市各项指标显示的污染程度还很高。未在图1中显示的邢台、保定、邯郸、唐山等河北的主要城市与石家庄市类似，都处于很严重的污染状态。河北省的污染水平总体看来不如这些重污染城市严重，是由于张家口、承德等地污染较轻，总体上拉低了污染的各项指数。

如果将各地公布的处于不同等级的污染天数进行总结，则有表5。

表5　2013~2016年京津冀地区优质天数与重污染天数

单位：天

地区	天气情况	2013年	2014年	2015年	2016年
北京	达到或优于二级	176	172	186	198
	重度污染及以上	58	47	46	39
天津	达到或优于二级	145	175	222	226
	重度污染及以上	49	34	26	29

续表

地区	天气情况	2013 年	2014 年	2015 年	2016 年
河北	达到或优于二级	129	152	190	207
	重度污染及以上	80	66	36	30
石家庄	达到或优于二级	151	152	180	—
	重度污染及以上	45	66	48	—

数据来源：（1）《2013 年北京市环境状况公报》《2014 年北京市环境状况公报》《2015 年北京市环境状况公报》，北京市环境保护局，http：//www. bjepb. gov. cn/bjepb/413526/413663/413717/413719/index. html。（2）《2013 年天津市环境状况公报》《2014 年天津市环境状况公报》《2015 年天津市环境状况公报》，天津市环境保护局，http：//www. tjhb. gov. cn/env/env_ quality/the_ state_ of_ the_ environment_ bulletin/tianjin/。（3）《2013 年河北省环境状况公报》《2014 年河北省环境状况公报》《2015 年河北省环境状况公报》，河北省环境保护厅，http：//www. hb12369. net/hjzlzkgb/。上述网站的访问时间均为：2016 年 12 月 28 日。（4）张华迎：《天津持续实施清新空气行动计划》，新华网，http：//news. xinhuanet. com/politics/2016 - 12/27/c_ 1120197927. htm，访问时间：2017 年 1 月 4 日。（5）陈一诺：《2016 年北京 PM2. 5 平均浓度下降 9. 9% 重污染天 39 天》，人民网，http：//bj. people. com. cn/n2/2017/0103/c82840 - 29544787. html，访问时间：2017 年 1 月 10 日。（6）《2016 年河北省 PM2. 5 浓度较 2013 年同期下降了 35. 9%》，长城网，http：//news. ifeng. com/a/20161226/50474641_ 0. shtml。（7）张鸣歧：《去年津城 226 天空气质量达标》，《天津日报》2017 年 1 月 13 日。（8）孔思远：《去年河北空气达标天数 207 天较上年增加 17 天》，河北新闻网，http：//hb. jjj. qq. com/a/20170122/013226. htm，访问时间：2017 年 3 月 15 日。

从上述指数来看，京津冀地区改善大气质量，保障公民环境权的努力已经取得了一定成效。各级政府的努力是值得肯定的。但是，面对依然严峻的大气污染现实，尤其是重度污染的频繁发生极大地影响了民众对空气质量改善的主观感受，人们从心理上感觉，污染越来越重了。2016 年 12 月，京津冀地区就经历了 4 次重污染，分别为 12 月 2～4 日，10～12 日，16～22 日，24～25 日，在这些时间里，京津冀多个城市达到了严重污染级别，时间长的严重污染情况甚至长达 7 天左右，给人们的生活造成了极大的不便，也加重了人们对大气污染严重性的感知。

五 京津冀大气污染综合治理未来展望

展望未来，京津冀地区的大气污染治理仍然面临着严峻的形势，这是多种因素综合作用的结果。从地理上看，京津冀西面是太行山山脉，北部是燕山山脉，不利于污染物扩散；从气象条件上看，全球气候日益变暖，2014 年、

2015 年、2016 年连续三年打破纪录，越来越暖，不断上升的气温非常不利于大气污染的治理，尤其是北方采暖季，各种因素叠加导致治理难度很大，以 2016 年为例，京津冀采暖期 $PM_{2.5}$ 浓度是非采暖期的 2.5 倍①；从产业和能源结构看，京津冀及周边 6 个省份，占全国面积的 7.2%，消耗了全国 33% 的煤炭，单位面积的排放强度是全国平均的 4 倍左右，钢铁产量 3.4 亿吨，占全国的 43%，焦炭产量占全国的 47%，电解铝产量占全国的 38%，平板玻璃产量占全国的 33%，水泥产量占全国的 19%。京津冀煤电机组占全国的 27%，机动车保有量占全国的 28%，重型车保有量占比近 30%②，这种结构无法在短期内得以全面调整，而必须经历一个长期的过程。

尽管存在上述不利的结构性、宏观性挑战，然而也有一些有利于大气污染治理的因素。第一，京津冀大气污染已经引起政府、民间的高度关注，相关政府部门已经将大气污染治理作为极其重要的大事来抓，考虑到中国政府具有很强的资源动员能力和政策执行能力，大气污染的治理有望在未来进入快车道。第二，通过近几年的摸索和尝试，尤其是保障 APEC 会议、大阅兵、G20 峰会等大型活动的空气质量以及重污染天气的应对活动，相关部门已经初步掌握了大气污染治理的基本规律，对这种规律的深入认识会不断增强政府应对和治理的能力。第三，京津冀三地已经形成大气污染协同治理的共识和初步机制，并且建立了一系列的组织和制度保障，提出了明确的治理目标和路径③，相信随着这些举措的落地，空气质量有望得到根本性改善。

综合相关情况，京津冀三地应当在严格落实《大气十条》各项措施的基础上，重点强化如下五个方面。第一，有计划、分步骤严格加强产业结构调整和能源结构调整，促进能源生产和消费革命。在持续提高煤炭集中清洁高效利用的同时，积极发展可再生能源、核电和天然气，同时，严格控制新增燃煤

① 刘世昕：《2016 年空气质量成绩单发布 最差 10 名中河北占 6 个》，中青在线，http://news.cyol.com/content/2017-01/20/content_15365313.htm，访问时间：2017 年 3 月 15 日。

② 《环保部部长：冬季重污染有改善但幅度小》，新京报，http://www.51fanqi.com/news/bedfnec620170107c6n478017892.html，访问时间：2017 年 1 月 11 日。

③ 比如《京津冀协同发展生态环境保护规划》要求，到 2017 年，京津冀地区 $PM_{2.5}$ 年均浓度应控制在 73 微克/立方米左右。到 2020 年，京津冀地区 $PM_{2.5}$ 年均浓度控制在 64 微克/立方米左右，中国环保在线，http://www.hbzhan.com/news/detail/103439.html，访问时间：2016 年 12 月 28 日。

量，更大程度地实现对煤炭的替代。第二，强化相关技术创新，缩短大气污染治理的周期，降低治理成本。第三，尤其是对冬季连续重污染的情况，展开有针对性的强化治理，将城市中心区高耗煤、高污染企业转移到郊县地区，同时疏通压力传递机制，防止各地企业违规生产。第四，推进政府协同和社会参与，将京津冀大气污染防治作为京津冀一体化发展的重要任务，调动更多资源，更有效地致力于大气污染治理，优化大气污染科学治理机制，既要防止政府部门内的大量的行政性内耗，也要防止政府间的扯皮、不当竞争和相互掣肘。第五，加强重度雾霾天气应对措施的文化、心理引导，防止各种谣言和不当信息传播，尽可能减少与大气污染相关的间接损失。

B.10
2016年户籍制度改革与平等权保障的新进展

李云龙*

摘　要：2014 年，国务院发布了《关于进一步推进户籍制度改革的意见》，此后，中国政府不断完善户籍制度改革政策体系，持续发布有关户籍制度改革的政策文件，指导户籍制度改革全面推进。全国各省区市全面贯彻落实中央户籍制度改革精神，并结合本地实际情况，积极探索推进户籍制度改革的有效途径，户籍人口城镇化水平明显提高。

关键词：户籍制度改革　平等权　人权保障

改革开放以来，中国户籍制度历经多次微调，限制人口流动的功能逐渐减弱，但分配社会福利的功能依然存在。随着中国经济社会发展水平的提高，这种户籍制度的缺陷日益显现。2014 年 7 月，国务院发布《关于进一步推进户籍制度改革的意见》，决定对户籍制度进行全面改革，把农业户口与非农业户口之间的差别取消，建立起城乡一体的户口登记制度；对农业人口进行合理引导，使之向城镇有序转移，从而推进农业转移人口的市民化，到 2020 年使 1 亿农业转移人口落户城镇；全面建立居住证制度，为

* 李云龙，博士，中央党校国际战略研究院教授，主要从事人权和国际关系方面的研究。

流动人口提供基本的公共服务。[①] 近年来，户籍制度改革持续推进，2016 年进展尤其明显。

一　进一步完善有关户籍制度改革的政策

户籍制度改革直接影响城乡千百万人的生活，牵涉复杂的利益关系，是一项浩大工程。户籍制度改革的总体方向是消除城乡二元户籍制度，推动农业转移人口在城镇落户，提高户籍人口城镇化率。在改革进程中，需要不断完善政策体系。2016 年，中央持续发布有关户籍制度改革的政策文件，指导户籍制度改革全面推进。

（一）进一步明确农业转移人口落户城镇的重点对象

户籍制度改革的核心是打破城乡分割的户籍体系，实现农业转移人口的市民化。但是，由于城乡差别太大和农业转移人口数量过多，农业转移人口的市民化和户籍城镇化工作不会一蹴而就，而是要有一个过程。这样，确定各类农业转移人口落户城镇的先后顺序就成为户籍制度改革中不可回避的问题。《国家新型城镇化规划（2014－2020 年）》提出，到 2020 年实现 1 亿左右农业转移人口和其他常住人口在城镇落户，户籍人口城镇化率提高到 45% 左右。要实现这个目标，就要在 2013 年户籍人口城镇化率 35. 9% 的基础上，年均提高 1. 3 个百分点，年均转户 1600 多万人。[②] 可是，应当将哪些农业转移人口纳入这 1 亿人的范围之内呢？2016 年 2 月，国务院发布《关于深入推进新型城镇化建设的若干意见》，规定下述四类人为优先落户城镇的对象：第一，通过升学和参军进入城镇的农村户籍人口；第二，在城镇就业居住 5 年以上的农村户籍人口；第三，全家都迁徙到城镇的农业转移人口；第四，新生代农民工。该意见还要求进一步放宽落户条件，除极少数超大城市外，其他城市都应允许农

① 《国务院关于进一步推进户籍制度改革的意见》，2014 年 7 月 30 日，中国政府网，http：//www. gov. cn/zhengce/content/2014－07/30/content_ 8944. htm。

② 习近平：《关于〈中共中央关于制定国民经济和社会发展第十三个五年规划的建议〉的说明》，2015 年 11 月 3 日，新华网，http：//news. xinhuanet. com/politics/2015－11/03/c_ 1117029621_ 3. htm。

村户籍人口在就业地落户，尤其要全面接纳高等院校及职业学校毕业的学生、技术工人、海外留学归国人员在城镇落户。该意见特别强调，除了超大城市和特大城市外，大中城市（市区人口500万以下）不能用购买房屋、投资纳税等作为落户条件，也不能用积分制来限制落户。[①] 2016年3月发布的《中华人民共和国国民经济和社会发展第十三个五年规划纲要》也明确规定，通过升学和参军进入城镇的农村户籍人口、在城镇就业居住5年以上的农村户籍人口、举家迁徙到城镇的农业转移人口以及新生代农民工应当优先落户城镇。[②] 2016年9月，国务院办公厅印发《推动1亿非户籍人口在城市落户方案》，要求破除城乡之间的户籍迁移壁垒，把户籍人口城镇化率平均每年提高1%以上，每年把1300万农村户籍人口转为城镇户籍，到2020年，户籍人口城镇化率同常住人口城镇化率之间的差距比2013年减少2个百分点以上。同时，该方案继续把四类农业转移人口作为城镇落户的优先对象，要求省会及以下城市全面接纳高等院校及职业学校毕业的学生、技术工人及海外留学归国人员在城镇落户，同时尝试把农村户籍大学生的户口直接落到省会以下高校所在地城镇；超大城市和特大城市也要把普通劳动者的落户问题作为工作重点；超大城市和特大城市中户籍人口比重低的，要进一步放宽对外来人口的落户限制。[③]

（二）制定促进农业转移人口在城镇落户的配套方案

2016年《政府工作报告》中提出要放宽城镇落户条件，建立健全“人地钱”挂钩政策。[④] 这就是说，政府的财政转移支付、城镇建设用地新增指标和基建投资项目都要根据农业转移人口城镇落户规模进行安排。2016年9月，国务院办公厅下发《推动1亿非户籍人口在城市落户方案》，提出了促进城镇

---

① 《关于深入推进新型城镇化建设的若干意见》，2016年2月2日，中国政府网，http：//www. gov. cn/zhengce/content/2016－02/06/content_ 5039947. htm。

② 《中华人民共和国国民经济和社会发展第十三个五年规划纲要》，2016年3月17日，新华网，http：//news. xinhuanet. com/politics/2016lh/2016－03/17/c_ 1118366322_ 9. htm。

③ 国务院办公厅发布《推动1亿非户籍人口在城市落户方案》，2016年10月11日，中国政府网，http：//www. gov. cn/zhengce/content/2016－10/11/content_ 5117442. htm。

④ 《2016年政府工作报告》，2016年3月5日，新华网，http：//news. xinhuanet. com/fortune/2016－03/05/c_ 128775704. htm。

落户的各项配套措施。第一，中央和省级财政转移支付规模和结构要根据农业转移人口的数量规模等情况进行动态调整。对于东部发达地区和大城市、特大城市，中央财政要根据其吸纳农业转移人口进城落户人数等因素，适当给予奖励。第二，财政性建设资金要为吸纳农业转移人口较多城市的基础设施投资提供补助。中央预算内投资安排要向吸纳农业转移人口落户数量较多的城镇倾斜。中央财政中城市基础设施建设等方面的专项资金要适当支持吸纳农业转移人口较多的地区。第三，城镇建设用地的增加规模，要与吸纳农业转移人口落户城镇的数量挂钩，以人定地。在分配年度土地利用计划指标时，要保障转户人口在城镇落户的合理用地需求。第四，保留进城落户农民的土地承包权、宅基地使用权以及集体收益分配权，同时要让他们获得住房保障、养老保险、医疗保险以及与城镇居民相同的受教育权利。①

2016 年 8 月，国务院发出《关于实施支持农业转移人口市民化若干财政政策的通知》，提出了促进农业转移人口市民化的具体财政措施。第一，中央及省级财政部门转移支付中有关义务教育与职业教育学生政策的部分，要按在校学生人数核定；财政上的“两免一补”资金与生均经费定额资金应同学生一起流动。第二，中央及省级财政部门在分配就业专项资金时要考虑农业转移人口的就业问题。第三，对农业转移人口市民化进行奖励。中央财政奖励要更多给予吸纳农业转移人口较多的地区。第四，维护进城落户农民的土地承包权、集体收益分配权和宅基地使用权。第五，给农业转移人口市民化提供更大力度的财政支持，并进行动态调整。② 2016 年 12 月，国务院下发《国家人口发展规划（2016－2030 年）》，重申要给农业转移人口市民化提供更大力度的财政支持，并进行动态调整；财政上要给吸纳转移人口多的城市提供基础设施投资补助，城镇建设用地的增加数量要与吸纳转移人口落户人数挂钩。③

---

① 国务院办公厅发布《推动 1 亿非户籍人口在城市落户方案》，2016 年 10 月 11 日，中国政府网，http://www.gov.cn/zhengce/content/2016-10/11/content_5117442.htm。

② 《国务院关于实施支持农业转移人口市民化若干财政政策的通知》，2016 年 8 月 5 日，中国政府网，http://www.gov.cn/zhengce/content/2016-08/05/content_5097845.htm。

③ 《国家人口发展规划（2016－2030 年）》，2017 年 1 月 25 日，中国政府网，http://www.gov.cn/zhengce/content/2017-01/25/content_5163309.htm。

（三）建立居住证制度

2013 年，中国有 7.5 亿城镇常住人口，但其中以农民工为主体的 2.5 亿外来常住人口没有城镇户籍，不能平等享受教育、就业服务、社会保障、医疗、保障性住房等方面的公共服务，同时也带来一些复杂的经济社会问题。[①] 建立居住证制度的目的就是缓解这些问题，缩小外来常住人口同户籍城市人口之间的权利差距。国务院于 2014 年 7 月发布《关于进一步推进户籍制度改革的意见》，要求建立居住证制度，并将其作为户籍制度改革的一个重要环节。该意见规定，持有居住证的外来人口与户籍人口享有某些相同的权利，如办理证照、劳动就业服务、计划生育服务、基本公共教育、公共文化服务、基本医疗卫生服务等；在连续居住若干年和缴纳社会保险若干年之后，可以享有与户籍人口相同的就业扶持、中等职业教育资助、养老服务、住房保障、社会救助和社会福利等权利，并在一定条件下给予随迁子女在当地参加中考和高考的权利。[②] 2015 年 11 月，国务院发布《居住证暂行条例》，2016 年 1 月 1 日起在全国实施。条例规定，在其他城市居住半年以上的公民，只要拥有合法稳定住所，或者实现合法稳定就业，或者已经连续就读，就可以申领居住证。持有居住证的外来人口享受缴存、提取和使用住房公积金，参加社会保险及劳动就业的权利，可以获得包括义务教育、法律援助、就业服务、公共文化体育服务、基本公共卫生服务在内的基本公共服务，可以享受包括办理出入境证件，申领机动车驾驶证，换领、补领居民身份证等在内的便利。[③]

二　各地全面推进户籍制度改革

2014 年 7 月发布的国务院户籍制度改革文件标志着中国户籍制度改革新

① 习近平：《关于〈中共中央关于制定国民经济和社会发展第十三个五年规划的建议〉的说明》，2015 年 11 月 3 日，新华网，http：//news. xinhuanet. com/politics/2015 – 11/03/c_1117029621_ 3. htm。

② 《国务院关于进一步推进户籍制度改革的意见》，2014 年 7 月 30 日，中国政府网，http：//www. gov. cn/zhengce/content/2014 – 07/30/content_ 8944. htm。

③ 《居住证暂行条例》，2015 年 12 月 12 日，中国政府网，http：//www. gov. cn/zhengce/2015 – 12/14/content_ 5023611. htm。

阶段的开始。全国各省区市全面实施该文件，并结合本地实际情况，探索推进户籍制度改革的合适方式。

（一）各地政府制定实施户籍制度改革的文件

国务院户籍制度改革文件发布后，各省区市立即着手研究实施。两个月后，新疆维吾尔自治区政府就制定了《关于进一步推进我区户籍管理制度改革的实施意见》。到2016年9月北京市政府发布《关于进一步推进户籍制度改革的实施意见》为止，全国31个省区市（港澳台除外）都研究制定了户籍制度改革实施意见。随后，市、县级政府也开始根据中央和省一级的相关文件精神制定当地的户籍制度改革方案。各省区市遵循中央户籍制度改革精神，全面放开小城市户籍，有序放开中等城市户籍，合理确定大城市落户条件，严控特大城市人口规模。从表1看，各省区市都大幅放宽了城镇落户条件，引导农业人口向城镇有序转移。许多省份的城镇落户条件，比中央文件的规定更宽松。从各地发布的户籍制度改革文件看，除西藏等少数省份以外，绝大部分都放开了小城市和镇的户籍，有些省份放开的幅度相当大。山西省全面放开了建制镇和中小城市落户限制。除太原市和大同市区外，所有市和建制镇，只要满足有合法稳定住所（含租赁）这个条件，就可以在当地落户。[①] 四川省全面放开大中小城市和建制镇落户限制。除成都市外，全省大中小城市和建制镇，都把有合法稳定住所（含租赁）作为唯一落户条件。[②] 贵州省全面放开贵阳以外所有中小城市的落户限制。[③]

（二）大力推动户籍人口城镇化

户籍制度改革的核心问题是农业转移人口城镇化和市民化。离开农村进入城镇工作的2.5亿农民工虽被统计为城镇人口，但他们同真正的城市市民

① 《山西省人民政府关于进一步推进户籍制度改革的实施意见》，2015年2月10日，山西省人民政府，http://www.shanxi.gov.cn/xxgk/zfgb/2015nzfgb/d23q_5664/szfwj_5666/201502/t20150210_102121.shtml。

② 《四川省进一步推进户籍制度改革实施方案》，2014年12月27日，四川省人民政府，http://www.sc.gov.cn/10462/10883/11066/2014/11/26/10319585.shtml。

③ 《贵州省人民政府关于进一步推进户籍制度改革的实施意见》，2015年5月6日，http://www.gzgov.gov.cn/xxgk/zfxxgkpt/szfxxgkml/201507/t20150703_303323.html。

表1　各省份落实中央户籍制度改革文件的情况

省份	发布户改文件时间	城市落户条件
新疆	2014 年 9 月 30 日	县级市区、建制镇:租赁房屋连续居住 1 年、缴纳社保 1 年,有劳动合同。南疆:鼓励落户,不限制落户条件。乌鲁木齐市:控制落户。克拉玛依:适度控制落户
黑龙江	2014 年 11 月 3 日	牡丹江等 9 市:签订半年以上劳动合同、同一地址租住半年以上和缴纳社保 1 年。[①]大庆和齐齐哈尔:签订 1 年以上劳动合同、同一地址租住 2 年和缴纳社保 2 年。哈尔滨:四个主城区适当控制,非主城区适当放宽
河南	2014 年 11 月 4 日	中等城市:有工作、有住所并缴纳社保。大城市:有工作、有住所并缴纳社保。省会:积分落户。促进有能力在城镇稳定就业的人员进城落户
甘肃	2014 年 11 月	中等城市:有工作、有住所并缴纳社保 2 年 兰州:适度控制落户规模和节奏,对城关区落户实行严格控制,七里河、西固、安宁区落户政策适度放宽
河北	2014 年 11 月 13 日	承德、张家口、秦皇岛、沧州、衡水、邢台市区:有住所 石家庄、唐山、保定、邯郸市区:有合法固定住所,或者有职业并有住所 首都周边城镇:有职业、有住所并缴纳社保
山东	2014 年 11 月 19 日	设区市:有工作、有住所并缴纳社保 1 年 济南、青岛:积分落户。向高校毕业生全面放开落户限制
四川	2014 年 11 月 22 日	除成都市外的大中小城市和建制镇:有住所 成都市:积分入户,严格控制人口规模
江西	2014 年 12 月 21 日	设区市中心城区:有住所和有职业 南昌:有居住证并缴纳社保
江苏	2014 年 12 月 29 日	中等城市:有工作、有住所并缴纳社保 大城市和特大城市:有住所、有工作并缴纳社保
吉林	2015 年 1 月 21 日	四平和白山:有职业、有住所(租赁 1 年)并缴纳社保 1 年 长春和吉林:有职业、有住所(租赁 2 年)并缴纳社保 2 年
山西	2015 年 1 月 27 日	太原市迎泽区、小店区、杏花岭区、万柏林区、尖草坪区、晋源区,大同市城区、矿区、南郊区、新荣区:有工作、有住所并缴纳社保 中小城市和建制镇:有住所
青海	2015 年 1 月 27 日	西宁:有住所、有工作并缴纳社保。省内大中专院校(含中等职业学校、技工学校)毕业生,可在全省范围内先落户后就业
福建	2015 年 2 月 11 日	福州市辖区、平潭综合实验区和厦门市:积分落户 其他设区的市:有工作、有住所
广西	2015 年 2 月 25 日	南宁、柳州:有住所、就业年限并有社保年限(最多要求 3 年) 桂林、玉林:有住所、就业年限并有社保年限(最多要求 2 年)

续表

省份	发布户改文件时间	城市落户条件
陕西	2015 年 3 月 19 日	市辖区：有住所并连续居住 1 年以上，或者就业并缴纳城镇企业养老保险 西安市市辖区：积分落户
贵州	2015 年 5 月 4 日	中小城市：有住所。贵阳南明区、云岩区：就业、居住 3 年并缴纳社保 5 年 贵阳花溪、乌当、白云、观山湖 4 区：城区就业、有住所并缴纳社保 2 年
安徽	2015 年 5 月 8 日	中等城市及 300 万人以下城市：就业、有住所并缴纳社保。300 万～500 万人城市：较严格规定就业范围、年限及住所范围和条件。特大城市，严控落户
湖南	2015 年 5 月 11 日	中等城市：住所、就业并缴纳城镇社保。大城市：有住所、就业年限并缴纳社保（均最多要求 3 年）。长株潭户籍居民三市间迁移落户条件放宽
云南	2015 年 5 月 29 日	中等城市：就业、住所并缴纳社保 1 年及居住 1 年。昆明主城区：就业或其他生活来源、、有住所（不含租赁）且实际居住。绿春县、彝良县、东川区等生态脆弱敏感、资源环境承载力不足的城市：有效控制人口规模
广东	2015 年 6 月 24 日	中小城市：有住所、就业 3 年并缴纳社保 3 年 珠海、佛山、东莞和中山：有住所、就业 5 年并缴纳社保 5 年 广州、深圳：严格控制人口规模
辽宁	2015 年 7 月 10 日	沈阳、大连：严格控制人口规模，实行积分落户制度。其他城市：就业、有住所并缴纳社保
重庆	2015 年 8 月 25 日	都市功能核心区与都市功能拓展区：本市籍转移人口，务工经商 5 年，有住所；市外人员积分落户。城市发展新区城区：本市籍转移人口，务工经商 2 年或签订劳动合同 1 年，有住所。渝东北生态涵养发展区和渝东南生态保护发展区区县城：有住所，务工经商 3 年以上或与市级及以上工业园区企业签订 1 年及以上劳动合同
湖北	2015 年 9 月 6 日	大中城市：就业、有住所并满足社保缴纳年限（最多要求 2 年） 武汉：积分落户
内蒙古	2015 年 9 月 8 日	呼和浩特市、包头：有住所、就业并满足社保缴纳年限（最多要求 5 年）。其他城市和建制镇：有住所（城市承载压力大的设区市，可设置连续租赁时间条件，但不得超过 2 年）
浙江	2015 年 12 月 10 日	大中城市：放宽落户标准。杭州：控制落户规模和节奏。杭州市、宁波市、温州市城区实行积分落户。除杭州市城区外，省内户口自由迁移
海南	2015 年 12 月 24 日	建制镇和小城市：本省居民，有住所。海口、三亚：本省居民、就业、有住所并缴纳城镇社保满 5 年。省外来琼务工经商人员：积分落户
上海	2016 年 4 月 20 日	积分落户
天津	2016 年 4 月 20 日	逐步放开市内户口迁移限制 积分落户

续表

省份	发布户改文件时间	城市落户条件
西藏	2016 年 5 月 16 日	七地市:就业、有住所并缴纳社保3年。具有旅游、矿产、虫草、林木等特色资源的建制镇(乡)和边境一线建制镇(乡):当地县(市)政府制定落户条件
北京	2016 年 9 月 8 日	积分落户

注：①本表格中的“就业”指相关文件中规定的“合法稳定就业”，“职业”指“合法稳定职业”，“住所”指“合法稳定住所（含租赁）”，“社保”指参加城镇社会保险。

资料来源：各省区市政府户籍制度改革文件。

相比还有相当大的距离。这既阻碍了居民平等权利的实现，也不利于经济健康发展。在中国目前情况下，农民工只有在就业地落户，取得城镇户籍，才能享受城镇居民的全部权利，才能真正成为城镇市民。因此，同十八大以来推进的新型城镇化建设相呼应，本轮户籍制度改革把焦点对准农业转移人口在城镇落户问题。自从国务院总理李克强在2014年《政府工作报告》中提出2020年前实现1亿农业转移人口落户城镇的目标后，这个数字指标在后来的政府文件中一再被提及。[①] 为了突出这个问题的重要性，中国政府特别强调城镇化的核心是人的城镇化，认为户籍制度改革的本质是实现农业转移人口的市民化，并提出“户籍人口城镇化”概念，以此作为衡量城镇化水平的指标。各地方政府在制定“十三五”规划、新型城镇化规划和户籍制度改革方案等文件时，普遍设置新增城镇户籍人数和户籍城镇化率的量化指标。这些指标比中央确定的全国性指标更加积极。根据表2的数字，到2020年，推动1亿农民落户城镇和使户籍城镇化率提高到45%的全国性目标有望全面实现。从2014年以来农业转移人口到城镇落户的情况看，前景相当乐观。2016年，山东有300万农业转移人口在城镇落户，户籍人口城镇化率从2013年的42.97%提高到49%。[②] 2016年河南有

① 李克强：《政府工作报告——2014年3月5日在第十二届全国人民代表大会第二次会议上》，中国政府网，http://www.gov.cn/guowuyuan/2014-03/14/content_2638989.htm。

② 《2016年山东落实300万农业转移人口市民待遇》，《中国青年报》2017年1月25日；《山东常住人口城镇化率逼近60%　棚户区改造53万套》，2017年2月6日，齐鲁网，http://news.iqilu.com/shandong/yuanchuang/2017/0206/3372167.shtml。

300 万农业转移人口落户城镇。① 云南 2013 年的户籍人口城镇化率为 27.24%，2016 年上升为 31.4%。② 2013 年，四川户籍人口城镇化率为 28.82%，2016 年已提高到 32.8%。③ 2016 年全国户籍人口城镇化率达到 41.2%，全面完成各类人口落户城镇的规划任务。④

表 2 各省份农业转移人口落户城镇规划（2020 年）

单位：万人，%

省份	2013 年常住人口	2013 年城镇化率	2020 年城镇化率	2013 年城镇户籍人口	2013 年户籍人口城镇化率	2020 年新增城镇户籍人口	2020 户籍人口城镇化率
江苏	7939	64.1	72	4500	57.1	800	67
吉林	2751	52.4	60	935	34	200	54
广东	10644	67.7	73	4013	39.3	1300	56
福建	3774	60.8	67	1328	35.2	480	48
山东	9733	53.75	62	4182	42.97	700	52
河北	7332	48.12	56	2299	31.36	1000	45
河南	9413	43.8	56	2503	26.6	1100	40
湖南	6690	47.96	58	1491	22.29	850	35
江西	4522	48.87	60	1225	27.1	630	40
重庆	2970	58.34	65	1344	45.25	1485	50
云南	4686	40.48	50	1254	27.24	500	38
广西	4719	44.81	54	1052	22.3	600	34.5
陕西	3763	51.31	62	1430	38.01	1000	52
甘肃	2582	40.13	50	631	24.44	350	38
湖北	5799	54.51	61	2191	35.5	500	44
四川	8107	44.9	54	2632.4	28.82	800	38
贵州	3502	37.83	50	701.98	16.4	300	43
山西	3630	52.56	60	1111.39	33.74	360	43
宁夏	654	52	60	227.7	39.81	70	52
黑龙江	3835	57.4	63	1855.5	49.1	200	55

① 《河南去年农业转移人口落户城镇 300 万人，占全国五分之一》，2017 年 1 月 20 日，新华网，http://news.xinhuanet.com/local/2017-01/20/c_1120353465.htm。

② 《云南户籍城镇化率升至 31.4%》，2016 年 10 月 6 日，新华网，http://news.xinhuanet.com/local/2016-10/06/c_1119667788.htm。

③ 《安居纪事》，《四川日报》2017 年 1 月 11 日。

④ 《重点群体 能落尽落》，《人民日报》2017 年 2 月 10 日。

续表

省份	2013 年常住人口	2013 年城镇化率	2020 年城镇化率	2013 年城镇户籍人口	2013 年户籍人口城镇化率	2020 年新增城镇户籍人口	2020 户籍人口城镇化率
青海	577.79	48.5	60	210	39.78	90	50
新疆	2264.3	44.5	58	837.13	36.9	135	45
内蒙古	2497.6	58.7	65	1016.6（2014 年）	44.16（2015 年）	210	50
海南	895	52.74	60	345（2014 年）	39（2015 年）	80	47
浙江	5498	64	70	1545.41	32	1100	55
辽宁	4390	66.5	72	—	—	300	65
上海	2415	88	—	1260.68	88.42	—	—
天津	1472	78.28	—	632.23	62.97	—	—
北京	2114.8	86.3	—	1036	78.7	—	—
西藏	312	23.7	30	—	—	—	—

资料来源：根据各省区市新型城镇化规划、2013 年以来的统计公报、“十三五”规划等材料整理。

（三）居住证制度加快落地

2016 年 1 月 1 日，《居住证暂行条例》在全国正式实施，各省区市政府抓紧落实。在不到 1 个月的时间内，全国有 29 个省份提出了居住证制度落地的相关方案。[①] 到 2016 年底，全国共有 25 个省区市发布了居住证实施办法。[②] 其他省份也在积极研究制定相关实施文件。例如，陕西省法制办已于 2016 年 5 月发布《陕西省流动人口服务管理办法（修订征求意见稿）》，向全社会公开征求意见。[③] 各地制定的实施方案都明确要求各级政府提供《居住证暂行条例》规定的 5 项公共服务和 6 项便利，有的地方还给予居住证持有人较多权利。在外来人口普遍关心的子女教育问题上，一些省份迈出了较大步伐。除提供《居住证暂行条例》第十二条规定的义务教育服务外，重庆、福建、湖北、

① 《29 省份居住证制度落地　居住证含金量各有不同》，2016 年 1 月 29 日，人民网，http://politics.people.com.cn/n1/2016/0129/c1001-28095482.html。

② 《重点群体　能落尽落》，《人民日报》2017 年 2 月 10 日。

③ 《连续居住一定年限可申请常住户口》，《西安日报》2016 年 5 月 26 日。

广西、辽宁、吉林、河北7个省份还允许居住证持有人子女在当地进行高中阶段的学习，并在当地参加高考。在涉及外来人员重大权益的住房保障问题上，福建、山东、河北、重庆、湖北、青海、陕西、辽宁8省份将居住证持有人纳入住房保障体系，享受当地的住房保障政策。浙江省2016年修订《流动人口居住登记条例》，要求县级以上政府以居住年限、就业年限、社会保险缴纳年限等指标为基础，对浙江省居住证持有人的个人情况进行量化，按照权利与义务对等的原则提供相应的公共服务和便利。① 居住登记和居住证办理工作进展顺利。2016年，全国发放居住证2890余万张，其中北京近169万张，上海40.6万张，广州81万张，深圳171.5万张。②

表3　各地实施《居住证暂行条例》的情况

省份	实施文件	居住证持有人权利①
福建	《福建省实施〈居住证暂行条例〉办法》(2016年8月2日)	在居住地就读的学生,可在当地参加中考,进入高中学习,具有本省学籍并读满3年的高中毕业生,可以在当地参加高考;可申请保障房;可参加本地劳模、三八红旗手、五一劳动奖章等评选
山东	《山东省流动人口服务管理暂行办法》(2016年11月30日)	当地政府规定的住房保障政策;当地政府按规定给予的表彰和奖励
浙江	《浙江省流动人口居住登记条例(修订)》(2016年3月31日)	县以上政府提供的与居住年限等条件挂钩的公共服务和便利;县以上政府可按权利义务对等、梯度服务原则,对居住证持有人的个人情况进行量化,并据此确定可享受的公共服务和便利内容
河北	《河北省居住证实施办法(试行)》(2016年2月15日)	参加民主选举、公共决策、社会事务管理;享受住房保障;子女可在居住地参加中考,在居住地读高中,高中毕业时有2年以上连续就学记录的,可在当地参加高考
安徽	《安徽省流动人口居住登记办法》(2016年12月3日)	
北京	《北京市实施〈居住证暂行条例〉办法》(2016年8月11日)	

① 《〈浙江省流动人口居住登记条例〉公告》，《浙江日报》2016年4月8日。

② 《公安部：在北京连交半年社保即可申领居住证》，2016年2月10日，法晚网，http://www.fawan.com/2017/02/10/28746t185.html。

续表

省份	实施文件	居住证持有人权利[①]
四川	《四川省人民政府关于认真做好〈居住证暂行条例〉贯彻实施工作的通知》(2016 年 3 月 17 日)	
重庆	《重庆市居住证实施办法》(2016 年 9 月 19 日)	选举权和被选举权;参加公共决策和社区事务管理;公共租赁住房保障;乘坐市内公交的优惠服务;子女可就读高中、职业中学、民办中学,有在本地连续就读 3 年的高中学籍的,可参加高考;可在当地取得科技成果的认定、奖励及资助;取得居住证 3 年以上者,可在居住地应征入伍
河南	《河南省居住证实施办法》(2016 年 12 月 8 日)	60 岁以上老年人免费乘公交
云南	《云南省流动人口服务管理条例》(2016 年 12 月 15 日)	选举权和被选举权,参与管理社会事务
天津	《天津市居住证管理办法》(2016 年 12 月 31 日)	报考职业学校、参加春季高考专科招生及高职院校自主招生;参与社区事务;有选举权和被选举权;可在本地取得科技成果的认定、奖励及资助;可参加本市评选表彰活动
海南	《省政府办公厅关于贯彻实施〈居住证暂行条例〉有关事项的通知》(2016 年 2 月 3 日)	
湖北	《湖北省居住证服务与管理办法》(2016 年 12 月 31 日)	子女可在居住地报名考高中和大学,可申请保障性住房
江西	《江西省居住证制度实施细则》(2016 年 3 月 30 日)	参加民主选举,参加公共决策和社会事务管理;可申请公共租赁住房;享受公交优惠;子女可参加中考,在居住地读高中,有当地高中学籍、毕业时有 2 年以上连续就学记录的,可参加当地高考
广西	《广西壮族自治区流动人口服务管理办法》(2016 年 11 月 1 日修订)	参加居住地社区组织的活动,参与居住地社会事务管理
青海	《青海省居住证实施办法》(2016 年 9 月 27 日)	参加民主选举,公共决策,社会事务管理;申请住房保障;享受老年人补贴及老年人优先优惠便利服务;参加当地荣誉称号的评选;办居住证 3 年以上的老年人,可在购买意外伤害保险时获得政府补贴;生活困难的家庭,可获得临时救助;可申请免除殡葬费
山西	《山西省流动人口服务管理办法》(2016 年 12 月 3 日)	参与居住地社会事务管理;参加居住地社会组织;获得住房保障
甘肃	《甘肃省实施〈居住证暂行条例〉办法》(2016 年 12 月 3 日)	

续表

省份	实施文件	居住证持有人权利[①]
内蒙古	《自治区政府办公厅关于全面做好居住证制度实施工作的意见》(2016年5月19日)	
黑龙江	《黑龙江省人民政府关于切实做好全省居住证制度实施工作的通知》(2016年11月10日)	
辽宁	《辽宁省实有人口服务管理办法(修订)》(2016年11月23日)	申请公租房;子女在本地接受义务教育,读高中,参加高考;参加社区组织和社会事务管理
吉林	《吉林省居住证管理办法》(2016年3月21日)	子女可在居住地参高中和大学的招生考试
湖南	《湖南省实际居住人口登记和服务规定》(2016年3月21日)	

注:①《居住证暂行条例》第十二条和第十三条规定的居住证持有人享有的公共服务和便利不再列出。本表所列均为超出部分。

资料来源:各省区市相关文件。

(四)积分落户制度开始建立

2014年国务院户籍制度改革文件要求严格控制特大城市人口规模,在城区人口500万以上的城市实行积分落户制度。[①]《居住证暂行条例》第十六条规定,城区人口500万以上的城市应实行积分落户制度。[②] 积分落户制度为普通人开启了一条在超大城市和特大城市落户的途径。2016年4月15日,上海市政府提出《关于进一步推进本市户籍制度改革的若干意见》,要求逐步建立积分落户制度。[③] 2016年8月,深圳市政府印发《深圳市户籍迁入若干规定》,大幅放宽人才引进迁户条件。年龄在45岁以下的大学学历人员、年龄在35岁

① 《国务院关于进一步推进户籍制度改革的意见》,2014年7月30日,中国政府网,http://www.gov.cn/zhengce/content/2014-07/30/content_8944.htm。

② 《居住证暂行条例》,2015年12月12日,中国政府网,http://www.gov.cn/zhengce/2015-12/14/content_5023611.htm。

③ 《上海市人民政府关于进一步推进本市户籍制度改革的若干意见》,2016年4月15日,中国上海,http://wap.sh.gov.cn/nw2/nw2314/nw2319/nw11494/nw12331/nw12343/nw39328/u26aw47267.html。

以下的大专学历人员、中专学历的中级职称人员以及紧缺急需工种高级工，都可直接申请落户，且不设指标数量限制。[①] 2016 年 8 月 11 日，《北京市人民政府办公厅关于印发〈北京市积分落户管理办法（试行）〉的通知》，根据就业、住所、教育背景、职住区域、创新创业、纳税、年龄、荣誉表彰、收发记录 9 项指标设立分值，接纳长期在京稳定就业和生活的常住人口在京落户。[②] 2015 年和 2016 年，上海市共办理持居住证人员在沪落户 2.4 万人。2016 年，广州市的积分落户指标增加到 6000 个，比 2015 年增加了 30%。[③] 2016 年，深圳市新增入户人口 38 万，一年户籍人口增幅超过 10%。[④]

三　中国户籍制度改革的前景

本轮户籍制度改革无论是就深度还是广度来说都是空前的。2016 年是取得突破性进展的一年。到 2016 年底，户籍制度改革的政策框架基本构建完成，城乡统一的户口登记制度全面建立。全国范围内取消了农业户口和非农业户口区分，城乡户口身份差别不再存在。各地普遍降低了农业转移人口和其他常住人口在城镇落户门槛，超大城市、特大城市建立了完善的积分落户制度。居住证制度全面实施。农业转移人口市民化面临的制度性难题逐步破解。[⑤] 通过进行户籍制度改革，中国在保障居民身份平等权方面取得了实质性进步。除少数超大城市和特大城市外，城市户口不再是中国农民遥不可及的梦想。户籍越来越回归其信息统计的本来意义。

但是，户籍制度改革也不会一帆风顺，总会出现这样那样的问题，需要加以注意。第一，城镇化“注水”问题。现行户籍制度之所以会产生，是因为

---

① 《深圳市户籍迁入若干规定》，2016 年 8 月 8 日，深圳政府在线，http://www.sz.gov.cn/zfgb/2016/gb968/201608/t20160823_4316503.htm。

② 《北京市积分落户管理办法》，2016 年 8 月 11 日，首都之窗，http://zhengce.beijing.gov.cn/library/192/33/50/46/438657/79206/。

③ 《公安部：在北京连交半年社保即可申领居住证》，2016 年 2 月 10 日，法晚网，http://www.fawan.com/2017/02/10/28746t185.html。

④ 《户籍人口扩容　深圳“肚量”几许》，《南方日报》2016 年 2 月 3 日。

⑤ 《公安部部署深入扎实推进户籍制度改革》，2017 年 2 月 9 日，人民网：http://legal.people.com.cn/n1/2017/0209/c42510-29070141.html。

经济不发达，只能保证一小部分城市人口进入现代社会体系。目前进行的户籍制度改革，本质上是要把全国人民都纳入现代社会体系。户籍制度改革表面上是统计和行政管理方面的改变，实际上是从传统社会向现代社会的转变，是从传统生活方式向现代生活方式的飞跃。正因为如此，中央才特别强调城镇化的核心是人的城镇化，户籍制度改革的本质是促进农业转移人口的市民化。但是，有的地方为了追求表面上的高“城镇化率”，简单地把近郊农村人口整体划归为市民，搞“注水”的户籍制度改革，使大量农业人口“被市民化”。[①] 农业转移人口市民化的关键，是转移人口能否同原有城市人口享有完全相同的教育、医疗、社会保障、住房保障等公共服务和其他便利。如果农业转移人口有了城镇户籍以后，仍然在公共服务和福利方面受到差别对待，那就不能说是真正的“市民化”，而是“半市民化”，离户籍制度改革的目标还有相当大的距离。

第二，逆城镇化问题。在全国城镇化进程中，一些地区出现了逆城镇化现象。一些农业转移人口不愿进城落户，农村学生升学后不愿意转户，一些地区甚至有城市居民通过各种关系转回农村户口。记者于 2016 年在安徽、四川、湖北等地调查发现，许多中小城市已放开农民落户，但农民落户意愿普遍不高，有的县城 2015 年仅 200 多人转户。安徽 16 个地级市市区全部取消落户门槛，但转户效果很不理想。阜阳市有户籍人口 1000 多万，但放开户口一年来，到市区落户的农村人口仅有 6088。芜湖市有 380 多万户籍人口，但 2016 年第一季度农业转移人口落户城镇的仅为 1067 人，且其中有 1000 人为招生落户。[②] 造成这种现象的原因，一方面是中小城市的城市设施及公共服务与农村差别不大，就业机会不多，吸引力不强；另一方面是农村社会保障和社会福利条件改善，附着在农村户籍上的土地承包经营权、宅基地使用权和集体资产收益权等价值凸显。目前中国城镇化水平总体较低，在这种情况下，过早出现逆城市化现象，可能对经济社会健康发展产生负面影响。

第三，跨省农民工在大城市和东部发达地区落户难的问题。从各地户籍制

① 《城镇化“注水”需要精细制度应对》，《湖北日报》2016 年 9 月 5 日。

② 《农村户口“含金量”提升，有地方现“逆城镇化”》，《新华每日电讯》2016 年 7 月 20 日。

度改革文件规定看，省区市内部的城乡户籍壁垒基本被打破，在本省取得超大城市以外的城镇户籍已经不那么困难；但是，外省农民工落户仍然困难重重。超大城市和特大城市严格控制人口规模，少量的落户指标都分配给了知识、财富和技能杰出的人员，普通农民工几乎没有落户希望。东部一些发达地区的大城市甚至中等城市，对外省农民工落户设置了相当严格的条件，跨省农民工问题可能成为户籍制度改革中的最后一块硬骨头。

像其他任何改革一样，户籍制度改革也是在不断解决问题的过程中向前推进的。农业转移人口的户籍城镇化是一个漫长的过程。到 2030 年，中国户籍人口城镇化率预计达到 60%，同发达国家 80% 以上的城镇化率仍有很大差距。① 即使解决了城乡二元户籍体制问题，还有大量其他问题需要解决，如跨省户籍迁移问题、超大城市落户问题等。不过，中国户籍制度改革的方向——努力实现居民身份平等，让每个人都享受平等的公共服务和便利——是不会改变的。

参考文献

[1]《国务院关于进一步推进户籍制度改革的意见》，2014 年 7 月发布。

[2]《国务院关于深入推进新型城镇化建设的若干意见》，2016 年 2 月发布。

[3]《中华人民共和国国民经济和社会发展第十三个五年规划纲要》，2016 年 3 月发布。

[4]《居住证暂行条例》，2015 年 11 月发布。

[5]《国家人口发展规划（2016 - 2030 年）》，2016 年 12 月发布。

---

① 《卫计委：2030 年常住人口城镇化率将达 70% 老龄化再提速》，2016 年 7 月 6 日，新浪财经网，http：//finance. sina. com. cn/roll/2016 - 07 - 06/doc - ifxtrwtu9973406. shtml。

B.11 法官责任制与公正审判权保障

冯俊伟 *

摘　要：　2016年是我国司法体制改革的攻坚之年。中共中央办公厅、国务院办公厅颁发了《保护司法人员依法履行法定职责规定》，最高人民法院、最高人民检察院出台了《关于建立法官、检察官惩戒制度的意见（试行）》。在重视法官职业保障的基础上，中国对法官惩戒的主体、范围、豁免、责任认定、责任承担等进行了明确规定。法官责任制改革有助于保障法官依法行使职权，规范法官职务行为，促进公正审判的有效实现。

关键词：　法官责任制　职业责任　不当行为　公正审判

2016年是我国司法体制改革的攻坚之年。司法人员分类改革、司法人员职业保障、司法责任制、省以下地方法院检察院人财物统一管理四项改革举措继续深入推进。继2015年9月21日最高人民法院发布《关于完善人民法院司法责任制的若干意见》后，最高人民法院、最高人民检察院于2016年10月12日发布了《关于建立法官、检察官惩戒制度的意见（试行）》，以完善法官责任制，促进公正审判。

一　法官责任制改革促进公正审判

2016年，中国各级检察院“起诉故意杀人、强奸、放火等严重暴力犯罪

---

* 冯俊伟，山东大学人权研究中心研究人员，山东大学法学院副教授，主要研究方向为刑事诉讼法、人权法。

65076 人，起诉黑社会性质组织犯罪 1106 人，起诉抢劫、抢夺、盗窃等多发性侵财犯罪 399708 人”。[①] “各级法院审结一审刑事案件 111.6 万件，判处罪犯 122 万人”[②]，有效实现了惩罚犯罪与保障人权的价值目标。2017 年 2 月发布的《中国法院的司法改革（2013－2016）》显示，自 2012 年以来，人民法院通过审判监督程序纠正聂树斌案、呼格吉勒图案、张氏叔侄案等重大刑事冤假错案 34 起。[③] 上述数据表明，刑事司法制度在实现惩罚犯罪价值目标的同时，也产生了冤假错案这一“副产品”。冤假错案的发生严重影响了司法的公正性和公信力。“冤错案件的发生，让正义蒙羞，教训十分深刻。我们要坚决引以为戒，强化办案责任，健全制度机制，坚决守住防止冤假错案底线。”[④] 为了有效防范刑事冤假错案的产生，确保无辜者不被错误定罪，犯罪嫌疑人、被告人获得公正审判权的保障至关重要。

公正审判是司法活动的核心价值追求，也是人权司法保障领域的重要内容，被《公民权利和政治权利国际公约》《欧洲人权公约》等国际人权法律文件所认可。根据《公民权利和政治权利国际公约》等国际人权公约的规定，公正审判包括两方面的要求[⑤]：一是司法组织方面，应当依法设立“合格的、独立的和无偏倚的法庭”[⑥]；二是司法程序方面，应当进行“公正和公开的审理”[⑦]，国际人权公约中还明确规定了刑事被追诉人享有的最低限度的诉讼权利，包括被告知指控的性质、原因、准备辩护并与律师联系、及时受审、审判在场并获得法律援助、讯问对方证人并在同等条件下使己方证人出庭作证、不被强迫自证其罪等权利。[⑧] 根据上述要求可知，国际人权公约中的规定侧重于公正审判的程序性保障，公正审判的另一重要衡量尺度来自实体结果，即法院的裁判结果应满足实体

① 《2017 年最高人民检察院工作报告》，人民论坛网：http：//www. rmlt. com. cn/2017/0313/464018. shtml。

② 《2017 年最高人民法院工作报告》，人民论坛网：http：//www. rmlt. com. cn/2017/0313/464014. shtml。

③ 转引自新华网，http：//m. xinhuanet. com/2017－02/27/c_ 1120536126. htm。

④ 《2017 年最高人民法院工作报告》，人民论坛网：http：//www. rmlt. com. cn/2017/0313/464014. shtml。

⑤ 参见熊秋红《公正审判权的国际标准与中国实践》，《法律适用》2016 年第 6 期。

⑥ 《公民权利和政治权利国际公约》第 14 条。

⑦ 《公民权利和政治权利国际公约》第 14 条。

⑧ 参见《公民权利和政治权利国际公约》第 14 条、《欧洲人权公约》第 6 条。

公正的要求。在刑事诉讼中是指“对真正实施犯罪行为的人罚当其罪，保障无辜者不被错误定罪”，在民事诉讼中体现为“在尊重当事人意思自治的前提下，公平分配权利义务”。公正审判的有效实现是刑事司法人权保障的基本要求，一方面司法组织不合法，缺乏对及时受审、获得法律帮助、获得免费翻译等基本诉讼权利的保障，本身就侵犯了被追诉人的公正审判权；另一方面，司法作为社会正义的最后一道屏障，对生命权、人身自由权、财产权等具体人权的保障具有重要意义。公正审判的实现既可以使公民的生命权、人身自由权、财产权等具体人权免受侵犯，也可以在各项具体人权受到侵犯时提供及时、有效的司法救济。

在保障公正审判权实现的过程中，适格法官、依法设立的审判组织及法官责任的有效承担具有重要意义。完善包括法官责任制在内的司法责任制，是中国司法体制改革的重要目标之一。十八届三中全会发布的《中共中央关于全面深化改革若干重大问题的决定》中提出，要“完善主审法官、合议庭办案责任制，让审理者裁判，由裁判者负责”。十八届四中全会发布的《中共中央关于全面推进依法治国若干重大问题的决定》中规定：“司法机关内部人员不得违反规定干预其他人员正在办理的案件，建立司法机关内部人员过问案件的记录制度和责任追究制度。完善主审法官、合议庭、主任检察官、主办侦查员办案责任制，落实谁办案谁负责。”“实行办案质量终身负责制和错案责任倒查问责制。”《最高人民法院关于全面深化人民法院改革的意见》中规定：“按照权责利相统一的原则，明确主审法官、合议庭及其成员的办案责任与免责条件，实现评价机制、问责机制、惩戒机制、退出机制与保障机制的有效衔接。”“健全司法过错追究机制，统一司法过错责任认定标准。”

中国司法改革语境下的法官责任制改革，是要在科学的审判权力运行机制基础上，明确审判组织权限和审判人员职责，完善法官责任制。改革的目标是实现“由审理者裁判，由裁判者负责”。前者强调的是在遵循司法亲历性、直接性等司法规律的基础上，建立“由审理者裁判”的审判制度，打破司法“行政化”“地方化”的束缚；后者是指根据责权利一致的原则，在强调法官职业保障的同时，指出法官应当对裁判结果负责，“构建一套科学合理的司法归责、定责、问责机制，设计一套程序严格、保障有力、处罚慎重的机制”。[①] 综上，中国的法

① 丁国锋：《最高院司改办主任胡仕浩：全面推开司法责任制要厘清四大问题》，法制网：http：//www. legaldaily. com. cn/index_ article/content/2016 - 10/22/content_ 6847840. htm。

官责任制改革从两方面促进了公正审判的实现：一是有助于保障法官依法独立做出裁判，这是公正审判的内在要求之一；二是强调法官依法做出裁判并对裁判结果负责，促进案件实体公正的实现。

二　中国法官责任制改革的核心与内容

（一）法官责任制改革的核心

在中国司法改革的语境下，“司法责任是指司法责任主体基于其所承担的司法职责，因在履行职责时存在违法违纪的行为而应承担的法律上的不利后果”。[①] 在这一背景下，法官责任也包括两层含义：“一是法官应当完成什么样的工作；二是法官对自己的违法行为应当承担什么样的责任。前者是法官依法履职的问题，后者是法官不依法履职时承担相应的职业责任的问题。”[②] 简言之，法官责任制改革的核心是实现“由审理者裁判，由裁判者负责”。

1．“由审理者裁判”强调审判者依法独立裁判

在既往的司法实践中，存在两种不良倾向。一是司法地方化倾向。受地方人财物的限制，在一些案件的审判中，法庭受到地方政府和其他单位的不当干涉。二是司法行政化倾向。由于人民法院内部的司法权与行政管理权、案件审理与案件管理未能做出有效区分，部分案件审理中具有行政化色彩。为了克服这两种不良倾向，保障法庭独立和不偏不倚地进行裁判，法官责任制改革的首要方面就是建立“由审理者裁判”的制度。本轮司法体制改革中的司法人员分类管理，司法人员职业保障，省以下地方法院、检察院人财物统一管理三项改革举措都与这一目标密切相关。有论者指出，“建立权责明晰、权责统一、监督有序、制约有效的司法权力运行体系，进一步健全和完善司法责任制，是本轮司法改革的核心和关键”。[③] 第一，推进省以下地方法院、检察院人财物

① 陈光中、王迎龙：《司法责任制若干问题之探讨》，《中国政法大学学报》2016 年第 2 期。

② 蒋惠岭：《法官职业责任的范围》，法制网：http://www.legaldaily.com.cn/fxjy/content/2016-09/14/content_6804420.htm? node=70674。

③ 贺小荣：《如何牵住司法责任制这个牛鼻子》，《人民法院报》2015 年 9 月 23 日，第 5 版。

统一管理的主要目的就是打破“司法地方化”的藩篱，保障法官依法行使审判权。与此相关，2015 年 3 月，中共中央办公厅、国务院办公厅印发的《领导干部干预司法活动、插手具体案件处理的记录、通报和责任追究规定》，中共中央政法委印发的《司法机关内部人员过问案件的记录和责任追究规定》对领导干部、司法机关内部人员干预司法活动、干预个案的追责问题作了细致规定，有助于促进法官依法独立裁判。第二，推进司法人员分类改革，明确不同司法人员的职责，构成了法官责任制的基础。[①] 2015 年最高人民法院在《关于完善人民法院司法责任制的若干意见》中对独任法官、合议庭审判长及其他法官、法官助理、书记员的职责权限以及院长、庭长的管理监督职责进行了明确规定，还规定“除审判委员会讨论决定的案件以外，院长、副院长、庭长对其未直接参加审理案件的裁判文书不再进行审核签发”[②]，进一步理顺了院长、副院长、庭长和法官之间的关系。《最高人民法院工作报告》显示，2016 年“基本完成法官员额制改革，全国法院产生入额法官 11 万名，85% 以上的司法人力资源配置到办案一线”。[③] 第三，确立司法人员职业保障制度，根本目的也是保障法官依法独立行使裁判权。2016 年 7 月，中共中央办公厅、国务院办公厅颁发了《保护司法人员依法履行法定职责规定》，明确规定：“法官、检察官依法办理案件不受行政机关、社会团体和个人的干涉，有权拒绝任何单位或者个人违反法定职责或者法定程序、有碍司法公正的要求。”“任何单位或者个人不得要求法官、检察官从事超出法定职责范围的事务。”“法官、检察官依法履行法定职责受法律保护。非因法定事由，非经法定程序，不得将法官、检察官调离、免职、辞退或者作出降级、撤职等处分。”[④] 该文件还对法官、检察官调离、辞退、降级、撤职的法定理由进行了明确规定。

2. “由裁判者负责”强调裁判者应当依法履行审判职责及不依法履职时应承担相应责任

“法官应当尽职尽责地做好审判工作，也就是履行好法官作为审判员的职

---

① 参见《关于完善人民法院司法责任制的若干意见》第 1 条。

② 《关于完善人民法院司法责任制的若干意见》第 6 条。

③ 《2017 年最高人民法院工作报告》，人民论坛网：http：//www. rmlt. com. cn/2017/0313/464014. shtml。

④ 《保护司法人员依法履行法定职责规定》第 2 条、第 3 条、第 4 条。

责；法官要对案件事实认定和法律正确适用负责；法官要对案件全体当事人负责，对司法公正和社会公正负责。”[①] 推进省以下地方法院、检察院人财物统一管理，完善司法人员职业保障制度促进了“由审理者裁判”的外部保障。推进司法人员分类改革，明晰法院院长、副院长、庭长、副庭长、承办法官、其他法官、法官助理、书记员的职责范围，明确了不同审判组织法官的职责，有助于科学、合理的法官责任制度的建立。在中国司法改革的背景下，“由裁判者负责”首先要求裁判者应当积极履行审判职责，其次才是法官在不履行法定职责或消极履行职责时应当承担法律责任。[②] 为了配合其他司法改革举措，深化司法体制改革，进一步促进公正审判，最高人民法院、最高人民检察院于 2016 年 10 月 12 日发布了《关于建立法官、检察官惩戒制度的意见（试行)》（以下简称《惩戒意见（试行)》）与《关于完善人民法院司法责任制的若干意见》（以下简称《若干意见》）等法律文件，构建了新的法官责任制度。

（二）法官责任制改革的基本内容

2016 年以前，中国《法官法》《人民法院审判人员违法审判责任追究办法（试行)》《人民法院审判纪律处分办法（试行)》《人民法院工作人员处分条例》等法律文件规定了法官和法院其他工作人员违反审判责任、违反各项纪律责任的责任追究。总体而言，法官责任范围过大，错案追究责任与内部惩戒责任混杂不清，在责任认定上呈现出“重结果、轻行为”的特点，严重影响了法官依法裁判权的行使。[③] 为了配合其他改革举措、激励法官更好地履行审判职责，促进公正审判，《惩戒意见（试行)》《若干意见》等法律文件中确立了全新的法官责任制度。

1. 法官责任的主体

在既往的实践中，由于法官、助理法官都具有审判的权力，法官责任制的主体范围较大。为了解决上述问题，在深化司法改革的背景下，法律文件将法

---

① 张文显：《司法责任制与司法民主制》，《法制日报》2016 年 9 月 7 日，第 10 版。

② 参见丁国锋《最高院司改办主任胡仕浩：全面推开司法责任制要厘清四大问题》，法制网：http：//www. legaldaily. com. cn/index_ article/content/2016 - 10/22/content_ 6847840. htm。

③ 参见周长军《司法责任制改革中的法官问责——兼评〈关于完善人民法院司法责任制的若干意见〉》，《法学家》2016 年第 3 期。

官责任制与法官员额制相结合，缩小了法官责任的主体范围。根据《惩戒意见（试行）》的规定，法官责任的主体是经法官遴选委员会遴选后进入法官员额的法官，不包括未进入员额的法官助理、书记员、司法警察等司法工作人员，也不包括人民陪审员。“对司法辅助人员违法违纪行为的责任追究，依照有关法律和人民法院、人民检察院的有关规定办理。”① 独任审判的法官、合议庭组成人员中的法官、审判委员会委员都属于法官责任的承担主体。在法官惩戒委员会工作机制上，《惩戒意见（试行）》第3条规定：“法官、检察官惩戒工作由人民法院、人民检察院与法官、检察官惩戒委员会分工负责。人民法院、人民检察院负责对法官、检察官涉嫌违反审判、检察职责行为进行调查核实，并根据法官、检察官惩戒委员会的意见作出处理决定。”

2. 法官责任的范围

在《惩戒意见（试行）》颁发之前，《法官法》《人民法院审判人员违法审判责任追究办法（试行）》《人民法院工作人员处分条例》等法律文件中对法官责任范围的规定较为宽泛。法官责任不仅包括违法审判责任、各种纪律责任，在司法实践中，还出现了错案追究责任、案件改发责任追究、信访责任追究、案件质量责任追究②，导致了法官责任范围过大、法官责任边界不清等问题。在一定程度上，严重挫伤了法官依法履行审判职责的积极性。“因为责任追究如果漫无边际，法官动辄得咎，只会挫伤法官的积极性，让法官跋前踬后，手足无措”。③ 为了有效解决上述问题，《惩戒意见（试行）》将法官责任与法官职责相衔接。《惩戒意见（试行）》中规定：“人民法院、人民检察院负责对法官、检察官涉嫌违反审判、检察职责行为进行调查核实，并根据法官、检察官惩戒委员会的意见作出处理决定。”④《惩戒意见（试行）》将法官责任与法官职责相衔接，限定了法官责任的边界，有助于促进法官依法履行职责。《若干意见》第25条规定：“法官有违反职业道德准则和纪律规定，接受案件

---

① 《关于建立法官、检察官惩戒制度的意见（试行）》第12条。

② 参见周长军《司法责任制改革中的法官问责——兼评〈关于完善人民法院司法责任制的若干意见〉》，《法学家》2016年第3期。

③ 蒋惠岭：《法官职业责任的范围》，法制网：http：//www.legaldaily.com.cn/fxjy/content/2016－09/14/content_6804420.htm？node＝70674。

④ 《关于建立法官、检察官惩戒制度的意见（试行）》第3条。

当事人及相关人员的请客送礼、与律师进行不正当交往等违纪违法行为，依照法律及有关纪律规定另行处理。”

3. 法官责任的豁免

在司法改革之前，《人民法院审判人员违法审判责任追究办法（试行）》、《人民法院审判纪律处分办法（试行）》在强调追责的同时，也规定了部分“免责”情形。由于错案标准的模糊、免责范围有限等，实施效果欠佳。① 加剧了法官责任范围过大、法官职业行为边界不清等问题。从尊重司法规律的角度出发，由于诉讼认识的回溯性、知识的不完备性等特点，法官在个案中对法律、证据等可能存在认识偏差，因此，不应当将裁判结果错误作为认定法官违反审判责任的唯一依据，应当区分不同情形。《若干意见》中进一步规定了法官责任的豁免。意见第28条规定：“因下列情形之一，导致案件按照审判监督程序提起再审后被改判的，不得作为错案进行责任追究：（1）对法律、法规、规章、司法解释具体条文的理解和认识不一致，在专业认知范围内能够予以合理说明的；（2）对案件基本事实的判断存在争议或者疑问，根据证据规则能够予以合理说明的；（3）当事人放弃或者部分放弃权利主张的；（4）当事人过错或者客观原因致使案件事实认定发生变化的；（5）因出现新证据而改变裁判的；（6）法律修订或者政策调整的；（7）裁判所依据的其他法律文书被撤销或者变更的；（8）其他依法履行审判职责不应当承担责任的情形。”

4. 法官责任的认定

（1）认定主体。在司法改革之前，法官责任认定和惩戒的主体是人民法院。《人民法院审判人员违法审判责任追究办法（试行）》第28条规定：“各级人民法院监察部门是违法审判责任追究工作的职能部门，负责违法审判线索的收集、对违法审判责任进行调查以及对责任人员依照有关规定进行处理。”由各级人民法院认定和惩戒法官的程序设计存在严重缺陷，一是与“任何人不得做自己法官”的自然正义的基本要求不符；二是容易使民众对法官惩戒结果产生不公正的联想。为了使惩戒结果更加公平、公正，《惩戒意见（试

① 参见马学玲《学者建言冤假错案：设法官责任豁免制和惩戒委员会》，中新网：http：//www. chinanews. com/fz/2014/11－28/6827365. shtml。

行)》规定，法官责任的认定主体是各省法官惩戒委员会。《惩戒意见（试行)》第4条规定了法官惩戒委员会制度，“在省（自治区、直辖市）一级设立法官、检察官惩戒委员会。惩戒委员会由政治素质高、专业能力强、职业操守好的人员组成，包括来自人大代表、政协委员、法学专家、律师的代表以及法官、检察官代表。法官、检察官代表应不低于全体委员的50%，从辖区内不同层级人民法院、人民检察院选任”。截止到2017年2月，上海、北京、山东等多个省份完成了法官、检察官惩戒委员会组建工作，这对于推进法官责任制改革具有关键作用。

（2）认定原则。在司法改革之前，虽然相关法律法规中规定了法官责任的范围和若干免责情形，但在实践中，部分地区的法官责任认定存在严重的结果主义倾向，主要表现为法官错案责任追究的泛化。错案的认定在实践中被简约为“法官作出的裁决、裁定、决定在客观上是否存在错误”，忽视了法官是否存在不当职业行为、当事双方是否存在过错、案件证据是否发生变化等因素。错案认定标准的模糊和错案范围的泛化，既不符合司法权运行的内在规律，也与责权利一致的基本原则不符。为了有效解决上述问题，《惩戒意见（试行)》等法律文件中确立了法官责任认定的基本原则。一是尊重司法规律，即尊重司法权运行的规律和特点，在此基础上合理设定法官责任。尊重司法规律首先强调司法权与行政权的不同，司法具有亲历性、被动性、判断性等特点。其次强调诉讼认识活动的特殊性，诉讼认识受到人的认识能力、时空条件、科学技术、控辩双方等因素的制约，诉讼认识达不到确定性。二是权责利一致。权责利一致是“由审理者裁判，由裁判者负责”的基本要求。本轮司法改革中，对司法人员进行分类并明确法官在不同审判组织（独任庭、合议庭、审判委员会）中的职权，是法官责任制改革的前提。其重要目的就是要做到权责利一致，在强调法官依法独立裁判的同时，强化法官对审判责任的承担，强化对法官的职业保障。三是主客观相结合。《惩戒意见（试行)》第10条规定：“法官、检察官违反审判、检察职责的行为属实，惩戒委员会认为构成故意或者因重大过失导致案件错误并造成严重后果的，人民法院、人民检察院应当依照有关规定作出惩戒决定，并给予相应处理。”《若干意见》第25条规定：“法官在审判工作中，故意违反法律法规的，或者因重大过失导致裁判错误并造成严重后果的，依法应当承担违法审判责任。”根据这一规定，改革后的法官责任认定遵循了主客观相结合的原则，当事法官在主观方面应当具有故意或者重大过失，客观上必须导致案件错误并造成严重后果，才应当承担责任。与结果责任相比，这一认定原则更加尊重司法规律、体现司法裁判的特点，有助于保证法官依法公正行使审判权。

（3）认定程序。在司法改革之前，《人民法院审判人员违法审判责任追究办法（试行）》中规定：“对违法审判责任案件的立案、调查、处理、申诉依照《人民法院监察部门调查处理案件暂行办法》规定的程序进行。”[①]“过去法官惩戒程序与公务员相同，行政化色彩浓厚，完全由法院纪检监察机构办理，惩戒公信度不高。”[②] 缺乏程序透明和程序参与，缺乏对被调查法官知情权、陈述权、辩解权等的保障，缺乏对法官责任认定中证明责任、证据运用等的明确规定。上述程序缺陷使法官认定程序的严格性、公正性受到了严重影响。为了使法官责任认定程序更加公平、公正、透明，《若干意见》《惩戒意见（试行）》中规定了新的法官责任认定程序。新的法官责任认定程序包括启动、调查、报送、听证、认定、异议等不同阶段。①启动阶段。在实践中，发现法官有违法审判的情形，由院长委托审判监督部门审查或者提请审判委员会讨论；经讨论认定存在法定违法审判情形的，依法启动违法审判责任追究程序。[③] ②调查阶段。人民法院监察部门有权对当事法官的违法审判进行调查，并可以采取必要措施。在调查过程中，当事法官享有知情权、辩解权和提出相反证据的权利。人民法院监察部门有义务保障当事法官行使上述权利。[④] ③报送阶段。经调查存在法官违法审判情形的，应当报院长决定，并报送省（区、市）法官惩戒委员会审议。[⑤] ④听证阶段。听证由法官惩戒委员会进行。高级人民法院对当事法官存在违法审判行为承担证明责任，应当提交相关证据；当事法官在听证中享有陈述、举证、辩

---

① 《人民法院审判人员违法审判责任追究办法（试行）》第 33 条。

② 胡仕浩、马渊杰：《2016：人民法院司法改革综论（下）》，中国法院网：http：//www. chinacourt. org/article/detail/2016/12/id/2501721. shtml。

③ 《关于完善人民法院司法责任制的若干意见》第 34 条。

④ 《关于完善人民法院司法责任制的若干意见》第 35 条。

⑤ 《关于完善人民法院司法责任制的若干意见》第 36 条。

解等权利。[①] ⑤认定阶段。法官惩戒委员会根据查明的事实、情节和相关规定，经全体委员2/3以上的多数通过，对当事法官构成故意违反职责、存在重大过失、存在一般过失或者没有违反职责提出审查意见。[②] ⑥异议阶段。当事法官、人民法院对审查意见有异议的，有权向法官惩戒委员会提出。法官惩戒委员会应当对异议及其理由进行审查并做出决定，然后回复当事法官或者有关人民法院。[③]

5. 法官责任的承担

（1）责任分担。法官审判组织包括独任制、合议制等不同形式，具体案件中法官责任的承担不可一概而论。在《若干意见》出台前，《人民法院审判人员违法审判责任追究办法（试行）》中对于独任法官、合议庭成员、审判委员会成员责任分担的规定较为原则、粗疏，使得实践中对不同审判组织中法官责任的分担难以有效厘清。为了解决上述难题，进一步贯彻责权利一致原则，《若干意见》对独任法官、合议庭成员、审判委员会成员的责任承担做出了进一步规定，主要包括五个方面。[④] ①独任制审理的案件，由独任法官对案件的事实认定和法律适用承担全部责任。②合议庭审理的案件，由合议庭成员对案件的事实认定和法律适用共同承担责任。③审判委员会讨论案件时，合议庭对其汇报的事实负责，审判委员会委员对其本人发表的意见及最终表决负责。审判委员会讨论案件违反民主集中制原则，导致审判委员会决定错误的，主持人应当承担主要责任。④对审判辅助人员的职责具有审核把关义务的法官，未履行该职责的也承担相应责任。⑤法官受领导干部干预导致裁判错误的，且法官不记录或者不如实记录，应当排除干预而没有排除的，承担违法审判责任。

（2）具体惩戒。与前述法官责任认定程序改革措施相配套，《惩戒意见（试行）》《若干意见》中还对法官的具体惩戒做出了概括规定。根据《惩戒意见（试行）》的规定，法官惩戒委员会经审查，认定当事法官存在故意或者因

① 《关于完善人民法院司法责任制的若干意见》第36条；《关于建立法官、检察官惩戒制度的意见（试行）》第7条。

② 《关于建立法官、检察官惩戒制度的意见（试行）》第8条。

③ 《关于建立法官、检察官惩戒制度的意见（试行）》第9条。

④ 《关于完善人民法院司法责任制的若干意见》第29～34条。

重大过失导致案件错误并造成严重后果的违反审判职责的行为，应当依照有关规定做出惩戒决定。主要包括三个方面：一是给予停职、延期晋升、免职、责令辞职、辞退等处理；二是给予纪律处分；三是法官违反审判职责的行为涉嫌犯罪的，应当将违法线索移送司法机关。[①]《若干意见》第37条对不同类型法官惩戒的执行机构和程序作了概括性规定，具体惩戒机关和程序还需要相关法律文件进一步细化。

三　完善法官责任制，促进公正审判的对策建议

法官责任制改革是一项系统工程，从促进公正审判权有效实现的角度观察，《惩戒意见（试行）》《若干意见》虽构建了新的法官责任制，但这一制度仍需要进一步完善。

（一）法官责任制改革应当以信任为基础

法官责任制的基础是对法官的信任还是对法官的怀疑，这是法官责任制改革中必须直面的问题，并影响到整个法官惩戒制度的设立。《若干意见》中划分了承办法官、其他法官、法官助理、书记员的职责范围，同时，对院长、副院长、庭长的管理监督职责进行了明确规定。《保护司法人员依法履行法定职责规定》对法官的履职保障作了规定。最高人民法院、最高人民检察院在上述规定的基础上颁发了《惩戒意见（试行）》。在中国司法改革的背景下，“由裁判者负责”首先是要求法官正确履行审判职责，其次才是法官在违反审判职责时应当承担法律责任。因此，总体而言，中国法官责任制改革的基础是对法官的信任，包括对法官能力、品性、操守等方面的信任。最高院司法办负责人也指出：“司法责任制摆在第一位的不是追究、追责，而是保护正常履职、明确免责，该追责的要依法惩戒。”[②] 综上，中国法官责任制的完善应当继续在信任法官的基础上进行，而非对法官产生怀疑。

① 《关于建立法官、检察官惩戒制度的意见（试行）》第10条。

② 参见丁国锋《最高院司改办主任胡仕浩：全面推开司法责任制要厘清四大问题》，法制网：http：//www. legaldaily. com. cn/index_ article/content/2016 -10/22/content_ 6847840. htm。

（二）法官责任制改革应以法官行为为中心

《惩戒意见（试行）》第10条规定：“法官、检察官违反审判、检察职责的行为属实，惩戒委员会认为构成故意或者因重大过失导致案件错误并造成严重后果的，人民法院、人民检察院应当依照有关规定作出惩戒决定，并给予相应处理。”中国法官责任的归责原则是主观过错与客观结果相结合。但在《保护司法人员依法履行法定职责规定》第11条、第14条中多次出现“错案责任”的表述。“错案”是一个含义并不明确的概念，既往的司法实践表明，各地对法官责任的追究“重客观轻主观、重结果轻行为”，错案责任呈现出泛化趋势。[①] 这严重抑制了法官主动履行审判职责的积极性，带来了诸多负面后果。“司法责任制在本质上是一种司法惩戒制度，通过规定法官、检察官在违法违纪时承担的不利后果，来促使其正确行使司法权。”[②] 因此，为了充分发挥法官责任制对法官依法履行审判职责行为的正向激励，中国法官责任制应当以法官的不当行为为中心[③]，在实践中防止“结果论”倾向的泛化。

（三）法官惩戒程序安排应当强化司法属性

《若干意见》第34～36条对法院启动法官惩戒及对当事法官的调查等的规定，呈现出较为浓厚的“行政化”色彩。《惩戒意见（试行）》中对于惩戒委员会运行程序的规定较为概括。其中较为重要的是第7条的规定：“惩戒委员会审议惩戒事项时，有关人民法院、人民检察院应当向惩戒委员会提供当事法官、检察官涉嫌违反审判、检察职责的事实和证据，并就其违法审判、检察行为和主观过错进行举证。当事法官、检察官有权进行陈述、举证、辩解。”上述法律文件中对于惩戒委员会如何审议，是否应当面听取当事法官的陈述、辩解，当事法官是否有权知悉法院提交的证据并提出相反意见等未做规定，法官惩戒程序的“司法性”不足。法官惩戒事关法官的职业前途、职业尊荣，还可能使当事法官承担行政责任甚至刑事责任，因此，应当强化法官惩戒程序

---

① 周长军：《司法责任制改革中的法官问责——兼评〈关于完善人民法院司法责任制的若干意见〉》，《法学家》2016年第3期。

② 陈光中、王迎龙：《司法责任制若干问题之探讨》，《中国政法大学学报》2016年第2期。

③ 参见詹建红《我国法官惩戒制度的困境与出路》，《法学评论》2016年第2期。

的司法属性①，即法官惩戒程序原则上应当以“三方参与”的方式进行，强化对当事法官的程序参与权（如有权知悉对方证据、有权参与惩戒程序）、程序控制权（主要是指能够通过举证、质证影响认定的结果）的保障。强化法官惩戒程序的司法性，有助于保障法官的合法权益，促进法官职业保障与法官惩戒的有效平衡。

（四）法官责任制改革应与其他改革举措相配合

法官责任制改革应置于整个司法改革的框架下进行，并与其他改革举措相配合，如此才能有效促进公正审判权的实现。具体言之，一方面，在当前构建以审判为中心的诉讼制度的背景下，应当进一步完善犯罪嫌疑人、被追诉人诉讼权利体系，并依法保障相关诉讼权利的行使；应当进一步完善刑事冤假错案的预防、发现和纠正机制。另一方面，诚如前述，司法责任制改革是当前司法改革的关键。在这一背景下，法官责任制改革应当与其他领域的改革举措同步推进。最高人民法院副院长李少平指出，深化司法责任制改革应当处理好四个关系：“处理好审判权运行机制与司法责任制的关系；处理好主审法官、合议庭独立办案与院庭长审判管理监督的关系；处理好司法责任制与加强依法履职保障的关系；处理好错案责任与违法审判责任的关系。② 综上，为了有效实现公正审判，在当前司法改革的背景下，法官责任制改革应当在“放权”与“控权”、“履职保障”与“法官追责”、“依法担责”与“法官豁免”等方面达到有效平衡，使法官责任制改革既能促进法官依法履行审判责任，又能够保证在其违法审判时承担相应责任。法官责任制改革只有与其他改革举措共同推进，才能有效保障公正审判权的实现。

参考文献

[1] 最高人民法院发布《关于完善人民法院司法责任制的若干意见》。

[2] 最高人民法院、最高人民检察院发布《关于建立法官、检察官惩戒制度的意见

① 参见蒋惠岭《论法官惩戒程序之司法性》，《法律适用》2003 年第 9 期。

② 李少平：《深化司法责任制改革应当处理好四个关系》，《法制日报》2016 年 2 月 24 日，第 9 版。

（试行）》。
[3] 中共中央办公厅、国务院办公厅发布《保护司法人员依法履行法定职责规定》。
[4] 陈光中、王迎龙：《司法责任制若干问题之探讨》，《中国政法大学学报》2016年第2期。
[5] 周长军：《司法责任制改革中的法官问责——兼评〈关于完善人民法院司法责任制的若干意见〉》，《法学家》2016年第3期。
[6] 丁国锋：《最高院司改办主任胡仕浩：全面推开司法责任制要厘清四大问题》，法制网：http://www.legaldaily.com.cn/index_article/content/2016-10/22/content_6847840.htm。
[7] 张文显：《司法责任制与司法民主制》，《法制日报》2016年9月7日，第10版。
[8] 蒋惠岭：《法官职业责任的范围》，法制网：http://www.legaldaily.com.cn/fxjy/content/2016-09/14/content_6804420.htm?node=70674。
[9] 詹建红：《我国法官惩戒制度的困境与出路》，《法学评论》2016年第2期。
[10] 王迎龙：《司法责任语境下法官责任制的完善》，《政法论坛》2016年第5期。

B.12
规范行政执法与人权保障

马　原*

摘　要： 规范行政执法是建设法治政府的关键环节。2016 年以来，我国各级政府在加强和改善行政执法过程标准化、行政执法流程信息化、行政执法队伍专业化等方面做了大量卓有成效的工作，使公民的合法权益得到了更充分的保护，显著提升了人民群众对行政执法人员的满意度和对行政执法机关的信任度。然而与此同时，城管、公安、食品药品监管等领域的行政执法实践中仍然存在缺陷。今后如何有针对性地在这些方面做出改进，是一个值得继续深入研究、探索的重要问题。

关键词： 行政执法　人权保障　标准化　信息化　专业化

行政执法活动涉及行政许可、行政强制和行政处罚等众多领域，规范行政执法对于保障公民财产权、人身权、知情权与参与权具有重要意义，也是建设法治政府的关键环节。党的十八大报告明确提出，“要推进依法行政，切实做到严格规范公正文明执法”；十八届四中全会通过的《中共中央关于全面推进依法治国若干重大问题的决定》也对坚持严格规范公正文明执法提出了具体要求。[①] 近些年以来，依法治国得到持续推进，文明执法建设成效

* 马原，讲师，管理学博士，南开大学人权研究中心研究人员，主要研究方向为基层治理和司法社会学。

① 《人民日报：坚持严格规范公正文明执法》，人民网：http：//opinion. people. com. cn/n/2014/1113/c1003 -26013608. html。

显著。2016 年，各级政府在加强和改善行政执法方面做了大量卓有成效的工作，进一步提升了行政执法的规范化水平，公民的合法权益得到更充分的保护。

尽管近年来，我国在规范行政执法方面已取得显著进展，然而基层行政执法中仍存在越权行政与滥用职权的现象。在 2016 年相关新闻报道中，武汉城市路桥中心稽查大队某执法人员不具有合法权限，却强行扣留行政相对人车辆并要求对方缴费；湖北省黄冈市食药监局某执法人员以抽查检查为名义强行搬拿商品[①]；北京市公安局昌平分局民警执法过程中发生的相对人非正常死亡的“雷洋案”等引起了广泛关注与讨论。在提升执法效率的同时，约束行政执法权力的行使，避免出现不当行政或滥用职权现象已经成为亟待解决的问题，也是考验各级政府，特别是基层行政执法机关的行政能力的重要议题。

一　中央政府规范行政执法的新举措

2016 年以来，我国政府通过各类规范性文件为行政执法的规范化提供了更完整的规则框架和更有力的政策支持，其中中央层面的规范性文件针对公安、城市管理与食品药品监督管理领域的行政执法活动做出规范。在公安执法领域，中共中央办公厅、国务院办公厅印发了《关于深化公安执法规范化建设的意见》[②]，提出“要构建完备的公安执法制度体系、规范的执法办案体系、系统的执法管理体系、实战的执法培训体系、有力的执法保障体系，实现执法队伍专业化、执法行为标准化、执法管理系统化、执法流程信息化，保障执法质量和执法公信力不断提高，努力让人民群众在每一项执法活动、每一起案件办理中都能感受到社会公平正义”。[③] 在城管执法领域，住建部发布《全国城

① 《基层行政执法乱象：黄冈随意搬拿商品，武汉锁车收费》，中国新闻网：http：//www. chinanews. com/sh/2016/12 -27/8105592. shtml。

② 《中共中央办公厅、国务院办公厅印发〈关于深化公安执法规范化建设的意见〉》，2016 年 9 月 27 日，新华网：http：//news. xinhuanet. com/politics/2016 -09/27/c_ 1119634702. htm。

③ 《中共中央办公厅、国务院办公厅印发〈关于深化公安执法规范化建设的意见〉》，2016 年 9 月 27 日，新华网：http：//news. xinhuanet. com/politics/2016 -09/27/c_ 1119634702. htm。

市管理执法队伍“强基础、转作风、树形象”专项行动方案》（以下简称《方案》）和《住房城乡建设部关于设立城市管理监督局的通知》，要求各地政府依法建立城市管理执法权责清单，完善执法制度，完善执法程序，提高办案效率，实现执法规范化，同时要求各地开展全员培训，进一步增强执法人员的宗旨意识和服务理念[①]，灵活运用说服教育、劝导示范、行政指导等非强制行政手段，杜绝粗暴执法行为[②]，为切实加强城管执法队伍建设，提升城市管理和服务水平，推动执法整体化、规范化、标准化、法制化建设奠定了坚实的基础。在规范食品药品监督管理方面，国家食品药品监督管理总局、公安部、最高人民法院、最高人民检察院、国务院食品安全委员会办公室在2016年联合下发《食品药品行政执法与刑事司法衔接工作办法》[③]，要求“各级食品药品监管部门、公安机关、人民检察院、人民法院之间建立健全线索通报、案件移送、信息共享、信息发布等工作机制”。[④] 这些规范性文件的出台既是全面依法治国战略布局遵循内在逻辑的操作细化，也是“问题导向”改革设计思路下对社情民意的灵敏响应。[⑤] 通过对上述文件的解读可以发现，2016年我国政府规范行政执法行为的举措集中在“提升行政执法过程标准化程度”、“推动行政执法流程信息化建设”以及“提高行政执法队伍专业化水平”三个方面。

（一）行政执法过程标准化

行政执法过程标准化是用明确的职责体系和科学的运作程序规范具体执法行为，用细化的自由裁量规则压缩执法权力的弹性空间，用严格的执法监督纠正制度落实的执行偏差，实现从一般的行政执法模式向真正意义上的法治化执

---

① 《住建部：建城管执法权责清单，完善执法制度》，2016年11月18日，中国新闻网：http：//finance. chinanews. com/gn/2016/11 －18/8067964. shtml。

② 《住建部：建城管执法权责清单，完善执法制度》，2016年11月18日，中国新闻网：http：//finance. chinanews. com/gn/2016/11 －18/8067964. shtml。

③ 《食品药品行政执法与刑事司法衔接工作办法》，2015年12月22日，国家食品药品监督管理总局网站：http：//www. sda. gov. cn/WS01/CL0053/139961. html。

④ 《食品药品行政执法与刑事司法衔接工作办法》，2015年12月22日，国家食品药品监督管理总局网站：http：//www. sda. gov. cn/WS01/CL0053/139961. html。

⑤ 《深化公安执法规范化建设》，2016年5月31日，新华网：http：//news. xinhuanet. com/local/2016 －05/31/c_ 129027936. htm。

法模式转变。[①] 行政执法行为的标准化能够给行政裁量权力打造一把精细的“尺子”，提升行政执法的质量、效率和公正程度，有助于维护和提升行政主体的公信力，也是保障人民群众合法权益的现实需要。2016 年，我国政府出台了相关文件，围绕如何提升行政执法过程标准化水平做出具体要求。例如《关于深化公安执法规范化建设的意见》要求“各地公安机关在执法活动中实行执法回告、立案公开、执法信息网上查询等措施，向特定对象公开案件相关信息；同时创新公开形式，建立网上公安局、微信公众号，实现有关法律政策、注意事项网上咨询，事项办理网上预约、申请、受理”。[②] 在城管执法领域，为提升城管执法过程的标准化程度，住建部发布的《方案》要求城市管理执法人员在执法过程中坚持“四个做到”：“一是做到依照规定穿着制式服装和佩戴标志标识；二是做到从事执法工作时主动出示执法证件；三是做到执法过程中坚持语言文明和举止规范；四是做到执法活动实行全过程记录。”[③] 同时要求各级政府部门依托数字化城市管理系统，搭建集城市管理官方网站、手机 APP、微信微博公众号、12319 热线电话等于一体的宣传平台，推进政务公开，主动接受社会和公众监督，回应社会关切。[④] 这些举措既方便服务群众，保障群众的知情权、监督权和参与权，又能强化对公安、城管等行政机关执法活动的外部监督，促进执法公正。[⑤]

（二）行政执法流程信息化

行政执法流程的信息化要求推进行政执法工作流程信息化记录，实现行政许可、行政处罚、行政强制、行政确认等行政执法活动的网上运行，做到程序

---

① 《深化依法行政，推动行政执法标准化》，2013 年 9 月 4 日，中国质量新闻网：http：//www. cqn. com. cn/news/zgjyjy/766421. html。

② 《中共中央办公厅、国务院办公厅印发〈关于深化公安执法规范化建设的意见〉》，2016 年 9 月 27 日，新华网：http：//news. xinhuanet. com/politics/2016 -09/27/c_ 1119634702. htm。

③ 《住建部：建城管执法权责清单　完善执法制度》，2016 年 11 月 18 日，中国新闻网：http：//finance. chinanews. com/gn/2016/11 -18/8067964. shtml。

④ 《住建部：建城管执法权责清单　完善执法制度》，2016 年 11 月 18 日，中国新闻网：http：//finance. chinanews. com/gn/2016/11 -18/8067964. shtml。

⑤ 《规范民警执法，公安部发出哪些“大招”?》，2016 年 10 月 19 日，新华网：http：//www. bj. xinhuanet. com/bjyw/2016 -10/19/c_ 1119744689_ 2. htm。

规范、功能完善、操作简便、易于扩展、全程留痕、可查可控。近年来，我国高度重视行政执法工作的信息化建设并不断完善信息公开工作，推动执法规范过程信息化，建立健全执法全流程记录机制，全面推行现场执法活动视音频记录制度；优化执法信息查询服务，建立生效行政处罚、行政复议决定文书网上公开制度，打造“阳光警务”。[①] 针对城管执法领域的信息化建设工作，我国政府在2016年通过相关政策文件[②]，要求各地城市管理部门“通过文字、音像等记录方式，对执法活动进行全过程记录，客观、公正、完整地记录执法工作情况和相关证据，实现全过程留痕和可回溯管理；规范执法文书的制作和使用，确保执法文书和案卷完整准确、合法规范；合理配备并使用执法记录仪等现场执法记录设备和视频音频资料传输、存储等设备。对现场执法活动中容易引发争议和纠纷的，应当实行全过程音像记录。积极利用大数据、云计算、物联网等信息技术，结合数字化城市管理平台建设和办公自动化系统建设等，探索成本低、效果好、易保存、不能删改的音像记录方式。做好执法文书和视频音频资料的管理和存储工作，逐步实现与数字化城市管理信息系统关联共享”。[③] 此外，行政执法流程的信息化建设还要求各地方政府“注重记录工作实效，建立健全执法全过程记录保存、管理、使用等工作制度，定期组织对执法文书和视频音频资料进行抽查检查，充分发挥全过程记录信息在案卷评查、数据统计分析、执法监督等工作中的作用”。[④] 无论是从现实效果还是从长远发展来看，提高行政执法工作的信息化水平都有助于约束执法者手中的行政权力，通过过程控制的方式督促其自觉规范现场行为，从而切实保护行政相对人的合法权益与广大群众的知情权和参与权。

（三）行政执法队伍专业化

提升执法主体依法履职能力、强化法治思维养成教育与加强执法能力培训

---

① 《全面推进现场执法视音频制度》，2016年9月28日，新浪网：http：//news. sina. com. cn/c/2016－09－28/doc－ifxwermp4087674. shtml。

② 相关政策文件包括《住房城乡建设部关于设立城市管理监督局的通知》《住房城乡建设部城市管理监督局关于推行城市管理执法全过程记录工作的通知》等文件。

③ 《住建部：县级以上城管部门要对执法全过程进行记录》2016年11月14日，中国网：http：//www. china. com. cn/news/txt/2016－11/14/content_ 39701882. htm。

④ 《住建部：县级以上城管部门要对执法全过程进行记录》2016年11月14日，中国网：http：//www. china. com. cn/news/txt/2016－11/14/content_ 39701882. htm。

对于提升行政执法队伍专业化水平，从而提升执法公信力和群众满意度具有重要意义。在公安行政执法领域，2016 年以来，公安部组织各级公安机关持续开展集中培训、实战演练、案例点评等多种形式的执法培训活动[①]，通过公安民警执法资格等级考试制度提升基层民警的行政执法水平。执法资格考试分为基本级、中级和高级，民警必须通过“执法资格考试”才具有办案资格；而担任县级、地市级公安机关内设执法勤务类机构、公安派出所主要负责人的民警，必须取得中级以上执法资格；取得高级执法资格的，列入公安部和省级公安机关人才库，作为高端法律人才。[②] 执法资格 5 年有效、期满重考，促使民警不断学习。全国有 208.71 万名（人次）民警取得基本级执法资格，111.55 万名（人次）民警取得中级执法资格，3.51 万名（人次）民警取得高级执法资格。[③] 2016 年 7 月，公安部举办全国公安机关培训会，针对民警在现场执法中遇到问题应当如何规范处置，进行视频培训。同时要求民警执法时，面对群众围观拍摄，在拍摄不影响正常执法的情况下，自觉接受监督，习惯在“镜头”下执法。[④]

二　地方政府规范行政执法措施的新进展

行政执法规范化建设是一项基础性、系统性的工程。近年来，全国各级地方政府在地方层面针对执法场所标准化、执法言行统一规范、执法人员专业化等问题进行了积极探索（见表 1），积累了宝贵经验，取得了良好成效。

第一，行政执法规范进一步完善。从 2016 年开始，全国各地公安机关普遍建立涵盖执法岗位职责、治安行政案件裁量标准、执法执勤基本动作和语言规范、多发性案件取证标准等执法活动主要环节的制度规范，如浙江省人民

① 《规范民警执法，公安部发出哪些“大招”?》，2016 年 10 月 19 日，新华网：http://www.bj.xinhuanet.com/bjyw/2016－10/19/c_1119744689_2.htm。

② 《规范民警执法，公安部发出哪些“大招”?》，2016 年 10 月 19 日，新华网：http://www.bj.xinhuanet.com/bjyw/2016－10/19/c_1119744689_2.htm。

③ 《规范民警执法，公安部发出哪些“大招”?》，2016 年 10 月 19 日，新华网：http://www.bj.xinhuanet.com/bjyw/2016－10/19/c_1119744689_2.htm。

④ 《公安部：明确多项公安执法规范细则》，2016 年 7 月 26 日，搜狐新闻：http://news.sohu.com/20160726/n461129114.shtml。

表 1

地区	改革措施	规范性文件
海南	行政执法资格、人员、程序等	《海南省行政执法规则》
宁夏	规范行政裁量权	《宁夏回族自治区行政程序规定》
吉林	规范行政执法资格	《吉林省行政执法证件管理办法》
河南	规范行政执法程序	(郑州市)《2016 年度全面落实行政执法责任制工作实施方案》
四川	执法行为的合法性审查、执法过程记录、行政执法公示	《四川省人民政府 2016 年度法治政府建设工作安排》
广东	规范行政执法监督	《广东省行政执法监督条例》
陕西	规范市场监督管理部门的执法活动	《关于规范市场监督管理行政执法有关事项的通知》
重庆	大足区:交通综合执法改革	
	两江新区:城市管理综合执法信息平台	
湖南省	行政执法人员电子化考试	

政府办公厅发布了《关于进一步加强和创新政府监管有关工作的通知》①，江苏省公安厅组织编写了《执法标准化管理手册》，福建省公安厅编制了涵盖 6 大方面 700 余项内容的《行政执法权力运行手册》②，吉林省政府发布了《吉林省行政执法证件管理办法》③。这些制度规则约束了行政执法行为，解决了执法领域制度不健全、标准不明确等问题，为一线执法活动提供了精细化、标准化的指引，初步形成了全流程、全覆盖的执法依据和操作规范体系。使执法行为标准化、精细化水平得到有效提升。在地方实践中，2016 年，宁夏回族自治区政府各执法部门修订完善本部门、本系统裁量基准，“进一步细化、量化行政裁量标准，规范裁量范围、种类、幅度，健全本单位行政执法调查取证、告知、罚没收入管理等制度，明确听证、集体讨论决定的适用条件，推广运用说服教育、劝导示范、行政指导、行政奖励等柔性执法手段。严格执行重

① 《浙江省人民政府办公厅关于进一步加强和创新政府监管有关工作的通知》，2016 年 9 月 30 日，浙江省江山市人民政府网站：http：//www. czjs. gov. cn/xxgk/rmzf/fgwj/sjwj/201610/t20161011_ 180251. html。

② 《规范民警执法，公安部发出哪些“大招”?》，2016 年 10 月 19 日，新华网：http：//www. bj. xinhuanet. com/bjyw/2016 - 10/19/c_ 1119744689_ 2. htm。

③ 《吉林省出台吉林省行政执法证件管理办法，6 月 1 日起施行》，2016 年 5 月 3 日，新华网：http：//www. jl. xinhuanet. com/2012jlpd/2016 - 05/03/c_ 1118785917. htm。

大行政执法决定法制审核制度，规定凡是未经法制审核或审核未通过的，不得作出决定。同时充分利用网络信息技术，加强行政执法信息化建设和信息共享，逐步实现对行政执法活动的全过程记录和监督。全面推行行政执法公示制，本部门、本单位的职责范围、工作流程、执法决定以及监督途径、举报电话等，将通过官博、电视、报刊、信息发布会、网络等形式向社会公开。全面落实行政执法人员持证上岗和资格管理制度，未经执法资格考试合格，不得授予执法资格，不得从事执法活动”。①

第二，行政执法过程进一步标准化。多地行政执法机构借助信息化手段，对执法过程进行“全程记录”，即通过文字、音像等记录方式，对执法程序启动、调查取证、审查决定、送达执行、归档管理等行政执法整个过程进行跟踪记录，其中文字记录方式包括向当事人出具行政执法文书、调查取证相关文书、鉴定意见、专家论证报告、听证报告、内部程序审批表、送达回证等；音像记录方式包括照相、录音、录像等。② 2016 年以来，多地政府制定了相关规则，对行政执法人员在执法过程中的着装、证件等做出较为详尽的规定。例如吉林省政府发布的《吉林省行政执法证件管理办法》规定，行政执法证件上应当体现持证人姓名、照片、工作单位，证件编号、印章，行政执法的类别、区域，证件有效期限、年检标识和使用须知，持证人基本信息二维码等内容，同时要求行政执法人员在从事行政执法活动时主动出示行政执法证件，表明身份。③ 南京市政府要求各区市场监管部门在执法活动中统一使用工商行政执法制服，结束了南京区级工商、质监、食药监实行三局合一以后，执法人员没有统一着装的局面。④

第三，行政执法队伍业务水平有所提升。例如 2016 年，北京市公安局针对当前一线执法执勤中易出现问题的重点环节和领域，集中开展全警执法规范化培

① 《宁夏进一步规范行政执法行为》，2016 年 2 月 26 日，新华网：http：//www. nx. xinhuanet. com/2016 -02/26/c_ 1118163303. htm。

② 施国平、陈爽：《执法全过程记录制度研究》，2016 年 3 月 25 日，中国工商行政管理法制网：http：//www. saic. gov. cn/fgs/llyj/201603/t20160325_ 167548. html。

③ 《吉林省出台吉林省行政执法证件管理办法，6 月 1 日起施行》，2016 年 5 月 3 日，新华网：http：//www. jl. xinhuanet. com/2012jlpd/2016 -05/03/c_ 1118785917. htm。

④ 《南京市场监管统一制服和标识》，2016 年 2 月 23 日，新华网：http：//www. js. xinhuanet. com/2016 -02/23/c_ 1118127338. htm。

训，坚持实战化专训，以“领导干部、执法骨干、一线民警”为主要对象，坚持“讲、练、评”相结合，采取三级培训同步推进的方式，开展执法规范与执法安全专项培训，覆盖全局基层所队长、警探长、民警等一线岗位3.7万余人。[①] 涌现出房山分局“面对面交流、手把手传授”、消防局“教学式”实战执法培训等一批各具特色的培训模式，特别是海淀分局设立了由分局专业教官团队长期驻扎的“警察训练营”，采取“卡片式教材”“教官随岗教学”等模式开展培训轮训，累计完成包括33个科目、71项规范动作在内的实战培训内容，受训民警9000余人次，取得了良好效果。[②] 在吉林省辽源市，417名行政执法人员在2016年首次通过“网上考试”系统进行了考试，考试内容包括法的一般理论、宪法、法治政府建设、政务公开等法律法规的基本理论和基础知识，还包括具体行政行为涉及的行政处罚、许可、强制、收费、诉讼和赔偿等方面的试题，对规范行政执法行为、提升执法人员水平起到了积极作用。[③] 在城管执法领域，为规范执法行为，实现文明执法、公正执法，甘肃省兰州市城管委对该市城管执法队伍进行了集中轮训，培训内容包括城管执法历程、城管执法体制改革、执法队伍建设、严格规范公正文明执法等方面，以促进城管队伍在今后严格执法、公正执法、文明执法，树立城管执法队伍良好形象，保障人民群众的合法权益。[④]

第四，行政执法工作信息化建设不断完善。近年来，多地政府相继在现场执法过程中推广视音频记录制度，为一线执法民警普遍配备执法记录仪，明确执法记录仪的使用范围、保管方式等，借助客观的视音频资料固定、还原事件经过，规范现场执法行为。[⑤] 自2014年8月起，内蒙古通辽市公安系统从健全一线执法管理入手，有效推进执法记录仪使用管理工作，不断增强民警正确使用

---

① 《首都公安管理和执法规范化建设纵深发展成效显著》，2017年1月1日，搜狐新闻：http://news.sohu.com/20170101/n477534187.shtml。

② 《首都公安管理和执法规范化建设纵深发展成效显著》，2017年1月1日，搜狐新闻：http://news.sohu.com/20170101/n477534187.shtml。

③ 《行政执法人员资格管理制度化规范化　辽源“网上考试”提升执法水平》，2016年3月24日，新华网：http://www.jl.xinhuanet.com/2012jlpd/2016-03/24/c_1118422763.htm。

④ 《兰州市规范城管执法行为，粗暴执法将被严肃处理》，2016年7月5日，新华网：http://www.gs.xinhuanet.com/news/2016-07/05/c_1119162882.htm。

⑤ 《规范民警执法，公安部发出哪些“大招”?》，2016年10月19日，新华网：http://www.bj.xinhuanet.com/bjyw/2016-10/19/c_1119744689_2.htm。

执法记录仪的意识，提高执法的公信度和震慑力。据报道，通辽市公安机关“投资500万元，分批次逐步为路勤岗、事故处理岗、考试岗、检查岗及服务窗口、违法处理、治安管控等直接面对群众的505位人员配齐了执法记录仪，配备率达到了100%”。推广使用执法记录仪以来，各类群众投诉明显减少，民警执法行为也得到有效规范。目前，通辽市一线执法民警佩戴使用执法记录仪已成为自觉自愿的规范行为，民警认为执法记录仪是他们执法中不可缺少的“第三只眼睛”。[①] 在工商行政执法领域，四川省工商局要求行政执法人员在执法过程中使用执法记录仪应当事先告知当事人，音像记录必须在24小时内将信息储存至执法信息系统或本单位专用存储器。执法人员在执法办案时如遇当事人逃避、拒绝、阻碍工商行政执法人员依法执行公务等其他重大、敏感情况有备份保存必要的，应当长期保存执法记录仪的声像资料。工商执法全程记录将更加严谨地推进法治工商的建设，对保护当事人的合法权益也起到了积极作用。[②]

第五，执法方式更加灵活。例如上海市工商局在2016年印发《上海市工商行政管理局综合监管随机抽查试行办法》，改变了以往工商行政管理部门一贯实施的市场巡查制度，正式推出“双随机”抽查制度，即检查对象的随机抽取与执法检查人员的随机选派，改市场巡查为随机抽查和重点检查，并将《企业公示信息抽查暂行办法》中关于随机抽查的制度要求予以进一步深化完善，再全面复制推广到市场主体行为监管之中，实行“两个随机、一表共用”“抽取、检查两分离”的综合执法随机抽查监管制度。上海市工商局表示，原本强调“横向到底，纵向到边”的全覆盖监管制度，既缺乏监管精准度和针对性，实际监管效能低下，又给基层监管执法工作人员造成了“无限责任”，而“双随机”抽查是加强事中事后监管的一项重要举措，完善以随机抽查为重点的日常监督检查制度，可以营造统一透明、有序规范的市场环境，可以让执法监管在阳光下运行。[③]

---

① 《“让群众明白，让民警清白”——“第三只眼”助力通辽交警规范执法》，2016年7月9日，新华网：http：//www. nmg. xinhuanet. com/xwzx/2016－07/19/c_ 1119235991. htm。

② 《四川工商执法引入记录仪，执法过程可回溯》，2016年1月8日，新华网：http：//www. sc. xinhuanet. com/content/2016－01/08/c_ 1117713725. htm。

③ 《上海正式推出“双随机”抽查制度　让市场执法监管在阳光下运行》，2016年1月17日，新华网：http：//news. xinhuanet. com/politics/2016－01/17/c_ 128637104. htm。

三 我国行政执法领域存在的问题与面临的挑战

近些年来，我国各级政府在加强和改善行政执法过程标准化、行政执法流程信息化、行政执法队伍专业化等方面做了大量卓有成效的工作，不仅显著提升了行政执法工作效率，也切实保障了相对人的合法权益。然而与此同时，我国目前在行政执法的体制机制、监督保障等方面还存在若干薄弱点，基层行政执法一线由于执法不规范的个案多次引发舆论热议。在这一背景之下，理论与实务界不断反思行政执法的改革方向与实践方式，推动行政执法行为的规范化和法治化。

（一）我国行政执法领域存在的问题

首先，部分行政执法人员综合能力尚待提高。近年来，尽管行政执法人员的文化水平和综合素质不断提升，但总体而言，其职业素养和专业能力仍有较大提升空间，尤其亟须提高证据意识、取证技巧、程序观念和法定文书应用等规范行政执法的必备能力。在实际工作中，一些执法部门及执法人员不能及时分析执法工作中出现的新情况，创新行政执法方式意识不强；同时，一些执法人员处理问题机械简单，执法过程中可能因执法人员的不文明举止或暴力执法而引发执法人员与相对人矛盾冲突，甚至造成不良社会影响。此外，执法机关宣传和发动社会治理的能力有所欠缺，尚未同新闻媒体和公众建立良好的沟通机制。

其次，目前基层行政执法方式和执法机制相对简单。基层行政执法活动仍然以“强制性”手段为主要方式，习惯集中整治、专项整顿的“运动式”执法方式，同时，行政执法与其他服务管理工作未能相互借力，缺少对限制与保障、制裁与疏导的统筹，执法与管理实际相脱节，未能实现法律效果与社会效果的统一。执法信息共享缺乏制度保障，信息资源的开发、整合能力较弱，存在政务信息资源条块分割的现象，不利于行政执法效率的提升。

最后，行政执法程序有待规范。在执法实践中，缺乏规范的执法程序可能导致部分行政执法活动难以展开。在一些情况下，缺乏规范的行政执法程序会导致行政执法相对人拒绝配合、调查取证困难；同时，行政执法权力缺乏规范

和约束，随意性较大，容易导致执法标准不统一、同案不同罚，甚至滋生腐败或产生滥用职权现象。因此如何通过制度和规则规范执法程序，约束行政裁量权，也是当前行政执法领域亟须解决的问题。

（二）规范行政执法行为面临的挑战

规范行政执法行为是一项系统工程，其复杂性主要体现在：一方面，行政执法的目标在于提供社会服务与规范市场行为，保障和促进人民群众合法权益的实现；另一方面，行政执法主体的不当行政在实践中却可能侵犯到人民群众的财产权或人身权。因此，如何在提升执法效能、改善行政能力的同时约束行政执法权力的不当行使是当前我国规范行政执法行为所面临的重要挑战。

首先，规范行政执法行为需要在尊重行政裁量权的同时强化规则约束。行政裁量权是行政主体在法定权限内，根据经验或具体情节自主处理行政事务的权力。在行政执法特别是在复杂的基层行政执法过程中，合适的行政裁量幅度能够使执法行为兼顾“合法性”与“合理性”，但同时也应当通过健全行政裁量基准、强化行政执法过程控制等方式，对行政裁量权的行使进行规范。

其次，规范行政执法行为要求执法者积极行政的同时避免滥用职权。在基层行政执法过程中，公安、城管、工商及食品药品监管部门通过行政执法维护社会治安、提供社会服务和进行市场规制，保障民众的人身安全与财产安全。因此，相关部门既要积极履行职责，杜绝“不作为”现象的发生，又要在法定权限内依法行使职权，避免越权行政和滥用职权。

最后，规范行政执法行为需要在不同的权利价值中做出正确的判断。加强食品安全监管旨在保障公众的健康权，但食品安全执法过程也有可能对相关企业的经营自主权与财产权构成侵害，同样，公安执法旨在维护公众安全，但不当执法行为也可能对合法公民的人身自由甚至生命构成威胁。行政执法需在不同的价值目标与权利谱系中做出判断，只有加强执法行为的规范化与法治化，杜绝行政执法的恣意与专断，才能使行政执法在实现人权价值的同时，不至于对公民的合法权利构成损害。

四 规范行政执法工作的主要对策

近年来，我国在行政执法规范化建设方面取得了显著成效，然而在实践中仍然存在特定薄弱环节，这一现状要求我们逐步完善行政执法体制、明确行政执法标准、规范行政执法程序、创新行政执法方式、提高行政执法人员素质、加强行政执法经费的财政保障，使违法行为得到及时的查处和制裁、经济社会秩序得到有效的维护、人民群众的合法权益得到切实保障。

（一）改革和完善行政执法体制

规范行政执法活动应进一步改革和完善行政执法体制，构建横向有分工、纵向有层级，权责明确、分工合理、边界清晰、衔接有序、传导有效、保障有力的行政执法体系。

首先，政府和有关部门应当清理、确认并向社会公开行政执法主体与执法权力，建立健全权力清单、责任清单和负面清单制度，使政府部门的行政执法行为接受社会舆论的广泛监督，保障公众对行政执法主体、执法权限与执法过程的知情权。

其次，行政执法机构之间应当科学划分执法权限，合理分配执法力量，建立健全行政执法主体资格制度，健全行政执法协作和联动机制，健全案件移送机制、跨领域联动机制以及建立执法信息反馈和追踪考核机制，提升行政执法实效。与此同时，还需要加强上级政府与社会公众对行政执法权力运行情况的监督，在行政执法相对人的合法权益可能受到侵害时，为行政执法相对人提供更为高效、畅通的申诉与权利救济渠道。

（二）健全行政执法人员管理制度

规范行政执法工作的重要内容是健全行政执法人员管理制度，提升执法人员的法治观念与业务水平，应当建立科学的队伍管理制度、完善的培训体系和有效的激励机制。首先，建立常态化的培训机制，使执法人员全面掌握与执法相关的主要法律规定。提升执法人员执法专业技能和职业素养。其次，应进一步推行行政执法人员持证上岗制度，建立统一考试和资格管理体系，把好基层行政执法人员准入关，促进基层行政机关执法水平的整体提升。与此同时，基层政府还应开展规范有序的行政执法活动，搭建行政执法文化传播平台，向社会展示严格规范公正文明的执法形象，提高执法工作的权威性与公信力，让文明高效、保障人权的执法观念深入人心。

（三）完善行政执法程序和机制

规范行政执法工作要求我们完善行政执法程序，对行政检查、行政处罚、行政强制、行政征收等行为，制定具体执法细则、裁量标准和操作流程，切实做到步骤清楚、要求具体、期限明确、程序公正。在更大范围推广行政执法全过程记录制度，应用行政执法信息服务平台，发挥平台信息综合和监控作用。同时，积极探索城市管理综合执法信息化运作机制，完善监督指挥、市民热线、动态巡查和 GPS 定位系统等数字化管理体系，逐步形成全面覆盖、部门协作、上下联动的城市管理执法新体系。通过万米单元网格管理法、城市部件管理法、视频和 GPS 监控管理等先进管理手段，实现城市管理的无缝隙、网格化和精细化。细化城市管理网格、理顺网格化工作机制、充实管理一线力量，形成网格内集管理、执法、监督为一体，以常态化、精细化、规范化为特征的动态管控格局。通过完善执法程序与监督机制，保障行政执法活动不会偏离人权保障、文明执法的轨道。

（四）全面落实行政执法责任制

规范行政执法活动要求全面落实行政执法责任制，严格确定不同部门及机构、岗位执法人员执法责任和责任追究机制。各行政执法部门应切实做好本单位执法责任制的编制工作，根据执法机构和执法岗位的配置情况，将本部门的全部行政职权事项，分解到具体执法机构和执法岗位，做到执法流程清楚、要求具体、期限明确。完善行政执法评议考核机制，构建科学合理的考核指标体系，综合考察执法部门和执法人员履职的基本情况。利用信息化手段开展执法案卷评查、质量考核、满意度测评等工作，将考核测评结果作为执法人员奖励惩处、晋职晋级的重要依据。对执法工作中出现的违法或不当行为严格问责，造成恶劣影响的，依法依纪追究相关领导和工作人员的责任。加强行政执法案卷评查，规范行政执法文书应用，推行案卷评查指导制度。推行行政执法公示制度。完善投诉举报案件督办和监督考核制度，强化对不作为、乱作为、选择性执法行为的追究问责。

（五）转变工作方式和执法观念

规范行政执法活动需要进一步增强执法人员的服务意识和法治理念，在工作方式上变被动管理为主动服务，变末端执法为源头治理。同时，加强面向社会公众的执法问题民意调查工作，了解关于行政执法状况的社会评价意见，解决人民群众关心的行政执法问题，积极推进城市管理在工作方式上从重管理向重服务转变，工作方法上从重管制、控制向协调、协商转变，工作机制上从重事后处置向更加重视源头治理转变。坚持以人为本、疏堵结合，更加关注弱势群体利益，提高行政执法队伍的为民服务水平与人权保障意识，强化城市管理共建、共管、共享理念，促进城市管理与社会公众的互动、互融、互惠，提高市民的参与度，形成国家与社会共治的良好局面。

综上所述，近年来，特别是 2016 年，我国从中央到地方各级政府针对规范行政执法权力，保障群众合法权益问题进行了大量有益的改革和实践，显著提升了人民群众对行政执法人员的满意度和对行政执法机关的信任度，但与此同时，行政执法在城管、公安、食品药品监管等领域的实践仍然存在若干缺陷，各地的执法改革与中央的政策要求之间还有一定的距离，这些困境难题与人权保障的发展还不相匹配。在未来的发展中，如何使行政执法改革满足法治政府建设的内在需求，还需要我们继续深入研究、探索和尝试。

B.13
互联网的依法治理与人权保障

刘　明*

摘　要：截至2016年6月，中国网民规模达7.10亿人。网络的普及在给公民生活带来便利的同时，对公民权利的侵害也在不断增强。2016年，我国继续加强网络治理方面的立法和管理，发布《中华人民共和国网络安全法》，依法治理网络，保障公民的财产权、知识产权、隐私权等各项人权。

关键词：互联网　财产权　隐私权　法制化

互联网在促进某些公民权利实现的同时，也为不法分子侵犯公民的权利提供了平台。保障公民权利需要国家在网络空间中行使主权，对网络空间进行依法治理。2016年，我国一方面加强互联网人权保障方面的法制化建设；另一方面对互联网中存在的侵权行为进行依法治理，从多个方面保障公民互联网中的权利。

一　网络治理对保障人权的必要性

随着互联网的普及，公民的活动空间越来越多地扩展到网络空间中，网络上的各种侵权行为也不断发生，互联网已经成为侵犯人权的"重灾区"。互联网作为一个虚拟空间，并非"法外之地"，而是需要国家的介入，通过国家的依法治理更好地保障公民的权利。无论是从逻辑上看还是从现实角度看，网络

* 刘明，南开大学人权研究中心研究员。

治理对于保障人权而言都是必要的。

从理论逻辑上看，网络治理对保障人权是必要的，表现在以下几个方面。

首先，网络自由并不意味着无序，同现实空间一样，网络空间中公民的言行并不是绝对自由的，而是受到限制的。公民在网络空间中的言行不应侵犯他人的权利，不应危害国家安全等公共利益。正如习近平总书记在第二届世界互联网大会开幕式上的讲话所指出的："网络空间同现实社会一样，既要提倡自由，也要保持秩序。自由是秩序的目的，秩序是自由的保障。我们既要尊重网民交流思想、表达意愿的权利，也要依法构建良好网络秩序，这有利于保障广大网民合法权益。网络空间不是'法外之地'。网络空间是虚拟的，但运用网络空间的主体是现实的，大家都应该遵守法律，明确各方权利义务。"

其次，通过网络的依法治理实现自由与秩序的平衡，不仅不会侵犯公民的权利，而且有利于更好地保障人权。无序混乱的现实社会会给公民的正常生活带来灾难，同样，无序的网络空间会给公民的权利造成侵害。在网络空间中，由于缺乏必要的约束，民众的言行容易极端化、情绪化，并极易被误导，这会导致网络空间的严重失序。严重的失序必然导致对他人自由和权利的侵犯，如网络空间中毫无限制的言论自由可能会导致对他人的毁谤和伤害。因此，对公民网络中的言行进行依法治理，不仅没有侵犯公民权利，反而有利于保证必要的网络秩序，其最终的目的是保障公民的自由和权利。

最后，网络治理并非随性治理，而是依法治理。法律本身不仅仅是对自由的限制，同时也是对自由的确认和保障。通过确立网络方面的法律法规，公民能够更好地明确自身的权利和义务，使自己能够更好地明确网络空间的言行所受到的合法限制；并且，当自己的合法权利受到侵犯时，能够更好地拿起法律武器捍卫自己的权利。法律意味着良性秩序，而良性秩序是公民自由的前提。综上所述，网络空间需要在自由与秩序之间寻求平衡，而实现平衡的最佳手段就是依法治理。

从现实角度看，网络治理对保障人权而言尤为必要。网络作为一个虚拟空间，网络主体的行为具有匿名性、隐蔽性等特征，这为网络犯罪和侵权行为提供了便利。网络空间中的恐怖、淫秽、贩毒、洗钱、赌博、欺诈、非法交易等犯罪活动，都严重侵犯了公民的权利，公民的财产权、隐私权等受到前所未有的挑战。

二　加强网络依法治理，保障公民各项权利

鉴于互联网对公民权利带来的挑战，2016 年，我国政府加大力度，依法打击网络犯罪，加强网络依法治理，保障公民的财产权、知识产权和隐私权等，并依法开展了“护苗 2016”专项行动，以保护未成年人的权利。

（一）打击网络诈骗，保障公民财产权

为了保护公民的网络财产安全，公安机关加大了对网络诈骗的打击和侦察力度。2016 年 1 ~9 月，全国公安机关共破获电信网络诈骗案件 7.7 万起，查处违法犯罪人员 4.3 万名，同比上升 2.3 倍，收缴赃款、赃物价值人民币 23.4 亿元，为群众避免损失 47.5 亿元。[①] 据统计，2016 年 1 ~11 月，全国检察机关共批捕电信诈骗犯罪嫌疑人 1.5 万余人。[②]

（二）开展“剑网2016”行动，保护知识产权

为了保护知识产权，2016 年 7 ~11 月，国家版权局、公安部等部门联合开展了打击网络侵权盗版“剑网 2016”专项行动。各地共查处行政案件 514 件，行政罚款 467 万元；移送司法机关刑事处理案件 33 件，涉案金额 2 亿元；关闭网站 290 家。

专项行动集中查办了一批网络侵权盗版案件，进一步加大了行政处罚与刑事打击的力度，对网络侵权盗版行为起到了震慑作用。如，天津“吉吉影院”案，涉嫌传播盗版影视作品 7 万部次，通过广告联盟盈利近 100 万元；江苏“BT 天堂”盗版视频案，提供 1 万多部影视剧的 BT 种子，日均点击量约 300 万次，通过广告联盟投放广告获利 90 多万元，抓获站长袁某飞；江苏“迅播影院”案，非法传播侵权作品 2 万余部，通过广告联盟非法获利 100 余万元；重庆“8.06”盗版游戏案，涉案金额 3000 多万元，抓获犯罪嫌疑

① 《1 至 9 月全国破获电信网络诈骗案件 7.7 万起》，新华网，2016 年 10 月 17 日，http：//news.xinhuanet.com/legal/2016 -10/17/c_ 1119735335.htm。

② 《前 11 月检察机关批捕电信诈骗嫌犯 1.5 万余人》，中国网信网，2016 年 12 月 20 日，http：//www.cac.gov.cn/2016 -12/20/c_ 1120155038.htm。

人 8 名；上海刘某某盗版动漫作品案，涉案金额 1800 万元，抓获犯罪嫌疑人 4 名。①

（三）依法打击信息犯罪，保障公民隐私权

为了切实保障公民的合法权益，维护社会的稳定，公安部门对侵犯公民个人信息等的新型犯罪依法予以打击，确保公民个人信息安全。公安机关与相关部门对涉嫌销售、传播公民个人信息的网店等开展清理整治工作，2016 年，公安机关网络安全部门共侦破相关案件 1800 余起，抓获犯罪嫌疑人 4200 余人，查获违法传播和销售的公民个人信息 300 余亿条。② 公安部门在 2016 年 12 月公布了 2016 年网络信息犯罪的十大典型案例（见表 1）。③

表 1　2016 年查处的网络信息犯罪的十大典型案例

十大典型案件	查处时间	打击犯罪和保障公民隐私权的成果
江苏淮安“K8 社工库”侵犯公民个人信息案	2016 年 3 月	抓获犯罪嫌疑人 8 名，查获公民个人信息 20 亿条
湖南怀化侵犯公民个人信息案	2016 年 5 月	查获犯罪嫌疑人 5 名，非法获利 10 余万元
湖北宜昌余某某侵犯公民个人信息案	2016 年 5 月	抓获犯罪嫌疑人 10 名，查获各类公民个人信息 1100 余万条，非法获利 280 余万元
北京顾某等人非法获取计算机信息系统数据案	2016 年 6 月	查获非法获取公民个人账号约 10 万组，非法获利 10 万余元
四川广元侵犯公民个人信息案	2016 年 6 月	抓获犯罪嫌疑人 35 名，查获学生信息及家长信息 1200 万条，打掉非法买卖学生信息的犯罪链 6 个
山东淄博侵犯公民个人信息案	2016 年 6 月	抓获犯罪嫌疑人 6 名，查处侵犯公民个人信息的犯罪源头 2 个，查获非法买卖的公民个人信息近亿条
江苏徐州非法获取计算机信息系统数据案	2016 年 6 月	抓获犯罪嫌疑人 8 名，查扣各类快递信息 500 余万条，犯罪嫌疑人非法获利 30 余万元

① 《“剑网 2016” 专项行动查处行政案件 515 起，关闭网站 290 家》，中国网信网，2016 年 12 月 23 日，http：//www. cac. gov. cn/2016 - 12/23/c_ 1120170317. htm。

② 《公安部：严打侵犯公民信息犯罪》，中国网信网，2016 年 12 月 18 日，http：//www. cac. gov. cn/2016 - 12/18/c_ 1120138724. htm。

③ 《公安部发布侵犯公民个人信息犯罪十大典型案例》，新华网，2016 年 12 月 17 日，http：//news. xinhuanet. com/2016 - 12/17/c_ 1120136689. htm。

续表

十大典型案件	查处时间	打击犯罪和保障公民隐私权的成果
山东威海董某某侵犯公民个人信息案	2016 年 6 月	抓获犯罪嫌疑人 5 名。2 名银行工作人员出售公民个人银行账户余额、流水等信息,非法牟利 40 余万元
内蒙古赤峰李某某侵犯公民个人信息案	2016 年 6 月	查获非法获取公民个人信息 7 万余条,非法获利 3 万余元
福建泉州"浮云网"侵犯公民个人信息案	2016 年 8 月	逮捕犯罪嫌疑人 51 人,查处买卖公民个人信息的网站"浮云网",查获非法买卖的公民个人信息 2200 万余条

资料来源：本表由笔者根据公安部公布的 2016 年“侵犯公民个人信息犯罪十大典型案例”整理而成。

（四）开展扫黄打非的“护苗行动”，保护未成年人权利

“护苗 2016”专项行动是“扫黄打非”部门保护少年儿童的重要举措。自 2016 年 2 月部署工作以来，各地各部门坚持打防并举，重点整治校园周边出版物市场和网上“涉黄”等问题，一面严厉打击制售、传播非法有害少儿出版物及信息的活动，一面加强教育引导、组织开展“绿书签”等系列宣传活动，取得了重大实效。其中浙江、北京、江苏、湖北、山东等地加大案件查办力度，既查处了多起制售非法有害少儿出版物类案或侵犯著作权案，又针对未成年人组织或参与微信、QQ 群组及利用云盘等传播淫秽色情信息较为突出的情况，查处了几起以未成年人为主要对象的网络传播淫秽色情信息案件，打掉非法社交群组并落地查人，起到了较好地警示和震慑作用。

自 2016 年 2 月全国“扫黄打非”办公室部署开展“护苗 2016”专项行动以来，截止到 2016 年 11 月初，在公安部、教育部、国家网信办等部门的支持下，各地“扫黄打非”部门认真部署并精心组织，强化市场检查、案件查办等具体工作，突出净化网上文化环境和整治校园周边出版物市场两方面重点，积极落实“护苗”任务。最新统计数据显示，全国共收缴非法少儿类出版物 116.22 万件，清理淫秽色情有害信息 81.34 万条，取缔关闭淫秽色情类网站

2172 个；共查办涉少儿类非法出版和网络案件 400 余起，其中刑事案件 80 余起，被全国“扫黄打非”办公室挂牌督办的大要案件 6 起。[①]

与“护苗 2016”专项行动相结合，从 2016 年 4 月开始，全国“扫黄打非”办公室在全国范围内组织开展了“净网 2016”专项行动，各地各部门先后对云盘、网络直播平台等重点领域进行了全面整治，严厉打击传播淫秽色情信息等行为。截至 2016 年 11 月底，各地共清理淫秽色情等网络有害信息 327 万余条，查处、关闭违法违规网站 2500 余家；共查办网络“扫黄打非”案件 862 起，全国“扫黄打非”办公室挂牌督办重点案件 66 起，有力打击了违法犯罪行为，切实净化了网络文化环境。在专项行动中，公安部、国家网信办等部门积极履职，相互密切配合。公安部大力推动大案要案侦办，与全国“扫黄打非”办公室联合挂牌督办网络传播淫秽色情信息案件 51 起。屏蔽过滤违法信息 900 余万条，发现处置违法信息 57. 8 万余条。工信部强化社会监督，12321 举报中心受理用户举报淫秽网站 7 万余件次，核实近 2 万件次，对涉及淫秽色情的 73 款 APP 进行了下架处理。文化部查处了“火猫 TV”等 26 个网络表演平台。国家网信办坚决遏制网络有害信息传播，共关闭违法违规账号 31 万余个、色情类 QQ 群 40 万余个，约谈网站 121 家，封堵境外淫秽色情网站 462 个，并发布《互联网直播服务管理规定》。国家新闻出版广电总局印发《关于加强网络视听节目直播服务管理有关问题的通知》，要求网络视听节目直播机构依法开展服务。对全网进行了 30 轮拉网式排查，查处淫秽色情节目 6200 余个，删除封堵节目链接 1. 5 万余条，涉及网站 5700 余家。[②]

三　加强法律法规建设，推动网络治理法制化

为了确保网络治理有法可依，从法律层面保障公民权利的实现，我国进一步加强法律法规建设，推动网络治理法制化。2016 年 11 月 7 日，十二届全国

① 《“扫黄打非·护苗 2016”专项行动开展扎实有力取得明显成效》，人民网，2016 年 11 月 3 日，http：//culture. people. com. cn/n1/2016/1103/c87423 – 28831947. html。

② 《“净网 2016”专项行动取得显著成效，坚决扫除网络色情淫秽垃圾》，中国网信网，2016 年 12 月 15 日，http：//www. cac. gov. cn/2016 – 12/15/c_ 1120126780. htm。

人大常委会第二十四次会议通过了《中华人民共和国网络安全法》（以下简称《网络安全法》），这是我国网络领域的基础性法律，明确要求加强对个人信息的保护，严厉打击网络诈骗。针对个人信息泄露问题，《网络安全法》规定：网络运营商不得泄露、篡改、毁损其收集的个人信息；任何个人和组织不得窃取或者以其他非法方式获取个人信息，不得非法出售或者非法向他人提供个人信息。该法明确了违反上述规定的行为应承担的法律责任。

在《网络安全法》出台之前，我国并未制定统一的个人信息保护法。个人信息保护方面最主要的法律是2009 年通过的《中华人民共和国刑法修正案（七）》，2012 年通过的全国人大常委会《关于加强网络信息保护的决定》，2013 年通过的全国人大常委会《关于修改〈中华人民共和国消费者权益保护法〉的决定》以及 2015 年通过的《中华人民共和国刑法修正案（九）》。

《网络安全法》不仅继承了上述法律关于个人信息保护的主要条款内容，而且根据新的时代特点、发展诉求和权益理念，创造性地增加了部分规定。例如，《网络安全法》确立了“最少够用原则”：网络运营者不得收集与其提供的服务无关的个人信息；明确了“未经被收集者同意，不得向他人提供个人信息。但是，经过处理无法识别特定个人且不能复原的除外”；确立了个人享有的数据权利，即个人有权要求网络运营者删除其非法获得的个人信息。《网络安全法》的正式出台，对于加强个人信息保护，完善我国个人信息保护方面的法律体系具有重要意义，具体表现在下面几个方面。①

（1）《网络安全法》明确了相关网络安全监管部门的权责关系和权责范围。《网络安全法》第八条规定，国家网信部门负责协调网络安全工作和相关监督工作。国务院电信主管部门、公安部门等依照本法和有关法律的规定，负责网络安全保护和监督管理工作。《网络安全法》的这项规定对于确立权责明晰、运转高效的网络安全管理体制具有重要的引导作用。依据该规定，中央网信办负责在国家层面上协调网络安全工作，公安部、工信部等负责具体实施。不同部门分工明确，权责清晰，有助于推动个人信息安全的保障工作。

---

① 《〈网络安全法〉筑牢个人信息保护的法律防线》，中国网信网，2016 年 11 月 10 日，http：//www. cac. gov. cn/2016 -11/10/c_ 1119889943. htm。

（2）《网络安全法》确立了相关主体的法律责任。《网络安全法》规定，网络运营商应当建立健全用户信息保护制度，收集、使用个人信息必须符合合法、知情同意等原则。对于网络产品和网络服务的提供者，要求其在收集个人信息时应取得用户同意，还应遵守公民个人信息保护方面的相关规定。通过这些规定，《网络安全法》进一步规范了网络运营商、网络服务的提供者等相关信息的采集主体必须履行的法律责任，明确了个人信息的使用权的边界范围，进而有利于从源头上遏制那些非法使用个人信息的行为。

（3）《网络安全法》扩展了公民个人对隐私信息的权利享有范围和管理范围。《网络安全法》规定，公民发现网络运营者违反法律、行政法规的规定或者双方的约定收集、使用其个人信息的，有权要求网络运营者删除其个人信息；发现网络运营者收集、存储的其个人信息有错误的，有权要求网络运营者予以更正。这类规定使得公民在追究相关的违法行为时有法可依。

（4）《网络安全法》加大了对相关网络侵权行为的威慑。《网络安全法》明确规定了对侵害公民个人信息行为的处罚措施。《网络安全法》规定，网络运营者、网络产品或服务提供者以及关键信息基础设施运营者如未能依法保护公民个人信息，最高可被处以 50 万元罚款，甚至面临停业整顿、关闭网站、撤销相关业务许可或吊销营业执照的处罚，直接负责的主管人员和其他直接责任人员也会被处以最高 10 万元的罚款。

除此之外，《网络安全法》还在两个方面突出了公民的权利视角。

第一，增加了保护未成年人权益的相关规定。未成年人作为网民的重要组成部分，他们身心发展尚不健全，易于受违法网络内容的侵蚀。为了保障未成年人的权利，《网络安全法》第十三条专门设定了保护未成年人的条款。同时，《网络安全法》第四十六条规定任何个人和组织都应当对其使用网络的行为负责，不得利用网络发布涉及实施诈骗，制作或者销售违禁物品、管制物品以及其他违法犯罪活动的信息。这些规定有利于净化网络环境，保护青少年的权益免受侵犯，使青少年在绿色的网络环境中健康成长。

第二，进一步明确了用户的知情权。《网络安全法》第二十二条规定，网络服务提供者在发现存在安全漏洞或隐患时，具有“及时告知用户”的法定

义务。"网络产品、服务应当符合相关国家标准的强制性要求。网络产品、服务的提供者不得设置恶意程序；发现其网络产品、服务存在安全缺陷、漏洞等风险时，应当立即采取补救措施，按照规定及时告知用户并向有关主管部门报告。"《网络安全法》对用户知情权的相关规定，有助于提高用户的警惕，减少相关损失。

除了《网络安全法》之外，2016 年，我国还发布了公民网络权利保障方面的一些条例和规范性文件等。2016 年 9 月底，为了营造健康、文明、有序的网络环境，保护未成年人的合法网络权益，促进未成年人健康成长，国家网信办根据《国务院 2016 年立法工作计划》，起草了《未成年人网络保护条例（草案征求意见稿）》，向社会公开征求意见。此外，针对互联网直播平台中存在色情、暴力、谣言、诈骗等信息的现象所造成的恶劣影响，特别是给青少年身心健康带来的不良影响，国家网信办 2016 年 11 月 4 日发布了《互联网直播服务管理规定》。规定提出，不得利用直播从事危害国家安全、破坏社会稳定、扰乱社会秩序、侵犯他人合法权益、传播淫秽色情等法律法规禁止的活动，不得利用互联网直播服务制作、复制、发布、传播法律法规禁止的信息内容。截至 2016 年底，我国互联网治理法制化可谓完善和成熟，逐步实现了"法律、行政法规、部门规章、司法解释、规范性文件、政策性文件"的体系化建制（见表 2）。

表 2　中国互联网中权利保障的法制化建设

中国互联网中权利保障的法制化	法律	《中华人民共和国网络安全法》
		《中华人民共和国电子签名法》
		《全国人民代表大会常务委员会关于加强网络信息保护的决定》
		《全国人民代表大会常务委员会关于维护互联网安全的决定》
	行政法规	《信息网络传播权保护条例》
		《互联网信息服务管理办法》
		《计算机软件保护条例》
		《互联网上网服务营业场所管理条例》
	部门规章	《电信和互联网用户个人信息保护规定》
		《规范互联网信息服务市场秩序若干规定》
		《互联网文化管理暂行规定》
		《互联网等信息网络传播视听节目管理办法》

续表

<table>
<tr><td rowspan="9">中国
互联网中
权利保障
的法制化</td><td rowspan="4">司法解释</td><td>《最高人民法院关于审理利用信息网络侵害人身权益民事纠纷案件适用法律若干问题的规定》</td></tr>
<tr><td>《最高人民法院、最高人民检察院关于办理利用信息网络实施诽谤等刑事案件适用法律若干问题的解释》</td></tr>
<tr><td>《最高人民法院关于审理侵害信息网络传播权民事纠纷案件适用法律若干问题的规定》</td></tr>
<tr><td>《最高人民法院、最高人民检察院关于办理利用互联网、移动通讯终端、声讯台制作、复制、出版、贩卖、传播淫秽电子信息刑事案件具体应用法律若干问题的解释》</td></tr>
<tr><td rowspan="3">规范性
文件</td><td>《互联网直播服务管理规定》</td></tr>
<tr><td>《互联网信息搜索服务管理规定》</td></tr>
<tr><td>《移动互联网应用程序信息服务管理规定》</td></tr>
<tr><td rowspan="2">政策性
文件</td><td>《关于加强国家网络安全标准化工作的若干意见》</td></tr>
<tr><td>《关于变更互联网新闻信息服务单位审批备案和外国机构在中国境内提供金融信息服务业务审批实施机关的通知》</td></tr>
</table>

资料来源：本表由笔者根据中国网信网公布的内容整理而成。

四　互联网中的人权保障存在的挑战及建议

互联网是一个虚拟空间和技术空间。同现实世界相比，互联网空间中的公民各项权利以及侵权行为有不同的特点和表现形式，互联网空间中发生的权利侵犯也会随着互联网革新而不断产生出新的形式，这为互联网中的人权保障提出了挑战。更为重要的是，网络治理作为国家治理的一个新领域，有别于传统的国家治理，这对网络治理中的国家主权问题提出了挑战。

第一，为了保障公民网络空间中的权利，需要国家的介入，对网络空间进行依法治理。但是，网络空间并没有明确的边界，很多网络犯罪是跨国性的，这对国家的网络治理提出了严峻挑战。对我国的网络治理提出了两方面的要求。其一，明确网络治理的主权原则，尊重各国的网络管理模式，不搞网络霸权，不干涉他国内政。其二，与其他国家合作，共同遏制网络信息滥用和网络欺诈行为，反对网络监听和网络攻击，制定网络空间国际反恐公约，健全打击网络犯罪司法协助机制，共同维护网络空间的和平与安全。

第二，网络中的人权保障作为网络安全的一部分，是动态的而不是静态的，是随着信息技术和互联网的变化而不断变化的，这对网络空间的人权保障提出了技术难题和治理难题。针对这一问题，提出两方面的建议：一方面，要求公安机关等相关部门在网络技术上不断革新，以便更好地应对不断变化的网络侵权形式；另一方面，要求相关部门和国家公职人员树立正确的治理理念，做到与时俱进，树立动态、综合的防护理念。

第三，网络中的某些公民权利不具备可诉性，使得公民在遭受权利侵犯时，很难寻求救助。网络权利的不可诉性一般由两个原因导致：一是侵权主体不确定，网络空间的虚拟性以及网络主体的分散性，使得侵犯公民权利的责任主体很难确定；二是互联网中的某些侵权行为不具备明显而直接的伤害，诸如信息泄露的导致的隐私权和安宁权等的侵权行为，很多时候并未产生直接的严重后果，这就使得公民通过法律方式维权变得困难。针对这类挑战和问题，建议国家相关部门进一步制定针对网络空间中权利保障的具体法律，通过法律明文规定的方式进行赋权、确权和定责，将网络空间中的公民隐私权、信息权、财产权、知识产权、安宁权等具体的权利通过明文规定的方式确定下来，以便公民在寻求法律救济时做到有法可依。《网络安全法》尽管涉及公民权利保障的某些方面，但并不是一部专门针对公民网络权利的法律。

第四，网络空间中的权利边界不易确认，容易产生权利与权利之间的冲突、权利与公共利益之间的冲突。公民、企业等主体在网络中行使自身权利的过程中，可能有意无意地侵犯其他主体的权利，甚至危害国家安全、国家主权等国家利益。《网络安全法》的发布在很大程度上解决了权利与权利之间、权利与公共利益之间存在的界限不清问题。因此，要切实有效地发挥《网络安全法》的作用，建议国家相关部门加大对该法的宣传力度和学习力度，使公民个人、网络运营商、企业、政府部门等主体切实做到在懂法的基础上守法，明确个人权利的边界，在行使个人权利的同时，不侵犯他人权利和公共利益。

·特定群体的人权保障·

B.14 对口援疆与少数民族人权保障*

古丽阿扎提·吐尔逊**

摘　要：　因特殊的人文地理环境，新疆少数民族发展权利的全面实现面临一些挑战。对口支援新疆是在中央的安排下，对口支援主体建立人才、技术、管理、资金等全方位对口支援新疆的机制，帮助新疆改善基础设施建设、民生和人才建设，进而为新疆各民族发展权利的实现提供帮助的一个重要措施。目前对口援疆的进展状况良好，成绩可喜。为进一步发挥对口援疆的作用，促进新疆各民族人民经济社会权利的实现，我们建议全面发挥对口援疆主体的作用，强化他们的经济、人才、科技援疆职能，为新疆各民族人民发展权利的实现创造更多的机会和条件。

关键词：　对口援疆　少数民族　发展权

我国是统一的多民族国家。少数民族是我国多民族家庭的成员。为了保护少数民族的发展权利，《中华人民共和国民族区域自治法》第64条规定："上级国家机关应当组织、支持和鼓励经济发达地区与民族自治地方开展经济、技术协作和多层次、多方面的对口支援，帮助和促进民族自治地方经济、教育、

* 基金项目：本文系2014年度国家社科基金特别委托项目课题"习近平总书记新疆反恐战略研究"（14@ZH053）和2014年度国家社科基金一般项目课题"基于统计分析的新疆恐怖主义问题研究"（14BZZ030）的阶段性成果。

** 古丽阿扎提·吐尔逊，新疆大学法学院教授、博士生导师，中国西部边疆安全与发展协调创新中心客座研究员，四川大学法学院兼职博导。

科学技术、文化、卫生、体育事业的发展。”因地处边陲、交通封闭、自然条件较差和人才缺乏等，新疆各民族的生活水平低于全国平均水平。改革开放以来，在中央和全国各地的大力支持下，新疆经济社会取得了长足的发展和进步，新疆各民族的生活水平得到了很大的改善。但是，新疆同我国东部地区的发展差距仍然较大。为了有效推动新疆的经济社会发展、保障新疆的长治久安，中央召开了几次全国对口支援新疆工作会议和中央新疆工作座谈会，提出了对口支援新疆及其实行方案，着力推动了新疆的社会经济发展，进而为保障新疆各民族的发展权利提供了条件。

一　对口支援新疆是国家保障新疆少数民族人权的重要举措

新疆是我国面积最大、毗邻国家最多、陆地边境线最长的省份，同时也是一个具有鲜明文化特色的多民族聚居的地区。新中国成立 60 多年来，在党中央和政府的大力支持下新疆各民族人民通过努力奋斗，取得了经济和社会发展方面的巨大成就，创造了灿烂的历史。尤其是第一次中央新疆工作座谈会召开后，新疆的经济社会发展迈出了坚实的步伐，各族人民的生活水平得到了明显的改善。2016 年新疆地区生产总值实现了 9550 亿元，增长了 7.6%。其中第一产业增长了 5.5%，第二产业增长了 5.6%，第三产业增长了 9.9%，第三产业对新疆经济增长的贡献率达到了 58.9%。新疆贫困人口减少了 60 万以上。居民的物质生活水平显著提高，温饱问题已得到基本解决，并向更高层次的吃好、穿美方向发展。

虽然在党和政府的领导下新疆经济得到了快速发展，但是离中央制定的目标还有一定的距离。2015 年新疆的地区生产总值在全国 31 个省份（港澳台除外）中排第 20 位。2015 年全年人均国内生产总值为 49351 元，而新疆人均生产总值则为 41063 元，低于全国平均水平 8000 多元。2016 年全国城镇居民人均可支配收入 33616 元，农村居民人均可支配收入 12363 元。[①] 同年，新疆城

① 中华人民共和国国家统计局发布《2016 年国民经济实现“十三五”良好开局》，中华人民共和国国家统计局网站：http：//www. stats. gov. cn/tjsj/zxfb/201701/t20170120_ 1455942. html。

镇居民人均可支配收入 28463.4 元，农村居民人均可支配收入 10183.2 元[①]，与全国平均水平存在一定的差距。形成这种差距的原因是多方面的，包括新疆农业产业化不足、新型工业化进程滞后、第三产业比重小、新疆城镇化速度缓慢和区域经济发展差距大等。

为了推动新疆经济社会的发展，进而为新疆各民族提供实现发展权利的条件，2010 年 5 月，中央在北京召开全国对口支援新疆工作会议，制定了全面对口支援新疆的方案及对口援助新疆的具体步骤。这次工作会议按照中央的决策部署，确定了对口支援新疆的主体、支援内容、目标和任务，提出了支援主体建立人才、技术、管理、资金等全方位对口支援新疆的有效机制，把保障和改善民生放在支援的优先位置，着力支持新疆特色优势产业发展，帮助新疆各族群众解决就业、教育、住房等基本民生问题。2011 年、2012 年、2013 年、2015 年中央先后召开第二次、第三次、第四次和第五次对口支援新疆工作会议，逐步调整和扩大了对口支援新疆的内容，明确了对口援疆的基本工作要求和任务（见表 1）。

表 1　全国对口支援新疆工作会议及其要求

会议次数	时间	工作要求和任务
第一次	2010	改善民生,发展特色产业
第二次	2011	推进民生工程建设,改善民生,建设重大基础设施项目,经济、教育、科技、干部、人才援疆
第三次	2012	推进民生项目,建设重大基础设施项目,推进产业援疆,教育、科技、干部、人才援疆
第四次	2013	就业,双语教育,人才援疆,民生
第五次	2015	就业,双语教育,人才援疆,农村基础设施和公共服务项目的建设,民族团结,基层反恐维稳

对口支援新疆方案正式全面付诸实施后，除了中央确定的 19 个省市积极参与援疆建设外，其他主体也积极响应中央政府的号召，开展了以民生改善和

① 《2016 年新疆国民经济运行情况新闻发布会答记者问》，新疆维吾尔自治区统计局网站：http：//www. xjtj. gov. cn/zmhd/xwfb/201702/t20170214_ 524415. html。

基础设施建设为中心的全方位的对口支援。这次对口支援新疆，可以说是历年来支援地域最广、所涉人口最多、资金投入最大、援助领域最全面的一次对口支援。在短短的6年内对口支援新疆工作覆盖了全疆。此次对口支援新疆呈现出三个主要特点。

1. 支援主体趋向多元化

2011年对口支援新疆工作正式启动时，参与对口支援新疆的主体主要包括中央确定的部委、实力雄厚的中央企业、19个省市及其事业单位的工作人员。2013年在第四次全国对口支援新疆工作会议上，张高丽副总理强调在援疆工作中应切实发挥企业合作的推动作用，积极引导各种所有制企业特别是民营企业到新疆投资兴业，发挥优势互补共赢发展的作用，促进共同发展。① 2016年，参与对口援疆的主体开始日益多元化，除了中央指定的省市、中央企业和部委之外，越来越多的民营企业加入援疆的队伍，成为新疆社会经济发展和社会稳定的重要力量。援疆省市事业单位的人才也来到受援地区的事业单位，为新疆各受援地区的事业单位提供技术服务并帮其培养人才，成为推动新疆经济发展的主力军（见表2）。

表2 对口支援新疆的主体

序号	主体	参与的成员
1	19个省市	北京、广东、深圳、江苏、上海、山东、浙江、辽宁、河南、河北、山西、福建、湖南、湖北、安徽、天津、黑龙江、江西、吉林
2	53家中央企业	中国石油、宝钢集团、国电集团、华电集团、中国长江三峡工程开发总公司、鞍山钢铁集团公司、中国电子信息产业集团等国有重要骨干企业
3	国家部委	中组部、人力资源和社会保障部、农业部、民政部等中央部委
4	事业单位	支援省市、央企和部委的事业编制工作人员
5	民营企业	对口支援省市实力雄厚的民营企业

2. 支援对象以全疆为主，以落后地区为重点，突出了实现少数民族发展权利的目的

中央在确定对口支援新疆的方案时全面考虑新疆的地缘、人文和社会经济

① 《第四次全国对口支援新疆工作会议召开，俞正声、张高丽出席并讲话》，新华网：http：//news. xinhuanet. com/2013 -09/24/c_ 117491061_ 3. htm。

发展等特点，尽力使支援双方强度匹配的同时，给予经济落后地区特殊照顾。南疆三地州是经济最不发达的地区，在南疆三地州所辖24个县（市）中，19个为国家扶贫开发重点县（市）。和田地区下属的8个县中有7个县是国家级贫困县。仅在和田县就有111个贫困村，贫困人口共计2.1万户7.99万人，占全县总人口的26.5%。党和政府考虑了南疆三地州的社会经济状况，将援助工作的重点放在南疆，确定了北京、天津和安徽三个省市承担对口支援和田地区的贫困县；广东、山东、上海等省市承担对口支援喀什地区的贫困县；江苏、江西对口支援克孜勒苏柯尔克孜州。其他省市承担对口支援1～2个地区贫困县的任务。就这样，对口支援覆盖了新疆12个地州、82个县市和兵团12个师。对口支援的地区除了经济比较发达的乌鲁木齐市和克拉玛依市以外几乎遍及全区，受惠面遍及天山南北。

3. 民生、基础设施建设和人才培养是援疆工作的重点

基础设施建设是各项经济社会事业发展的基础，民生则是社会稳定和长治久安之根本。在党中央和国务院的主导下，对口支援主体投入了大量的人力、物力、财力支援新疆的基础设施、民生、农业、医疗、文化、教育和卫生建设，为新疆经济发展提供了硬条件。2016年19个对口援疆省市援疆资金合计144.3亿元，其中支援民生类项目的资金达到了101亿元，占援疆资金的70%。[①] 江苏安排援疆资金50.4亿元，其中，农牧民安居工程、乡村教育卫生设施改善、乡村道路改造、农村饮用水工程、广电全覆盖等基层民生急需改善项目资金占总援疆资金的81%。[②] 上海支援巴楚的援疆资金共11.46亿元，其中70%以上用于民生。[③] 湖北对口支援博尔塔拉蒙古自治州的80%以上的援助资金投入安居富民、定居兴牧等民生工程。2016年深圳支援喀什和塔什库尔干县的资金为47.7亿元，其中九成资金用于民生。[④] 广东将民生援疆作为重

---

① 张晓龙：《援疆资金7成注入民生项目，解决百姓急难问题》，新华网：http://news.xinhuanet.com/local/2016-10/09/c_1119682224.htm。

② 吉强：《江苏三年援助伊犁资金达50.4亿元，八成用于民生项目》，新疆招商网：http://www.xjzsw.gov.cn/html/news/tzdt/2016-10-18/28546.html。

③ 《上海援疆干部张在强：当好援疆资金的“把关人”》，新华网新疆频道：http://www.xj.xinhuanet.com/2016-11/24/c_1119976078.htm。

④ 《深圳援疆的民生“账本”》，天山网：http://news.ts.cn/content/2016-11/08/content_12371826.htm。

中之重，5 年累计投入援疆资金 105 亿多元，其中 80% 以上用于民生项目。[①] 2016 年福建援助的吉木萨尔县计划实施援疆项目 10 个，计划投入援疆资金 9950 万元，除干部人才培训外，全都是民生项目。山东坚持民生优先，八成援疆资金投向民生领域。山东投入 3.1 亿元，新建 2.7 万户富民安居房、改造提升 5 个小城镇综合设施。[②] 深圳援疆资金支持新建富民安居房 1.98 万套，新建道路 23 公里、各类管网 24.1 公里、改扩建村（社区）级服务中心 30 个。[③]

基础设施建设是改善民生的物质保障。对口支援省市在新疆承担了重大基础设施建设项目，帮助新疆改善基础设施建设。江西省在对口支援的克孜勒苏柯尔克孜自治州阿克陶县建设迎宾大道延伸工程，开通阿克陶县公共交通，结束了县城无公交的历史，改善各族群众出行条件。湖北对口支援博乐市的援疆项目总投资 30420 万元，其中基建类项目达到 9 个。广东在喀什地区新建、改建道路 580 公里、供热管网 97.9 公里，解决 4.5 万多户群众饮水问题。[④]

人才培养是援疆的一个重要内容。2016 年 19 个对口援疆省市援疆资金中教育类项目资金达到了 22.5 亿元，卫生、文体等其他社会事业项目 65.5 亿元，干部及人才培养培训项目 5.6 亿元，交流交往项目 2.4 亿元。[⑤] 对口支援省市为新疆培养的各类人才成为推动社会发展的主要力量。

二　对口援疆的进展和取得的成绩

在党中央的领导下，对口支援省市和其他对口支援主体的人力、财力和科技方面的帮助改善了新疆的投资环境，营造了更多的经济增长点。他们投资的基础设施建设带动了相关产业的发展步伐，创造了更多的就业机会，他们为新

---

① 江宝章、刘泰山：《广东援疆力推“升级版”》，《人民日报》2016 年 11 月 2 日。

② 《打赢脱贫攻坚战，山东：加大援疆力度 促进精准脱贫》，山东省发展与改革委员会网站：http://www.sdfgw.gov.cn/art/2016/8/23/art_43_205986.html。

③ 《深圳援疆的民生“账本”》，天山网：http://news.ts.cn/content/2016-11/08/content_12371826.htm。

④ 江宝章、刘泰山：《广东援疆力推“升级版”》，《人民日报》2016 年 11 月 2 日。

⑤ 李亚楠：《今年对口援疆省市计划援疆资金有 7 成用于民生》，《人民日报》2016 年 10 月 8 日。

疆培养的各类人才在新疆的社会经济发展和社会稳定中承担了重要的作用。对口支援新疆使新疆经济形成多方位发展的趋势，逐步缩小了与内地的差距，进而使新疆各民族得到实际的发展机会。

（一）新疆的产业结构有所改善

长期以来，新疆的产业结构失调，第一、第二、第三产业均处于较低的发展水平。面对新疆农牧业产业化水平低、工业落后、服务业发展不成熟的现状，大力推动新疆的产业发展成为当务之急。同时，新疆的资源丰富而开发不足，所以如何将新疆的资源优势转变为经济效益，促进新疆优势产业的发展，是支援方和受援方都需要进行深入思考的重大问题。在这种形势下，一些对口支援省市根据自身和新疆的发展要求，把本省市的资金、技术、人才和产业优势与新疆的资源优势相结合，探索出一条特点鲜明的产业援疆的路子。江西省在对口支援的克孜勒苏柯尔克孜自治州阿克陶县投入资金 547 万元，扶持阿克陶县江西工业园和城北轻工业园区基础设施建设；支持特色产业发展，积极争取纺织服装产业和农产品加工业的政策和资金扶持，组织景德镇学院专家来阿克陶县考察指导土陶手工业发展，启动柯尔克孜民族刺绣产业集群规划编制工作。福建省援疆前方指挥部共邀请 2 批 58 家企业前来考察，并协助引进 15 个产业项目，计划总投资 116 亿元，2016 年到位资金 23.6 亿元，涉及现代物流、装备制造、食品加工、现代服务、纺织服装等行业。其中，福建恒联股份有限公司在准东经济技术开发区投资的 2 个 66 万千瓦电厂项目，目前已完成建设资金 4.13 亿元；福建北八道（厦门）物流集团有限公司在昌吉投资的新疆连运物流基地项目，目前已完成建设资金 3 亿元。从对口支援省市引进的各项产业项目改善了各受援地区的产业结构，有效推动了工业和企业的发展。北京累计投入近 10 亿元，支持和田地区洛浦县北京农业科技园 20 万亩防沙治沙、和田县和谐新村及和田市团结新村项目等多个设施农业项目，建设标准化大棚 9000 余个。浙江各级援疆指挥部帮助阿克苏地区各县（市）在浙江设立县（市）级农产品展销平台 15 个，进驻批发市场 19 家，进驻商场超市 254 家，扶持进入电商平台的企业 80 家。[①] 上海援疆前方指挥部莎车分指挥部在全县

① 胡元勇：《“冰糖心”红了援疆干部帮吆喝》，《浙江日报》2016 年 11 月 7 日。

共投入上海援疆资金 1.293 亿元，组织实施了 11 个农业产业类项目，深度推进了莎车县的农业产业化发展。①

对口支援新疆的省市对特色产业的投资创造了多项经济增长点，推动了受援地区的经济发展。2016 年上半年，除了巴州以外其他受援地区的经济明显增长，人民生活得到显著改善，基础设施不断完善（见图 1）。

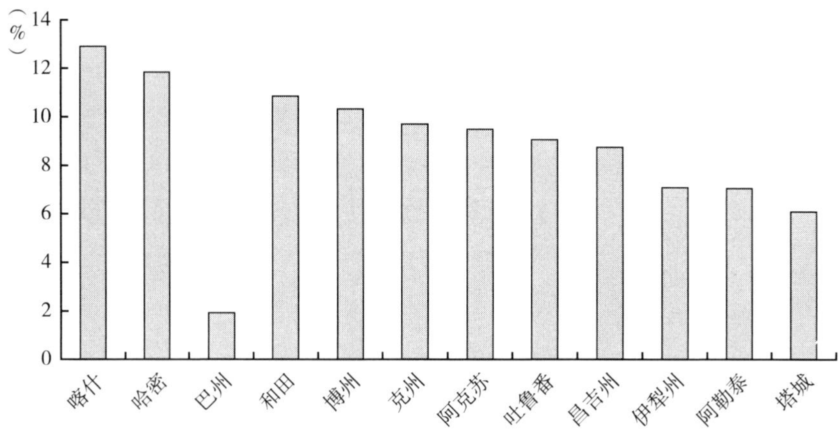

图 1　2016 年上半年对口支援受援地区的 GDP 增长率

（二）对口支援主体的各种援疆项目为少数民族创造了更多的就业机会

就业是民生之本。就业越来越成为关系到新疆长治久安的重大问题。据我们的田野调查和对就业数据的分析，新疆的大学生毕业后最主要的去向就是党政机关和事业单位，进入企业的人数较少。同时，在自治区之外其他省份受高等教育的新疆少数民族学生毕业后也大都返回新疆就业。新疆当地行政事业单位所能够吸纳的毕业生数量毕竟是有限的，而新疆的工商业、服务业都不够发达，民族企业相对较少，福利待遇相对较差，大学生们也不会把进入企业作为首选。“授人以鱼不如授人以渔”，仅仅在资金方面援疆是不够的，更为重要

① 马志国：《上海援莎车县深度推进农业产业化发展》，新华网新疆频道：http://www.xj.xinhuanet.com/2016-10/27/c_1119797820.htm。

的是通过劳动力转移等方式创造就业机会来保障少数民族的发展权。新疆的产业工业发展水平不如东部地区，就业面较窄，需要各对口支援省份采取不同的援助措施来促进新疆的劳动力就业，才能更好地使新疆地区的贫困人口摆脱贫困。“十二五”期间，上海援疆工作始终围绕维护新疆社会稳定和实现长治久安的总目标，安排援疆资金 92.3 亿元，实施了 208 个项目，推进了对口四县的产业发展，直接带动了 2 万人就业。2014 ~ 2016 年，山东援疆指挥部将山东纺织服装产业引入喀什，援疆企业在喀什地区英吉沙县、疏勒县、麦盖提县等县市开办手套厂、坐垫编织厂、服装厂等，为当地农民提供了 1 万个就业岗位。截止到 2016 年 8 月 31 日，山东引导企业把卫星工厂建在农村和社区，通过“总部 + 卫星工厂”的模式带动援助的喀什四县的经济发展，吸引维吾尔族群众在家门口就业，实现了 4 万多人就业。[①] 据阿图什党建网的统计，2015 年阿图什小微产业园驻园企业实现工业总产值 1.87 亿元，解决就业 1300 余人，其中包括 1000 余贫困人口。2016 年实现工业总产值 2.5 亿元，解决就业 3000 余人，其中包括 2700 余贫困人口。到 2018 年底，阿图什小微企业产业园的企业总量有望在 100 户以上，销售总产值将达到 15 亿元，将带动超过 5000 人就业。[②] 喀什地区伽师县人口 43 万，贫困人口 12.56 万，为国家级贫困县。为解决重点贫困人群的就业瓶颈问题，广东驻伽师县工作队注重引进有较高辐射能力的低门槛劳动密集型企业，并努力引导企业将生产流水线延伸到乡镇、村居乃至农户，形成了以广东金成电子为龙头的全链就业模式。目前已吸纳 3000 人就业，2016 年底建成电子企业总部，提供了 8000 个就业岗位。在伊宁市，南京援疆工作组投入 4750 万元，新建工厂占地面积 12 亩，解决了 520 人的就业问题。深圳市援疆指挥部支持特殊群体就业。巾帼家政等深圳社会企业在喀什开展少数民族残疾人、少数民族妇女免费就业培训。到 2016 年，喀什深圳巾帼家政公司培训学员 21619 人次，实现就业 11970 名，其中维吾尔族学员占到了 98%。[③] 喀什深圳产业园安置就业 7000 多人。广东援助喀什地区建成的工业园，创造就业岗位 7 万多个、疆外转移就业 1.6 万多人次。广东省

---

① 徐锦康、杨明方：《山东援疆，助力精准脱贫》，《人民日报》2016 年 10 月 8 日。

② 赵广平、刘维：《昆山产业扶贫精准发力阿图什》，《新疆日报》2016 年 3 月 28 日。

③ 阿通古丽·阿布拉：《润物细无声，深圳援疆全心全意为困难群众做善事》，新华网新疆频道：http://www.xj.xinhuanet.com/2016-11/24/c_1119981842.htm。

委、省政府把促进就业创业作为推动受援地经济社会发展及援疆工作的“重头戏”。2010 年至今，广东（不含深圳）投入援疆资金 78 亿元，实施基建项目 430 个，为受援地创造了 8 万多个就业岗位，吸纳就业 16 万人次，其中 90% 为当地劳动力，80% 为少数民族群众。

（三）智力援疆为新疆的长足发展提供了人才保障

人才缺乏、科技落后是长期以来制约新疆经济社会发展的重要因素。为提升新疆的自我发展能力，中央将人才智力援疆作为对口援疆的重要内容。《新疆技能人才赴援疆省市培训计划（2016 - 2020 年）》中指出，“十三五”期间，我区围绕企业发展需要，以培养技术技能型、知识技能型和复合技能型技能人才为目标，以学习新知识、新技术、提高解决实际问题的能力为重点，按照对口支援关系，每年从我区企业生产一线选派一批技能人才赴援疆省市培训，提升其生产技能和创新能力。[①] 近年来，围绕新疆经济社会发展重点领域与基层一线的干部人才以及急需的紧缺人才，各支援省市通过双向挂职、两地培训和支教、支医、支农等多种形式，逐步加大了智力援疆力度。

上海浦东区使用资金 7100 万元为对口支援莎车县，培训各类人员 35886 人次，其中赴上海挂职、培训的达 887 人次。[②] 浙江省台州市实施干部人才素质提升“领军行动”，建立 10 个“名师名医名家工作室”，加强了本土人才培养。浙江大学、浙江农林大学与新疆财经大学合作在兵团第一师阿拉尔市开设城镇建设与管理、现代企业管理、现代农业发展等 6 个为期一年的紧缺型人才研修班，培养行业管理技术骨干 800 多名。杭州市援疆指挥部发挥“互联网 +”和杭州名校优势，援建杭州源清中学 - 阿克苏高级中学、杭州采荷实验学校 - 阿克苏第四中学、杭州文三街小学 - 阿克苏第二小学三个远程互动教室建设并投入使用，实现了远程智慧教育覆盖小初高中。2015 年，杭阿两地远程互动交流 10 余次，专题师训 3 期，课堂教学诊断 120 余次，分享杭州精品课程 150 余节。[③] 上海市先

---

① 李春霞：《新疆将选派 2500 名技能人才赴援疆省市培训》，《新疆日报》2016 年 6 月 13 日。

② 《上海援疆干部严涛：难忘故土的“疆二代”》，人民网：http://sh.people.com.cn/n2/2016/1128/c369653 - 29378148.html。

③ 《杭州市智力援疆实现远程教育智慧化》，中华人民共和国国家发展与改革委员会地区经济司网站：http://dqs.ndrc.gov.cn/dkzy/dkzydt/201606/t20160624_ 808606.html。

后投入3000余万元，以脱产方式举办长中短期培训班300多期（批），培训村级组织骨干人才、卫生人才、电商人才、农林科技人才、文艺人才等必需人才。[①] 河南省先后派出10批共计206名短期援疆支教教师，接收新疆哈密地区和兵团十三师的423名教师、120名校级领导到郑州跟岗研修学习，有效拓宽支教空间，在新课改、教育信息化建设等方面取得了良好成效。河南省援疆指挥部在伊吾县投入援疆教育资金2400万元，采取“1+1、大手牵小手”的形式，开展贫困学生帮扶活动，提高受援地教育水平。[②] 江苏投入援疆资金1.59亿元，实施干部人才项目752个，为伊犁州培养各类干部人才12.66万人。“这些本土人才，都将成为伊犁州经济社会实现跨越发展的中坚力量。”[③] 2010年以来，辽宁省先后选派150名优秀教师长期对口在疆支教，并组织640名优秀教师赴塔城地区开展送教活动，累计进行公开课846节、学科讲座710余场，听评课1200余节，有5万余人次教师和学生现场受益。针对塔城地区人才匮乏的实际，辽宁省在29所高校安排了1304个定向招生计划，专门为塔城地区储备高层次实用型人才。[④] 浙江援疆指挥部共投入援疆资金2000余万元（其中计划外资金800余万元），专项支持援疆人才传帮带工作。省市援疆指挥部共在阿克苏地区和兵团第一师建设试点援疆人才传帮带工作室45个，600多名援疆人才先后与当地1200多名人才建立帮带关系。通过系统帮带，在支援和受援双方的共同努力下，阿克苏地区第一人民医院由三级乙等成功晋级为三级甲等，实现了阿克苏地区三甲医院零的突破；全地区有400名医疗机构从业人员新取得职业医师资格，300多名本地医生获得了独立开展诊疗手术的能力；教师帮带对象中实现职称提升的比例达30%（200人左右），获得地区级以上的各类教学能力奖项达300项，获得地区级以上的教学科研课题立项200多项。[⑤] 福建三年来共选派了827名干部人

---

① 孟智慧：《叶城县：搭载援疆“快车”培训农村人才》，新华网新疆频道：http://www.xj.xinhuanet.com/2016-02/16/c_1118057356.htm。

② 马新亮：《河南援疆干部结对帮扶伊吾县贫困学生》，哈密政府网：http://www.hami.gov.cn/info/1072/144674.htm。

③ 《徐州援疆：人才培养，打造“永久牌”援疆队伍》，《新华日报》2016年8月25日。

④ 刘玉：《辽宁教育援疆“实打实”》，《中国教育报》2016年11月9日。

⑤ 钟卉、喻惠婷：《人才传帮带赛场比高下——浙江援疆指挥部支持当地人才培养出实招》，《新疆日报》2016年11月7日。

才到新疆工作，在昌吉州培训各类人才3.66万人次，接受昌吉州到福建培训的干部人才11038人次，还在昌吉州设立国家工程实验室、“技术工程中心”、“化工联合研究院”，推进设立“院士工作站”，努力推动新疆煤电煤化工等战略产业发展。[①] 广东援疆注重人才培养，帮助喀什培训人才14万余人次；组织3000多名受援地干部到广东轮训；计划外选派教育、医疗、科技等“柔性援疆”人才1600多名；帮助喀什第一人民医院创建南疆首个三甲医院；新建、扩建医院23所、学校13所。[②] 此外，为改善新疆地区教育综合水平，广东注重“双语”教育的普及，为实现新疆长治久安奠定了“语言文化”基础。通过改善“双语”学校办学条件、培训“双语”骨干教师和培训与跟岗（到汉族学校）学习相结合等方式，三年来共培训师资4632人次。[③]

（四）旅游援疆为新疆各民族群众创造了进一步增加收入的机会

新疆拥有享誉全国的风光，与8个国家接壤，是古代丝绸之路的交通枢纽，旅游资源极为丰富。西域风情、楼兰古迹、新疆美食，享誉天下，所以新疆的旅游资源是一个待开发的宝藏，由于基础设施落后，以及一些资金、人力、物力不到位，许多贫困的地区没有人力、物力、财力去开发本地区的旅游资源。南疆地区的喀什、和田、克州、阿克苏等地州经济发展相对滞后、旅游基础设施薄弱、旅游产品挖掘不够，存在很多短板。各对口援助省市在受援地区开展基础设施建设和人才培养项目的过程中，根据援助地区的实际情况，加强旅游资源的建设，开发受援地区的旅游资源。据不完全统计，全国19个援疆省市在“十二五”期间，投入新疆旅游产业资金达60亿元，有效推进了“产业援疆、游客送疆、人才扶疆”工作的开展。[④] 6年中，各援疆省市加大综合带动性强、惠民富民效益明显的旅游项目投入，在提升旅游产品质量的

① 颜财斌：《谢毅泰：“输血”与“造血”相结合 真情援疆帮扶》，天山网：http：//news.ts.cn/content/2016－11/02/content_ 12361917.htm。

② 江宝章、刘泰山：《广东援疆力推“升级版”》，《人民日报》2016年11月2日。

③ 周羽：《广东教育援疆三年投近4亿提升教育“软实力”》，新华网新疆频道：http：//www.xj.xinhuanet.com/2016－10/26/c_ 1119790713.htm。

④ 邓敏敏：《把培训办到喀什为援疆塔新平台——记全国旅游景区高级管理人员岗位职务培训班》，《中国旅游报》2016年11月1日。

同时，有效带动了当地群众脱贫致富。江苏省安排援疆资金7.78亿元，用于伊犁国际旅游谷20个旅游项目的建设；山东省安排援疆资金2.8亿元，用于喀什地区4个县15个旅游项目的建设；广东省引进旅游项目资金约15亿元，安排援建旅游资金近8亿元，用于疏附县阿凡提乐园等7个旅游项目的开发建设；北京市出资1.26亿元支持和田实施“425”工程，打造“昆仑河谷缘玉之旅、大漠丝路悟佛之旅”等4条旅游精品线路；浙江省援助阿克苏旅游项目资金累计达到10亿元，引进浙江哈尔斯集团等企业投资新疆旅游商品开发生产基地暨阿克苏刀郎旅游景区开发项目；上海市5年累计投入援疆资金4.24亿元，对喀什地区55个旅游项目进行建设；江西、河南等省市在旅游基础和公共服务设施方面不断加大投入力度，有效改善了当地旅游基础设施。[①] 受援地区旅游资源的开发和建设，为各民族群众提供了增加收入、脱贫致富的机会。

三 提升对口支援推动少数民族发展权的对策建议

我国援疆政策实施绩效的居民满意度处于中等偏上水平。[②] 如何利用对口支援省市的援助，为新疆各民族群体创造更多的就业机会和收入增加机会来保障他们的发展权利，成为我们下一步必须考虑的问题。为此笔者提出以下建议。

（一）进一步完善对口支援少数民族地区的机制保障

对口援助是地方政府响应中央政府号召，在权威体制下通过援助方地方财政转移支持受援地的制度化行为。[③] 对口支援受援主体的合作是在中央的统一安排下开展的。中央召开了5次全国对口支援新疆工作会议和两次中央新疆

---

① 金浩：《旅游援疆5年完成旅游项目投资50亿元》，中华人民共和国国家旅游局网站：http：//www.cnta.gov.cn/xxfb/xxfb_dfxw/xj/201511/t20151122_751996.shtml。

② 奥斯曼·玉散、雪合来提·马合木提：《对口援疆工作居民满意度影响因素分析——基于南疆三地州的调查数据》，《新疆农业经济》2016年第4期。

③ 周雪光：《权威体制与有效治理——当代中国国家治理的制度逻辑》，《开放时代》2011年第10期。

工作座谈会进行了整体部署，确定了援助新疆的总体方案和基本方向，出台了相关援助的标准和援助政策。对口支援省市根据国务院有关文件要求每年对口支援额度为 GDP 的 3% ~6%。6 年来对口支援和受援方进行接洽和商谈，贯彻落实了援疆计划，取得了举世瞩目的成就。但是，由于目前对口支援少数民族地区在机制保障方面存在一定的不足，对口支援省市在受援地区的经济利益保障和投资项目的利润收益没有明确规定，这种情况影响了他们的援疆积极性。对口援疆运作机制的不完善，使对口援疆长期合作缺乏有效的制度保障。[①]《中华人民共和国民族区域自治法》第 64 条虽然规定对口支援，但是对口支援的运行机制在本法中没有得到任何体现。其他法律中更没有对口支援少数民族地区的特殊条款。我们要想更好地发挥对口支援少数民族地区政策的作用，必须以制度保障使各方权利义务确定下来，使他们相信自己的利益可以得到同样的保护。这样，对口支援的主体才会更加充分地发挥自己的积极性，为新疆的经济社会发展和少数民族权利的保障做出更大的努力。

（二）加快产业援疆，进一步促进就业

产业援疆是促进就业的有效途径。对口支援省市把产业援疆作为基础，向受援地区引入了先进的产业，帮助受援地区创造了更多的就业机会。但是，目前部分援疆项目的带动性和辐射性较小，对相关产业的带动作用有限，同时也难以带动就业增长。笔者建议在“十三五”期间支援主体进一步增加产业援疆的项目，为新疆各民族人民创造更多的就业机会。为此，对口支援主体需要围绕基础设施建设、资源开发和农副产品深加工等产业，壮大产业援疆，创造接纳新疆农业富余劳动力的平台，解决失业劳动力的就业问题。新疆有着优质的棉花资源，在受援地区发展纺织服装业是解决就业问题的一个重要途径。通过成立加工农副产品的工厂和加大矿业资源的开发来创造就业机会也是一个不错的选择。此外，对口支援新疆的主体可以鼓励新疆农村富余劳动力向外转移，到中东部地区就业。

---

① 张云、张付新：《对口援疆与提升新疆自我发展能力探微》，《攀登》2016 年第 2 期。

（三）加强人才培养，为发展权利的实现提供人才保障

要想改变新疆相对落后的面貌，教育显得特别重要。教育是人力资本最重要的变量，从地区经济发展的角度看，一个地区平均受教育水平将对该地区的经济发展产生深远的影响。地区之间平均受教育水平的差异会导致经济发展速度的差距。在 2015 年 9 月召开的第五次全国对口支援新疆工作会议上，全国政协主席俞正声同志指出，要更加注重抓好教育，着力提高双语教育和中等职业教育质量，加强内地新疆籍少数民族学生的教育管理服务工作。[①] 对口援疆工作开展以来，受援地人才交流培训工作虽然取得了显著成效，但人才质量与经济社会发展的要求不相适应，人才素质提升的空间依然较大。据新疆维吾尔自治区人力资源和社会保障厅统计，全区 2016 年度共需各类紧缺人才 26627 人，比上年增加 7778 人，增长率为 41.3%。按单位类型需求划分，事业单位 19627 人，比上年增加 53.2%，占需求总数的 73.7%，其次为企业和机关；按人才类型需求划分，专业技术人才 18229 人，比上年增加 32.6%，占需求总数的 68.5%，其次为技能人才、经营管理人才、党政人才、农村实用人才；按学历层次需求划分，本科 13554 人，比上年增加 46.5%，占需求总数的 50.9%，其次为专科及以下、硕士、博士；按国民经济行业需求划分，教育行业缺口较大，需求人数为 7934，占需求总数的 29.8%，其次为卫生、社会保障和社会福利业，需求人数为 6964，占需求总数的 26.2%；按地域划分，喀什地区和和田地区人才需求占比较大，分别占需求总数的 21.1% 和 18.4%，在一定程度上说明这些地区对人才的需求更加急迫。[②] 教育支援是加强沟通、消除隔阂、增进融合的基础。笔者认为，对口支援省市在新一轮对口支援新疆的工作中应加大对教育的投入，利用支援省市的教育资源，支持受援地区发展基层教育、专业技术教育及培训。进一步加强新疆的双语人才和技术人才培养工作，提高新疆人民的“心智能力”，改变新疆各族人民的思想观念，提高新疆各民族的文化素质和竞争力，最大限度地发挥市场经济的竞争优势。在人才培养模式上完善人才培养机制，围绕当地经济发展中心工作，培养工业、农

① 《第五次全国对口支援新疆工作会议在京召开》，《人民日报》2015 年 9 月 24 日。

② 《今年我区共需各类紧缺人才 26627 人 专业技术人才最为紧缺》，《新疆日报》2016 年 4 月 7 日。

业、服务业等方面的人才，形成受援地区经济发展人才主力。制订引进人才计划、通过对口支援省市援建的一系列重大项目的建设，吸纳高层次技术人才，让其在科技攻关、产业发展上起到“科技带头人”的作用；进一步加深教育“组团帮扶”的模式，继续加大党政干部教育培训、智力帮扶、干部挂职锻炼和专业进修的力度，落实分层分级分类培训，提高新疆各民族干部的素质，进而促进新疆各民族发展权利的实现。

（四）加强对口支援主体的扶贫作用

近年来，在党中央和国务院的领导下，对口支援主体聚焦扶贫，积极参与新疆的扶贫工作，为新疆的扶贫工作做出了很大的贡献。2016 年新疆的 5 个贫困县摘帽，810 个贫困村退出贫困名单，实现了“十三五”脱贫攻坚良好开端。2017 年新疆计划实现 59 万贫困人口脱贫，800 个贫困村退出，10 个贫困县摘帽。① 但是，单靠新疆的力量不一定在短期内实现脱贫问题，必须和对口支援主体通力合作，创造脱贫致富的机会来推动新疆的经济发展。援疆主体把脱贫工作与产业援疆、民生援疆、教育援疆、智力援疆、就业援疆和旅游援疆相结合，在基础设施建设、民生项目和教育文化建设中设立和强化智能提高培训项目，培养贫困人口的脱贫能力。设立扶贫专项资金和对口扶贫对象，专款专用，用对、用好、用实。按照 2016 年 7 月习近平总书记在东西部扶贫协作座谈会上的要求，坚持把扶贫资金和项目重点向贫困县、贫困群众倾斜，扶到点上、扶到根上。同时，加大对受援地区干部特别是基层干部、贫困村致富带头人、少数民族群众的培训力度，为新疆 2020 年全面脱贫目标的实现贡献自己的力量。

总之，在党中央和国务院的领导下，对口支援主体为新疆的经济社会发展和新疆各民族发展权利的实现做出了很大贡献。产业援疆、智力援疆、民生援疆和旅游援疆，有效推动了新疆的经济发展，保障了新疆各民族的发展权利。但是，要实现预期的目标，对口支援主体和受援主体必须探索更好发挥对口援疆改善民生、促进当地少数民族发展权利的路径。

---

① 《吉尔拉副主席：2017 年新疆将确保 59 万贫困人口脱贫》，央广网：http：//news. cnr. cn/zt2017/2017h/ppzb/lhzkzyt/zkzytxj/zbkx/20170311/t20170311_ 523651356. shtml。

B.15

困境儿童的权利保障

钟慧　林敏*

摘　要：　2016年，中国将分类保障困境儿童权利作为儿童权利保障的重要内容。中国政府通过完善法律政策支持体系、形成多主体的保障格局、加强困境儿童分类保障、建立健全保障工作体系、加强困境儿童工作保障等措施，逐步构建起困境儿童的制度保障体系。但是，困境儿童的权利保障仍然面临挑战，需要从完善立法体系、加强部门协作、规范政府购买社会服务三个方面改进现有措施体系。

关键词：　困境儿童　权利保障　法律保障　分类保障

我国《宪法》、《未成年人保护法》和《教育法》明确规定，国家、社会、家庭要保障儿童享有生存权、发展权、受保护权、参与权，国家依法对其进行特殊、优先保护，其合法权益不受侵犯。[①] 保障困境儿童各项权利的实现，不仅是保障儿童合法权益的重点，也是全面推进儿童发展、保障民生、维护社会和谐稳定的核心工作。2013年，十八届三中全会全面深化改革的决定已提出要“健全困境儿童分类保障制度”，“困境儿童”权利保障的重要性得到充分肯定。但是，由于缺乏顶层设计，无法对因家庭经济贫困、自身残疾、缺乏有效监护等而面临生存、发展和安全困境的更广泛意义上的儿童群体，分类施策

---

* 钟慧，西北民族大学法学院讲师，法学博士，主要研究方向为宪法、人权法；林敏，云南民族大学助理研究员，四川大学法学院博士研究生，主要研究方向为宪法、人权法。

① 《宪法》第46条第2款、第49条第1款，《未成年人保护法》第3条，《教育法》第18条、第19条。

和开展精准帮扶。截止到2015年底，全国共有孤儿50.2万人，除去被家庭和收养机构收养的约14.2万人，大部分还散落在社会上。① 为此，2016年国务院发布《关于加强困境儿童保障工作的意见》，明确“困境儿童”包括因家庭贫困导致生活、就医、就学等困难的儿童，因自身残疾导致康复、照料、护理和社会融入等困难的儿童，以及因家庭监护缺失或监护不当遭受虐待、遗弃、意外伤害、不法侵害等导致人身安全受到威胁或侵害的儿童。并提出通过“完善法律政策支持体系”“形成多主体的保障格局”“加强困境儿童分类保障”“建立健全保障工作体系”“加强困境儿童工作保障”等举措，确保困境儿童的生存权、发展权以及安全权益得到有效保障。为此，各级政府及有关部门围绕上述任务开展工作，逐步形成困境儿童权利保障的新格局。

一 中国困境儿童权利保障的新进展

（一）完善法律政策支持体系

2010年，国务院办公厅印发《关于加强孤儿保障工作的意见》（国办发〔2016〕54号），在全国建立孤儿基本生活保障制度。2011年，国务院发布了《中国儿童发展纲要（2011－2020年）》，实现儿童优先原则。2016年，全国人大常委会审议通过了《中华人民共和国反家庭暴力法》。《中华人民共和国刑法修正案（九）》取消了嫖宿幼女罪，改为以强奸罪从重处罚，并明确了对猥亵和收买被拐卖儿童的处罚措施，保障困境儿童权利的法律制度进一步完善。在校园欺凌方面，继2016年4月28日国务院教育督导委员会办公室印发《关于开展校园欺凌专项治理的通知》（国教督办函〔2016〕22号）之后，教育部等九部门于11月1日联合印发了《教育部等九部门关于防治中小学生欺凌和暴力的指导意见》（教基一〔2016〕6号）。同年，国务院发布《关于加强困境儿童保障工作的意见》（以下简称《意见》），首次明确了困境儿童的类型，扩大了救助范围。这意味着中国儿童权利保障迈入新阶段，也意味着有更

① 《〈中国儿童发展纲要（2011－2020年）〉中期统计监测报告》，2016年11月3日，国家统计局网：http：//www. stats. gov. cn/tjsj/zxfb/201611/t20161103_ 1423705. html。

多类型的困境儿童将受到分类保障制度的保护。

1. **建立困境儿童权利保障的普惠制度**

从加强对孤儿的保障到国务院发布行政措施明确困境儿童权利保障新地位，中国困境儿童权利保障制度从补缺模式向普惠模式跨进。2016 年，《意见》中明确了困境儿童的范围，并针对困境儿童权利保障中存在的突出问题提出建议。具体包括：构建困境儿童保障工作的顶层设计；明确家庭、政府、社会的责任；从保障基本生活、保障基本医疗、强化教育保障、落实监护责任、加强残疾儿童福利服务五方面加强困境儿童的分类保障；建立健全困境儿童保障工作体系；加强组织领导、能力建设、宣传引导等工作保障。

2. **构建困境儿童权利保障的制度体系**

2016 年，各省份充分结合省情与实际，按照《意见》要求，相继印发了加强困境儿童权利保障的宏观指导文件，以建立健全与各地经济社会发展水平相适应的困境儿童分类保障制度，为各省份困境儿童的基本保障提供有力的制度支撑（见表 1）。除此之外，各地还结合本地实际，对《意见》中的各项措施进行细化和充实，积极构建相应制度推动困境儿童的权利保障工作（见表2）。

表 1　2016 年各省份关于加强困境儿童保障工作的配套文件

地区	发布时间	发布机关	规范文件
成都	1 月 22 日	成都市人民政府办公厅	《成都市人民政府办公厅关于建立困境儿童分类保障制度的实施意见》（成办发〔2016〕3 号）
新疆	5 月 6 日	新疆维吾尔自治区人民政府	《关于印发自治区贫困地区儿童发展规划（2016 ~ 2020 年）的通知》（新政办发〔2016〕59 号）
北京	5 月 31 日	北京市民政局	《关于建立北京市困境儿童分类保障制度的意见》
上海	6 月 21 日	上海市人民政府	《上海市妇女儿童发展“十三五”规划》（沪府发〔2016〕39 号）
山东	8 月 10 日	山东省人民政府	《山东省人民政府关于印发山东省妇女发展“十三五”规划和山东省儿童发展“十三五”规划的通知》（鲁政字〔2016〕161 号）
辽宁	9 月 4 日	辽宁省人民政府	《辽宁省人民政府关于加强困境儿童保障工作的实施意见》（辽政发〔2016〕57 号）

续表

地区	发布时间	发布机关	规范文件
河北	9月9日	河北省人民政府	《河北省人民政府关于加强困境儿童保障工作的实施意见》(冀政发〔2016〕41号)
甘肃	9月23日	甘肃省人民政府	《甘肃省人民政府关于加强困境儿童保障工作的实施意见》(甘政发〔2016〕81号)
陕西	10月13日	陕西省人民政府	《陕西省人民政府办公厅关于印发〈陕西省促进贫困地区及贫困家庭儿童发展工作方案(2016－2020年)〉的通知》(陕政办发〔2016〕83号)
江西	10月17日	江西省人民政府	《江西省人民政府关于加强困境儿童保障工作的实施意见》(赣府发〔2016〕41号)
福建	11月16日	福建省人民政府	《福建省人民政府关于加强困境儿童保障工作的实施意见》(闽政〔2016〕53号)
内蒙古	11月28日	内蒙古自治区人民政府	《内蒙古自治区人民政府关于加强困境儿童分类保障制度的实施意见》
天津	12月1日	天津市民政局	《关于加强困境儿童保障工作的实施意见(征求意见稿)》
湖南	12月9日	湖南省人民政府	《湖南省人民政府关于加强困境儿童保障工作的实施意见》(湘政发〔2016〕26号)
广东	12月15日	广东省人民政府	《广东省人民政府关于加强困境儿童保障工作的实施意见》(粤府〔2016〕129号)
重庆	12月23日	重庆市人民政府	《重庆市人民政府关于进一步加强困境儿童保障工作的实施意见》(渝府发〔2016〕59号)

资料来源：各省份政府网站。

表2　2016年推进困境儿童权利保障的实施方案

地区	工作内容
湖南	出台《湖南省民政厅关于推进儿童福利机构转型发展的意见》①
江苏	发布《关于在全省开展儿童家庭监护缺失社会干预工作试点的通知》②
广东	发布《关于建立事实无人抚养儿童基本生活保障制度的通知》(粤民发〔2016〕45号)③
贵州	贵州省卫生计生委办公室印发《省卫生计生委办公室关于认真落实好留守儿童困境儿童关爱救助保护工作措施的通知》④
山东	山东省教育厅、财政厅印发《关于加强建档立卡农村家庭困难学生资助工作的通知》⑤
宁夏	发布《宁夏回族自治区轻度残疾儿童少年随班就读工作指导意见》和《宁夏回族自治区重度残疾儿童少年送教上门工作指导意见》⑥
北京	发布《关于促进家庭寄养儿童转收养工作的意见》⑦

续表

地区	工作内容
天津	发布《关于进一步做好困境儿童分类保障工作的通知》⑧
重庆	建立"1+1"困境儿童结对帮扶模式⑨
成都	发布《成都市财政局、成都市民政局关于印发〈成都市困境儿童生活补贴专项资金管理办法〉的通知》(成财社〔2016〕204号)⑩
浙江金华	发布首个年度儿童福利督导调查评估报告⑪
浙江杭州	发布《杭州市民政局关于印发〈关于推进适度普惠型儿童福利制度建设的实施细则〉的通知》(杭民发〔2016〕136号)⑫

注:①《湖南省民政厅关于推进儿童福利机构转型发展的意见》,2016年6月28日,湖南省民政厅网站:http://hunan.mca.gov.cn/article/zcfg/stwj/201606/20160600960084.shtml。

②茹希佳:《江苏试点干预儿童家庭监护缺失》,《中国妇女报》2016年1月21日,第A2版。

③广东省民政厅 广东省财政厅:《关于建立事实无人抚养儿童基本生活保障制度的通知》,2016年3月18日,广东省民政厅网站:http://zwgk.gd.gov.cn/006940175/201604/t20160411_651134.html。

④《省卫生计生委办公室关于认真落实好留守儿童困境儿童关爱救助保护工作措施的通知》,2016年3月1日,贵州省人民政府网:http://www.gzgov.gov.cn/zxfw/ylfw/zxgg_152/201603/t20160321_384104.html。

⑤《我省建档立卡家庭经济困难学生资助实现全覆盖》,2016年12月2日,山东省教育厅网站:http://www.sdedu.gov.cn/sdjy/_ztzl/sdjyfp/927585/936862/index.html。

⑥朱磊:《宁夏重度残疾儿童可享免费送教上门》,《人民日报》2016年4月8日,第9版。

⑦王燕:《北京完善儿童收养法规》,2016年3月21日,人民网:http://gongyi.people.com.cn/n1/2016/0321/c151132-28213621.html。

⑧韩雯、周芝:《散居孤儿、艾滋病病毒感染儿童月生活费升至2340元》,2016年4月26日,新华网:http://www.tj.xinhuanet.com/2016-04/26/c_1118734570.htm。

⑨《重庆建立"1+1"困境儿童结对帮扶模式》,2016年3月23日,中国文明网:http://www.wenming.cn/syjj/dfcz/zq/201603/t20160323_3232000.shtml。

⑩《成都市财政局、成都市民政局关于印发〈成都市困境儿童生活补贴专项资金管理办法〉的通知》(成财社〔2016〕204号),2016年12月28日,成都财政网:http://www.cdcz.chengdu.gov.cn/zwgk/detail.jsp?id=3126。

⑪《民政信息2016年第3期》,2016年3月4日,金华市民政局网站:http://www.jhsmzj.gov.cn/art/2016/3/4/art_11902_697872.html。

⑫《杭州市民政局关于印发〈关于推进适度普惠型儿童福利制度建设的实施细则〉的通知》(杭民发〔2016〕136号),2016年6月1日,杭州市人民政府网:http://www.hangzhou.gov.cn/art/2016/6/1/art_1176018_3794.html。

(二)形成多主体的保障格局

《意见》中强调要形成由政府主导、社会参与、家庭尽责的困境儿童保障

新格局，为此，各地政府积极改革探索，不断创新举措，为保障困境儿童权利整合多方主体力量，形成保障合力。

1. 政府主导

第一，完善儿童福利督导员制度。《意见》首次明确了困境儿童的概念。民政部提出，要在总结和联合国儿童基金会合作开展的中国儿童福利示范区项目、总结全国开展的适度普惠型儿童福利制度建设试点工作，以及民政部在全国 101 个县 1010 个村开展的全国基层儿童福利服务体系建设试点工作等基础上，通过为 69 万名儿童提供福利督导员等措施，构建符合我国国情的困境儿童权利保障体系。并拟在我国 69 万个村（居）委会，设 69 万名儿童福利督导员，以实现工作的日常化、经常化。[①] 云南省政府在落实《意见》精神时要求村（居）民委员会选配专设儿童福利督导员，对儿童进行动态管理，力求解决儿童福利工作“最后一公里”问题，同时建立儿童福利督导员督促管理制度，确保相关工作得以有效推进。[②]

第二，实现困境儿童生活补贴全覆盖。各地通过健全儿童社会保护体系、扩大补贴对象范围等措施，探索实现困境儿童生活补贴全覆盖。如青海省分别在省、州县、乡镇街道办事处、村和社区成立了儿童福利协会、儿童福利指导和未成年人社会保护中心、儿童福利和未成年人社会保护工作站、儿童福利督导员，并于 2016 年在全国率先实现了困境儿童生活补贴的全覆盖，惠及全省包括孤儿和艾滋病感染儿童在内的约 28000 名困境儿童。[③] 深圳市 2016 年 9 月实施《深圳市困境儿童基本生活费补贴发放办法》，补贴覆盖范围除事实无人抚养儿童外，还包括新增低保和低保边缘家庭中的重残重病儿童和父母一方重残重病的儿童，补贴范围进一步扩大。[④] 同时补贴标准与深圳市经济社会发展水平和生活消费水平相适应，对改善困境儿童的生活状况起到

① 张维：《我国将设六十九万名儿童福利督导员　指导督促监护人履行监护职责》，《法制日报》2016 年 6 月 18 日，第 6 版。

② 《云南：困境儿童纳入低保范围　居委会设专职督导员》，2017 年 1 月 3 日，云南信息港网站：http：//news. yninfo. com/yn/zhxw/201701/t20170103_ 2459644. html。

③ 赵静：《我省在全国率先实现孤儿和困境儿童生活补贴全覆盖》，《青海日报》2016 年 3 月 21 日，第 2 版。

④ 《深圳制定出台困境儿童基本生活补贴政策》，2016 年 10 月 20 日，深圳市民政网：http：//www. szmz. sz. gov. cn/xxgk/zhxx/xwdt/jqyw/201610/t20161020_ 5001041. htm。

了积极作用。

2. 社会参与

第一，各地积极孵化培育专业社会工作服务机构、慈善组织、志愿服务组织。2016 年 4 月 6 日，榆林市启动了“童梦空间——社区困境儿童社工服务”项目，其成立的 10 个社区儿童社工服务站惠及 2000 多名社区儿童。[①] 8 月 16 日，沈阳市建立关爱困境儿童综合社区社工服务基地，对社工专业人士和困境儿童“一对一”结对制定统一的要求和跟踪考核流程，并努力为每个社区安排 1 名关爱困境儿童志愿者。[②] 从各地孵化培育的情况来看，社会组织在不断扩大服务范围的同时，也在积极规范服务程序。第二，采取政府和社会资本合作（PPP）等方式，鼓励政府购买社会组织服务。各地政府通过向不同类型的社会组织购买各种相关服务，不断推进困境儿童权利保障工作的落实。例如，苏州市人民政府就尝试向社会组织购买监护困境儿童服务，并将未成年人社会保护工作交给“苏州市未成年人保护中心”，之后又陆续向“众合社工”“斯社工”“清流社工”“蝴蝶妈妈”“乐助社工”“久久社工”等社会组织购买服务。[③] 第三，各地还积极支持社会工作者、法律工作者等专业人员和志愿者提供服务。例如，嘉兴市政府积极支持南湖管佳社会工作服务中心实施“雨露计划”困境儿童关爱帮扶社工专业服务项目，帮助中心打通社会组织参与市场竞争、获得政府资金支持的渠道，提升了社会组织的专业化、规范化水平，推动了社会组织的健康发展。

3. 家庭尽责

《意见》中将家庭教育纳入国家教育政策，推进家庭教育立法进程。规定民政部门设立的儿童福利机构、救助保护机构可以构成临时监护，并且对不履行监护职责的父母或养父母依法追究法律责任。2016 年 11 月 29 日，中国儿童中心发布《0～6 岁儿童家庭教育指导服务现状调查报告》，就 0～6 岁困境儿

① 拓智慧：《榆林市 10 个社区困境儿童社工服务站启用》，2016 年 4 月 8 日，中国文明网：http：//www.wenming.cn/syjj/dfcz/sx_ 1689/201604/t20160408_ 3270087.shtml。

② 《沈阳建立关爱困境儿童综合社区社工服务基地》，2016 年 8 月 19 日，新华网：http：//news.xinhuanet.com/gongyi/2016－08/19/c_ 129242098.htm。

③ 《苏州政府购买服务　招募社会组织监护困境儿童》，2016 年 6 月 1 日，中国政府采购网：http：//www.ccgp.gov.cn/gpsr/zhxx/df/201606/t20160601_ 6847475.htm。

童的现状与需求提出了对策建议。[①] 同时，各地也推出了相应政策。例如，广东、福建、湖北、云南等省政府在落实《意见》时，均强调对“父母生而不养”的情况，经公安机关教育不改的，将儿童送入福利机构抚养，生父母或养父母需承担相应法律责任。另外，江苏省宿迁市全面开展儿童家庭监护缺失社会干预项目试点工作，保障家庭干预项目的实施；江苏省扬州市也推动了儿童家庭监护缺失社会干预试点工作的开展。[②]

（三）加强困境儿童分类保障

《意见》指出要对困境儿童分别从保障基本生活、保障基本医疗、强化教育保障、落实监护责任、加强残疾儿童福利服务五个方面进行分类保障，以实现困境儿童的生存权、发展权和安全权益等合法权益。为此，各地积极出台相应政策措施，构建分类保障制度体系。

1. 保障基本生活

第一，贫困残疾儿童生活补贴。2016 年 8 月 30 日，在北京市《关于全面建立困难残疾人生活补贴和重度残疾人护理补贴制度的实施意见》中，将补贴标准每人每月 100 元，提至最高 400 元。还将非低保低收入家庭中的残疾儿童，按照残疾等级和类别精细区分为两档，分别给予 300 元、200 元的补贴。[③] 深圳市出台《困境儿童基本生活费补贴发放办法》，增加了对低保家庭以及低保边缘家庭中的重残重病儿童和父母一方重残重病的儿童的生活费补贴内容。[④]

第二，孤儿保障。2016 年孤儿基本生活保障补助资金的中央财政预算达到 19.4 亿元，并于 8 月全部下发完毕，其中对东、中、西部地区的补助标准分别为月人均 200 元、300 元、400 元，切实保障了 50 余万孤儿和艾滋病病毒

---

① 苏婷：《〈0～6 岁儿童家教指导服务现状调查报告〉发布》，2016 年 12 月 12 日，中国教育新闻网：http：//www. jyb. cn/china/gnxw/201612/t20161212_ 688919. html。

② 《我市多举措重点推动儿童家庭监护缺失社会干预试点工作》，2016 年 9 月 2 日，扬州市人民政府网：http：//www. yangzhou. gov. cn/bmdt/201609/8PO65PRA7KO63UVJA82MYITGAZYYP7FH. shtml。

③ 《残疾人生活补贴最高涨 300 元》，2016 年 8 月 31 日，新华网：http：//news. xinhuanet. com/health/2016 －08/31/c_ 1119481967. htm。

④ 《市财政委员会关于印发深圳市困境儿童基本生活费补贴发放办法的通知》，2016 年 10 月 20 日，深圳市民政局网站：http：//www. sz. gov. cn/szmz/xxgk/ywxx/fljg/zcfg/201610/t20161020_ 5001086. htm。

感染儿童的基本生活。① 与此同时，各地相继出台了相关政策，以推进孤儿保障工作的开展（见表3）。

表3　各省份出台推进孤儿保障工作的实施方案

地区	保障对象	措施
浙江①	福利机构养育的孤儿、社会散居孤儿、事实无人抚养的困境儿童	建立“孤儿基本生活费标准自然增长机制”，并实行城乡统筹
河北②	父母双亡或查找不到生父母、父母双方重残或服刑、父母一方死亡另一方失踪、父母一方死亡另一方重残或服刑、父母一方失踪另一方重残或服刑、父母一方重残另一方服刑和艾滋病病毒感染的未成年人	建立了“全面落实孤儿基本生活保障制度”
山东	受艾滋病影响的儿童、服刑人员子女、父母重度残疾的儿童	出台《关于加强孤儿保障工作的意见》《关于建立困境儿童基本生活保障制度的意见》，山东省民政厅还建立了联系孤儿制度
甘肃③	无法定抚养人、查找不到生父母的儿童	建立孤儿保障标准自然增长机制
广东④	查找不到生父母、无法定抚养人的儿童	完善孤儿基本生活保障制度
黑龙江⑤	福利机构养育的孤儿（含艾滋病病毒感染儿童）和社会散居儿童	建立孤儿基本生活费发放制度，要求各孤儿所在地建立孤儿生活费自然增长机制

注：①《我省孤儿和困境儿童基本生活费保障标准》，2016 年 9 月 28 日，浙江省民政厅网站：http：//www. zjmz. gov. cn/il. htm？ a = si&id = 8aaf80155755b70901576ff03b900224。

②《河北省关于加强困境儿童保障工作的实施意见》（冀政发〔2016〕41 号），2016 年 9 年 9 日，河北省人民政府网：http：//info. hebei. gov. cn/eportal/ui？ pageId = 1962757&articleKey = 6660027&columnId = 329982。

③《甘肃省人民政府关于加强困境儿童保障工作的实施意见》（甘政发〔2016〕81 号），2016 年 9 月 28 日，甘肃省人民政府网：http：//www. gansu. gov. cn/art/2016/9/28/art_ 4827_ 287044. html。

④《广东省人民政府关于加强困境儿童保障工作的实施意见》（粤府〔2016〕12），2016 年 12 月 6 日，广东省人民政府网：http：//zwgk. gd. gov. cn/006939748/201612/t20161214_ 685449. html。

⑤朱作杰：《黑龙江省孤儿基本生活费省级财政补贴标准每人每月提高 100 元》，2016 年 1 月 4 日，黑龙江省人民政府网：http：//www. hlj. gov. cn/zwfb/system/2016/01/04/010755087. shtml。

第三，特困人员救助供养。《国务院关于进一步健全特困人员救助供养制度的意见》（国发〔2016〕14 号）中指出，要对特困人员实行集中供养，主要由儿童福利机构集中供养。各地也陆续开展了试点工作，如宁夏银川由市未成年人救助保护

① 杨亮：《2016 年孤儿基本生活保障补助资金 19. 4 亿元下达》，《光明日报》2016 年 8 月 11 日，第 4 版。

中心牵头，开展困境儿童救助保护试点工作。[①] 福建省则将无劳动能力、无生活来源、法定抚养人无抚养能力的未满16周岁的儿童全部纳入特困人员救助供养范围。[②] 这些有益尝试，对于完善对特困人员的救助具有重要意义。

第四，最低生活保障。标准的构建是有效保障困境儿童权利实现的重要工作，为此各地相继出台政策，就不同类型的困境儿童制定了不同的最低生活保障标准，并分别以当地低保标准、上年度城镇居民家庭人均消费性支出、儿童福利机构孤儿基本生活费等为依据，要求不能低于上述标准（见表4）。

表4　各省份出台困境儿童的最低生活保障标准

地区	最低标准
浙江	其中福利机构养育的孤儿年基本生活费标准按不低于当地上年度城镇居民家庭人均消费性支出的70%确定，目前最低为每人每月600元；社会散居孤儿年基本生活费标准按不低于当地儿童福利机构孤儿基本生活费标准的60%确定[①]
天津	确定孤儿基本生活费标准为本市城市低保标准的3倍。保障标准由2011年的每人每月1440元提高到2016年的2340元。2016年市区两级财政部门安排资金1700万元[②]
北京	对儿童福利机构集中养育的孤儿弃婴，按照每人每月2000元标准发放生活费；对事实无人抚养的儿童，按照每人每月1800元标准发放生活费[③]
广东	全省事实无人抚养儿童基本生活保障金发放标准为每人每月500元[④]
江西	参照上年度城镇居民人均消费性支出水平，不得低于省定最低养育标准[⑤]
福建	孤儿基本养育标准为社会散居孤儿至少每人每月900元，机构供养孤儿至少每人每月1500元[⑥]

注：①《我省孤儿和困境儿童基本生活费保障标准》，2016年9月28日，浙江省民政厅网站：http：//www. zjmz. gov. cn/il. htm? a = si&id = 8aaf80155755b70901576ff03b900224。

②《市财政多措并举保障困境儿童基本生活》，2016年9月22日，天津财政地税政务网站：http：//www. tjcs. gov. cn/art/2016/9/22/art_ 4_ 28061. html。

③《北京市民政局　北京市财政局关于发放困境儿童生活费的通知》（京民福发〔2016〕430号），2016年11月4日，北京市民政局网站：http：//www. bjmzj. gov. cn/news/root/gfxwj_ shflsy/2016 - 11/120870. shtml。

④《关于建立事实无人抚养儿童基本生活保障制度的通知》（粤民发〔2016〕45号），2016年3月16日，广东省民政厅网站：http：//zwgk. gd. gov. cn/006940175/201604/t20160411_ 651134. html。

⑤《江西省人民政府关于加强困境儿童保障工作的实施意见》（赣府发〔2016〕41号），2016年10月25日，江西省民政厅网站：http：//www. jxmzw. gov. cn/system/2016/10/31/015339008. shtml。

⑥《福建省人民政府关于加强困境儿童保障工作的实施意见》（闽政〔2016〕53号），福建省人民政府网：http：//www. fujian. gov. cn/zc/zxwj/szfwj/201611/t20161121_ 1232079. htm。

---

① 束蓉：《“三位一体”救助困境儿童》，《银川晚报》2016年4月8日，第10版。

② 《附件三类儿童　可获特困人员救助》，2016年11月23日，新华网：http：//www. fj. xinhuanet. com/shidian/2016 - 11/23/c_ 1119968353. htm。

第五，临时救助。各省份积极构建起对遭遇突发性、紧迫性、临时性基本生活困难家庭儿童的临时救助制度，从生活、医疗、教育、返乡等多方面主动提供救助，并努力逐步提高救助水平。甘肃、吉林、江西、福建、云南、重庆等省份均在其《关于加强困境儿童保障工作的实施意见》中对困境儿童的临时救助进行了相应规定。

第六，重残护理补贴。针对重残、重病、家庭监护缺失儿童以及父母重病家庭儿童，各地也积极推出了各项相关制度加以保障。例如，山东省逐步扩大困境儿童福利覆盖面，将因自身重残、患重病或罕见病陷入困境的儿童纳入保障范围，将父母因自身困境或家庭困境无法履行抚养义务的儿童逐步纳入保障范围，并建立起儿童营养干预和补助制度，逐步提高农村义务教育寄宿制学校家庭经济困难学生的生活补助水平。① 河南省政府办公厅在印发的《2016 年河南省贫困残疾儿童抢救性康复工程实施方案》（豫政办〔2016〕36 号）中指出，将重点实施 7 个项目，为 1.5 万名贫困残疾儿童提供手术、康复训练以及佩戴假肢、矫形器等辅助器具。② 河北省也逐步构建起针对重残、重病、家庭监护缺失儿童以及父母重病家庭儿童的基本生活保障制度。③

2. 保障基本医疗

第一，城乡医疗保险向困难儿童倾斜。浙江省支持困境儿童参加城乡居民医疗保险，个人缴费部分由财政给予兜底。新疆困境儿童参加城镇居民基本医疗和新农合参保率达到 99.6%。第二，大病保险向困难儿童倾斜。湖北省要求重点加大对重病、重残儿童的救助力度，至今已投入 8200 多万元，累计实施“残疾孤儿手术康复明天计划”4291 例，已有 600 多名社会脑瘫儿童在三个基地得到康复训练。新疆通过实施“明天计划”“光彩明天”“福康工程”

① 《山东省人民政府关于印发山东省妇女发展“十三五”规划和山东省儿童发展“十三五”规划的通知》（鲁政字〔2016〕161 号），2016 年 8 月 10 日，山东省人民政府网：http：//www. shandong. gov. cn/art/2016/8/10/art_ 285_ 10546. html。

② 《河南省政府办公厅印发 2016 年河南省贫困残疾儿童抢救性康复工程实施方案》，2016 年 4 月 6 日，河南省人民政府网：http：//www. henan. gov. cn/zwgk/system/2016/04/25/010637176. shtml。

③ 《河北省关于加强困境儿童保障工作的实施意见》（冀政发〔2016〕41 号），2016 年 9 年 9 日，河北省人民政府网：http：//info. hebei. gov. cn/eportal/ui? pageId = 1962757&articleKey = 6660027&columnId = 329982。

等公益康复救助项目，为1.1万余名困境儿童实施免费手术和康复治疗。第三，医疗救助提高报销比例和封顶线，即在医疗救助中按最高报销比例和最高封顶线报销。从2015年开始，浙江省将戈谢病、渐冻症、苯丙酮尿症等罕见病特殊用药纳入大病保险范围，进一步减轻了困境儿童的医疗负担。

3. 强化教育保障

第一，家庭经济困难儿童可以享受教育资助政策、义务教育阶段“两免一补”政策。甘肃省实施“9+1”精准扶贫教育专项支持计划[①]，湖南等省也出台了相应政策，如政府对家庭经济困难的儿童提供12年免费教育。第二，残疾儿童，享有随班就读支持保障。重庆各区县制定《随班就读工作实施细则》，2016年全市各区县基本建成特教资源中心，资源教室的建设在50%以上，全市适龄残障儿童和自闭症儿童义务教育入学率在93%以上。[②] 第三，将流动儿童义务教育纳入各级政府教育发展规划和财政保障范畴，并规定可以在流入地参加升学考试并享受中等职业教育免学费政策。广东省制定相关政策，要求各级政府将农业转移人口及其他常住人口随迁子女的义务教育纳入其发展规划和财政保障范畴，并完善和落实其升学考试政策，为符合条件的随迁子女落实中等职业教育免学费政策。[③]

4. 落实监护责任

《意见》中将监护权不明的困境儿童纳入孤儿安置渠道，分别采取失去父母或者查找不到生父母的儿童，由亲属抚养、机构养育、家庭寄养和依法收养方式妥善安置；被人民法院指定的由该机构担任监护人的儿童，由民政部门设立的儿童福利机构抚养；服刑、强制戒毒人员等缺少监护人的未成年子女，由儿童福利机构、救助保护机构提供帮助。为此，许多地方制定了地方性政策，如内蒙古出台的相应政策中就指出将失去父母、查找不到生父母的儿童纳入孤儿安置渠道，采取亲属抚养、家庭寄养和依法收养方式妥善安置，以确保困境

---

① 宋振峰：《让每一名贫困生都接受良好教育——我省大力实施“9+1”精准扶贫教育专项支持计划》，《甘肃日报》2016年11月7日，第1版。

② 胡航宇：《重庆确保残疾儿童随班就读》，《中国教育报》2016年9月28日，第3版。

③ 《广东省人民政府关于加强困境儿童保障工作的实施意见》（粤府〔2016〕129号），2016年12月6日，广东省人民政府网：http：//zwgk. gd. gov. cn/006939748/201612/t20161214_685449. html。

儿童健康成长。[1] 这一制度设计，通过临时或长期转移监护权的方式，有效保障了监护权不明的困境儿童的合法权利。

（四）建立健全保障工作体系

按照《意见》，各地要构建起县乡（镇）村三级工作网络，建立部门协作联动机制，充分发挥群团组织作用，为此各地积极建立相应机制，逐步建立健全相应的工作体系。

1. 构建县乡（镇）村三级工作网络

《意见》要求县级政府负责建立强制报告、应急处置、评估帮扶、监护干预等机制；乡镇一级建立困境儿童信息台账；村（居）民委员会设立儿童福利督导员或儿童福利主任。各地积极落实上述要求，一方面积极落实县级政府职责，2016 年，浙江省已在所有县市建立儿童福利督导制度、设立兼职或者专职儿童福利督导员。获得儿童福利督导员证书的约有 2 万人，他们具体负责排查各类困境儿童的基本情况，为儿童建立独立档案和联系卡；定期走访困境儿童家庭，了解其困难，及时回应诉求；指导和督促监护人履行监护职责，形成督导日志，向上级指导中心反映工作动态；帮助困境儿童及家庭联系相应部门。另一方面，构建县乡村三级工作网络，积极形成合力。浙江、云南等省建立健全纵贯市、县、乡、村，横联民政、教育、公安等部门的儿童信息管理平台，实现动态管理，确保所有儿童都在动态监测范围内。[2] 同时，云南省还将儿童之家作为服务困境儿童的新平台，通过政府购买服务或设置公益性岗位的方式，实现每个村（居）民委员会至少选配一名村（居）民委员、大学生村官或专业社会工作者担任儿童福利督导员，依托儿童之家负责本区域儿童的日常工作。[3]

---

① 《内蒙古出台意见保障七类困境儿童健康成长》，2016 年 12 月 18 日，内蒙古新闻网：http：//inews. nmgnews. com. cn/system/2016/12/18/012221875. shtml。

② 《浙江省民政厅关于进一步完善基层儿童福利服务体系建设的通知》（浙民儿〔2016〕28 号），2016 年 6 月 28 日，浙江省嘉兴市人民政府网：http：//www. jiaxing. gov. cn/smzj/zcwj_ 5510/zcjd_ 5513/201606/t20160628_ 616384. html。

③ 庞明广：《云南为困境儿童织起县乡村三级“保障网”》，2017 年 1 月 1 日，新华网：http：//www. yn. xinhuanet. com/2016lookyunnan/20170101/3603877_ c. html。

2. **建立部门协作联动机制**

根据《意见》，各省份要逐步构建起由民政部门、妇儿工委办公室牵头，由教育、卫生计生、人力资源社会保障等有关部门和公安机关、残联组织等联合保障的联动机制。广东省民政厅在贯彻落实《意见》时，要求省民政厅和省妇儿工委办公室牵头，与教育、公安、财政、卫生计生、残联等部门建立信息共享和协调联动机制，统筹做好该省困境儿童保障政策的落实工作。① 吉林省民政厅在开展全省困境儿童摸底排查工作中，采取了主动协调公安及城管部门，及时掌握流动人群动态，切实做好流浪儿童防控工作的有效措施。② 湖南省政府要求各部门联动，构建起“一门受理、协同办理”的工作机制。③

3. **充分发挥群团组织的作用**

实践中，各级群团组织发挥自身优势，广泛开展各种服务，起到了示范带动作用。重庆市北碚区发挥群团优势，实施困境儿童关爱活动，具体包括“一对一”结对帮扶，以村居妇联干部为主体与需要帮助的孩子结成“1 +1”帮扶对子，“爱心妈妈”对孩子们实施“六个一”的关爱服务，建立困境儿童成长档案，帮助全区的 48 名困境儿童。建立“爱心妈妈”微信群，沟通和分享交流教育方法。征集和实现“微心愿”，由区妇联牵头，整合巾帼文明示范岗组、政协委员、人大代表、女企业家等社会力量，认领实现孩子们的微心愿。开展心理团辅活动。发挥西南大学优势，为困境儿童开展心理团辅活动。④

（五）加强困境儿童工作保障

1. **加强组织领导**

有关部门积极加强组织领导，为困境儿童工作顺利开展提供有力保障。

---

① 《广东省民政厅组织参加民政部贯彻落实〈国务院关于加强困境儿童保障工作的意见〉视频会议》，2016 年 7 月 14 日，广东省民政厅网站：http：//www. gdmz. gov. cn/gdmz/mzyw/201607/2be21b974f3f48898252b27a9a5bd407. shtml。

② 张宝俊、姚瑞波：《综合施策，切实保障好困境儿童的生活权益》，2016 年 9 月 26 日，吉林省民政厅网站：http：//mzt. jl. gov. cn/dfxx/201609/t20160926_ 2437448. html。

③ 《湖南省人民政府关于加强困境儿童保障工作的实施意见》，（湘政发〔2016〕26 号），2016 年 11 月 29 日，湖南省人民政府网：http：//www. hunan. gov. cn/2015xxgk/fz/zfwj/szfwj/201611/t20161130_ 3506025. html。

④ 《重庆市北碚区四举措实施困境儿童关爱活动》，2016 年 8 月 7 日，光明网：http：//news. gmw. cn/newspaper/2016 -08/07/content_ 114990640. htm。

2016年，民政部为了加强对未成年人的保护，充分发挥自身职能优势，首次就未成年人保护工作设立专门业务处——未成年人（留守儿童）保护处。并有效利用社会救助、社会福利、社会组织、社区建设、社会工作等民政优势资源，以推动家庭保护、学校保护、社会保护和司法保护的有序衔接。[①] 随后，湖南省召开未成年人（留守儿童）关爱保护工作推进会，强调要构建长效机制，履行牵头职责，整合各方资源，从严落实好相关政策。[②] 张家界市人民政府也结合实际，建立了未成年人（农村留守儿童）关爱保护工作联席会议制度，促进相关政策的落实。[③]

2. 强化能力建设

2016年5月27日，最高人民检察院召开了“未成年人检察工作30年”主题发布会，指出各级检察机关积极建立健全未成年人保护执法工作衔接配合机制和社会化工作体系，发挥党委、政府、社会、公众等在未成年人保护社会化工作体系建设中的作用，以共同开展对涉案未成年人的帮教、救助和犯罪预防工作。[④]

3. 强化宣传引导

2016年6月17日，民政部举行了困境儿童保障政策专题新闻发布会，对《意见》有关情况进行介绍，并从贯彻落实角度加以解读。[⑤] 7月8日，民政部会同国务院妇儿工委办公室、教育部、公安部、财政部、卫生计生委等有关部门和中国残联，在北京召开全国贯彻落实《意见》的视频会议，既对工作进行了全面部署，又强化了对困境儿童保障工作的宣传引导。[⑥] 各地也积极开展

① 《民政部设立未成年人（留守儿童）保护处》，2016年2月26日，民政部门户网站：http：//www. mca. gov. cn/article/zwgk/mzyw/201602/20160200880488. shtml。

② 《湖南省召开未成年人（留守儿童）关爱保护推进工作会》，2016年12月15日，民政部门户网站：http：//www. mca. gov. cn/article/zwgk/dfxx/201612/20161200002701. shtml。

③ 《张家界市人民政府办公室关于建立张家界市未成年人（农村留守儿童）关爱保护工作联席会议制度的通知》，张家界市人民政府网：http：//www. zjj. gov. cn/c693/20161008/i71615. h。

④ 戴佳：《最高检召开新闻发布会通报未成年人检察工作30年有关情况》，《检察日报》2016年5月28日，第1版。

⑤ 《民政部举行困境儿童保障政策专题新闻发布会》，2016年6月17日，中央政府门户网站：http：//www. gov. cn/xinwen/2016－06/17/content_ 5083209. htm。

⑥ 《民政部与相关部门联合召开全国贯彻落实困境儿童保障工作意见视频会议》，2016年7月8日，民政部门户网站：http：//www. mca. gov. cn/article/zwgk/mzyw/201607/20160700001115. shtml。

多种形式的宣传活动，如山东省出台相应文件表示要注重宣传引导，并通过报刊、网络、微信、政务公开栏等多种形式加强政策宣传，同时加大对优秀工作人员的激励力度，将从事儿童福利工作的社会工作者纳入“齐鲁和谐使者”选拔范围，充分发挥先进典型的示范带动作用。[①]

二　困境儿童权利保障面临的挑战

（一）相关法律尚待完善

第一，困境儿童权利保障的法律体系不完整。目前，对困境儿童权利的保障主要基于我国《宪法》、《婚姻法》、《收养法》、《未成年人保护法》、《预防未成年人犯罪法》和《家庭寄养管理办法》中的有关规定，但对困境儿童的权利保障以及相应的法律责任规定不明确，缺乏可操作性。同时，上述法律未能覆盖所有类型的困境儿童。第二，困境儿童权利保障的法律措施亟待完善。目前对困境儿童权利保障的主体范围、途径、措施以及法律责任等尚不明确，困境儿童的分类保障制度、临时救助制度、监护权转移制度等亟待完善。第三，困境儿童权利保障多依靠政策性规定，缺乏刚性约束和规范性要求，困境儿童的权利保障水平仍需要通过法治化提高。

（二）部门间的协作联动亟待加强

困境儿童权利保障工作中尚存在部门多、协作联动不足、资源整合力度不够等问题。根据《意见》规定，作为一项复杂的系统工程，困境儿童权利保障工作的开展往往涉及民政、教育、公安、司法、妇联、工委、共青团等多个部门。各部门间的协作联动缺失，使工作往往出现片段化、分散化的局面，无法有效整合资源，也无法发挥各部门的优势力量。对困境儿童的各项权利保障分归不同部门管理，这种松散的组织形式，影响了数据等资源的有效共享，也影响了各部门合力的发挥。

---

① 《山东省人民政府关于贯彻国发〔2016〕36 号文件 加强困境儿童保障工作的实施意见》（鲁政发〔2017〕5 号），2017 年 3 月 3 日，山东省人民政府网：http：//www. shandong. gov. cn/art/2017/3/3/art_ 285_ 12341. html。

（三）社会力量的参与渠道不畅通

目前，困境儿童权利保障工作从政策制定到资金投入再到实际执行都主要由政府负责。这一方面增加了地方财政压力，另一方面也抑制了社会力量的发展和在困境儿童保障工作中作用的发挥。目前，社会组织在参与困境儿童权利保障工作中，尤其在政府向社会组织购买服务的过程中，仍存在以下问题。第一，政府认识不到位、资金投入有限使用受限、购买机制滞后、购买流程欠规范、社会工作服务机构能力待发展、风险防范较为薄弱等。这主要是因为顶层制度设计不健全造成真空地带，从而给各地在具体工作推进中带来诸多困惑。第二，政府购买服务的资金保障责任不明确。资金来源包括：政府财政预算、福彩公益金、行政性事业收费、专项资金等。由于资金拨付程序较复杂、时间较长，经常出现资金不能及时到位的情况。第三，存在政府如何界定向谁购买、如何购买、购买什么内容的服务、所购买服务的质量和数量如何、如何评价购买服务效果，以及社会工作服务机构接受购买服务后的服务传递等问题。第四，政府购买服务的评估主体、评估方式单一，目前多由政府主导，在服务实施后再评估，前置性评估及随机评估较为少见，而这种单一主体的事后评估机制，会增加项目的不可控风险。

三　思考与建议

（一）完善困境儿童保障立法体系

首先，尽快出台专门法律，进一步健全和完善我国困境儿童的权利保障法律体系。在《中国儿童发展纲要（2011－2020年）》及各地出台的相关政策的基础上，结合各地在困境儿童分类管理及帮助的实践经验，把困境儿童作为一个特殊主体，把目前形式较为零散、内容尚待完善的法律制度加以整合和规范，包括困境儿童监护干预、监护权撤销与转移制度以及相应的法律责任等，为困境儿童的权利保障提供更高位阶的制度支持。

（二）加强部门协作，优化保障机制

首先，要进一步明确相关部门的职责分工，即在各级民政部门、妇儿工委

办公室有效发挥带头作用的基础上，根据教育、卫生计生、人力资源社会保障、住房城乡建设等有关部门和公安机关、残联组织的工作特点，结合各自资源优势，明确范围，细化分工，分步骤、有计划地落实好困境儿童保障工作，避免相互推诿，相关政策、措施无法落实的情况出现。其次，健全困境儿童保障工作联席会议制度等，加强各部门间的协作联动机制，实现信息互通、资源共享、无缝对接，以提高困境儿童权利保障工作的效率。最后，进一步明确政府、企业、社会组织在困境儿童权利保障工作中的地位和作用，积极创新合作机制。

（三）规范购买服务，鼓励社会参与

政府向社会组织购买困境儿童权利保障的相关服务，是社会力量参与其中的重要途径。为此，要通过明确的购买机制，畅通社会力量的参与渠道。第一，明确困境儿童权利保障服务的购买者、承接者、使用者、评估者之间的关系，科学构建多元主体合作机制；确立制度化的政府购买公共服务行为；规定政府购买困境儿童权利保障服务的范围和标准、购买的方式和程序、购买的资金支持形式、服务购买的监督管理和绩效评估标准，以及承接者资质认定及退出机制等。第二，将政府购买困境儿童权利保障服务资金列入政府的经常性预算；并建立起相关财政投入的稳步增长机制。同时，为政府购买服务设置专门的资金拨付通道。第三，引入竞争机制，增加招标的透明度。例如，实行多方招标，公开招标的资质条件、时间限制等；完善相关财政拨款制度、预算制度、税收制度；明确招投标明细规则、项目评估制度和监控制度及违约责任等。第四，构建前置性评估机制，如随机和定期评估等，设立专门的评估部门随机到访进行评估监测；引入第三方评估机制，建议第三方评估机构在项目立项阶段即介入；将评估结果作为政府将来购买社会组织服务立项及审核承接机构的依据。

B.16 反校园欺凌和校园暴力与儿童青少年人权保障

周伟　杨志勇*

摘　要：2016年，我国明确反校园欺凌和校园暴力综合治理重点，强化校园欺凌和校园暴力治理指导和落实监督；落实校园欺凌和校园暴力治理措施，开展专项治理行动；强化反校园欺凌和校园暴力司法保障，发挥法治惩戒和教育作用；构建反校园欺凌和校园暴力立体防治体系，强化校园欺凌和校园暴力综合治理效果；推进防治校园欺凌和校园暴力法治教育，开展法治进校园活动。我国反校园欺凌和校园暴力仍然面临法律措施需进一步完善，人权保障理念需进一步提升，社会观念需加强，专业机构预防和制止措施需发挥应有作用等问题。

关键词：校园欺凌　校园暴力　儿童青少年权利　法律保障

反校园欺凌和校园暴力是促进儿童青少年身心健康发展的重要课题，也是我国儿童青少年人权保护的重要内容。儿童青少年处于人生发展尚未成熟的阶段，其享有的生存权、发展权、不受伤害等权利应当受到额外的保护。校园欺凌和校园暴力如羞辱、辱骂、孤立、拒绝、威胁、冷

* 周伟，法学博士，西南政法大学特聘教授，四川大学西部边疆安全中心学教授，主要研究方向为宪法、人权法、民族法学；杨志勇，四川大学西部边疆中心博士研究生，主要研究方向为社会学、民族法学。

漠、贬损人格等，不仅损害儿童青少年的人格尊严、人身自由、人身安全等权利，还可能对儿童青少年的心理、道德等方面的发展产生极为不利的影响。

我国校园欺凌和校园暴力近年来呈上升趋势，不少已构成违法犯罪，严重危害儿童青少年身心健康。2013～2015 年，在我国各级人民法院审结的 100 件校园欺凌和校园暴力案件中，针对人身伤害的暴力占到 88%，实际造成被害人重伤、死亡严重后果的高达 67%。① 这些事实表明，反校园欺凌和校园暴力，保护儿童青少年的人权刻不容缓。

反校园欺凌和校园暴力需要从多方面着手，既要发挥教育机构在反校园欺凌和校园暴力中的主体作用，也要发挥法律的惩戒和威慑作用。教育机构是儿童青少学习、活动和成长的主要环境，既负有预防、制止和消除暴力现象，保护儿童青少年免受暴力侵害的法律义务，也承担营造保障儿童青少年的尊严和成长的安全环境的法律责任。同时，校园欺凌和校园暴力危害儿童青少年的人身安全，危害后果严重的构成违法犯罪，必须通过司法程序予以制裁，切实保护儿童青少年免受欺凌。

2016 年，我国加大了反校园欺凌和校园暴力的治理力度，开展反校园欺凌专项行动、健全反校园暴力防治法律保障、强化法治教育及日常管理，切实保障儿童青少年的人权。

一　反校园欺凌和校园暴力保障儿童青少年权利的新进展

2016 年，我国从完善反校园欺凌和校园暴力措施体系、实施反校园欺凌和校园暴力各项计划、推进校园法治教育、强化反校园欺凌和校园暴力的道德教育和司法制裁、构建防治立体管理体系等方面入手，加强反校园欺凌和校园暴力的力度，营造保障儿童青少年健康成长和全面发展的安全校园环境和社会环境。

① 《完善制度 强化治理　有效遏制校园暴力》，《人民法院报》2016 年 6 月 2 日，第 8 版。

（一）明确反校园暴力综合治理的重点，强化校园欺凌和校园暴力治理指导和监督

各级政府十分重视校园欺凌和校园暴力的治理。2016 年，国务院总理李克强要求："教育部要会同相关方面多措并举，特别是要完善法律法规、加强对学生的法制教育，坚决遏制漠视人的尊严与生命的行为。"① 2016 年 11 月，李克强在第六次全国妇女儿童工作会议上指出："要进一步加大执法监督和政策执行力度，严厉打击校园欺凌、暴力、虐待、性侵、拐卖等侵害妇女儿童权利的违法犯罪行为。"②

教育部等八部委发布政策措施，明确了反校园欺凌和校园暴力的重点，加强了校园欺凌和校园暴力综合治理的指导和监督。

第一，明确对校园欺凌和校园暴力的"零容忍"原则。教育部《依法治教实施纲要（2016－2020 年）》（教政法〔2016〕1 号）中明确提出："对校园欺凌、性侵犯学生等违法犯罪行为建立'零容忍'机制，加强部门合作，会同政法部门依法严肃查处。"

第二，加强反校园欺凌和校园暴力的防治指导。2016 年，教育部会同中央综治办、最高人民法院、最高人民检察院、公安部、民政部、司法部、共青团中央、全国妇联等部门联合印发《关于防治中小学生欺凌和暴力的指导意见》（教基一〔2016〕6 号）（以下简称《意见》），要求加强教育预防、依法惩戒和综合治理，切实防止学生欺凌和暴力事件的发生。一方面明确反校园欺凌和校园暴力的重点。明确反校园欺凌和校园暴力要"积极有效预防学生欺凌和暴力""依法依规处置学生欺凌和暴力事件""切实形成防治学生欺凌和暴力的工作合力"。另一方面建立综合防治的工作体系。建立政府统一领导、相关部门齐抓共管、学校家庭社会三位一体的综合防治机制，强调各地要把防治学生欺凌和暴力工作作为全面依法治国，建设社会主义和谐社会的重要任务。此外，为了确保三位一体综合防治机制的有效运作，《意见》还要求建立

---

① 《李克强对近期校园暴力频发作出重要批示》，人民网：http：//edu. people. com. cn/n1/2016/0612/c1053－28427689. html。

② 《李克强：严厉打击校园欺凌等违法犯罪行为》，中华人民共和国中央人民政府网站：http：//www. gov. cn/guowuyuan/2016－11/18/content_ 5134310. htm。

学校、家庭、社区（村）、公安、司法、媒体等各方面沟通协作机制，畅通信息共享渠道。

第三，加强对反校园欺凌和校园暴力工作落实情况的督导。2016 年，国务院教育督导委员会办公室印发《中小学（幼儿园）安全工作专项督导暂行办法》（以下简称《办法》），提出重点督查治理教育等相关职能部门、中小学对防溺水、交通事故、校园欺凌和暴力行为、涉校涉生违法犯罪和心理、行为咨询与矫治等重点问题的预防与应对情况。[①]

（二）落实校园欺凌和校园暴力治理措施，开展专项治理行动

为落实校园欺凌和校园暴力综合治理各项措施，实现校园欺凌和校园暴力综合治理效果，2016 年，国务院教育督导委员会办公室发布《关于开展校园欺凌专项治理的通知》（国教督办函〔2016〕22 号，以下简称《通知》），要求各地对全国中小学校（含中等职业学校）开展校园欺凌专项治理活动，针对发生在学生之间，蓄意或恶意通过肢体、语言及网络等手段，实施欺负、侮辱造成伤害的校园欺凌进行专项治理。各地校园欺凌和暴力专项治理行动分批分阶段展开（见表 1）。

本次专项整治既重视制度的构建和完善，又重视校园安全和法治教育，旨在建立消除校园欺凌和校园暴力的长效机制，具有注重校园欺凌和校园暴力治理的全面性、综合性、长效性的特点。第一，分类健全校园安全规章制度。包括制定关于校园欺凌的预防和处理制度，制定校园欺凌事件应急处置预案，明确校园安全岗位教职工预防和处理校园欺凌的职责等。第二，完善反校园暴力综合防治体系。包括加强校园欺凌治理的人防、物防和技防建设，利用心理咨询室开展学生心理健康咨询和疏导，公布学生救助或校园欺凌治理的电话号码并明确负责人。第三，及时处置校园欺凌和校园暴力事件。包括及时发现、调查和处置校园欺凌和校园暴力事件，建立校园欺凌和校园暴力事件及时报告制度，及时向公安及司法机关报告校园违法犯罪行为。第四，加强校园安全和法制教育。各校集中对学生开展以校园欺凌治理为主题的专题教育，组织教职工集中学习对校园欺凌事件预防和处理的相关政策、措施和方法等。

---

① 《〈中小学（幼儿园）安全工作专项督导暂行办法〉通知》，人民网：http：//politics. people. com. cn/n1/2016/1216/c1001 –28954691. html

表 1　2016 年部分省（区、市）关于开展校园欺凌专项治理配套性文件

地区	发布时间	规范文件	地区	发布时间	规范文件
北京	12 月 23 日	《北京市教育委员会、北京市人民政府教育督导室关于在中小学进一步开展防治学生欺凌和暴力教育的通知》京教函〔2016〕605 号	北京	6 月 20 日	《关于建立北京市校园欺凌专项治理工作月报制度的通知》
福建	5 月 17 日	《福建省教育厅关于开展校园欺凌专项治理的通知》（闽教督〔2016〕7 号）	陕西	5 月 16 日	《陕西省开展校园欺凌专项治理实施方案》（陕政督团〔2016〕14 号）
天津	5 月 25 日	《市教委关于在全市教育系统开展校园欺凌专项治理的通知》（津教委办〔2016〕64 号）	河南	5 月 23 日	《河南省教育厅、河南省人民政府教育督导委员会办公室关于转发国务院教育督导委员会办公室开展校园欺凌专项治理的通知》（教办〔2016〕393 号）
山东	5 月 10 日	《关于转发〈国务院教育督导委员会办公室关于开展校园欺凌专项治理的通知〉的通知》（鲁教督〔2016〕21 号）	四川	5 月 25 日	《四川省教育厅、四川省人民政府教育督导委员会办公室关于开展校园欺凌专项治理的通知》（川教函〔2016〕287 号）
江苏	9 月 1 日	《关于切实做好校园欺凌专项治理第二阶段工作的通知》（苏教督委办函〔2016〕8 号）	上海	5 月 27 日	《上海市教育委员会、上海市人民政府教育督导室关于落实〈国务院教育督导委员会办公室关于开展校园欺凌专项治理的通知〉的通知》（沪教委督〔2016〕16 号）
安徽	5 月 12 日	《安徽省人民政府教育督导委员会办公室关于开展校园欺凌专项治理的通知》（皖教督函〔2016〕47 号）	江西	5 月 27 日	《关于印发〈全省中小学校园欺凌专项治理工作方案〉的通知》（赣教办函〔2016〕112 号）
广西	5 月 18 日	《广西壮族自治区人民政府教育督导委员会办公室关于印发开展校园欺凌专项治理实施方案的通知》（桂教督委办〔2016〕24 号）	浙江	5 月 23 日	《浙江省教育厅办公室关于开展校园欺凌专项整治的通知》（浙教办督〔2016〕62）

资料来源：部分省（区、市）政府网站。

（三）强化反校园欺凌和校园暴力司法保障，发挥法治的惩戒和教育作用

第一，依法处理和制裁校园欺凌和校园暴力违法犯罪。对实施欺凌和暴力的学生，学校、公安机关、检察机关、人民法院等要采取及时报告、批评教育、警示谈话、警示教育、将表现记入学生综合素质评价、转入专门学校、责令监护人严加管教、收容教养，直至追究刑事责任等措施；对情节恶劣、手段残忍、后果严重的欺凌和暴力事件，必须坚决依法惩处；对校外成年人教唆、胁迫、诱骗、利用在校中小学生违法犯罪的行为，依法从重惩处。全国检察机关依法打击校园暴力犯罪，对在校学生实施严重暴力犯罪，情节恶劣、手段残忍、后果严重的，依法批捕起诉。同时加强对被害人的救助工作及对涉罪未成年人的帮教工作（见表2）。

表2　2016年全国检察机关对校园欺凌和暴力犯罪的处理情况

举措	处理情况
办理校园涉嫌欺凌和暴力犯罪案件	受理提请批准逮捕1881人，其中批准逮捕1114人、不批准逮捕759人
	受理移送审查起诉3697人，其中不起诉650人、起诉2337人
严打成年人组织、胁迫、引诱未成年学生实施校园欺凌和暴力犯罪	批准逮捕378人
	起诉646人
	监督公安机关立案8件涉及18人
对被害人开展救助工作	司法救助128人
	法律援助537人
	心理疏导476人
	身体康复311人
为涉罪未成年人制定个性化帮教方案	开展社会调查2586人
	提供法律援助2369人
	对符合条件的未成年犯罪嫌疑人、被告人依法封存犯罪记录
	附条件不起诉547人
	落实合适成年人到场2056人

资料来源：《防治校园欺凌和校园暴力》，最高人民检察院网：http：//www.spp.gov.cn/zdgz/tj/201703/t20170301_182757.shtml。

第二，提高检察机关办理校园暴力案件的专业化水平。一是成立独立的未成年人检察办案机构，由专职检察官办理未成年人刑事案件。截至 2016 年，全国已有 1960 个检察院成立了独立的未成年人检察办案机构，有编制的未成年人检察专门机构 1027 个，在公诉部门下设未成年人检察工作办公室、专业办案组 1400 多个。二是未成年人刑事案件由专职人员办理，办案人员职业化和专业化水平得到较大提高。全国有 7000 多名检察人员从事未检工作，其中绝大部分具有本科以上学历和心理咨询师资格，校园欺凌和暴力犯罪案件原则上由他们办理。[①][②] 三是加强对未成年人刑事案件的办案指导。2016 年 12 月，最高人民检察院发布了防治中小学欺凌和暴力工作的 10 个典型案事例，加强办理校园欺凌和校园暴力治理案件指导。[③]

（四）构建反校园欺凌和校园暴力立体防治体系，强化校园欺凌和校园暴力综合治理效果

第一，健全反校园欺凌和校园暴力防治工作制度。一是明确工作责任主体。校长是学校防治学生欺凌和暴力的第一责任人，分管法治教育的副校长和班主任是直接责任人。二是健全应急处置预案。包括早期预警、事中处理及事后干预等。三是重视预防校园欺凌和校园暴力，校园安全教育和法治教育常态化。四是落实岗位责任。重视安全培训，提高学校管理人员校园欺凌和校园暴力应对能力。五是建立及时报告制度。包括学校与家庭的沟通及严重暴力事件向公安及教育主管部门的汇报和处置。六是学校依法处置校园欺凌和校园暴力事件。包括对实施欺凌和暴力的学生及时采取批评教育、警示谈话、将表现记入学生综合素质评价，直至转入专门学校进行矫治等措施。七是强化追踪辅导。包括对问题学生及受害学生的心理辅导、行为辅导以及对受害学生的恢复性指导等。

---

① 《最高检：专门化专业化办理校园欺凌和暴力犯罪案件》，最高人民检察院网：http：//www. spp. gov. cn/zdgz/201612/t20161228_ 176980. shtml。

② 《最高检召开新闻发布会通报未成年人检察工作 30 年有关情况》，最高人民检察院网：http：//www. spp. gov. cn/zdgz/201605/t20160528_ 118986. shtml。

③ 《检查机关防治中小学欺凌和暴力工作典型案事例》，最高人民检察院网：http：//www. spp. gov. cn/zdgz/201612/t20161229_ 177053. shtml。

第二，强化学校周边综合治理。一是加大学校周边综合治理力度。实现人防、物防、技防在基层综治中心的深度融合，动员社会各方面力量做好校园周边地区安全防范工作。二是强化校园欺凌和校园暴力治理管理责任追究，督促各方积极履行职责。对中小学生欺凌和暴力问题突出的地区和单位，根据《中共中央办公厅、国务院办公厅关于印发〈健全落实社会治安综合治理领导责任制规定〉的通知》要求，通过通报、约谈、挂牌督办、实施一票否决权制等方式进行综治领导责任督导和追究。

第三，加强校园警务工作。《意见》要求公安机关在治安情况复杂、问题较多的学校周边设置警务室或治安岗亭，加强与学校的沟通协作，积极配合学校排查发现学生欺凌和暴力隐患苗头，并及时预防处置；加强学生上下学重要时段、学生途经重点路段的巡逻防控和治安盘查，对发现的苗头性、倾向性欺凌和暴力问题，要采取相应防范措施并通知学校和家长，及时干预，震慑犯罪。

第四，完善部门配套衔接机制。《意见》要求对实施欺凌和暴力的学生，学校、公安机关、检察机关、人民法院等要采取及时报告、批评教育、警示谈话、警示教育、将表现记入学生综合素质评价、转入专门学校、责令监护人严加管教、收容教养，直至追究刑事责任等措施。

（五）推进防治校园欺凌和校园暴力法治教育，开展法治进校园活动

2016 年 5 月，最高人民检察院与教育部联合印发《最高人民检察院　教育部关于开展“法治进校园”全国巡讲活动的方案》（高检会〔2016〕8 号）（以下简称《方案》）。全国巡讲活动向全国中小学生普及相应的法律常识，进行法治警示教育，推动他们进一步养成遵守法律的自觉意识和良好行为习惯，增强自我保护、防范不法侵害的能力，努力预防校园暴力欺凌案件发生，保障未成年人健康成长。

各地检察机关与学校、教育主管部门加强协作，推动校园法治教育的落实。2016 年，各级检察机关以案释法开展法治教育活动，7300 名检察官担任了中小学法治副校长，建立未成年人法治教育基地 2074 个，“法治进校园”巡讲直接覆盖 774 万余名学生。① 全国检察机关已经建立未成年人保护和犯罪

---

① 《防治校园欺凌和校园暴力》，最高人民检察院网：http：//www. spp. gov. cn/zdgz/tj/201703/t20170301_ 182757. shtml。

预防主题“两微一端”1100 多个。通过制作推送相关主题影视剧、微电影、微视频等未成年人喜闻乐见的新型法治教育作品等方式，正面宣传防治校园欺凌和暴力的典型案例，传播犯罪预防、自我保护、亲职教育等方面的法律知识（见表 3）。①

表 3　2016 年部分地区创新校园法治宣传模式提高法治宣传效果

地区	具体措施
安徽	组织开展了第十二届“律师、媒体、儿童”沙龙，邀请各界共同探讨身边的校园暴力现象、产生的原因及危害，并对如何预防支招献策①
湖南长沙	举办以“拒绝校园暴力，共建平安和谐校园”为主题的 2016 年湖南省青少年法治宣传教育周活动②
山东夏津	开展“送法进学校，模拟法庭现场情景普法”③活动
浙江青田	针对华侨子女举办“守护青春远离暴力”专题法制宣传讲座④
新疆喀什	建立“七个一”送法进校园制度，实现送法进校园活动常态化⑤
广东深圳	开展“普法教育宣传月 · 走进法制好学校”活动⑥
贵州	开展了“1 + X”校园普法活动，在充分发挥课堂教学主渠道作用的基础上，指导、鼓励地方和学校采取多种形式、通过多种渠道对学生开展法治宣传教育⑦
四川仁寿	检察院进校开展“以法为盾 · 抵御校园暴力”活动，并与县教育局签署“法治进校园”协议，陆续为全县在校师生讲解法律知识⑧

注：①《安徽开展预防校园暴力沙龙》，司法部网站：http：//www. moj. gov. cn/lsgzgzzds/content/2016 – 05/30/content_ 6651375. htm？ node = 283。

②《湖南启动青少年法治宣传教育周活动》，司法部网站：http：//www. moj. gov. cn/fzxcs/content/2016 – 09/20/content_ 6808919. htm？ node = 223。

③《送法进学校　模拟法庭现场情景普法》，司法部网站：http：//www. moj. gov. cn/fzxcs/content/2016 – 06/30/content_ 6695822. htm？ node = 273。

④《浙江省青田县检察官为华侨子女上法制课》，司法部网站：http：//www. moj. gov. cn/fzxcs/content/2016 – 08/10/content_ 6757131. htm？ node = 273。

⑤《“送法进校园”活动　增强青少年法治意识》，司法部网站：http：//www. moj. gov. cn/fzxcs/content/2016 – 10/28/content_ 6856752. htm？ node = 273。

⑥《创新校园普法形式　提升学生法治素养》，司法部网站：http：//www. moj. gov. cn/fzxcs/content/2014 – 12/29/content_ 5905950. htm？ node = 273。

⑦《贵州省积极构建青少年法治宣传教育新格局》，司法部网站：http：//www. moj. gov. cn/fzxcs/content/2016 – 11/26/content_ 6892826. htm？ node = 273。

⑧《四川仁寿：开展抵御校园暴力宣讲活动》，最高人民检察院网：http：//www. spp. gov. cn/dfjcdt/201701/t20170118_ 178968. shtml。

---

① 《最高检：专门化专业化办理校园欺凌和暴力犯罪案件》，最高人民检察院网：http：//www. spp. gov. cn/zdgz/201612/t20161228_ 176980. shtml。

二　主要问题和挑战

（一）预防校园暴力法律措施待完善

我国刑法第十七条规定，未满 14 周岁的未成年人不负刑事责任，已满 14 周岁未满 16 周岁的未成年人有限刑事责任的规定，致使大多数未满 14 周岁的未成年人实施校园欺凌和校园暴力行为，都不受刑法的惩戒。《中华人民共和国未成年人保护法》关于法律责任的部分条款，对校园欺凌和校园暴力的处罚偏轻；未成年人受到校园欺凌和校园暴力侵害后的发现、举报、救助、报告和处置等亟待完善。对在校学生实施的校园欺凌和校园暴力后果严重、情节恶劣但不构成犯罪的，要完善相应的法律，有效预防、威慑和予以法律制裁。

（二）反校园欺凌和校园暴力保障人权理念需提升

反校园欺凌和校园暴力是维护儿童青少年人权的必要措施。实施校园欺凌和校园暴力的学生虽然是儿童青少年，但其欺凌、暴力行为也侵犯了受害人的尊严、健康等人权。对实施校园欺凌和校园暴力的青少年要做到宽容而不纵容，既要做好教育、挽救工作，也要符合有效预防、惩罚校园欺凌和校园暴力的客观需要。从近几年处理的校园欺凌和校园暴力事件来看，一些地方认为校园欺凌和校园暴力是青少年成长过程中出现的小问题，没有意识到校园欺凌和校园暴力严重侵犯儿童青少年的人权。从保障儿童青少年人权的角度，健全预防、制止和惩戒校园欺凌和校园暴力的程序机制亟待加强，对被害人权利的保护还不够，对侵权人的纠正、惩戒有待改进。

（三）消除校园欺凌和校园暴力的社会观念要加强

反校园欺凌和校园暴力必须有具体的实施机制来保障。当前预防校园欺凌和校园暴力的问题主要有以下两点。首先，对儿童青少年反欺凌和校园暴力教育重视不够。学校反欺凌和校园暴力教育没有纳入常态化机制，现有的教育流于形式、方式单一、效果不佳。其次，早期反欺凌和暴力意识教育引导不足。很多地方的学校重视校园欺凌和校园暴力发生后的警示教育，但没有将案后的警示教育与案前的安全知识教育，正确的荣誉感、是非观、成就感，尊重人、敬畏生命等理念结合起来，也没有将营造崇尚礼仪、排斥粗野、拒绝暴力的校园文化作为消除校园欺凌和校园暴力的重中之重。家庭、社区、教育机构针对儿童青少年特点，开展早期的反欺凌反暴力知识、普及暴力危害、培育反暴力文化等，与建立消除校园欺凌和校园暴力的长效机制存在极大的差距。反欺凌反暴力的理念和法律规则要全面深入儿童青少年的内心。

（四）专业机构预防和制止的作用应发挥

教育机构是儿童青少年活动的主要场所，在反校园欺凌和校园暴力中存在以下问题。一是责任落实不到位。在反校园欺凌和校园暴力中，教育机构校长是第一责任人，主管法治的副校长和班主任为直接责任人。但在实践中，校长责任制往往流于形式。主管法治的副校长主要由外聘兼职的法官、检察官或警官担任，实际作用也很有限。二是预防、制止、纠正措施不力。《中华人民共和国未成年人保护法》中虽然有将存在严重不良行为的未成年学生按照有关规定送专门学校进行矫治和接受教育的规定①，但多数存在严重不良行为的学生在教育机构实施了危害后果、社会影响较严重的欺凌和暴力行为之后，即使公安机关介入，最后也会交回学校进行约束和规范。三是缺乏必要的惩戒权和处置措施。现阶段教育机构对于有严重不良行为学生的教育手段局限于说服教育，缺乏必要的惩戒权和处置措施，导致相当大一部分有严重不良行为的学生在学校期间不服从管理，行为放纵。

三　思考与建议

（一）强化反校园欺凌和校园暴力的法律制裁责任

消除校园欺凌和校园暴力应当健全保护儿童青少年权利的法律体系，明确对实施校园欺凌和校园暴力行为主体的法律责任，提高法律惩戒校园欺凌和校

① 《中华人民共和国未成年人保护法》第二十五条：对于在学校接受教育的有严重不良行为的未成年学生，学校和父母或者其他监护人应当互相配合加以管教；无力管教或者管教无效的，可以按照有关规定将其送专门学校继续接受教育。

园暴力行为的有效性、针对性和威慑力。建议完善有关未成年人刑事责任的法律规定。根据校园欺凌和校园暴力加害人主要是在校的未成年人的实际情况，建议研究适度降低刑事适用年龄，把校园欺凌和校园暴力危害后果特别严重、情节特别恶劣的，纳入应当承担刑事责任的罪种。[①] 要加强反校园欺凌和校园暴力行政的、民事的法律制裁干预手段。借鉴国外反校园欺凌、惩戒校园暴力的做法，制定单独的校园反欺凌法，或通过修改《中华人民共和国预防未成年人犯罪法》，明确校园暴力的法律定义，细化类别，制定相应的惩罚措施。

（二）完善反校园欺凌和校园暴力具体的法律方法

要调整反校园欺凌和校园暴力工作中重教育轻惩戒的滞后观念，要依法处理校园欺凌和校园暴力的加施者，并做到罚当其责。要落实未成年人监护人的责任，适当增加对加施者监护人的惩戒力度，支持受害人向加施者的监护人主张精神赔偿，督促监护人切实履行监护责任。对于校园欺凌和校园暴力加施者的打击报复，要从重追究其责任，也要加重追究监护人的责任。要调整青少年违法犯罪的矫治方式，针对校园欺凌和校园暴力等未成年人违法犯罪构建和完善多元化的惩戒、矫治制度体系。落实刑法、预防未成年人犯罪法中有关收容教养工读教育等制度，明确实施细则，加强相关规定的可操作性。

（三）重视早期反校园欺凌和校园暴力教育

要重视校园安全早期教育，促进校园安全教育常态化。建议在全国幼儿教育、义务教育机构设置包括反校园欺凌和校园暴力在内的校园安全教育必修课程，通过日常教育使青少年学生树立自我保护意识和安全理念。校园防欺凌、防暴力教育应从幼儿园时期抓起，在传统安全教育的基础上强化人文、道德教育，使学生树立对生命的敬畏和善意、明辨是非、和睦相处。新闻媒体通过公益广告、专题报道等形式，加大对反校园欺凌和校园暴力的宣传。司法机关应以“法治进校园”巡讲为契机，在抓好办理个案的同时，适时组织宣传报道，

① 2017 年 3 月 15 日第十二届全国人民代表大会第五次会议通过的《中华人民共和国民法总则》第 20 条将无民事行为能力年龄从 10 岁降低到 8 岁。

积极参与校园警示教育和法治教育，使学生更加深入理解反欺凌反暴力的理念，更有效地促进其反欺凌反暴力及自我保护意识的养成。

（四）发挥学校反校园欺凌和校园暴力的主体作用

反校园欺凌和校园暴力还要完善教育、司法、社会、家庭联动机制，消除导致校园欺凌和校园暴力的深层次因素。教育机构应转变反校园欺凌和校园暴力防治理念，重视反校园欺凌和校园暴力侵犯儿童青少年人权的危害。将反校园欺凌和校园暴力纳入学校日常学生教育、管理和服务工作体系。教育主管部门应将校园欺凌和校园暴力防治纳入学校考核内容，加强对校园欺凌和校园暴力治理的监督考核，督促学校积极履行职责。学校要健全应急处理反校园欺凌和校园暴力的预案，做到早期预警、事中处理、事后干预。做到校园欺凌和校园暴力事件早发现、早核实、早处理。要强化校园教育、司法、社会、家庭联动，构建校园欺凌和校园暴力立体防治网络。强化学校与司法机关协作，包括主动协调校园案件的处理，积极推进“法治进校园”等法治教育活动等。强化家庭在校园欺凌和校园暴力预防和处理中的作用。通过学校与家庭定期沟通、对存在严重不良行为的未成年学生建档并进行定期家访跟踪辅导等方式，实现学校与家庭的积极配合。此外，应当赋予学校适当的惩戒和处置权限，充分发挥学校作为直接管理主体在教育、惩戒和处置行为不良学生中的作用。

B.17

2016年国家人权立法分析报告*

班文战**

摘　要：　2016 年，全国人大、全国人大常委会和国务院继续开展与人权直接相关的立法工作，涉及适当生活水准权、受教育权、健康权、社会保障权、文化生活权、结社自由权、表达自由权、隐私权、名誉权、财产权的几十部法律或条例获得通过或修改，与人权有关的国家立法工作取得了新的进展。

关键词：　人权立法　人权法规　立法计划

2016 年是进入全面建成小康社会的决胜阶段，是开始执行《国民经济和社会发展第十三个五年规划纲要》和实施《国家人权行动计划（2016 - 2020)》的第一年。按照完善中国特色社会主义法律体系、全面推进依法治国和全面深化改革的要求，全国人大、全国人大常委会和国务院开展了一系列立法活动，对人权的尊重和保障工作产生了重要影响。

一　全国人大立法工作对人权的影响

2016 年 3 月 16 日，第十二届全国人大第四次会议通过了由全国人大内务

---

* 本文是中国人权研究会资助的2014年度“人权的立法保障研究”课题项目的阶段性成果。

** 班文战，法学硕士，中国政法大学人权研究院教授、副院长，人权建设协同创新中心教授，人权法学专业硕士研究生导师，主要研究方向为国际人权法、人权国内保障和人权教育。

司法委员会牵头起草、经全国人大常委会两次审议和全国人大第四次会议两次审议的《中华人民共和国慈善法》。① 该法对自然人、法人和其他组织开展慈善活动以及与慈善有关的活动的相关问题做了比较系统的规定，是慈善制度建设的一部基础性和综合性的法律，也是全国人大在 2016 年通过的唯一一部法律。

慈善活动作为爱心和善举的集中体现，在中外均有十分悠久的历史，在帮助社会成员摆脱生活困境、提升社会道德水平以及促进社会稳定、和谐发展等方面具有十分重要的作用。改革开放以来，我国的慈善事业取得了较快发展，但在慈善组织、慈善环境和慈善活动等方面都存在若干明显的制约因素。尽管我国已经制定了《红十字会法》《公益事业捐赠法》《社会团体登记管理条例》《基金会管理条例》等与慈善活动有关的法律法规，但依然不能满足慈善事业迅速发展的需要。② 全国人大通过的《慈善法》对慈善活动、慈善组织、慈善募捐、慈善捐赠、慈善信托、慈善财产、慈善服务、信息公开、促进措施、监督管理和法律责任等问题分别做了专章规定，明确了有关自然人、法人、其他组织、单位、教育机构、广播、电视、报刊、网络服务提供者、电信运营商、政府部门和政府工作人员的相关权利、义务、职责（权）和责任，为推动我国慈善事业的健康发展提供了有力的法律保障。按照该法第 112 条的规定，该法已于 2016 年 9 月 1 日起施行。

作为社会领域的一部重要法律，《慈善法》对于与慈善活动有关的个人权利的保障和实现具有广泛而重要的影响。首先，通过鼓励、支持和促进自然人、法人和其他组织以捐赠财产或者提供服务等方式自愿开展各项慈善活动，该法可以直接促进贫困人员、老年人、儿童、病人、残疾人、优抚对象、受灾人员和其他社会成员的适当生活水准权、健康权、受教育权、文化生活权、环

① 关于《慈善法》的起草和审议过程，参见李建国《关于〈中华人民共和国慈善法（草案）〉的说明》，2016 年 3 月 9 日；《第十二届全国人民代表大会法律委员会关于〈中华人民共和国慈善法（草案）〉审议结果的报告》，2016 年 3 月 13 日；《第十二届全国人民代表大会法律委员会关于〈中华人民共和国慈善法（草案修改稿）〉修改意见的报告》，2016 年 3 月 15 日。

② 关于制定《慈善法》的必要性，参见李建国《关于〈中华人民共和国慈善法（草案）〉的说明》，2016 年 3 月 9 日。

境权等各项权利的实现。[①] 其次，通过规范和约束有关自然人、法人和其他组织的慈善活动，该法为募捐对象的知情权和财产权，捐赠人的知情权和监督权，受益人的人格尊严权、隐私权和知情权，志愿者的人格尊严权、隐私权和知情权，慈善信托的委托人的隐私权以及公众的财产权、知情权和监督权提供了法律保护。[②] 再次，通过规定慈善组织的组织形式、设立条件和程序以及慈善行业组织的成立[③]，该法为公民结社自由权的行使提供了进一步的法律保障和更大的便利。[④]

二　全国人大常委会人权相关立法的基本情况和主要内容

2016年4月15日，第十二届全国人大常委会第六十七次委员长会议第二次修改通过了《全国人大常委会2016年立法工作计划》[⑤]，明确了全国人大常委会2016年立法工作的总体要求，列明了将于年内审议的20件法律案，还提出了视情况在年内或以后安排审议的19个预备项目。在该计划列明的将于年内完成的20个立法项目中，有15个与人权直接相关[⑥]，占全部立法项目的

① 按照《慈善法》第3条的规定，该法所称慈善活动是指下列公益活动：（一）扶贫、济困；（二）扶老、救孤、恤病、助残、优抚；（三）救助自然灾害、事故灾难和公共卫生事件等突发事件造成的损害；（四）促进教育、科学、文化、卫生、体育等事业的发展；（五）防治污染和其他公害，保护和改善生态环境；（六）符合该法规定的其他公益活动。

② 参见《慈善法》第31、33、62、64、68~76、97条。

③ 参见《慈善法》第8~10、19条。

④ 例如，按照1998年《社会团体登记管理条例》（2016年修正）第3、9、11~12条和2004年《基金会管理条例》第9条和第11条的规定，申请成立和登记社会团体或申请设立基金会，需要业务主管部门的同意或批准，登记管理机关决定是否准予登记的时间为60天；而《慈善法》并没有关于业务主管部门同意或批准的要求，且其规定的受理登记申请的时间为30天。

⑤ 该计划于2015年12月14日由第十二届全国人大常委会第五十八次委员长会议原则通过，于同年12月26日由第五十九次委员长会议做了第一次修改，原文载于2016年第3期的《中华人民共和国全国人民代表大会常务委员会公报》。

⑥ 包括审议《慈善法》《境外非政府组织管理法》《网络安全法》《电影产业促进法》《中医药法》《公共文化服务保障法》《民法总则》《环境保护税法》《社区矫正法》《国际刑事司法协助法》等10部法律的草案，以及审议《民办教育促进法》《红十字会法》《海洋环境保护法》《中小企业促进法》《水污染防治法》等5部法律的修正案草案。

75%。截至2016年底，全国人大常委会制定了9部新的法律[①]，修订了1部法律[②]，修改了24部法律[③]的若干条款，做出了1项法律解释[④]，通过了5项有关法律问题的决定[⑤]，审议了4部法律的草案、3部法律的修订草案和1部法律的修正案草案。[⑥] 其中，《境外非政府组织境内活动管理法》《网络安全法》《电影产业促进法》《公共文化服务保障法》《中医药法》的制定以及《民办教育促进法》的修改对人权有较为重要的影响。此外，《环境保护税法》的制定，《防洪法》《职业病防治法》《环境影响评价法》《固体废物污染环境防治法》《海洋环境保护法》的修改以及《关于授权最高人民法院、最高人民检察院在部分地区开展刑事案件认罪认罚从宽制度试点工作的决定》的通过对人权保障也有一定影响。

（一）制定《境外非政府组织境内活动管理法》

被称为非政府组织的各种社会组织的成立是个人结社自由权的集中体现，这些组织的活动既涉及组织成员的多项权利，也涉及受组织活动影响的个人的多项权利。与在我国境内依法成立的社会团体、基金会、民办非企业单位等非政府组织一样，在我国境外合法成立但在我国境内开展活动的非政府组织也应

① 即《深海海底区域资源勘探开发法》《境外非政府组织境内活动管理法》《资产评估法》《国防交通法》《电影产业促进法》《网络安全法》《公共文化服务保障法》《中医药法》《环境保护税法》。

② 即《野生动物保护法》。

③ 即《民办教育促进法》《节约能源法》《水法》《防洪法》《职业病防治法》《环境影响评价法》《航道法》《外资企业法》《中外合资经营企业法》《中外合作经营企业法》《台湾同胞投资保护法》《海洋环境保护法》《对外贸易法》《海上交通安全法》《海关法》《档案法》《中外合作经营企业法》《体育法》《民用航空法》《固体废物污染环境防治法》《煤炭法》《公路法》《气象法》《旅游法》。

④ 即《关于〈中华人民共和国香港特别行政区基本法〉第一百零四条的解释》。

⑤ 即《关于授权最高人民法院、最高人民检察院在部分地区开展刑事案件认罪认罚从宽制度试点工作的决定》《关于在北京市、山西省、浙江省开展国家监察体制改革试点工作的决定》《关于授权国务院在部分地区和部分在京中央机关暂时调整适用公务员法有关规定的决定》《关于授权国务院在河北省邯郸市等12个试点城市行政区域暂时调整适用社会保险法有关规定的决定》《关于军官制度改革期间暂时调整适用相关法律规定的决定》。

⑥ 即《民法总则（三次审议）》《核安全法》《电子商务法》《国家情报法》的草案；《红十字会法（两次审议）》《中小企业促进法》《测绘法》的修订草案；《水污染防治法修正案》的草案。

当受到我国法律的管辖和保护。

中华人民共和国成立以后的30年里，我国境内几乎不存在境外非政府组织。随着改革开放政策的实施，已有近万家境外非政府组织相继进入我国境内，并以多种形式，在扶贫、抗灾、助残、环保、卫生、科技、文化、教育、司法、慈善、劳工、移民、儿童福利、妇女权益、社会政策、经济改革和其他一些社会领域频繁开展活动，为我国社会进步做出了重要贡献，同时也引发了若干问题。[①] 1989年和2004年，国务院先后颁布《外国商会管理暂行规定》和《基金会管理条例》，对在我国境内成立的外国商会和境外基金会在我国内地设立的代表机构的成立、变更、注销、活动、监管等问题分别做出了规定。[②] 然而，这两部行政法规由于适用范围有限和效力层级相对较低，难以发挥规范和保障在我国境内开展活动的境外非政府组织的作用。为进一步规范和引导境外非政府组织在我国境内的活动，保障其合法权益，第十二届全国人大常委会第二十次会议于2016年4月28日通过了由国务院有关部门起草并经常委会三次审议的《境外非政府组织境内活动管理法》[③]，对境外合法成立的基金会、社会团体、智库机构等非营利、非政府的社会组织在中国境内开展活动的范围、方式、条件、便利、监管、权利、义务和法律责任等问题分别做出了规定。按照《境外非政府组织境内活动管理法》第54条的规定，该法已于2017年1月1日开始施行。

---

① 关于境外非政府组织在我国境内开展活动的背景、过程、方式、领域和影响，参见王存奎《辩证看待境外非政府组织》，《中国社会科学报》2014年；谢晓庆《国际非政府组织在华三十年：历史、现状与应对》，《东方法学》2011年第6期。

② 参见《外国商会管理暂行规定》（2013年修正）第1～13条和《基金会管理条例》第6～7、13～16、19、25、34～36、38、40～42、44条。

③ 关于《境外非政府组织境内活动管理法》的起草背景和过程，参见杨焕宁《关于〈中华人民共和国境外非政府组织管理法（草案）〉的说明》，2014年12月22日；徐显明《全国人民代表大会法律委员会关于〈中华人民共和国境外非政府组织管理法（草案）〉修改情况的汇报》，2015年4月20日；徐显明《全国人民代表大会法律委员会关于〈中华人民共和国境外非政府组织管理法（草案）〉审议结果的报告》，2016年4月25日；《全国人民代表大会法律委员会关于〈中华人民共和国境外非政府组织境内活动管理法（草案三次审议稿）〉修改意见的报告》，2016年4月28日。

作为我国第一部专门规范境外非政府组织境内活动的法律，《境外非政府组织境内活动管理法》体现了对境外非政府组织在我国境内开展活动采取规范、引导与便利、保护相结合的指导思想。该法规定，在我国境外合法成立的基金会、社会团体、智库机构等非营利、非政府的社会组织，在依法登记设立代表机构或者办理临时活动的备案手续后，可以按照登记的业务范围和地域范围或者已经过备案的名称，在经济、教育、科技、文化、卫生、体育、环保等领域和济困、救灾等方面依法开展有利于公益事业发展的活动①，享受我国法律的保护以及各级人民政府有关部门提供的必要便利和服务②，同时应当履行我国法律规定的义务③，接受我国公安机关、有关部门和业务主管单位的监督管理④，违反我国法律规定的境外非政府组织代表机构、开展临时活动的境外非政府组织和有关境外人员应当承担相应的法律责任。⑤ 除在我国境内开展活动的境外非政府组织及其代表机构和有关人员外，受境外非政府组织委托或资助在我国境内开展活动的单位和个人，以及与境外非政府组织合作开展临时活动的我国国家机关、人民团体、事业单位、社会组织和个人，也应当遵守

① 参见《境外非政府组织境内活动管理法》第 2～3、9、18、30 条。按照该法第 5 条第 2 款和第 9 条第 2 款的规定，境外非政府组织在我国境内不得从事或者资助营利性活动、政治活动，不得非法从事或者资助宗教活动；未登记设立代表机构或经过临时活动备案的境外非政府组织不得在我国境内开展或者变相开展活动，也不得委托、资助或者变相委托、资助我国境内任何单位和个人在我国境内开展活动。

② 参见《境外非政府组织境内活动管理法》第 4、33～38 条。该法规定的便利措施主要包括制定境外非政府组织活动领域和项目目录，公布业务主管单位名录，公布境外非政府组织申请设立代表机构以及开展临时活动备案的程序，税收优惠、年检免费、简化就业等工作手续、政策咨询、活动指导服务。

③ 既包括遵守我国宪法和法律规定的不得危害我国的国家统一、安全和民族团结，不得损害我国国家利益、社会公共利益和公民、法人以及其他组织的合法权益等一般性法律义务，也包括《境外非政府组织境内活动管理法》所规定的关于境外非政府组织在我国境内的登记、备案和活动的各项具体法律义务。参见《境外非政府组织境内活动管理法》第 5 条和第二、第三章。

④ 按照《境外非政府组织境内活动管理法》第 6～7 条和第五章的规定，国务院公安部门和省级人民政府公安机关（登记管理机关）、国务院有关部门和单位以及省级人民政府有关部门和单位（业务主管单位）连同国家安全、外交外事、财政、金融监督管理、海关、税务、外国专家、国务院反洗钱行政主管部门，按照各自职责对境外非政府组织及其代表机构依法实施监督管理。

⑤ 参见《境外非政府组织境内活动管理法》第 45～50、52 条。

我国的法律规定，接受我国有关机关、部门和单位的监督管理，并承担违法责任。[①]

（二）制定《网络安全法》

网络[②]的建设、运营、维护、使用以及网络的设备设施、产品、信息、数据、服务和运行的安全既关系到国家主权、国家安全、公共安全、社会发展等重大的公共利益，也关系到个人、法人和其他组织的多项权益。20 世纪 90 年代以来，为了应对网络和信息技术应用带来的相关问题，全国人大、全国人大常委会和国务院先后在几十部法律法规中对网络建设、运营、使用和安全等问题做了不同程度的规定。[③] 这些法律法规的调整对象和适用范围都很有限，一

---

① 参见《境外非政府组织境内活动管理法》第 17、22、33、32、41～42、44～46 条。值得一提的是，按照该法第 53 条的规定，我国境外的学校、医院、自然科学和工程技术的研究机构或者学术组织与我国境内的学校、医院、自然科学和工程技术的研究机构或者学术组织开展交流合作尽管不是《境外非政府组织境内活动管理法》的调整对象，但同样需要遵守该法第 5 条规定的一般性法律义务，且应因违反该条规定而承担相应的法律责任。

② 按照《网络安全法》第 76 条的规定，该法所称的“网络”是指“由计算机或者其他信息终端及相关设备组成的按照一定的规则和程序对信息进行收集、存储、传输、交换、处理的系统”。

③ 相关法律（含修正案）主要包括：（1）1997 年《刑法》（第 285～287 条：非法侵入计算机信息系统罪；破坏计算机信息系统罪；利用计算机实施犯罪的提示性规定）；（2）1999 年《预防未成年人犯罪法》（第 31、53 条：禁止用计算机网络提供危害未成年人身心健康的内容及其信息）；（3）2005 年《治安管理处罚法》（第 29、47、68 条：损害计算机系统、数据和应用程序、在计算机信息网络中刊载民族歧视或侮辱内容以及利用计算机信息网络传播淫秽信息等行为的处罚）；（4）2006 年《未成年人保护法》（第 34、64 条：禁止传播毒害未成年人的网络信息）；（5）2009 年《刑法修正案（七）》（第 9 项：非法获取计算机信息系统数据、非法控制计算机信息系统罪；提供侵入、非法控制计算机信息系统程序、工具罪）；（6）2010 年《保守国家秘密法》（第 23～28、48、50 条：保密制度，法律责任）；（7）2012 年《关于加强网络信息保护的决定》（国家机关、网络服务提供者、其他企业事业单位及其工作人员尊重和保护个人电子信息的职责、义务和法律责任）；（8）2015 年《国家安全法》（第 25、59 条：国家保障网络与信息安全的任务；适用于网络信息技术产品和服务的国家安全审查和监管的制度和机制）；（9）2015 年《刑法修正案（九）》（第 26～29、32 项：拒不履行信息网络安全管理义务罪；非法利用信息网络罪；帮助信息网络犯罪活动罪；单位犯罪；编造、故意传播虚假信息罪）；（10）2015 年《反恐怖主义法》（第 18～19、84 条：国家主管部门关于含有恐怖主义、极端主义内容的信息的职责、电信业务经营者和互联网服务提供者的相关义务和违法责任）。相关法规主要包括：（1）1994 年《计算机信息系统安全保护条例》（计算机系统的安全保护制度、安全监督和法律责任）；（2）1996 年《计算机信息网络国际联网管理暂行规定》（从事国际联网业务的 （转下页注）

部分法律和大部分法规都制定于十年之前，且绝大多数专门性的法律文件采用了效力较低的行政法规的形式，因此都不能满足不断增长的网络和信息技术的迅猛发展和安全保障的要求。为全面加强对网络安全的保障，更有效地维护网络空间主权、国家安全和社会公共利益，保护公民、法人和其他组织的合法权益，促进经济社会信息化健康发展，第十二届全国人大常委会第二十四次会议于2016年11月7日通过了由全国人大常委会法律工作委员会牵头起草并经全国人大常委会三次审议的《网络安全法》①，对在我国境内建设、运营、维护和使用网络以及网络安全的监督管理问题做了比较全面、系统的规定。按照《网络安全法》第79条的规定，该法于2017年6月1日开始施行。

作为以网络安全为重点内容的第一部综合性和基础性的法律，《网络安全法》明确了国家、政府和有关部门保障网络安全的任务、职责以及有关部门和工作人员的相关义务和违法责任②，确立了网络安全等级保护、关键信息基础设施重点保护、用户信息保护、网络信息安全投诉和举报、网络安全监测预警和信息通报、网络安全事件应急处置等方面的制度或规范③，规定了网络运营者、网络使用者以及其他公民、法人和组织与网络安全有关的权利、义务和违

(接上页注③) 单位和个人的义务和责任)；(3) 2000年《电信条例》(2012年、2016年修订)(电信市场、电信服务、电信建设、电信安全、罚则)；(4) 2000年《互联网信息服务管理办法》(互联网信息服务的条件、规范、监管和违法责任)；(5) 2002年《互联网上网服务营业场所管理条例》(2011年、2016年修订)(互联网上网服务营业场所的设立和监督管理；互联网上网服务营业场所经营单位和上网消费者的义务和责任)；(6) 2006年《信息网络传播权保护条例》(2013年修改)(保护著作权人、表演者、录音录像制作者的信息网络传播权)；(7) 2014年《保守国家秘密法实施条例》(第32~36条：保密行政管理部门对信息系统和信息设备和互联网使用保密管理情况的检查和处理职权)。

① 关于《网络安全法》的制定背景、指导思想和工作过程，参见朗胜《关于〈网络安全法(草案)〉的说明》，2016年6月24日；张海阳《关于网络安全法草案修改情况的汇报》，2016年6月27日；张海阳《关于网络安全法草案审议结果的报告》，2016年10月31日。该法的立法目的详见该法第1条。

② 关于国家、政府和有关政府部门的相关任务和职责，参见《网络安全法》第3~8、13、15~21、29、31~32、39、50~56、58条。关于有关政府部门和工作人员的相关义务和违法责任，参见该法第30、45和73条。

③ 参见《网络安全法》第21~58条。

法责任。[①] 这些规定对网络使用者的表达自由权，与之直接相关的知情权、监督权、参与权和文化生活权，与之间接相关的工作权、受教育权和健康权以及受到网络使用影响的有关个人的名誉权、隐私权、知识产权和其他相关权利的实现提供了进一步的保障，同时也对网络使用者的表达自由权和隐私权施加了一定的限制。值得注意的是，《网络安全法》明确规定“国家保护公民、法人和其他组织依法使用网络的权利……保障网络信息依法有序自由流动”[②]，禁止非法收集、使用和提供个人信息[③]，并规定个人有权要求网络运营者删除其违反法律、行政法规的规定或者双方约定收集、使用的本人信息，或者更正其收集、存储的有错误的本人信息[④]，从而在现有法律规定的基础上加大了对个人相关权利的保护力度。

（三）制定《电影产业促进法》

电影产业是一种兼具经济、社会、文化和科技等多重属性的产业经济形态。[⑤] 电影的创作、摄制、发行和放映等活动既涉及安全、稳定和发展等国家和社会的公共利益，也涉及个人、法人和其他组织的多项权益，特别是从事电影活动的个人的表达自由权、文化生活权、工作权、知识产权和财产权，从事电影活动的法人和其他组织的知识产权和财产权，以及受电影活动影响的其他个人的名誉权、隐私权和文化生活权。中华人民共和国成立后的30年间，我国对电影活动实行了严格的管控政策。改革开放以来，随着电影活动的逐渐恢复和发展，全国人大及其常委会在若干法律中对与电影有关的问题做出了规定[⑥]，国务

---

① 参见《网络安全法》第9~10、12、21~28、34~38、41~44、46~49、59~72、74条。值得一提的是，按照该法第75条的规定，我国境外的机构、组织、个人从事攻击、侵入、干扰、破坏等危害我国的关键信息基础设施的活动并造成严重后果的，也应承担相应的法律责任。

② 《网络安全法》第12条第1款。

③ 参见《网络安全法》第22条第3款和第41~42、44~45、64条。

④ 参见《网络安全法》第43条。

⑤ 按照《电影产业促进法》。

⑥ 参见1984年《民族区域自治法》（2001年修正）第38条第1款（民族自治地方的电影事业）；1990年《著作权法》（2001年、2010年修正）第3、15、21、44~45（修正后的46~47）条（电影作品的著作权）；1991年《未成年人保护法》第24条（2006年《未成年人保护法》第32条）（鼓励创作或者提供有益于未成年人健康成长的电影作品）；1999年《预防未成年人犯罪法》（2012年修正）第32条（禁止电影含有危害未成年人身心健康的内容；加强对电影和各类演播场所的管理）。

院也曾先后颁布两部《电影管理条例》[①]，对我国境内电影的制片、进口、出口、发行和放映等活动做了专门规定。随着21世纪初开始的电影产业化改革的不断深入，我国现有的法律法规已经不能满足电影产业迅猛发展的需要，也不能应对由之引发的经济、社会和文化等方面的问题。为进一步促进我国电影产业的健康发展，规范电影市场秩序，更好地发挥电影产业的积极作用，第十二届全国人大常委会第二十四次会议于2016年11月7日通过了由国家广电总局组织起草，经国务院常务会议通过并经全国人大常委会三次审议的《电影产业促进法》[②]，以法律的形式确立了在我国境内从事电影创作、摄制、发行、放映等活动应当遵守的原则、规制和制度。按照《电影产业促进法》第60条的规定，该法已于2017年3月1日开始施行。

作为我国电影产业的第一部法律，《电影产业促进法》确定了国家和政府在发展规划、产业政策、电影评价、表彰奖励、国际合作与交流、电影创作创新、学术研讨和业务交流、扶持农村电影放映、特定人员观影便利、专项资金和基金、科技研发和应用、权利保护、税收优惠、融资服务、跨境投资、人才扶持、地区扶持、电影境外推广、社会支持等方面鼓励、促进、支持和保障电影产业发展的政策和措施[③]，同时也在电影内容和放映等方面加强了对电影活动的规范和管理。[④] 与2001年颁布的《电影管理条例》（以下简称《条例》）相比，《电影产业促进法》进一步加大了对与电影活动有关的个人、法人和其他组织的权利的保护。首先，该法在总则中明确规定“国家尊重和保障电影创作自由”和“保护与电影有关的知识产权”，在扩大后一类权利范围的同时，把对相关权利的保护由《条例》中的具体措施上升为重要原则[⑤]；其次，该法放宽了对境内电影活动主体的限制，取消了《条例》关于电影原则上只

① 即1996年5月发布的《电影管理条例》和2001年12月公布的《电影管理条例》。

② 关于制定《电影产业促进法》的必要性和工作过程，参见蔡赴朝《关于〈中华人民共和国电影产业促进法（草案）〉的说明》，2015年10月30日；李连宁《全国人民代表大会法律委员会关于〈中华人民共和国电影产业促进法（草案）〉修改情况的汇报》，2016年8月29日。

③ 参见《电影产业促进法》第4~7、10~12、27~28、36~45条。

④ 参见《电影产业促进法》第9、16、20、34、46条。

⑤ 参见《电影产业促进法》第4、7条和2001年《电影管理条例》第15、47条。

能由经批准成立的电影制片、发行和放映单位摄制、发行和放映的规定[①]；再次，该法缩小了拟摄制电影报送审查的范围，降低了不需报送审查的电影的备案要求，简化了电影活动的审查程序，取消了《条例》规定的电影制片单位的事先自我审查制度以及电影发行和放映经营许可的年检制度[②]；最后，该法在放宽对电影内容的限制的同时，在一定程度上加强了对个人隐私权、未成年人合法权益、其他个人权利以及国家和社会公共利益的保护。[③]

（四）制定《公共文化服务保障法》

公共文化服务[④]是满足公民基本文化需求的重要途径，是个人实现文化生活权利的重要保障。发展为人民服务、为社会主义服务的各种文化事业，开展群众性的文化活动是宪法确定的国家的重要任务。[⑤] 改革开放以来，我国在公共文化服务体系建设方面采取了许多措施，取得了显著成效，但在服务体系、服务效能、服务均等化、服务体制等方面还存在明显不足。[⑥] 20 世纪 80 年代以来，全国人大、全国人大常委会和国务院先后在几十部法律法规中对与公共

---

① 参见 2001 年《电影管理条例》第 5、8～10、13、16、36～40 条。值得一提的是，《电影产业促进法》第 14 条第 3 款明确禁止境外个人在境内从事电影摄制活动，与条例第 18 条第 3 款关于禁止境外个人在境内“独立”从事电影摄制活动的规定相比，显然加大了对境外个人在境内从事电影摄制活动的限制。

② 按照《电影产业促进法》第 13 条和第 17 条的规定，在电影摄制之前，除涉及重大题材或者国家安全、外交、民族、宗教、军事等方面题材的电影剧本需报送审查外，其他题材的电影只需将剧本梗概向国务院电影主管部门或者省、自治区、直辖市人民政府电影主管部门备案；摄制完成后的电影既可送国务院电影主管部门审查，也可送省、自治区、直辖市人民政府电影主管部门审查。2001 年《电影管理条例》的相关规定见于第 26～27、67 条。

③ 与 2001 年《电影管理条例》第 25 条相比，《电影产业促进法》第 16 条增加的电影不得含有的内容包括：煽动抗拒或者破坏宪法、法律、行政法规实施；损害国家尊严；宣扬恐怖主义、极端主义；歪曲民族历史或者民族历史人物，伤害民族感情；煽动破坏国家宗教政策；宣扬吸毒、恐怖，传授犯罪方法；侵害未成年人合法权益或者损害未成年人身心健康；散布他人隐私。

④ 按照《公共文化服务保障法》第 2 条的规定，该法所称公共文化服务，是指“由政府主导、社会力量参与，以满足公民基本文化需求为主要目的而提供的公共文化设施、文化产品、文化活动以及其他相关服务”。

⑤ 参见 1982 年《宪法》第 22 条。

⑥ 关于我国公共文化服务体系建设的主要工作和问题，参见雒树刚《国务院关于公共文化服务体系建设工作情况的报告》，2015 年 4 月 22 日。

文化服务有关的问题做出了不同程度的规定①，但相关法律的规定十分零散，相关法规的法律效力相对较低，且大部分法规的适用范围比较有限，因此都不能适应不断增长的公共文化服务事业发展的要求。为进一步加强公共文化服务体系建设，促进公共文化事业的发展，丰富人民群众的精神文化生活，第十二届全国人大常委会第二十五次会议于 2016 年 12 月 25 日通过了由全国人大教科文卫委员会牵头起草并经全国人大常委会三次审议的《公共文化服务保障法》②，对公共文化服务的开展、促进和保障问题做了系统规定。按照《公共文化服务保障法》第 65 条的规定，该法已于 2017 年 3 月 1 日开始实施。

作为我国文化领域的第一部综合性法律，《公共文化服务保障法》确立了公共文化服务的指导思想和基本原则③，明确了国家扶助老少边穷地区公共文化服务、促进公共文化服务均衡协调发展、鼓励和支持公共文化服务的政策④，对县级以上政府提出了以国民经济和社会发展规划加强公共文化设施建设、完善公

① 参见 1982 年和 2002 年《文物保护法》（2007 年、2013 年、2015 年修正）；1984 年《民族区域自治法》（2001 年修正）第 6、38、55～56、59、64 条（民族自治地方文化建设事业）；1987 年《档案法》（1996 年修正）；1990 年《著作权法》（2001 年、2010 年修正）；1990 年《残疾人保障法》第 36～38 条（2008 年《残疾人保障法》第 41～43 条）；1991 年《未成年人保护法》第 21～22 条（2006 年《未成年人保护法》第 29～31 条）（未成年人的文化服务）；1995 年《体育法》（2005 年修正）第 45～46 条（公共体育设施的建设与利用）；1996 年《老年人权益保障法》第 33 条（兴办老年人文化活动设施）；1999 年《公益事业捐赠法》；2000 年《通用语言文字法》第 13 条（规范汉字在公共服务行业中的使用）；2002 年《科学技术普及法》（科普场馆、设施和工作）；2007 年《城乡规划法》（2015 年修正）第 17～18、29 条（规划内容、公共服务设施建设）；2011 年《非物质文化遗产法》第 35～37 条（非物质文化遗产传播）；2012 年《老年人权益保障法》（老年人文化活动服务设施、文化场馆对老年人免费或优待开放、老年人的文化设施、老年人的文化活动）；1993 年《城市民族工作条例》第 5 条（适应少数民族需要的文化事业）；1997 年《广播电视管理条例》（2013 年修正）；1987 年和 2000 年《广播电视设施保护条例》；1994 年和 2001 年《音像制品管理条例》；1996 年和 2001 年《电影管理条例》；1997 年、2001 年和2011 年《出版管理条例》；2003 年《公共文化体育设施条例》；2015 年《博物馆条例》。

② 关于制定《公共文化服务保障法》的必要性、指导思想和工作过程，参见柳斌杰《关于〈中华人民共和国公共文化服务保障法（草案）〉的说明》，2016 年 4 月 25 日；谢经荣《关于公共文化服务保障法草案修改情况的汇报》，2016 年 10 月 31 日；李连宁《关于公共文化服务保障法草案审议结果的报告》，2016 年 12 月 19 日。

③ 参见《公共文化服务保障法》第 3 条。

④ 参见《公共文化服务保障法》第 8、10～13 条。

共文化服务体系、提高公共文化服务效能的基本要求[①]，规定了国务院、县级以上地方政府及其主管部门和其他部门在基本公共文化服务标准、公共文化服务统筹协调、负责相关公共文化服务工作、为特定群体提供公共文化服务的任务和职责[②]，用两个专章分别规定了公共文化设施的建设与管理和公共文化服务提供的相关规范和制度，明确了国家、地方政府、公共文化设施管理单位、文化单位、基层综合性文化服务中心、居委会和村委会、国家机关、社会组织、企业事业单位以及其他单位和个人在这两个方面的职责或义务[③]，用专章规定了国家和政府在资金来源、岗位人员、社会组织、理论研究、教育培训、监督检查、考核评价、补贴奖励、信息公开、舆论监督等方面的保障措施[④]，还用专章重点规定了地方各级政府、县级以上政府有关部门和公共文化设施管理单位的违法责任。[⑤] 上述规定对于公共文化服务的发展和公民文化生活权利的实现显然具有重要的促进作用。值得一提的是，《公共文化服务保障法》明确规定了国家鼓励和支持公民、法人和其他组织参与公共文化服务的原则和措施[⑥]，从而为个人行使文化生活权利提供了进一步的法律保障。

（五）制定《中医药法》

中医药在广义上泛指包括汉族和少数民族医药在内的我国各民族医药。[⑦] 作为中华民族原创的医学科学和中华优秀文化的重要组成部分和典型代表，中医药具有悠久的历史传统和独特的理论及技术方法，是治病祛疾、强身健体、延年益寿的重要手段，对个人健康权的实现具有重要影响。与此同时，作为我国独特的卫生资源、潜力巨大的经济资源、具有原创优势的科技资源、优秀的文化资源和重要的生态资源，中医药在我国经济社会发展中同样发挥着

---

① 参见《公共文化服务保障法》第4条。

② 参见《公共文化服务保障法》第5~7条。

③ 参见《公共文化服务保障法》第14~25、27~44条。

④ 参见《公共文化服务保障法》第45~57条。

⑤ 参见《公共文化服务保障法》第58~63条。

⑥ 参见《公共文化服务保障法》第13、25、37、42~43、48~50、52~53条。

⑦ 中医药在狭义上仅指汉族的传统医药，即“汉（族）医药”，在广义上还包括少数民族的传统医药。2016年《中医药法》和2009年《国务院关于扶持和促进中医药事业发展的若干意见》都使用了广义的中医药（民族医药）概念。

重要作用。[①] 发展以中医药为主要内容的我国传统医药以及包括中医药事业在内的医疗卫生事业，保护人民健康，是宪法规定的国家的重要任务和职责。[②] 中华人民共和国成立以后，特别是改革开放以来，我国的中医药事业取得了显著成就，但中医药发展的环境、条件、能力、规模、水平等方面仍然存在明显的问题。[③] 20 世纪 80 年代以来，全国人大、全国人大常委会和国务院先后在十多部法律法规中对与中医药有关的若干问题做了不同程度的规定[④]，国务院还曾通过两部条例[⑤]，分别对中药品种保护、中医医疗机构与从业人员、中医药教学与科研等问题做了专门规定，但都不能充分体现中医药的地位和特色，也不能满足中医药发展的要求。为有效应对我国中医药事业发展面临的挑战，进一步保障和促进中医药事业发展，保护人民健康，第十二届全国人大常委会第二十五次会议通过了国务院法制办牵头起草并经全国人大常委会三次审议的《中医药法》[⑥]，对促进和保障我国中医药事业发展的问题做了比较全面和系

---

① 关于中医药在个人健康和社会、经济、文化领域的作用和影响，参见《国务院关于扶持和促进中医药事业发展的若干意见》（序言、第一部分第 1 段）（国发〔2009〕22 号），2009 年 5 月 7 日；国务院发布的《中医药发展战略规划纲要（2016－2030 年）》（序言），2016 年 2 月 22 日；国务院新闻办公室发布的《中国的中医药》（序言），2016 年 12 月 6 日。

② 参见 1982 年《宪法》第 21 条第 1 款。

③ 关于我国中医药事业发展取得的成就和面临的问题，参见《国务院关于扶持和促进中医药事业发展的若干意见》（序言、第一部分第 2 段）（国发〔2009〕22 号），2009 年 5 月 7 日；国务院《中医药发展战略规划纲要（2016－2030 年）》（第一部分），2016 年 2 月 22 日；国务院新闻办公室发布的《中国的中医药》（第二、三部分），2016 年 12 月 6 日。

④ 参见 1984 年《民族区域自治法》（第 40 条：民族自治地方医疗卫生事业和民族传统医药的发展）；1984 年、2001 年《药品管理法》（2013 年、2015 年修正）；1994 年《广告法》（第 14～17、34 条）（2015 年《广告法》第 15～17、19、46 条）（药品、医疗器械的广告）；1997 年《刑法》（第 141～142、145、335～336 条：生产、销售假药罪；生产、销售劣药罪；生产、销售不符合标准的卫生器材罪；医疗事故罪；非法行医罪）；1998 年《执业医师法》（2009 年修正）；2011 年《非物质文化遗产法》（第 2 条：传统医药的保护、传承和传播）；1987 年《野生药材资源保护管理条例》；1988 年《医疗用毒性药品管理办法》；1994 年《医疗机构管理条例》；2002 年《医疗事故处理条例》；2002 年《药品管理法实施条例》；2003 年《医疗废物管理条例》；2003 年《乡村医生从业管理条例》。

⑤ 即 1992 年《中药品种保护条例》和 2003 年《中医药条例》。

⑥ 关于制定《中医药法》的必要性、指导思想和工作过程，参见王国强《关于中医药法草案议案的说明》，2015 年 12 月 21 日；丛斌《全国人民代表大会法律委员会关于〈中华人民共和国中医药法（草案）〉修改情况的汇报》，2016 年 8 月 29 日；丛斌《关于中医药法草案审议结果的报告》，2016 年 12 月 19 日。

统的规定。按照《中医药法》第63条的规定，该法已于2017年7月1日开始施行。

作为促进中医药事业发展的第一部综合性法律，《中医药法》以法律的形式明确了中医药的范围及其在我国医疗卫生事业中的重要地位[①]，确立了国家大力发展中医药事业、遵循中医药发展规律、坚持继承和创新相结合、实行中西医并重、促进中西医结合的工作方针[②]，规定了国家、县级以上政府以及国务院和县级以上地方政府的中医药主管部门和其他有关部门鼓励、支持、促进和加强中医药服务、中药保护和发展、中医药人才培养、中医药科学研究、中医药文化传承的任务和职责[③]，规定了中医医疗机构、从事中医医疗活动的人员以及其他有关机构或个人从事中医药活动的有关权利、义务和违法责任[④]，还专门规定了中医药传统知识持有人对其持有的中医药传统知识享有的传承使用、知情同意和利益分享等权利。[⑤] 与已有的相关法律规定相比，《中医药法》更加充分地遵循和体现了中医药的特色以及发展规律和需求，改革完善了中医诊所准入、中医医师资格、市场上没有供应的中药饮片的炮制和中药饮片的再加工、来源于古代经典名方的中药复方制剂的生产以及仅应用传统工艺配制的中药制剂品种配制的管理制度，为中医药服务和中药发展提供了更为便利的条件。[⑥] 在加大对中医药事业的扶持和保障的同时，《中医药法》针对中医药行业和相关活动中存在的突出问题，加强了对中医药服务和中药生产经营活动的监管以及对相关违法行为的处罚力度。[⑦] 从人权角度来看，《中医药法》的相关规定为个人的健康权、从事中医药活动的个人的工作权和受教育权、中医药传统知识持有人的知识产权和其他相关权利提供了更为有力的法律保护。

（六）修改《民办教育促进法》

由国家机构以外的社会组织或个人面向社会开办的民间教育（或称私立

① 参见《中医药法》第2～3条。

② 参见《中医药法》第3条。

③ 参见《中医药法》第6～13、18、22～25、27、29、31、34～45、47～50、52条。

④ 参见《中医药法》第13～20、24、26、28、30、32、54～58条。

⑤ 参见《中医药法》第43条第2款。

⑥ 参见《中医药法》第14～15、28、30、32条。

⑦ 参见《中医药法》第4～5、20～22、24、32、54～58条。

教育）在我国有着悠久的历史传统，在促进个人成长和社会进步与发展方面发挥了十分重要的作用。中华人民共和国成立后的30年间，由国家举办的公办教育（或称公立教育）是我国唯一的教育方式。改革开放以后，民办教育的地位重新获得了国家的认可。1982年宪法确立了国家鼓励社会力量依法举办各种教育事业的方针，并把民办教育视为社会主义教育事业的组成部分。[①] 20世纪90年代以来，全国人大、全国人大常委会和国务院先后通过多部关于教育问题的法律法规，对民办教育的若干问题做了不同程度的规定。[②] 其中，全国人大常委会于2002年通过的《民办教育促进法》以法律形式明确了民办教育事业的性质、地位和发展原则，并对民办学校的设立、变更与终止，民办学校的组织与活动，民办学校教师和受教育者的地位和权益保障，民办学校的资产与财务管理，民办学校教育教学工作的管理与监督，对民办学校和民办教育事业的扶持与奖励以及民办学校、政府有关部门和其他组织或个人的违法责任等问题分别做出了规定。作为我国关于民办教育的第一部综合性法律，该法与国务院1997年和2004年通过的《社会力量办学条例》和《民办教育促进法实施条例》一起极大地促进了我国民办教育事业的发展，加强了对民办学校、教师和受教育者权益的保护。

为解决制约民办教育发展的突出问题，进一步促进民办教育事业的健康发展，第十二届全国人大常委会第二十四次会议于2016年11月7日通过了《关于修改〈中华人民共和国民办教育促进法〉的决定》，删除了现行《民办教育促进法》的2个条款，新增了1个条款，修改了15个条款。[③] 修正后的《民办

---

① 参见1982年宪法第19条第1款和第4款。

② 参见1993年《教师法》第32条（社会力量所办学校的教师的待遇）；1995年《教育法》（2009年、2015年修正）第25、54条（修正第26、53条）（民办学校和其他教育机构的举办）；1996年《职业教育法》第20～21条（企业和社会力量举办职业学校和职业培训机构）；1998年《高等教育法》（2015年修正）第6条和第39条第2款（社会力量举办高等学校和此类学校的内部管理体制）；2002年《民办教育促进法》（2013年修正）；2006年《义务教育法》（2015年修正）第62条（民办学校实施义务教育）；1994年《残疾人教育条例》第45条（鼓励社会力量举办残疾人教育机构或者捐资助学）；1997年《社会力量办学条例》（2003年9月1日废止）；2004年《民办教育促进法实施条例》。

③ 删除的条款是原第51条（民办学校出资人的合理回报）和第66条（经营性民办培训机构的管理办法），增加的条款是第9条，修改的条款是原第7～8、12、18～19、30、37、40、45～46、50、59（2）、62～64条。

教育促进法》充分体现了对民办学校实施分类管理的改革政策和精神，其内容与修正前相比主要有九个方面的变化：第一，在民办教育工作的政府职责方面，把国务院和县级以上政府负责民办教育工作的部门之一由“劳动和社会保障行政部门”修改为“人力资源社会保障行政部门”①；第二，在民办学校的设立方面，明确了民办学校的法人地位以及非营利性民办学校和营利性民办学校的不同属性，允许在义务教育之外的其他教育领域设立民办学校，确立了民办学校举办者设立不同种类的民办学校的选择权，调整了举办实施以职业技能为主的职业资格培训和职业技能培训的民办学校的审批部门②；第三，在民办学校的组织与活动方面，要求民办学校加强中国共产党基层组织建设和建立相应的监督机制，确认了民办学校举办者参与学校办学和管理的权利③；第四，在民办学校的教师的待遇方面，补充了鼓励民办学校为教职工办理补充养老保险的规定④；第五，在民办学校的资产与财务管理方面，允许非营利性民办学校和营利性民办学校适用不同的收费项目、标准和办法，并把收取的费用用于不同的领域⑤；第六，在民办学校的管理与监督方面，要求民办学校建立信息公示和信用档案制度⑥；第七，在民办学校的扶持与奖励方面，区分了非营利性民办学校和营利性民办学校的扶持政策和措施，在基本保留和适当扩大对两类民办学校原有的扶持政策和措施的基础上，在税收优惠和用地划拨方面对非营利性民办学校适用了与公办学校相同的优惠政策⑦；第八，在民办学校的终止后果方面，规定了非营利性民办学校和营利性民办学校清偿债务后的剩余资产的不同用途⑧；第九，在法律责任方面，进一步明确了对民办学校违法行为的处罚部门和应当承担违法责任的政府部门，加大了对擅自举办民办学校的行为的处罚力度。⑨ 上

① 参见《民办教育促进法》修正后的第 7 ~ 8 条和修正前的第 7 ~ 8 条。

② 参见《民办教育促进法》修正后的第 12、19 条和修正前的第 11、18 条。

③ 参见《民办教育促进法》修正后的第 9、20 条和修正前的第 19 条。

④ 参见《民办教育促进法》修正后的第 31 条第 2 款和修正前的第 30 条。

⑤ 参见《民办教育促进法》修正后的第 38 条和修正前的第 37 条。

⑥ 参见《民办教育促进法》修正后的第 41 条和修正前的第 40 条。

⑦ 参见《民办教育促进法》修正后的第 46 ~ 47、51 条和修正前的第 45 ~ 46、50 条。修正后的《民办教育促进法》删除了原第 51 条关于民办学校出资人可从办学结余中取得“合理回报”的规定。

⑧ 参见《民办教育促进法》修正后和修正前的第 59 条第 2 款。

⑨ 参见《民办教育促进法》修正后和修正前的第 62 ~ 64 条。

述修改内容为民办学校教师的工作权和社会保障权、民办学校受教育者的受教育权、民办学校举办者和出资人的财产权以及民办学校的教师、受教育者、举办者、出资人和公众的知情权提供了更为有力的保护。根据《关于修改〈中华人民共和国民办教育促进法〉的决定》的规定，这些修改内容于2017年9月1日开始适用。①

三　国务院人权相关立法的基本情况和主要内容

2016年3月17日，国务院办公厅向各省、自治区、直辖市人民政府以及国务院各部委、各直属机构印发了经党中央和国务院同意的《国务院2016年立法工作计划》，明确了国务院2016年立法工作重点，确定了34个力争年内完成的项目、59个预备项目、115个研究项目和28个全面深化改革急需的项目，同时确定了配合全国人大常委会审议7项法律案的相关工作和对5项国际条约的审核工作。② 在34个力争年内完成的立法项目中，有16个项目与人权直接相关。③ 截至2016年底，国务院先后制定了3部条例④，修订了1部条例⑤，修改了68部行政法规的部分条款，提请全国人大常委会审议了3部法律草案、1部法律修订草案和24部法律修正案草案⑥，并就1部法律草案、2部

① 为保障《关于修改〈中华人民共和国民办教育促进法〉的决定》公布之前举办的民办学校的教职工、受教育者和举办者的合法权益，确保民办学校分类管理改革平稳有序推进，该决定允许这些学校自行选择登记为非营利性民办学校或营利性民办学校，并按照相应办法对民办学校的财产进行清偿、清算和使用。

② 参见《国务院办公厅关于印发国务院2016年立法工作计划的通知》（国办发〔2016〕16号）及其附件《国务院2016年立法工作计划》，载《中华人民共和国国务院公报》2015年第26号，2015年9月11日。

③ 包括制定《全国社会保障基金条例》《残疾预防和残疾人康复条例》《城镇住房保障条例》《生产安全事故应急条例》《公共场所控制吸烟条例和反间谍法实施细则》，修订《残疾人教育条例》《宗教事务条例》《城市民族工作条例》《农药管理条例》《中国公民收养子女登记办法》《互联网信息服务管理办法》，提请审议《公共图书馆法（草案）》《环境保护税法（草案）》《海上交通安全法修订（草案）》《水污染防治法修订（草案）》。

④ 即《全国社会保障基金条例》《农田水利条例》《企业投资项目核准和备案管理条例》。

⑤ 即《无线电管理条例》。

⑥ 提请审议的法律草案和修订案草案分别是《国防交通法（草案）》《环境保护税法（草案）》《国家情报法（草案）》《测绘法（修订草案）》。提请审议的24部法律修正案的草案（包括原定的水污染防治法修订草案）分5次提出。

法律修订草案、7 部条例草案、4 项条例修订草案、2 项条例修正案草案、1 项办法草案、1 项办法修订草案、1 项条例修改决定和 1 项办法修改决定向社会各界公开征求了意见。[①] 在国务院制定、修订和修改的条例中，《全国社会保障基金条例》的制定以及《社会团体登记管理条例》《出版管理条例》《印刷业管理条例》《音像制品管理条例》《互联网上网服务营业场所管理条例》《营业性演出管理条例》《疫苗流通和预防接种管理条例》《药品管理法实施条例》的修改与人权具有较为密切的关系。

（一）制定《全国社会保障基金条例》

根据我国宪法和我国批准的《国际人权公约》的规定，在年老、疾病、丧失劳动力和遇到其他生活困难的情况下获得并享受国家和社会的物质保障是个人的一项基本权利[②]，由国家设立社会保障基金则是这项权利得以实现的一个重要的物质条件。自 2000 年 8 月国务院设立全国社会保障基金以来，该项基金的规模不断扩大，保障基金安全、加强基金投资运营监管的需求日益迫切。2010 年《社会保险法》对全国社会保障基金的设立、来源、用途、管理运营和监督等问题做了原则性规定。[③] 为贯彻落实《社会保险法》关于全国社会保障基金的原则性规定，国务院第 122 次常务会议于 2016 年通过了《全国社会保障基金条例》，在《社会保险法》相关规定的基础上，进一步明确了全国社会保障基金的来源和用途，并对基金的管理运营和监督问题做了具体规

---

① 公开征求意见的法律草案是《社区矫正法（征求意见稿）》，法律修订草案是《反不正当竞争法（修订草案送审稿）》和《标准化法（修订草案征求意见稿）》，条例草案是《人类遗传资源管理条例（科技部送审稿）》、《志愿服务条例（征求意见稿）》、《生产安全事故应急条例（征求意见稿）》、《强制医疗所条例（送审稿）》、《国家土地监察条例（征求意见稿）》、《核电管理条例（送审稿）》和《消费者权益保护法实施条例（送审稿）》，条例修订草案是《海洋石油勘探开发环境保护管理条例（修订草案征求意见稿）》、《宗教事务条例修订草案（送审稿）》、《食品安全法实施条例（修订草案征求意见稿）》和《旅行社条例（修订草案送审稿）》，条例修正案草案是《铁路交通事故应急救援和调查处理条例修正案（送审稿）》和《医疗器械监督管理条例修正案（送审稿）》。另外 4 项公开征求意见的法律草案是《无证无照经营查处办法（征求意见稿）》、《中国公民收养子女登记办法（修订草案征求意见稿）》、《国务院关于修改〈城市民族工作条例〉的决定（征求意见稿）》和《国务院关于〈报废汽车回收管理办法〉的决定（征求意见稿）》。

② 参见 1982 年《宪法》第 45 条第 1 款和《经济、社会、文化权利国际公约》第 9 条。

③ 参见《社会保险法》第 71 条。

定。按照该条例的规定，全国社会保障基金由中央财政预算拨款、国有资本划转、基金投资收益和以国务院批准的其他方式筹集的资金构成，用于人口老龄化高峰时期的养老保险等社会保障支出的补充、调剂，其筹集和使用方案由国务院确定，其管理运营办法由国务院财政部门和社会保险行政部门负责拟订并由国务院批准施行，其管理运营由全国社会保障基金理事会负责。① 全国社会保障基金理事会及其聘任的投资管理人或托管人应当按照该条例的规定履行基金的管理运营职责，接受国务院有关部门和社会的监督，并承担相应的违法责任。②《全国社会保障基金条例》的通过有助于加强对全国社会保障基金管理运营活动的监督和对基金安全的保证，从而为养老保险等社会保障的支出提供更为有效的法律保障。按照《全国社会保障基金条例》第 30 条的规定，该条例于 2016 年 5 月 1 日开始施行。

（二）修改与人权直接相关的8部条例

如前所述，国务院在 2016 年对与人权直接相关的 8 部条例的部分条款进行了修改。从所涉及的人权种类来看，这 8 部条例可大致分为三类。

第一类是涉及结社自由权的《社会团体登记管理条例》。该条例由国务院第 8 次常务会议于 1998 年 9 月 25 日通过，于同年 10 月 25 日发布并实施，是国务院于 1998 年制定的第二部旨在保障公民结社自由、维护社会团体合法权益、加强对社会团体的登记管理的行政法规。③ 该条例对我国公民自愿组成的社会团体的法律地位、活动原则、成立条件和程序、注销情形、登记或备案以及与之相关的监督管理和违法责任等问题进行了规定，在规范社会团体的成立和活动方面发挥了重要作用。为深化行政审批制度改革，继续简政放权，推动政府职能转变，国务院第 119 次常务会议于 2016 年 1 月 13 日决定对该条例的部分条款予以修改。修改后的条例取消了社会团体的筹备申请、变更备案和注销备案程序以及社会团体分支机构或代表机构的成立审批、登记申请和注销程序，同时取消了关于“擅自开展社会团体筹备活动”以及“擅自设立分支机构、代表机构”

① 参见《全国社会保障基金条例》第 2 ~ 5 条。

② 参见《全国社会保障基金条例》第 6 ~ 26、28 条。

③ 第一部《社会团体登记管理条例》由国务院于 1989 年 10 月 25 日发布，已于 1998 年 10 月 25 日废止。

的违法责任的规定。[①] 上述修改简化了社会团体的成立、变更和注销程序，放宽了对公民筹备设立社会团体以及对社会团体设立分支机构和代表机构的限制，对我国公民结社自由权的行使具有积极的影响。按照《国务院关于修改部分行政法规的决定》的规定，这些修改内容已于2016年2月6日开始施行。

第二类是涉及健康权的《中华人民共和国药品管理法实施条例》和《疫苗流通和预防接种管理条例》。前者于2002年8月4日由国务院发布，于同年9月15日开始施行，内容包括药品生产企业、药品经营企业、医疗机构的药剂、药品、药品包装、药品价格和广告等方面的管理以及药品监督和法律责任。后者于2005年3月16日国务院第83次常务会议通过，于同年6月1日开始施行，内容包括疫苗流通和预防接种的工作原则、工作制度、监督管理和有关方面的法律责任。2016年1月13日，国务院第119次常务会议决定修改《中华人民共和国药品管理法实施条例》的部分条款，取消了该条例原有的药品生产企业筹办申请和变更登记手续、开办药品批发企业和药品零售企业的登记注册手续、药品经营企业的变更登记手续，以及关于国家对药品价格实行政府定价、政府指导价或者市场调节价的规定，进一步放宽了对开办药品生产、批发、零售、经营企业和确定药品价格的行政管理。[②] 2016年4月13日，国务院第129次常务会议决定修改《疫苗流通和预防接种管理条例》，要求通过省级公共资源交易平台采购疫苗，对疫苗储存和运输全过程实行温度控制和监测记录，实现疫苗最小包装单位的生产、储存、运输、使用全过程可追溯，对包装无法识别、超过有效期、脱离冷链、经检验不符合标准、来源不明的疫苗进行登记、报告和销毁，不再允许药品批发企业从事疫苗批发、销售、储存、运输等活动，也不再允许药品生产企业向疾病预防控制机构、接种单位、疫苗批发企业销售本企业生产的由公民自费并自愿受种的“第二类”疫苗，规定了有关机构和个人违反新增加的义务的法律责任，加大了对严重违法行为的主

---

① 参见《国务院关于修改部分行政法规的决定》第十八项。

② 参见《国务院关于修改部分行政法规的决定》第三十项。条例修改的其他主要内容包括：（1）赋予了设区的市级药品监督管理机构对药品经营企业、药品批发企业和药品零售企业的认证职权；（2）赋予了省、自治区、直辖市人民政府药品监督管理部门对不改变药品内在质量的关于变更研制新药、生产药品和进口药品的补充申请事项的审批权；（3）明确了药品批准文号、《进口药品注册证》和《医药产品注册证》的再注册的审批部门；（4）取消了关于生产有试行期标准的药品的标准转正问题的规定。

要负责人、直接负责的主管人员和其他直接责任人员的处罚力度。[①] 这两部条例的修改有助于促进药品的生产、批发、零售和经营活动的规范化，加强对疫苗流通和预防接种的管理，进一步保障人体健康和公共卫生。按照国务院相关决定的规定，两部条例的修改内容已分别于2016 年2 月6 日和4 月23 日开始施行。

第三类是涉及表达自由权[②]和文化生活权[③]的《出版管理条例》[④]《印刷业管理条例》[⑤]《音像制品管理条例》[⑥]《互联网上网服务营业场所管理条例》[⑦]《营业性演出管理条例》[⑧]。这 5 部条例分别规定了出版、印刷经营、音像制品经营、互联网上网服务经营和营业性演出等活动[⑨]的指导原则、行为规范、监督管理以及有关部门、单位和个人的违法责任，在规范有关活动、促进相关产业或事业的发展、保障有关单位和个人合法权益方面发挥了重要作用。为深化

---

① 参见《国务院关于修改〈疫苗流通和预防接种管理条例〉的决定》；《疫苗流通和预防接种管理条例》修改前的第 10、15~18、23、54~58、61、63~64 和修改后的第 10、15~18、23、54~60、63、65~66 条。条例修改的其他主要内容包括：（1）明确了接种记录的内容和保存时间；（2）鼓励建立通过商业保险等形式对预防接种异常反应受种者予以补偿的机制。

② 根据我国批准的《儿童权利公约》（第 13 条）、《残疾人权利公约》（第 21 条）和我国签署的《公民及政治权利国际公约》第 19 条第 2 款的规定，表达（发表）自由权是指个人以语言、文字、出版物、艺术或自己选择的其他方式，不分国界，寻求、接受和传播各种消息和思想的自由。这种广义上的表达自由权包括了我国宪法第 35 条规定的言论和出版自由权。

③ 根据我国批准的《经济、社会、文化权利国际公约》第 15 条的规定，文化生活权包括参加文化生活的权利、享受科学进步及其应用所产生的利益的权利，以及本人因自己的任何科学、文学或艺术作品所获得的精神和物质利益受到保护的权利。

④ 2001 年 12 月 25 日公布，2002 年 2 月 1 日起施行（1997 年 1 月 2 日国务院发布的《出版管理条例》同时废止），2011 年 3 月 19 日、2013 年 7 月 18 日和 2014 年 7 月 29 日三次修正。

⑤ 2001 年 7 月 26 日国务院第 43 次常务会议通过，同年 8 月 2 日公布并施行，1997 年 3 月 8 日国务院发布的《印刷业管理条例》同时废止。

⑥ 2001 年 12 月 25 日公布，2002 年 2 月 1 日起施行（1994 年 8 月 25 日国务院发布的《音像制品管理条例》同时废止），2011 年 3 月 19 日和 2013 年 12 月 7 日两次修正。

⑦ 2002 年 9 月 29 日发布，同年 11 月 15 日起实施，2011 年 1 月 8 日修正。

⑧ 2005 年 7 月 7 日通过，同年 9 月 1 日起实施（1997 年 8 月 11 日国务院发布的《营业性演出管理条例》同时废止），2008 年 7 月 22 日和 2013 年 7 月 18 日两次修正。

⑨ 按照这 5 部条例的规定，出版活动包括报纸、期刊、图书、音像制品、电子出版物的出版、印刷或者复制、进口、发行等活动；印刷经营活动包括出版物、包装装潢印刷品和其他印刷品的经营性的排版、制版、印刷、装订、复印、影印、打印等活动；音像制品经营活动包括录有内容的录音带、录像带、唱片、激光唱盘和激光视盘等音像制品的出版、制作、复制、进口、批发、零售、出租等活动；互联网上网服务经营活动是指网吧、电脑休闲室等营业性场所通过计算机等装置向公众提供互联网上网服务；营业性演出是指以营利为目的为公众举办的现场文艺表演活动。

行政审批制度改革，继续简政放权，推动政府职能转变，国务院第119次常务会议于2016年1月13日决定对这5部条例的部分条款予以修改，取消了出版物批发或零售单位、包装装潢印刷品和其他印刷品印刷经营活动企业、音像制作、复制、批发或零售单位、互联网上网服务营业场所或营业场所经营单位、文艺表演团体和演出经纪机构、中外合资或合作经营的演出经纪机构或演出场所经营单位的设立审批程序以及公安部门对印刷经营活动的监管职责，扩大了从事印刷经营活动以及音像制品制作、复制、批发或零售业务的经营者的主体资格，增加了互联网上网服务营业场所经营单位的经营活动信用监管制度、营业性演出经营主体的经营活动信用监管制度和印刷企业的年度报告制度，加强了对这三类经营活动的监管。[①] 按照《国务院关于修改部分行政法规的决定》的规定，这些修改内容已于2016年2月6日开始施行。

四　近期国家人权立法工作的任务

2016年，除全国人大通过了1部与人权直接相关的法律外，全国人大常委会完成了13项与人权直接相关的立法任务，约占15项年度计划任务的87%[②]，国务院完成了3项与人权直接相关的立法任务，约占16项年度计划任务的19%。[③] 经过一年的努力，我国公民的多项经济、社会和文化权利的立法保障得到了进一步充实。与此同时，我国人权的立法保障仍然面临十分繁重的任务。按照《国家人权行动计划（2016－2020年）》的要求，除2016年已经完成的若干立法工作外，我国在今后四年内还应在人权领域开展以下立法工作：①在财产权领域，推动土地管理法修改及其配套法规立法工作；②在受教育权

① 参见《国务院关于修改部分行政法规的决定》第二十三、二十七、二十八、三十二、四十四项。

② 未能如期完成的2项计划任务是审议社区矫正法和国际刑事司法协助法的草案。

③ 未能如期完成的13项计划任务包括制定残疾预防和残疾人康复条例、城镇住房保障条例、生产安全事故应急条例、公共场所控制吸烟条例和反间谍法实施细则，修订残疾人教育条例、宗教事务条例、城市民族工作条例、农药管理条例、中国公民收养子女登记办法和互联网信息服务管理办法，提请审议公共图书馆法草案和海上交通安全法修订草案，其中有7项工作先后被列入国务院以前的年度立法计划，包括制定残疾预防和残疾人康复条例（2011、2015）、城镇住房保障条例（2014～2015）和反间谍法实施细则（2015），以及修订残疾人教育条例（2015）、城市民族工作条例（2015）、农药管理条例（2011～2015）和互联网信息服务管理办法（2011～2013、2015）。

领域，修改职业教育法；③在文化权利领域，加快推进公共图书馆法、文化产业促进法（的制定），修订文物保护法、著作权法及配套行政法规；④在环境权利领域，有序推进水污染防治法、土壤污染防治法、核安全法等立法规划项目进程；⑤在人身权利领域，完善行政组织和行政程序法律制度，制定看守所法，完善配套法律法规和规章制度；⑥在公正审判权领域，制定刑事被害人救助法；⑦在宗教信仰自由领域，修改宗教事务条例；⑧在参与权领域，修改城市居民委员会组织法，加快制定或修改村委会组织法配套法规；⑨在监督权领域，修改行政复议法；⑩在少数民族权利领域，修改城市民族工作条例；⑪在儿童权利领域，修改未成年人保护法；⑫在残疾人权利领域，制定实施《残疾预防和残疾人康复条例》。[①] 值得一提的是，《全国人大常委会 2016 年立法工作计划》已经把制定核安全法、粮食法、原子能法、房地产税法、公共图书馆法以及修改矿山安全法、农民专业合作社法、行政复议法、行政监察法、档案法、税收征收管理法、土地管理法等与人权直接相关的立法工作列入预备立法项目，《国务院 2016 年立法工作计划》也已经把制定社区矫正法、原子能法、强制医疗所条例、私募投资基金管理暂行条例、重大行政决策程序暂行条例、无证无照经营查处办法以及修订税收征收管理法、行政复议法、政府信息公开条例、基金会管理条例、社会团体登记管理条例、失业保险条例、住房公积金管理条例和建设项目环境保护管理条例等与人权直接相关的立法工作列为“全面深化改革急需的项目”，并把大量与人权直接相关的立法工作列为预备项目。[②]

---

① 参见国务院新闻办公室发布的《国家人权行动计划（2016－2020）》，第一、二、三部分，2016 年 9 月 29 日。

② 包括制定看守所法、信访法、文化产业促进法、粮食法、能源法、全民阅读促进条例、农村扶贫开发条例、未成年人网络保护条例、行政执法程序条例、行政调解条例、社会治安技术防范条例、城市地下管线管理条例、殡葬管理条例、碳排放权交易管理条例、核电管理条例、农作物病虫害防治条例、湿地保护条例、节约用水条例、中国公民往来香港特别行政区澳门特别行政区管理条例、外国人在中国工作管理条例、外国人永久居留服务管理条例；修订人民警察法、著作权法、职业教育法、道路交通安全法、矿山安全法、档案法、电影管理条例、食品安全法实施条例、医疗事故处理条例、危险化学品安全管理条例、化妆品卫生监督条例、铁路交通事故应急救援和调查处理条例、重大设备监理条例、退耕还林条例、民族乡行政工作条例、出境入境边防检查条例、行政法规制定程序条例、规章制定程序条例、社会抚养费征收管理办法。

为顺利完成全面建成小康社会的宏伟目标，全面推进依法治国，全面深化改革，切实尊重和保障人权，全国人大、全国人大常委会和国务院需要结合我国人权事业发展的现状和要求，继续完善立法规划，加快立法步伐，提高立法质量，使我国的人权立法保障尽快迈上一个新的台阶。

B.18
2016年中国在人权领域的国际合作与交流

罗艳华*

摘　要：　2016年中国在人权领域的国际合作与交流方面取得了新的进展，表现出了比以往更加积极、主动的态度。主要体现在：提出了一些关于国际人权合作与交流的新理念，借《发展权利宣言》通过30周年之契机大力宣传中国的人权主张，沉稳应对人权挑战等。具体而言：中国在全球和地区层面就特定群体的权利保护问题表明了立场，在与联合国处理人权事务的专门机构①的合作方面有新的表现。多边人权合作仍然是中国开展国际人权合作与交流的重头戏。此外，中国在开展双边人权合作与交流方面也表现出了一些新的特点，其中与发展中国家的多次人权磋商成为2016年双边人权交流的亮点。民间层面的国际人权交流活动也非常活跃，出现了一些新形式。

关键词：　中国　人权　国际合作　国际交流

2016年中国在开展国际人权合作与交流方面取得了新的进展，表现出了一些新特点。其中多边人权合作与交流仍然是重头戏，双边人权合作与交流也

---

* 罗艳华，法学博士，北京大学国际关系学院教授，博士生导师，主要研究领域为人权与国际关系、国际关系史、非传统安全问题等。

① 包括基于宪章设立的机构和基于条约设立的机构。

出现了一些新特点。以人权组织和人权研究机构为主体的民间层次的国际人权交流活动丰富多彩，出现了一些新形式。

一　2016年中国进行国际人权合作与交流的新特点

2016 年中国在进行国际人权合作与交流方面表现出了比以往更加积极、主动的态度。

（一）提出了关于国际人权合作与交流的新理念

习近平主席提出了“构建人类命运共同体”的新理念，这一理念对中国参与人权领域的国际合作与交流产生了深刻的影响。习近平主席在出席“共商共筑人类命运共同体”高级别会议时提出的中国方案是“构建人类命运共同体，实现共赢共享”。[①] 共赢共享的理念同样适用于国际人权领域。王毅在其发表的《共同促进和保护人权　携手构建人类命运共同体》一文中明确指出，人权保障是构建人类命运共同体的重要组成部分。他指出主权平等是促进和保护人权的根本，和平安全是促进和保护人权的前提，共同发展是促进和保护人权的关键，包容互鉴是促进和保护人权的动力，民主民生是促进和保护人权的抓手。关于国际人权合作，王毅指出中国始终秉持平等互信、包容互鉴、合作共赢的精神，全面深入参与国际人权合作，推动建立公正、合理的国际人权体系，是全球人权治理的积极参与者。[②]

（二）利用《发展权利宣言》通过30周年的契机大力倡导发展权，向国际社会宣传中国的人权主张和人权成就

中国认为生存权和发展权是首要的基本人权。2016 年正值联合国《发展权利宣言》通过 30 周年之际，中国在国内外举办了一系列隆重的纪念活动，

① 《习近平出席“共商共筑人类命运共同体”高级别会议并发表主旨演讲》，2017 年 1 月 19 日，新华网：http：//news. xinhuanet. com/world/2017 -01/19/c_ 1120340049. htm。

② 王毅：《共同促进和保护人权　携手构建人类命运共同体》，2017 年 2 月 27 日，新华网：http：//news. xinhuanet. com/world/2017 -02/27/c_ 129496542. htm。

大力倡导保障发展权的主张，同时宣传中国的人权成就。

1. 在联合国举办纪念《发展权利宣言》通过30周年的图片展

2016 年 9 月 19 ~ 23 日，中国国务院新闻办公室主办的《不断发展进步的中国人权事业》图片展在纽约联合国总部开幕。本次展览由五大板块组成，分别是精准扶贫，经济、社会和文化权利，公民权利和政治权利，特定群体权利，国际人权交流与合作。展出的 80 多幅图片多角度、多层次、直观地展示了近年来中国人权事业取得的进步，生动展现了中国从“人权入宪”到“全面推进依法治国”的发展历程。①

2. 在联大纪念《发展权利宣言》通过30周年高级别会议上宣传中国的主张

9 月 22 日，外交部副部长李保东在纽约联合国总部出席了第 71 届联大纪念《发展权利宣言》通过 30 周年高级别会议并发言，指出联合国纪念《发展权利宣言》通过 30 周年意义重大。为在全球范围内更好地实现发展权，应确保和平稳定的发展，尊重各国自主选择发展道路的权利；应促进全面协调的发展，切实落实联合国《2030 年可持续发展议程》；应实现创新包容的发展，不断激发发展潜力并惠及全体人民；应致力于开放共赢的发展，提高发展中国家在全球治理中的发言权。②

3. 在北京举办“纪念《发展权利宣言》通过30周年国际研讨会”

12 月 4 ~5 日，国务院新闻办公室和外交部共同在北京举办了“纪念《发展权利宣言》通过 30 周年国际研讨会”。习近平主席专门为会议发来了贺信，指出发展是人类社会永恒的主题，希望国际社会以联合国《2030 年可持续发展议程》为新起点，努力走出一条公平、开放、全面、创新的发展之路，实现各国共同发展。他在贺信中还指出，中国多年来坚持以人民为中心的发展思想，把增进人民福祉、保障人民当家做主、促进人的全面发展作为发展的出发点和落脚点，有效保障了人民发展权益，走出了一条中国特色人权发展道路。与此同时，中国积极参与全球治理，大力推进包容性发展，努力为世界各国特

① 《〈不断发展进步的中国人权事业〉图片展联合国开幕》，2016 年 9 月 20 日，新华网：http：//news. xinhuanet. com/world/2016 -09/20/c_ 1119591800. htm。

② 《中国外交部副部长李保东在联大纪念〈发展权利宣言〉通过 30 周年的高级别会议上发言》，2016 年 9 月 22 日，联合国电台：http：//www. unmultimedia. org/radio/chinese/archives/269159/。

别是发展中国家人民共享发展成果创造条件和机会。[①]

此次会议由国务院新闻办公室和外交部共同举办，国家两个重要职能部门共同主办一个纪念权利宣言的会议在国内还不多见，这足以证明中国对发展权的重视程度。研讨会的主题为"共享发展：更好造福各国人民"，下设四个分议题，分别是：可持续发展议程与发展权的实现，《发展权利宣言》历史地位和现实意义，实现发展权的最佳做法和经验分享，通过国际合作促进发展权的路径。研讨会的开幕式在人民大会堂举行，来自 40 多个国家、地区和国际组织的 150 余位代表参加了研讨会。

（三）沉着应对来自国际人权领域的挑战

2016 年中国面对的国际人权挑战主要来自联合国人权高专办、美国和其他西方国家以及国际人权非政府组织三个层面，中国的应对较之前更加沉稳。中国积极构建自己的人权话语体系，大力宣传自己的人权主张，争取与对方进行平等对话，增进了解，取得了明显的成效。

二　多边人权合作与交流

2016 年中国开展的多边人权合作与交流主要包括在全球和地区层面大力推动对特定群体的权利保障、与联合国基于宪章设立的人权机构的合作与交流、与国际人权条约机制的合作三个方面。

（一）在全球和地区层面大力推动对特定群体的权利保障

1. 在联大就难民权利保护表明中国立场

2016 年 9 月 19 日，中国国务院总理李克强在联大解决难民移民大规模流动问题高级别会议上明确指出，作为联合国常任理事国，中国一贯高度重视并积极参与解决难民和移民问题，即使在过去非常困难的时候也伸出援手。现在虽然中国的经济有了很大发展，但仍然是发展中国家，中国愿意承担与自身能

---

① 《习近平致信祝贺"纪念〈发展权利宣言〉通过 30 周年国际研讨会"开幕》，2016 年 12 月 4 日，新华网：http：//news. xinhuanet. com/politics/2016 - 12/04/c_ 1120048818. htm。

力相适应的责任，这是道义之举。李克强总理在会上宣布：在原有援助规模的基础上，中国再向有关国家和国际组织提供1亿美元的人道主义援助；并且会考虑把中国－联合国和平与发展基金的部分资金，用于支持发展中国家的难民和移民工作；并会积极探讨同有关国际机构和发展中国家开展三方合作的问题。①

2. 通过主办《残疾人权利公约》通过十周年纪念活动和亚欧研讨会大力倡导残疾人权利保护

2016年7月7日，中国国务院残疾人工作委员会在人民大会堂举行了纪念联合国《残疾人权利公约》通过十周年大会。联合国秘书长潘基文应邀出席了会议并在致辞中高度赞扬了中国为制定和履行《残疾人权利公约》所做的积极贡献。他指出，中国的残疾贫困人口大量减少，国家发展规划也纳入了健康保健、社会保障等保护残疾人权益的重要内容，还出台了建筑和信息无障碍相关条例。这些都为改变社会对残疾人的态度、倾听残疾人的声音提供了最坚实的基础。②

11月8～11日，第十六次亚欧非正式人权研讨会在北京开幕，由中国外交部、中国残疾人联合会以及中国政法大学人权研究院共同举办，会议主题为“残疾人与人权”。与会者包括亚欧会议成员的政府代表、学者专家、非政府组织代表等100余人。出席会议开幕式并致辞的嘉宾有中国外交部副部长李保东、中国残联副理事长贾勇、中国政法大学校长黄进、瑞典瓦伦堡研究所米兰德教授等，亚欧基金总干事沃奈克主持了开幕式。李保东在致辞中说，第十六次亚欧非正式人权研讨会将主题定为“残疾人与人权”意义重大。国际社会应共同努力，积极保障残疾人权益，努力构建和谐包容的社会环境，加大对残疾人保障事业的投入，并在保护残疾人权利方面开展国际交流与合作。中国一直高度重视残疾人权利保障，在过去5年里实现了588万农村贫困残疾人脱

① 《“外交世界杯”开赛　李克强提出难民工作“中国方案”受关注》，2016年9月21日，人民网：http：//politics. people. com. cn/n1/2016/0921/c1001－28729121. html；《李克强在第71届联大解决难民和移民大规模流动问题高级别会议上的讲话（全文）》，2016年9月21日，人民网：http：//world. people. com. cn/n1/2016/0921/c1002－28728874. html。

② 《中国政府举办纪念联合国〈残疾人权利公约〉通过十周年大会》，2016年7月9日，中国残疾人联合会网站：http：//www. cdpf. org. cn/yw/201607/t20160713_ 560558. shtml。

贫，1000 多万城乡残疾人享受了最低生活保障，1000 多万残疾人得到了康复服务。在今后 5 年，中国将实现 8500 万残疾人与全国人民同步进入小康社会的目标。①

（二）与联合国基于宪章设立的人权机构的合作与交流

1. 与联合国人权理事会的合作

（1）中国第四次高票当选联合国人权理事会成员

2016 年 10 月 28 日，在投票选举 2017 ~ 2019 年人权理事会成员的第七十一届联合国大会上，中国以 180 票高票成功获得连任，这是自人权理事会成立以来中国第四次成功当选。

值得注意的是，中国四次当选的得票可谓屡创新高。从 2006 年的 146 票、2009 年的 167 票、2013 年的 176 票，到 2016 年的 180 票。中国 2016 年获得的 180 票是亚太组候选国家中的最高票，也是全场第二高票。

中国四次当选的票数都大大超过了联大的 2/3 多数。这充分说明中国得到了绝大多数国家的支持，反映了国际社会对中国的高度认可。同时这也反映了国际社会对中国前三次担任人权理事会成员期间履职表现的赞赏和对中国保护人权实践的肯定。

（2）中国通过发言明确表达自己关于人权问题和人权机制的主张

2016 年 3 月 1 日，在联合国人权理事会第 31 次会议上，中国外交部人权事务特别代表刘华指出，中国主张公民政治权利与经济社会文化权利和发展权同等重要，应该重视这些权利的平衡发展，不可偏废。各国应根据本国经济和社会发展的实际情况和人民的现实需求，统筹协调推进这些权利的实现。中国认为发展是实现人权的必由之路。国际社会应以《发展权利宣言》为指引，以联合国《2030 年可持续发展议程》为起点，共同推进可持续发展。②

---

① 《外交部：第 16 次亚欧非正式人权研讨会在京开幕》，2016 年 11 月 09 日，央视网：http：//news. cctv. com/2016/11/09/ARTI4RB1Ridlf841qZstTAyK161109. shtml。

② 《刘华特别代表在人权理事会第 31 次会议人权两公约高级别专题研讨会上的发言》，2016 年 3 月 1 日，中华人民共和国常驻联合国日内瓦办事处和瑞士其他国际组织代表团网站：http：//www. china - un. ch/chn/hyyfy/t1347283. htm。

6月13日，在联合国人权理事会第32次会议上，中国常驻联合国日内瓦办事处和瑞士其他国际组织代表马朝旭大使代表近140个国家做了题为《通过对话与合作促进和保护人权》的共同发言，提出了开展国际人权对话与合作的七项原则。第一，应以《联合国宪章》的宗旨和原则为基础，处理包括人权问题在内的国际事务。主权国家负有保护和促进人权的首要责任。一国的人民对本国的人权状况最具发言权。第二，人权具有普遍、不可分割、相互依赖和相互关联的特性，应平等和平衡地推进各类人权，充分重视经济、社会、文化权利及发展权利。第三，多数情况下，战争和冲突是造成人道主义灾难和侵犯人权的根源。致力于维护地区和世界稳定，和平解决国际和国内争端，避免不经安理会授权及违反当事国意志的武装介入，是保护人权的最有力措施。第四，国际社会应该本着平等和相互尊重的原则，加强在人权领域的真诚对话与建设性合作，摒弃冷战思维和对抗，避免将人权问题作为实现政治目的的工具。第五，由于历史、宗教和文化背景、社会制度及发展水平不同，各国对人权问题具有不同看法是正常的，不应强加人权价值观。应尊重世界各国根据自身国情和区域情况自主选择保护和促进人权发展道路的权利。第六，应根据当事国要求和意愿，加强技术援助与合作，帮助发展中国家，特别是最不发达国家和小岛屿国家提高建设能力，更有效地准备、参与国别人权审查和条约机构工作，落实所接受的国别人权审查建议和条约义务。第七，联合国人权机制应客观、公正开展工作，避免发表主观和缺乏事实根据的言论。①

6月15日，在联合国人权理事会第32次会议专题讨论会上，中国外交部人权事务特别代表刘华代表观点相近的31个国家发言，他指出联合国人权机制应切实履行联合国大会的授权，将促进和实现发展权作为优先工作，促进各国人民均衡和可持续的发展。②

9月16日，在联合国人权理事会第33次会议上，中国常驻联合国日内瓦

① 《马朝旭大使在人权理事会第32次会议“纪念人权理事会十周年”高级别专题讨论会上的共同发言稿——〈加强对话与合作促进和保护普遍认可的人权〉》，2016年6月14日，中华人民共和国常驻联合国日内瓦办事处和瑞士其他国际组织代表团网站：http：//www. china – un. ch/chn/hyyfy/t1371850. htm。

② 《中国代表敦促联合国人权机制将促进发展权作为优先工作》，2016年6月16日，中国人权网：http：//www. humanrights – china. org/html/gjjl/1/5/2016/0616/18388. html。

办事处和瑞士其他国际组织代表马朝旭代表近140个国家在会议上做了题为《发展促人权》的共同发言，强调发展对保护和促进人权是至关重要的。[①]

（3）中国积极参与人权理事会的普遍定期审议工作，对不同国家的人权问题表示关切并提出建设性的意见

2016年，中国认真履行人权理事会成员的职责，积极参与了联合国人权理事会对39个国家的普遍定期审议工作，这些国家是：纳米比亚、尼日尔、莫桑比克、爱沙尼亚、巴拉圭、比利时、丹麦、帕劳、索马里、塞舌尔、所罗门群岛、拉脱维亚、塞拉利昂、新加坡、苏里南、圣文森特和格林纳丁斯、萨摩亚、希腊、苏丹、匈牙利、巴布亚新几内亚、塔吉克斯坦、坦桑尼亚联合共和国、安提瓜和巴布达、斯威士兰、特立尼达和多巴哥、泰国、爱尔兰、多哥、委内瑞拉、津巴布韦、乌干达、摩尔多瓦、叙利亚、冰岛、立陶宛、东帝汶、海地、南苏丹。[②]

对于这些国家的人权状况，中国都做出了比较客观的评价，并提出了建设性的意见。以2016年1月20日审查比利时人权状况时中国的发言为例：中国认为比利时自上轮国别人权审查以来，在批准国际和区域人权文书方面取得了进展，积极与国际和区域人权保护机制开展合作。欢迎比利时制订联邦反贫困计划，完善消除性别歧视的立法，加强打击家庭暴力的法律和国家行动计划，并在就业、教育等领域中纳入性别平等观念，订立综合法律和体制框架打击当代形式的奴役行为。中国注意到比利时在少数群体和难移民受歧视问题上采取了一定预防和打击措施，并计划进一步完善有关立法和措施。中国对比利时提出了两项建议：一是增加发展援助，达到国民生产总值0.7%的目标，帮助发

① 《马朝旭大使在人权理事会第33次会议代表近140个国家就“发展促人权”问题发表共同发言》，2016年9月17日，中华人民共和国常驻联合国日内瓦办事处和瑞士其他国际组织代表团网站：http：//www. china - un. ch/chn/hyyfy/t1398078. htm。

② 《人权理事会普遍定期审议工作组将于2016年1月18日至29日在日内瓦举行第二十四届会议》，2016年1月13日，联合国网站：http：//www. ohchr. org/CH/NewsEvents/Pages/DisplayNews. aspx？NewsID = 16946&LangID = C；《人权理事会普遍定期审议工作组将于2016年5月2日至13日在日内瓦举行第二十五届会议》，2016年4月27日，联合国网站：http：//www. ohchr. org/CH/NewsEvents/Pages/DisplayNews. aspx？NewsID = 19912&LangID = C；Human Rights Council Universal Periodic Review Working Group to hold twenty - sixth session from 31 October to 11 November，http：//www. ohchr. org/en/NewsEvents/Pages/DisplayNews. aspx? NewsID = 20772&LangID = E；http：//www. ohchr. org/EN/HRBodies/UPR/Pages/UPRMain. aspx。

展中国家实现可持续发展；二是消除政治言论、媒体和社会生活中任何形式的种族主义、歧视、仇外心理。①

（4）中国在人权理事会通过投票和提出修正案的方式明确表明自己的立场

2016 年 3 月 24 日，中国代表团在人权理事会第 31 次会议对 L. 21 号“和平抗议中促进和保护人权”决议草案投了反对票。对此中国发言人指出，经口头修正的 L. 21 号决议草案存在诸多缺陷，包括中国在内的不少国家的合理关切没有得到满足。②

同一天，中国代表团在人权理事会第 31 次会议对 L. 28 号“保护经社文权利领域人权卫士”决议草案投了反对票。对此中国在解释性发言中指出：中方积极、建设性地参加了决议草案的全程磋商，并根据上述立场对决议草案提出修改意见。遗憾的是，尽管提案国象征性地对个别修改意见做了回应，但多数核心修改意见并未得到提案国的重视和采纳。鉴于目前的决议草案仍存在诸多重大缺陷，中国将对经口头修正的 L. 28 号决议草案投反对票。③

6 月 30 日，联合国人权理事会以 23 国赞成、18 国反对、6 国弃权，通过了《防止基于性倾向和性别认同的暴力和歧视》的决议，决定首次任命一名独立专家负责报告和协调解决各国同性恋人权方面的问题。中国与其他 17 个国家投了反对票。④

---

① 《中国代表团在国别人权审查工作组第 24 次会议审查比利时时的发言》，2016 年 1 月 20 日，中华人民共和国常驻联合国日内瓦办事处和瑞士其他国际组织代表团网站：http：//www. china - un. ch/chn/hyyfy/t1338534. htm。

② 《中国代表团在人权理事会第 31 次会议对 L. 21 号“和平抗议中促进和保护人权”决议草案采取行动前的解释性发言》，中华人民共和国常驻联合国日内瓦办事处和瑞士其他国际组织代表团网站：http：//www. china - un. ch/chn/hyyfy/t1351596. htm。

③ 《中国代表团在人权理事会第 31 次会议对 L. 28 号“保护经社文权利领域人权卫士”决议草案采取行动前的解释性发言》，中华人民共和国常驻联合国日内瓦办事处和瑞士其他国际组织代表团网站：http：//www. china - un. ch/chn/hyyfy/t1351593. htm。

④ 投赞成票的 23 个国家包括蒙古国、古巴、尼日利亚、韩国、法国、委内瑞拉、斯洛文尼亚和越南等。投反对票的国家有 18 个，包括孟加拉国、中国、科特迪瓦、印度尼西亚、肯尼亚、卡塔尔、俄罗斯、沙特阿拉伯和阿联酋等。印度、菲律宾和南非等 6 个国家投了弃权票。参见《人权进步的又一里程碑：联合国设立独立专家防止基于性取向和性别认同的暴力和歧视》，2016 年 7 月 1 日，联合国电台：http：//www. unmultimedia. org/radio/chinese/archives/262605/。

7月1日，联合国人权理事会通过了一项名为《互联网上推动、保护及享有人权》的决议草案。该决议草案由巴西、尼日利亚、瑞典、突尼斯、土耳其和美国联合提出，认为根据《世界人权宣言》第十九条以及《公民权利和政治权利国际公约》第十九条的规定，“民众在线上必须能够享有与线下相同的权利，尤其是言论自由，这项权利不论国界，可以通过自主选择的任何媒介行使”。还要求国家必须“克制和停止任何阻止和干扰在互联网上传播信息的行为。这包括在任何时候关闭全部或部分互联网，特别是在人们急需获取信息的情况下，例如选举期间或是恐怖袭击之后”。中国与俄罗斯对决议草案提出了四项修正案，但均未获通过。①

2. 与联合国人权特别机制的合作

应中国政府邀请，联合国赤贫和人权问题特别报告员菲利普·奥尔斯顿（Philip Alston）于8月15～23日对中国进行了首次访问，此间奥尔斯顿走访了北京和云南两地，并与中央和地方政府、非政府组织、国际组织的代表和专家学者进行了座谈与交流。

特别报告员在结束访问发表的声明中指出：“中国近年来在减贫和改善社会福利方面的成绩是非凡的。尽管仍面临各种巨大挑战，但中国建设‘小康社会’的决心毋庸置疑。这种政治意愿令人刮目相看，在当今世界上也非常少见。我对中国的访问使我有机会亲眼见到许多诸如此类的成就，并通过中国在国际人权法之下义务的视角进行理解，而中国也为塑造国际人权法体系提供了帮助。在经济、社会及文化权利受到太少关注的国际背景下，我要欢迎中国对这些权利的重视。如果其他国家要从中国的成绩中吸取经验，那么主要经验似乎是：（1）运作良好的市场经济能够产生大量财政回报；（2）政府出手干预以改善市场难免未能顾及的相对庞大人口的境况是必要之举；（3）对于减贫真正的政治意愿可以说是最为重要的元素。”②

3 与联合国人权高级专员办事处（高专办）的合作

中国与联合国人权高专办保持着建设性的合作关系，经常进行沟通并对高

---

① 《联合国人权理事会通过网络自由决议》，2016年7月3日，北京大学法学院人权与人道法研究中心网站：http://www.hrol.org/News/WorldNews/2016－07/4389.html。

② 《联合国赤贫和人权问题特别报告员菲利普·奥尔斯顿结束对中国访问的声明》，联合国网站：http://www.ohchr.org/ch/NewsEvents/Pages/DisplayNews.aspx?NewsID=20402&LangID=C。

专办的工作提出建设性的意见，对于高专办的一些不当做法也明确表明自己的立场。

2016 年 3 月 11 日，傅聪大使在人权理事会第 31 次会议与人权高专对话时针对联合国人权高专先生所做的年度工作报告提出了如下看法。

第一，关于如何加强人权机制，中国认为重中之重是坚定维护国际人权机制的信誉和权威，扭转将人权问题政治化的现状，摈弃双重标准，避免重蹈人权委员会“信誉危机”的覆辙。

第二，关于如何促进人权主流化，中国认为：一要确保有效协调，即有助于联合国三大支柱的良性互动，而不是侵蚀其他领域的授权，争夺其他领域的资源；二要尊重和维护联合国主管机构在相关议题上的权威性和主导地位，高专办可在促进和保护人权问题上提供咨询服务；三要坚持各国政府是推动人权主流化的主导力量。应尊重各国根据本国国情选择适合自身发展模式的权利。

第三，关于如何改进工作，中国认为联合国人权高专履职应符合联大有关决议的授权，真正重视与成员国进行有效的沟通，避免发表主观和缺乏事实根据的言论。人权高专办有必要对各领域工作进行全面的评估，改革的关键是以加强会员国自身的人权能力建设、平衡推进两类人权为优先目标，应重点改革高专办职员的构成比例，以更好地体现公平地域分配原则。改革的过程应公开透明。人权条约机构应切实遵守条约的授权，杜绝给成员国强加额外的义务。中方重申关注和反对条约机构主席会议单方面制定的《反对恐吓和报复准则》。①

10 月 19 日，中国常驻联合国代表团姚绍俊参赞在第 71 届联大三委与人权高专对话时表示中方对高专及高专办工作存在以下严重关切。

第一，人权高专和高专办作为联合国秘书处的一部分，理应模范遵守《联合国宪章》，尊重成员国主权和领土完整。中国对于人权高专为在中国犯有分裂国家罪的罪犯颁奖和雇佣分裂分子作为职员的做法非常不满。

---

① 《傅聪大使在人权理事会第 31 次会议与人权高专对话时的发言》，2016 年 3 月 11 日，中华人民共和国常驻联合国日内瓦办事处和瑞士其他国际组织代表团网站：http：//www. china－un. ch/chn/hyyfy/t1346901. htm；《常驻联合国代表团姚绍俊参赞在第 71 届联大三委与人权高专对话时的发言》，2016 年 10 月 19 日，外交部网站：http：//www. fmprc. gov. cn/ce/ceun/chn/hyyfy/t1407354. htm。

第二，人权高专和高专办应充分尊重各国发展阶段、社会制度、历史文化传统的差异，尊重各国人民自主选择的人权发展道路和优先任务，致力于凝聚各方共识，共同推进国际人权合作，而不是强行推广仅反映部分国家诉求的人权理念。

第三，人权高专和高专办应坚持公正、客观、非选择性原则，在联大授权范围内，与各国开展建设性对话与合作，防止人权政治化倾向，平衡推进各类人权，特别是在广大发展中国家关心的经济社会文化权利和发展权方面加大投入。

第四，人权高专办应提高工作效率和透明度。高专办在制定和落实工作规划，包括推动“改革倡议”时，应充分征求和反映成员国意见，坚持成员国主导原则。高专办应优化资源配置，避免浪费。高专办职员地域代表性失衡问题应尽快得到解决。①

（三）与国际人权条约机制的合作

1. 中国出席联合国《残疾人权利公约》第九次缔约国大会

2016 年 6 月 14 ~ 16 日，中国政府代表团出席了联合国《残疾人权利公约》第九次缔约国大会。此次会议的主题是“落实《2030 年可持续发展议程》，不让一个残疾人掉队”。中国代表团由外交部与中国残联共同组成，中国常驻联合国副代表吴海涛大使任团长。

会议期间，中国残联副理事长贾勇在一般性辩论中介绍了中国政府为履行《残疾人权利公约》、开展残疾人权利保护工作和实施《2030 年可持续发展议程》所采取的措施和取得的成就，特别是近年来中国政府出台的《关于加快推进残疾人小康进程的意见》和《关于全面建立困难残疾人生活补贴和重度残疾人护理补贴制度的意见》。此外还介绍了中国政府针对全国 2664 万持证残疾人和尚未持证残疾儿童的基本服务状况，并提出了加强对残疾人发展权利保护、实施精准政策和措施以及支持残疾人事业持续发展的建议。

此外，中国代表还参加了主题为“消除所有残疾人贫困和不平等”、“促进心理和智力残疾人权利”和“加强信息技术无障碍以及包容性发展”的三

① 《常驻联合国代表团姚绍俊参赞在第 71 届联大三委与人权高专对话时的发言》，2016 年 10 月 19 日，外交部网站：http://www.fmprc.gov.cn/ce/ceun/chn/hyyfy/t1407354.htm。

个圆桌会议以及“庆祝《残疾人权利公约》通过10周年”的互动对话，多角度介绍了中国政府为保障残疾人权利、发展残疾人事业所做的努力。①

2. 鼓励并推荐中国专家到国际人权条约机构任职

2016年，中国候选人李燕端大使以151票成功当选为联合国消除种族歧视委员会委员。② 2016年中国专家在国际人权条约机构的任职情况见表1。

表1　2016年中国专家在国际人权条约机构的任职情况

姓名	任职的联合国人权条约机构	担任职务	本届任期到期时间	现任职是不是连任
陈士球	经济、社会和文化权利委员会	委员	2016. 12. 31	否
李燕端	消除种族歧视委员会	委员	2020	否
邹晓巧(女)	消除对妇女歧视委员会	委员	2016. 12. 31	是
张克宁	禁止酷刑委员会	委员	2017. 12. 31	否
尤亮	残疾人权利委员会	委员	2018. 12. 31	否

资料来源：根据联合国相关机构的材料整理而成，资料来源分别为联合国网站的如下网页：Membership of the Committee on Economic, Social and Cultural Rights, http://www.ohchr.org/EN/HRBodies/CESCR/Pages/Membership.aspx; Membership of the Committee on the Elimination of Racial Discrimination, http://www.ohchr.org/EN/HRBodies/CERD/Pages/Membership.aspx; Membership of the Committee on the Elimination of Discrimination against Women, http://www.ohchr.org/EN/HRBodies/CEDAW/Pages/Membership.aspx; Membership of the Committee against Torture, http://www.ohchr.org/EN/HRBodies/CAT/Pages/Membership.aspx, Committee on the Rights of Persons with Disabilities, http://www.ohchr.org/ch/HRBodies/CRPD/Pages/Membership.aspx。

三　双边人权交流与合作

在2016年中国参与的双边人权交流与合作中，人权对话与磋商是主要内容。2016年中国明显加强了与发展中国家在人权领域的沟通与交流，中国与发展中国家举行的多次人权磋商成为新亮点，占中国全年双边人权交流的一半，磋商对象的地理范围涵盖了非洲、东南亚和南美洲。此外，中国与

① 《中国代表团出席联合国〈残疾人权利公约〉第九次缔约国大会》，2016年6月17日，新华网：http://news.xinhuanet.com/2016-06/17/c_1119062851.htm。

② 《李燕端大使成功当选联合国消除种族歧视委员会委员》，2016年6月25日，外交部网站：http://www.fmprc.gov.cn/ce/ceun/chn/hyyfy/t1276153.htm。

发达国家的定期人权对话也举行了 3 次，对话伙伴国分别是瑞士、英国和德国。

1. 中国与瑞士举行第9次人权对话

2016 年 5 月 17 日，中瑞第 9 次人权对话在北京举行。中国外交部人权事务特别代表刘华和瑞士外交部人权特使乌尔施共同主持了对话。中国最高人民法院、中央统战部、全国人大法工委、公安部、司法部等部门的代表和瑞士内政部、驻华使馆的人员参加了此次对话。对话中，中瑞双方围绕各自的人权观、人权的新进展、司法和刑罚体系、少数群体权利、多边人权工作和人权技术合作等方面的问题进行了交流。对话之后，瑞方代表团还在北京走访了有关政府部门，并赴宁夏回族自治区进行了访问。① 17 日，中国外交部副部长李保东礼节性地会见了来华出席此次人权对话的瑞士外交部人权特使乌尔施，双方就两国人权交流与合作问题交换了意见。

2. 中国与英国举行第23次人权对话

2016 年 10 月 27 ~28 日，中英举行了第 23 次人权对话。中国外交部人权事务特别代表、国际司副司长刘华和英国外交部亚太司司长李丰在伦敦共同主持了对话。英国外交部政务次官沙马出席了开幕式并致辞。中央统战部、公安部、国家民委、国务院新闻办公室、国家宗教局等部门的代表和英国外交部、司法部的代表参加了对话。对话期间，中英双方围绕人权领域的新进展、人权司法保障、国际人权领域合作等问题进行了交流。此外，中国代表团还在伦敦走访了治安法院、公民咨询局等部门，考察了英国在法律援助、保障弱势群体权利等方面的情况。②

3. 中国与德国举行第14次人权对话

2016 年 11 月 7 ~8 日，中德举行了第 14 次人权对话。中国外交部国际司司长李军华和德国联邦政府人权事务专员科夫勒共同主持了对话。对话中，中德双方重点围绕各自人权领域的新进展和保护难民权利等问题进行了深入交流。中方强调双方应该本着平等相待的原则，尊重各自选择的人权发展道路，

① 《中国瑞士举行第 9 次人权对话》，外交部网站：http：//www. fmprc. gov. cn/web/wjdt_674879/sjxw_ 674887/t1364352. shtml。

② 《中国英国举行第 23 次人权对话》，外交部网站：http：//www. fmprc. gov. cn/web/wjdt_674879/sjxw_ 674887/t1411283. shtml。

希望德方全面客观看待中国的人权进步，不要仅将目光聚焦在个案上。中方还就德方在难民权利、仇外排外、警察过度执法等方面存在的问题以及中国留学生遇害案等表达了关切。对话前，中方代表团还应德方邀请，赴巴伐利亚州特劳恩施泰因走访了德国难民保障机构，并同难民进行了交流。[①]

4. 中国与非盟举行首次人权磋商

2016 年 4 月 12 日，在非盟总部中国与非盟举行了首次人权磋商。磋商由中国外交部人权事务特别代表刘华与非盟委员会政治事务司司长卡贝莱共同主持。中国国务院扶贫办、全国妇联、中国残联的代表和非盟政治事务司主管人权、选举、难民等事务的官员参加了磋商。磋商中双方同意建立定期人权磋商机制，并就各自的人权观和人权合作等方面的内容进行了交流。磋商之前，中方代表团访问了亚的斯亚贝巴大学的人权中心，其间，非盟政治事务委员阿卜杜拉希会见了中方代表团。[②]

5. 中国与南非举行首次人权磋商

2016 年 4 月 14 日，中国与南非在比勒陀利亚举行了首次人权磋商。中国外交部人权事务特别代表刘华与南非国际关系与合作部负责全球治理和非洲大陆事务的副总司长迪塞科共同主持了磋商。南非国际关系与合作部人权事务司司长蒙特威迪等官员参加了磋商。中方的参加者包括国务院扶贫办、全国妇联、中国残联的代表。双方在磋商中就人权观和人权合作等多方面的问题交换了意见，一致同意建立定期人权磋商机制。[③]

6. 中国与巴西举行第2次人权磋商

2016 年 12 月 6 日，中国与巴西在北京举行了第 2 次人权磋商。此次磋商由中国外交部人权事务特别代表、国际司副司长刘华与巴西外交部人权与社会事务司司长吉斯莱尼共同主持。中国民族事务委员会派代表参加了磋商。磋商中双方就国际人权形势、人权领域的新进展和人权合作等问题进行了交流，认

---

① 《中德举行第 14 次人权对话》，外交部网站：http：//www. fmprc. gov. cn/web/wjdt_ 674879/sjxw_ 674887/t1414023. shtml。

② 《中国与非盟举行首次人权磋商》，外交部网站：http：//www. fmprc. gov. cn/web/wjdt_ 674879/sjxw_ 674887/t1355159. shtml。

③ 《中国与南非举行首次人权磋商》，外交部网站：http：//www. fmprc. gov. cn/web/wjdt_ 674879/sjxw_ 674887/t1355733. shtml。

为此次磋商有利于加强双方在人权领域的协调与配合。[①]

7. 中国同马来西亚就人权问题交换意见

2016年6月2日，中国外交部人权事务特别代表、国际司副司长刘华在吉隆坡会见了马来西亚外交部多边事务司副司长拉妮，双方就人权立场、多边人权工作和人权技术合作等问题交换了意见。[②]

除了如上人权对话与磋商，官方层面的双边合作和交流活动还包括以下几项。4月12日在北京召开了第二届中美残疾人事务协调会。中国残联理事长鲁勇、全国人大常委会法制工作委员会副主任张勇、外交部副部长郑泽光，美国驻华大使博卡斯、国务院残疾人权利特别顾问霍伊曼、劳工部助理部长希赫、教育部助理部长于丹等出席了会议开幕式并致辞。在专题会议上，来自国务院法制办、外交部、教育部、司法部和中国残联，美国国务院、教育部、劳工部以及有关高校和非政府组织的代表围绕残疾人权益保障和残疾人教育两个议题进行了深入的交流和互动。中美残疾人事务协调会建立了中美残疾人事务对话机制。美国代表团在访华期间还考察了北京、成都两地残疾人服务设施和特殊教育学校。[③] 5月10日，中澳人权技术合作项目——生殖健康权利保护培训班在甘肃省天水市开班。来自内蒙古、甘肃、青海、宁夏、新疆五省份的40多名学员参加了培训。[④]

四　民间人权组织和人权机构的国际交流活动

2016年中国民间的人权组织和研究机构非常活跃，他们主办和参与了多种形式的国际人权交流活动，为增进理解、促进合作做出了自己的贡献。

---

① 《中国巴西举行第2次人权磋商》，外交部网站：http://www.fmprc.gov.cn/web/wjdt_674879/sjxw_674887/t1421771.shtml。

② 《外交部人权事务特别代表刘华同马方就人权问题交换意见》，外交部网站：http://www.fmprc.gov.cn/web/wjdt_674879/sjxw_674887/t1368967.shtml。

③ 《第二届中美残疾人事务协调会召开》，《人民日报》（海外版）2016年4月13日，网址：http://paper.people.com.cn/rmrbhwb/html/2016-04/13/content_1670264.htm。

④ 《中澳人权技术合作项目——生殖健康权利保护培训班在天水开班》，中国人权网：http://www.humanrights-china.org/html/2016/tp_0511/436.html。

1. 主办“二十国集团妇女会议”

2016 年 5 月 25～26 日，由全国妇联主办的“二十国集团妇女会议”在陕西西安召开。“二十国集团妇女会议”是二十国集团峰会的配套活动，会议的主题是“平等参与，创新发展”。出席此次会议的有国家副主席李源潮，全国人大常委会副委员长、全国妇联主席沈跃跃，陕西省委书记娄勤俭和二十国集团成员，嘉宾国和国际组织代表近 200 人。与会者围绕全球经济治理中的性别视角、妇女创业就业及社会保障等议题展开了讨论，并最终形成和通过了《二十国集团妇女会议公报》。公报重申性别包容和性别平等是强劲、可持续和平衡增长必不可少的要素。还就妇女参与全球经济治理、创业就业和社会保障、参与数字经济、建立女性网络等问题提出了对策建议，具体包括促进妇女的经济赋权和经济参与，努力将性别视角纳入 G20 所有活动，将性别主流化纳入宏观经济政策，在经济治理中纳入性别视角；缩小男女薪酬待遇差距，改善工作条件和福利，促进工作与家庭的平衡，完善社会保障体系，以提高妇女的劳动参与率等。①

2. 主办国际人权研讨会

（1）“2016・中欧人权研讨会”

9 月 28 日，“2016・中欧人权研讨会”在重庆召开。该研讨会由中国人权研究会主办、西南政法大学人权研究院承办。会议的主题是少数民族权利保障。来自中欧人权领域的 50 多位专家学者围绕这一主题进行了深入的研讨和交流。中宣部副部长、国务院新闻办公室副主任崔玉英出席了开幕式并致辞。研讨会前，与会专家学者实地考察了重庆彭水苗族土家族自治县，深入了解当地少数民族地区精准扶贫、文化传承、经济社会发展、生态环境保护等情况。②

（2）“人权领域的国际合作与中国视角”国际研讨会

10 月 22～23 日，中国社会科学院国际法研究所在北京主办了题为“人权领域的国际合作与中国视角”的国际研讨会。研讨会共设六个单元议题，分别是：人权观和人权事业；联合国的人权机制；国际条约及其实施机制；发展

① 《W20 通过〈二十国集团妇女会议公报〉》，2016 年 5 月 26 日，新华网：http：//news.xinhuanet.com/2016－05/26/c_ 1118937293.htm。

② 《“2016・中欧人权研讨会”在重庆召开》，2016 年 9 月 29 日，国务院新闻办公室网站：http：//www.scio.gov.cn/ztk/dtzt/34102/35203/35208/Document/1492771/1492771.htm。

与人权；妇女、儿童、老年人与人权；社会治理与人权。来自中国、英国、荷兰、瑞典、意大利、澳大利亚和南非的50多位专家学者参加了研讨会，并就各项议题进行了深入的研讨。①

（3）“第五届跨文化人权国际研讨会”

12月2~3日，“第五届跨文化人权国际研讨会”在天津南开大学津南校区举行。该研讨会由跨文化人权研究中心主办，南开大学人权研究中心和荷兰人权研究院承办。参会的有来自荷兰、南非、澳大利亚、罗马尼亚、津巴布韦、美国、新加坡、越南、赞比亚、巴哈马、布隆迪、安提瓜和巴布达等国及国内的60多位人权专家学者。此次研讨会的主题是“传统精神和文化价值观念与人权的本土源头”。与会者分别就“人权的多元文化起源”“不同宗教和社会文化中的人权源头”“本土文化与当代人权”等议题进行了研讨。会间，跨文化人权研究中心还就起草“关于发展中国家人权立场的原则文件”进行了磋商和讨论。②

（4）“2016·中德人权发展论坛”

12月8~9日，中国人权发展基金会和德国弗里德里希·艾伯特基金会共同主办了“2016·中德人权发展论坛”，会议的主题是和平发展与人权保障。下设三个分议题，分别是：文明对话、消除对抗与维护和平、保障人权；影响当前国际人权保护的重要因素；发展权利保障和移民权利保障。来自中国和德国的50多位专家学者围绕如上议题进行了深入的研讨和交流。会后德国艾伯特基金会中国代表仁恺先生率团访问了中国社会科学院法学所和国际法所，与这两个研究所的专家学者进行了座谈。③

3. 出访交流和参加国际会议

6月13~17日，西南政法大学人权研究院执行院长张永和教授、吉林大学人权研究中心执行主任何志鹏教授等代表中国人权研究会赴日内瓦参加了联

① 《“人权领域的国际合作与中国视角”国际研讨会在北京成功举行》，2016年10月25日，中国法学会网站：https：//www.chinalaw.org.cn/Column/Column_View.aspx？ColumnID=893&InfoID=21556。

② 《第五届跨文化人权国际研讨会举行》，2016年12月4日，人民网：http：//world.people.com.cn/n1/2016/1204/c1002-28922827.html。

③ 《德国艾伯特基金会代表团访问法学所国际法所》，中国法学网：http：//www.iolaw.org.cn/showNews.aspx？id=55103。

合国人权理事会第32届会议第一周会议，并分别以《人的全面发展是人权实现的终极目标》和《移徙工人权利保护》为题做了大会发言。

9月21日，中国人权研究会理事、南开大学人权研究中心副主任常健教授，武汉大学人权研究院执行院长汪习根教授，在日内瓦万国宫出席了由中方主办的“联合国《发展权利宣言》30年：中国的实践及民间社会的贡献”边会并发言。

4. 发起儿童权利保护的倡导活动

11月20日，在第27个联合国儿童权利日到来之际，联合国《儿童权利公约》27周年纪念暨《儿童公益组织行为准则指南》倡导活动由国际救助儿童会、北京市社会组织发展服务中心、北京市协作者社会工作发展中心和北京博源拓智儿童公益发展中心联合发起并成功举办。《儿童公益组织行为准则指南》就公益组织在儿童保护方面的相关定义、立场和执行范围等提出了详细建议，对于教育和倡导公众提高全社会儿童保护意识，发展儿童公益事业具有积极意义。[①]

5. 开展媒体交流活动

4月5~10日，由中国国际广播电台、郑州市委宣传部、郑州人民广播电台联合举办的“中国人权纪实·郑州行”全媒体采访报道活动启动。21位来自中国国际广播电台的全媒体编辑记者，包括5位分别来自法国、德国、希腊、西班牙、意大利的外国记者前往河南郑州、登封、荥阳、新郑等地进行了深入采访，并将其所见所闻所感进行了多语种传播，还利用海外社交媒体FACEBOOK和TWITTER的账号进行了网络社交圈的同步报道。[②]

五　中国进行国际人权合作与交流面临的挑战与政策建议

2016年中国在国际人权合作与交流中面临的挑战主要来自如下几个方面。

---

① 《〈儿童公益组织行为准则指南〉倡导活动举行》，《人民政协报》，网址：http://epaper.rmzxb.com.cn/detail.aspx? id=394155。

② 《“中国人权纪实·郑州行”正式启动》，中国人权网：http://www.humanrights-china.org/html/2016/3_0407/16376.html。

1. 来自联合国人权高专办的“不当言论和做法”

现任联合国人权高专由于对中国的情况缺乏足够的了解，有时会出现一些不当言论和做法。例如：2 月 16 日，联合国人权高专扎伊德发表声明，对所谓“中国近来逮捕律师、骚扰和恐吓政府批评者和非政府组织人员”表示关切，寻求中国方面就此澄清，并呼吁中国政府立即无条件释放人权律师。[①] 10 月 11 日，包括大赦国际在内的十个国际人权组织将 2016 年度的“马丁·恩纳尔斯人权奖”授予了在中国犯有“分裂国家罪”的伊力哈木·土赫提，联合国人权高专出席了颁奖仪式。中国对于高专办的这些不当言论和做法表示了强烈不满和坚决反对[②]，并在与高专的对话中进行了措辞严厉的抗议。[③]

2. 来自国际人权非政府组织的偏见与批评

一些国际人权非政府组织由于对中国存有严重偏见而对中国的人权状况一贯持批评态度。2016 年初，大赦国际发布了 2015 年度国际人权报告，对中国一如既往地横加指责。报告认为中国维护国家安定和反对恐怖主义的措施“对人权带来巨大威胁”；把中国政府制定和颁布的一系列新法律解读为“名义上是为了保护国家安全，实际上旨在大规模限制人权”等。5 月，“人权观察”（Human Rights Watch）组织发布了一份关于西藏的人权报告，批评“中国政府在藏区实施更加严厉的压制政策”。对此，5 月 23 日中国外交部发言人明确指出，希望这些人摘掉有色眼镜，客观公正地看待中国。

3. 来自美国和其他西方国家的指责

在 3 月 10 日的联合国人权理事会会议上，美国代表澳大利亚、英国、丹麦、芬兰、德国、冰岛、爱尔兰、日本、挪威、荷兰、瑞典发表了联合声明，对所谓中国“继续恶化的人权纪录感到担忧”，尤其是“逮捕和监禁人权活动人士、公民社会领袖和律师”。“美国之音”称 12 国发表联合声明“前所未有”，“这是自人权理事会成立以来首次对中国采取的集体行动”。中国外交部

① 《人权高专对中国压制律师和人权活动人士表达关切》，2016 年 2 月 16 日，联合国电台：http：//www. unmultimedia. org/radio/chinese/archives/251898/#. WFpEBfkQjAE。

② 《外交部发言人就联合国人权高专发表声明等答问》，中国政府网：http：//www. gov. cn/xinwen/2016 -02/17/content_ 5042799. htm。

③ 《常驻联合国代表团姚绍俊参赞在第 71 届联大三委与人权高专对话时的发言》，2016 年 10 月 19 日，外交部网站：http：//www. fmprc. gov. cn/ce/ceun/chn/hyyfy/t1407354. htm。

发言人10日表示，美国和其他少数国家再次在人权理事会挑起对抗，严重违反《联合国宪章》的宗旨和原则，违反有关联大决议，加剧对抗，恶化气氛，不符合各方利益。[①] 此外，6月22日，在联合国人权理事会第32届会议小组讨论会上，美国对中国的言论自由和互联网问题进行了指责。8月31日，访华的加拿大总理特鲁多在会谈中向中方提出了人权问题及高凯文案。10月13日，英国发表《香港问题半年报告》，对香港事务妄加评判。对于这些责难，中国都明确表示反对并进行了必要的澄清。

针对中国在国际人权合作与交流中面临的挑战，本报告提出如下政策建议。

第一，针对美国和其他西方国家及国际人权非政府组织对中国的人权指责和故意抹黑行为，中国必须进行针锋相对的斗争。同时也需要深入研究这些国家的人权状况，做到对其国内的人权问题了如指掌。这样在进行人权斗争时可以做到以事实为根据，准确揭露这些国家存在的人权问题。

第二，进行国际人权合作与交流，国际问题研究的知识背景显得十分必要。人权是一个跨学科的研究领域，不同学科的研究都有助于我们在人权问题上认识水平的提高。目前我们国内的人权研究领域，法学界的研究是主力。但人权研究仅有法学界的人士参与是非常不够的，国家应该大力加强其他学科背景的人权研究队伍的培养，如政治学、国际关系、哲学、经济学、社会学等。

第三，为了在国际人权领域增加话语权，中国可以主动提出一些能够引起其他国家共鸣的人权理念和人权主张，但在提出之前要进行充分的论证，以确保这些理念和主张无论是在法理上还是在其他方面都能够得到其他国家的认同。

第四，中国应进一步提升国际人权领域的议题设置能力，加强合作，争取在国际人权领域的主导权。

第五，中国民间人权组织和人权机构应更积极地参与联合国的人权会议和主办边会等，在国际舞台上发出自己的声音。

① 《12国指责中国人权状况　外交部：中国是法治国家》，中华网：http：//news.china.com/2016lh/news/11176754/20160312/21868196.html。

调研报告和个案研究

Research Report and Case Study

B.19 天津市文化惠民工程调研报告

杜宁宁　常　健*

摘　要：为更有效地保障市民的文化权利，实现城乡基本公共文化服务均等化，天津市政府正视面临的挑战，积极探索有效的激励机制，实施了文化惠民工程。通过图书通借通还、发放文化惠民卡、高端演出及展览补贴、“农民点戏，戏进农家”、公共文化服务数字建设等具体措施，促进公共文化服务与市民文化需求对接，为市民参与文化活动、享受文化成果提供便捷的途径和高效的服务，取得了良好的实效，对其他地区完善公共文化服务具有一定的启发和借鉴意义。

关键词：文化权利　文化惠民工程　公共文化服务　天津市

* 杜宁宁，南开大学周恩来政府管理学院博士研究生；常健，南开大学人权研究中心副主任，南开大学周恩来政府管理学院教授，博士生导师。

文化权利是人权的重要组成部分，中国共产党和中国政府高度重视并制定相应的法律政策以保障人民的文化权利。但是，在市场经济条件下，要落实法律和政策对提供公共文化服务的要求，面临着一系列挑战，需要建立适合国情的实施机制。对此，天津市政府进行了积极的探索和尝试，设计和实施了“文化惠民工程”，取得了良好的效果。笔者对天津市近年来在实施文化惠民工程、保障公民文化权利方面的情况进行了实地调研，与天津市文化部门负责人举行了座谈，了解文化惠民工程的设计理念和总体思路；对市民进行了街头随机采访，了解文化惠民工程的实际效果和存在的问题。同时，还利用网站、微信、微博等新媒体手段收集有关文化惠民工程的相关数据资料和反馈信息，在此基础上形成了对天津市文化惠民工程的调研报告。

一　天津市在保障公民文化权利方面遇到的问题

在“十二五”规划期间，天津市在文化体育与传媒方面的支出逐年增长，文化体育与传媒支出占一般公共预算支出的比例基本保持不变（如表 1 所示）。天津市政府还先后设立农村文化建设专项资金，公共文化设施免费开放专项资金，民办和行业博物馆专项补助资金，用以支持公共文化建设。

表 1　2011 ~ 2015 年天津市一般公共预算支出、文化体育与传媒支出

单位：亿元，%

年份	一般公共预算支出	文化体育与传媒支出	文化体育与传媒支出比上年增长*	文化体育与传媒支出占一般公共预算支出比例
2011	1796. 33	29. 76	28. 3	1. 66
2012	2143. 21	35. 85	20. 5	1. 67
2013	2549. 21	44. 53	24. 2	1. 75
2014	2884. 70	47. 87	17. 0	1. 66
2015	3232. 35	51. 73	6. 4	1. 60

* 增长率是根据调整后的数据计算得出。

资料来源：根据《天津市统计年鉴》（2012 ~ 2016）整理。

为了确定公共文化服务投入的实际效果，天津市政府通过一系列方式进行了调查，包括发放调查问卷、组织人员到基层站点进行现场调研、召开座谈会等。然而，调查结果却出乎政府的意料。他们发现，相较于在公共文化服务方面的投入，其产出效果并不尽如人意，主要表现在以下三个方面。

第一，市民对公共文化活动参与度不高。市政府、基层政府及其文化部门积极组织开展了大量文化活动与文化服务，但公众在参与文化活动方面反应消极，呈现出“剃头挑子一头热”的不买账情况，使政府不得不既要负责组织文化活动，还要负责组织公众参与活动。天津市政府通过数据统计发现，这种市民“不买账”的情况在戏曲表演和文艺演出活动中格外突出。例如，天津市院团演出观众上座率较低，部分剧目常常需要依靠四处找企事业单位包场或赠票填满剧场。[①] 再如，由国外引进的高端演出及展览观看人数较少，受众限于较小的范围。还有，在“送戏下乡”活动中，农民热情不高，对演出的剧目不捧场。

第二，基层公共文化设施建而不用，呈现“空置化”。天津市政府发现，尽管文化场馆、农家书屋等基层公共文化设施建设基本完备，但是如何高效利用并最大限度地发挥其作用成为难题。部分公共文化设施利用率不高，场馆部分空间闲置，馆内展览项目处于停止运转的状态；农家书屋的使用率较低，经常出现“门不开”、“人不在”、“书多人少”，甚至无人光顾的情况；各文化场馆举办的公益讲座、培训和文化活动安排的密度不够，聘请知名有影响力的专家学者数量有限，同时受场地条件限制，每次只能容纳几十人参与活动。

第三，公共文化服务均等化程度不足，弱势群体缺乏参与文化活动的机会和条件。尽管天津市政府对老年人、青少年、残疾人、进城务工人员、贫困家庭等弱势群体的文化权益非常重视，在实际的公共文化服务中却缺乏面向这些特定群体的“定向”文化活动。例如，缺乏适合残疾人参加文化活动的专用设施，使得针对残疾人群体举办的文化活动数量及种类极少；公共文化场所配备适合残疾人使用的文化娱乐器材不足，导致残疾人群体参与文化活动面临障碍。再如，适合老年人参加的展览、演出等文化活动非常有限，无法满足老年群体日益增长的文化需求。

天津市政府认真分析了造成上述问题的原因。一方面，市民对公共文化

① 杨维成、刘元旭、周润健：《“演出火了，院团活了”——天津国有文艺院团“文惠卡”改革创新调查》，2016 年 8 月 30 日，新华社：http：//www. gov. cn/xinwen/2016 - 08/30/content _ 5103505. htm。

服务活动不买账，是由于政府提供的文化活动和服务吸引力不足，其内容“不合受众胃口”。而这背后的原因在于缺乏对文化团体有效的激励机制。天津市艺术院团由于所有制结构以及赠票、推票、踅票等陋习的存在，发展动力不足，缺乏市场竞争。尽管每年都获得政府提供的资金补助，仍然难以推出高品质演出。看演出的人索然无味，演出的人无精打采，如此，形成恶性循环无法为市民提供高质量的戏曲表演及文艺演出服务。“送戏下乡”也存在同样的问题。天津市政府在对农村地区进行公共文化服务实施效果调研过程中发现，节目内容老套、“不接地气”、形式单一是农民对此不领情的主要原因。由于缺乏有效的管理，农家书屋等公共阅览室不能定期开放，书籍单调陈旧，适合农民及留守儿童阅读的图书较少；部分文化场馆陈列内容更新速度慢，设施比较陈旧，缺乏新颖性。另一方面，现有的公众文化参与机制门槛过高，导致有参与意愿的公众缺少可行的参与方式。由于缺乏文化活动的信息发布机制，市民不能及时获得开展文化活动的相关消息，错失参与机会。由于高端演出和展览票价过高，超出市民消费能力，许多市民望而却步。

通过对上述问题及原因的分析，天津市政府认识到，提供公共文化服务不能只凭政府一厢情愿，而必须尊重市民在文化生活中的主体地位，尊重文化发展的供需规律。必需建立有效的文化生产激励机制，使政府支持与市场需求有机结合，使市民的文化生活需求得到切实的满足。为此，市政府吸取了以往的经验教训，设计并实施了新的文化惠民工程。

二　探索有实效的公共文化服务方式：文化惠民工程

为更有效地保障市民的文化权利，天津市政府设计并实施了文化惠民工程，主要涉及制度建设、基础设施建设、激励机制建设、文化参与路径建设、特定群体保护五个方面。

（一）量化实施标准，硬化公共文化服务评估指标

2015 年 7 月，天津市政府根据中办、国办下发的《关于加快构建现代公共文化服务体系的意见》，印发了《关于加快构建现代公共文化服务体系的实

施意见》（以下简称《实施意见》），提出到2020年基本建成覆盖市、区（县）、乡镇（街道）、村（社区）四级公共文化设施网络，为建设现代公共文化服务体系提供制度设计，也为文化惠民工程的实施提供制度保障。该《实施意见》将制定的《天津市基本公共文化服务实施标准》（以下简称《实施标准》）作为附件，对“基本服务项目与内容”做出了具体的量化规定，主要包括读书看报、广播影视、文体活动、文化鉴赏、公众教育、数字服务、免费开放、特定群体服务八个方面。[①] 天津市政府将《实施标准》作为评估指标，纳入市政府对区县政府的绩效考核，计划通过三次全面考核确保到2020年天津全市各县100%达到《实施标准》的要求，同时建立群众文化需求反馈机制，促进社会资本参与公共服务，为文化惠民工程的实施奠定基础、提供保障。

（二）适应现代公共文化服务的新要求，更新公共文化基础设施

为使公共文化服务基础设施适合现代公共文化服务的新要求，天津投资140亿元建设天津文化中心，包括天津自然博物馆、天津图书馆、天津博物馆、天津美术馆、天津大剧院、天津青少年活动中心等，为公民参与文化活动、享受文化成果提供平台。目前，天津市共有公共图书馆31个，文化馆19个，博物馆72个，剧场30余座。根据《天津统计年鉴（2016）》的数据，2015年，天津市公共图书馆总藏书量达到1697万册，建筑面积达到259011平方米，阅览室座席14500个[②]，每年用于购买图书的经费3000万元，位居全国前列。

除了市一级的公共图书馆，天津市还在各个区县建立了文化馆，乡镇建立了文化站，村设置了文化室，形成从市区到街道、乡村多个服务网络。据统计，截至2015年9月，天津市共有农家书屋3599个，市内六区城市书吧150个，234个街镇和4734个村居在全国率先实现了文化站（室）全覆盖。在看报方面，在街道、社区宣传栏内设立阅报栏，由专门人员更新当天报纸，方便

① 《中共天津市委办公厅　天津市人民政府办公厅印发〈关于加快构建现代公共文化服务体系的实施意见〉的通知》，2015年7月23日，滨海新区政务网：http：//www.bh.gov.cn/html/WGJ/TJSZC22526/2015－07－23/Detail_775642.htm。《天津公共文化服务建设驶入“快车道”》，2015年7月21日，新华网：http：//news.xinhuanet.com/local/2015－07/21/c_1115990844.htm。

② 天津市统计局国家统计局天津调查总队编《天津统计年鉴（2016）》，中国统计出版社，2015。

居民了解时事，满足居民日益增长的精神文化需求。

天津还进行了农村有线电视数字化工程改造，使农村用户享有与城镇居民同等的广播电视服务。同时启动中央广播电视节目无线数字化工程，使未安装有线电视的用户能够免费收看12套中央电视节目。

天津市为推进公共文化服务数字建设，还实施了文化信息资源共享、数字图书馆、公共电子阅览室建设等数字化工程。2016年7月，天津市政府发布《天津市2016年重点文化项目》，投资19亿元建设中新生态城图书档案馆、陈官屯运河文化长廊等17个现代公共文化服务体系项目。①

（三）建立反馈式激励机制，实现公共文化服务供需对接精准化

为解决演出内容单一、质量参差不齐、同观众需求不符等问题，天津市改进了公益性文化活动的购买方式，将购买的选择权交给市民，为文化社团提供反馈式激励，使公共文化服务的供给和需求实现精准对接。天津市政府主要进行了三个方面的尝试。

第一，政府于2015年3月投入2400万元，由天津北方演艺集团联合11家市级国有文艺院团发行实名制会员卡——文化惠民卡。天津市常住居民凭借居民身份证购买，每年支付100元可以额外享受400元的看戏补助金，用于购买包括天津京剧院、天津交响乐团在内的11家院团4~8折的演出票。2015年，天津市共发行文化惠民卡6万张。2016年，天津市政府出资4000万元将文化惠民卡的发行量增加至10万张，发放范围从市区扩展到滨海新区、武清等偏远区县。同时，为扩大惠民范围，拓宽惠民领域，文化惠民卡设置普通卡、郊区县卡、学生卡、公益卡四种不同形式②，分别面向一般市民群体、郊区县居民、全市大中小学生以及领取最低生活保证金家庭的学生，以满足不同人群的文化惠民需求。公益卡面值200元，向符合条件的学生免费赠送。2017年1月，天津市国有院团、民营院团、演出公司等40多家演出单位共同成立天津市文化惠民演出联盟，将文化惠民卡的适用范围由国有院团的演出扩大到

---

① 张帆：《195亿元打造70个重点文化项目》，2016年7月19日，新华网：http：//news.xinhuanet.com/local/2016－07/19/c_ 129157859.htm。

② 《2016年天津文化惠民卡3月10日正式发行 共发行10万张》，2016年2月25日，天津广播网：http：//www.radiotj.com/gnwyw/system/2016/02/25/000544120.shtml。

民营院团的演出和演出机构引进的外来商业性演出。文化惠民卡增发 3.5 万张，发行总量达到 13.5 万张，为市民提供 2200 余场惠民演出。①

文化惠民卡的诞生与运行

2011 年天津市国有文艺院团进行体制改革以后，在经营创收方面面临困境，《花蕊夫人》《保尔·柯察金》等很多演出质量高却难以创造票房，小剧场靠卖票只能每周演出一场，其余场次均为包场。在这种情况下，看戏的人越来越少，剧团发展也走了下坡路。剧团负责人经过调研发现，之所以出现卖票难的困境主要有两方面原因：一是百姓人均收入较低，观看演出等文化消费属于“奢侈”消费；二是公众对演出价值的认识不足，不愿意为文化消费投入，大多依靠要票、赠票等方式观看演出。因此，天津人民艺术剧院率先实行会员卡制度，观众持会员卡可享受五折至六折购票优惠，还可以免费预约保留座位。通过这种方式建立了剧团与观众的双向信任，培养了一万余名剧院的忠实粉丝，小剧场也逐渐发展起来，上座率达到 70% ~80%，为文化惠民卡的创设奠定了基础。

针对居民人均收入低，不愿买票的问题，于 2014 年成立的北方演艺集团创设并推动文化惠民卡制度，将政府给院团的财政补贴转移给老百姓，力图通过“政府掏钱请百姓看戏”的方式给文化市场注入强心剂，实现文化惠民和激活文化市场的有机结合。通过搭建天津演艺网和微信公众平台以及 18 个实体票务网点，借助天津市主流媒体的宣传以及网络推广，在两个月内发行了 6 万张文化惠民卡。另外，借助天津演艺网形成的大数据支撑，院团可以根据浏览量和点击量反映出的受欢迎程度调整剧目演出场次，演艺集团也向持卡人推送“定向”演出信息，实现了供求的精准对接。

文化惠民卡的发行在全国首创了“直接补贴市民”的政府投入方式，得到了公民的肯定，但也出现了一些反对的声音，在运行过程中面临层出不穷的新问题。针对“文化惠民卡造成票价过低，扰乱文化市场，影响民营院团生存以及外来演出的引进”的质疑，在结束近两年的运行“试水”后，2017 年

① 周润健：《天津成立全国首个文化惠民演出联盟》，2017 年 1 月 23 日，新华网：http://news.xinhuanet.com/local/2017-01/23/c_129459246.htm。

文化惠民卡的适用范围由国有院团的演出扩大到民营院团的演出和演出机构引进的外来商业性演出。针对不同院团演出质量参差不齐的情况，天津市召开剧目评审会，对进入文惠卡系列的剧目组织专家评审，提高进入门槛，保证演出质量，保障公民文化权益。在文惠卡发放环节上，对运行系统、办卡程序、接待程序也进行了全面的改革。2017 年，文惠卡的发放改变了以往各大票务网点现场直接办理的方式，采用网上预约制，并在天津大剧院设立票点连续十天集中办理，平均每天接待 3500 人。通过这种“提前预约，分散办理”的方式有效缓解了排队拥堵问题，为百姓节省了时间、提供了便利。另外，文惠卡发行部门设置公共邮箱、微信群等为收集观众的反馈意见提供途径。为了细分观众，还建立了话剧、儿童剧、戏曲等 10 多个 500 人规模的观众微信群，北方演艺集团市场营销部负责人表示“群里基本都是铁杆，院团会把剧目计划提前放到群里，演员也会进入群中，大家一起讨论，出点子、提建议，通过这种提前的沟通与互动，保证了作品推出以后叫好又叫座”。同时，演艺集团对持文惠卡享打折购票的观众进行消费统计，邀请除文惠卡外累计消费金额 2000 元（根据统计数字，2016 年除文惠卡内的 500 元，消费者额外消费最高达 7800 元）以上的部分观众进行交流座谈，提供参与舞台表演的机会，增加与观众的互动；并针对文惠卡政策调整等问题在观众中进行调研，了解观众多样化的需求，实现文化市场与公民文化需求的对接。

第二，针对农村民众的看戏问题，天津市于 2016 年 6 月启动“农民点戏，戏进农家”文化惠民活动，送演出到基层，将看什么戏的选择权交给农民。市级院团每年提供 100 场演出，由农民群众参考“剧目册”再根据自己的喜好和意愿点戏，确定演出剧目和演出时间。正如座谈中负责人所说，不管老百姓想看什么演出——京剧、评剧、杂技，都可以由老百姓进行选择，然后将演出送到乡镇。

第三，为提高书屋、书吧的利用率，满足不同读者群体对不同书籍的需求，天津市出版局于 2016 年上半年组织各区书吧书屋读者代表到“2016 书香天津·春季书展”现场参加选书活动。结合国家新闻出版广电总局推荐品种，经汇总、排序后，编制成含有 1200 种图书的《2016 城市书吧补充更新出版物推荐目录》、270 种图书的《2016 农家书屋补充更新出版物推荐目录》，并于

2016年下半年进行验收，确保更新读物确实满足了公众的需要。

在调研中，文化部门负责人介绍，这种公共文化服务方式和机制的创新，本质上是政府的文化供给侧改革，转变了投入文化的方式，以“订单式”“菜单式”的服务方式实现了公共服务的精准对接以及政府与公民之间的“供需对接”。同时，市政府也会根据这些措施的实施效果进行适时调整。如果一些措施的实际效果不理想，就会考虑采取其他更适合和有效的方式。

（四）打通“最后一公里”道路，为公民参与文化活动提供便利

为方便公民享受公共文化服务，天津市政府推出了一系列便于公民参与的文化服务形式，并采取措施降低公民享受公共文化服务的成本。

1. 开展多种形式的群众性文化活动，激发市民参与公共文化生活的主动性

天津从2015年开始每年举办“文化惠民季”，历时4个月，包括歌舞戏剧、文化传承八类活动；元旦及春节期间举办新年音乐会、综合文艺演出、非遗民俗展等活动；2016年4月举办历时9个月以“温馨365·文化进万家”为主题的“首届天津市民艺术节”，全年共开展1000余场活动，以丰富群众文化生活，满足公众各类文化需求。天津市各个区县针对自身实际开展“一区一品”精品文化活动，和平区举办“和平杯”中国京剧票友邀请赛；东丽区举办“东丽杯”全国群众文学评奖等；河西区推出“文化365，快乐在河西”主题活动，实现天天有活动，日日送文化目标。

2. 降低公民参与文化活动的成本，增强公共文化服务的公益性

为增强高端展览及演出的公益性，降低公民参与文化活动的成本，天津市于2013年制定并发布了《支持高雅演出、精品展览和公益文化普及活动专项经费管理暂行办法》，每年投入2500万元对演出展览直接成本进行资金补贴，确保每年引进的高端演出剧目不少于16个。通过天津市文广局及财政局有关专家对演出及展览合同进行审核评估，采取“政府补贴，降低票价”的“一比一”补贴方式，即1000元的演出门票，公众用500元购买，另外一半由政府承担，并在活动结束后根据售票数目进行补贴。①

同时，天津市利用文化场馆比较集中的优势，由政府补贴为公众提供免费

① 朱虹：《政府补贴高端演出》，《人民日报》2013年10月8日，第12版。

的参观体验活动，同时将天津博物馆的“天博讲堂”，天津美术馆的“美术讲坛”，天津图书馆的“海津讲坛”“海河大讲堂”“音乐大讲堂”和天津大剧院艺术普及讲座整合为“天津文化大讲坛系列讲座”，满足公众精神文化需求。

此外，天津文化志愿服务总队坚持每年开展4000余场公共文化志愿服务活动，以“周周有活动，月月有创新，年年有收获”为宗旨，到基层进行慰问演出活动、艺术帮扶及辅导。

3. 改善公共文化服务提供方式，提高市民享受文化服务的便利性

为提升公众借书还书的便利性，天津市在2014年4月完成了公共图书馆通借通还平台系统搭建，实现了以天津图书馆流通馆藏为基础的市内六区公共图书馆通借通还服务。2016年4月，东丽、西青、津南、北辰环城四区加入这一服务网络[①]并在2017年实现所有区县公共图书馆通借通还服务的全面覆盖，即天津市公共图书馆形成“一张网”服务平台，民众可就近在任意一家图书馆借还全市20个图书馆的全部图书。2016年11月，天津市滨海新区汉沽图书馆杨家泊镇分馆开馆，成为天津市首家“通借通还”农村图书馆[②]，村民不出镇即可享受区级图书馆的服务。图书通借通还工程也被列为“天津2016年20项民心工程”之一。天津市公共图书馆通借通还系统全线开通仪式于2016年12月20日在天津空港经济区文化中心举行，此举标志着天津全市21个公共图书馆通借通还服务实现了全覆盖，广大读者进入“一卡在手、全市通读”时代。和平区少儿图书馆还与各校园图书馆合作，试点“通借通还”，提高馆内图书资源利用率，为儿童创造更加便捷的阅读环境。[③]

为便利农村居民享受公共文化服务，天津市通过市财政局、区财政局双方支付场次补贴金的方式由天津市津影农村数字电影院线有限公司承担天津市农村数字电影的推广任务，根据《天津统计年鉴（2016）》中的数据，共有192

---

① 周润健：《天津年底实现所有区县公共图书馆通借通还》，2016年3月31日，新华网：http：//news. xinhuanet. com/2016－03/31/c_ 1118502612. htm。

② 《津城首家“通借通还”农村图书馆正式开馆》，2016年11月3日，天津北方网：http：//news. enorth. com. cn/system/2016/11/03/031287674. shtml。

③ 吴蕊：《和平区少儿图书馆试点图书“通借通还校园图书馆借阅更便捷”》，《今晚报》2017年3月17日，第2版。

个电影放映队，直接面向 12 个区县 3800 个自然村进行农村数字电影放映。

4. 增加公共文化服务信息发布渠道，保障市民公共文化生活的知情权

为增加公民获取文化活动信息的渠道，天津市采取线上加线下的信息传递方式。线下由天津市文化中心管理办公室统一印发“天津文化中心公益文化消费券”以及每月提前印发“天津文化中心各文化场馆公共文化普及活动宣传册”，免费发放给市民，对相关活动进行宣传介绍。线上采取“互联网 +”的形式，实现文化产品供给与公众需求的双向互动。2015 年 10 月 13 日，天津公共文化数字化为民服务平台启动，该平台共包括四个项目：数字群艺馆和数字非遗服务平台、天津文化中心网站、北方网“公共文化民心桥”平台以及天津图书馆“百姓选书我买单”微信平台。该平台的建设方便公众了解基层文化场馆的活动信息，向文化行政部门提出意见和建议。2016 年 6 月，天津启动实施“天津文化云”项目，为广大文化参与者、消费者提供信息和指导性服务，天津也是北方地区第一个提出“文化云”概念的城市。①

（五）针对各类特定群体，提供“暖心”文化服务

为了保障各类特定群体平等享受公共文化服务的权利，天津市政府有针对性地采取了多种适当措施，满足这些群体特殊的文化生活需求。

针对青少年群体，为了保障青少年群体受教育权、获取信息的权利，享受电子信息技术及互联网带来的便利条件，天津市在全市范围内包括社区、居委会、行政村建立电子阅览室，满足青少年的公共文化需求。

针对残障人士，天津市所有场馆的无障碍设施全部按照国家有关标准修建，确保残障人士也能平等、便利地享受公共文化服务。另外，天津图书馆专门设立“视障读者服务区”，建立音乐图书馆，由专门的工作人员对视障人士进行音乐导览，满足其阅读、音乐欣赏需求。引进特殊设施、举办特色活动为残疾人参与文化活动提供便捷途径。举办残疾人文化周活动，通过举办各类适合残障人士参加的文体活动丰富其日常生活。2016 年 12 月天津市启动残疾人免费观看演出活动，推出 700 个名额，为能够独立观看演出的残疾人提供一次免费到天津大剧院看演出的机会。河北区在城市书吧设立视障阅读体验中心，

① 王瑞丰：《“天津文化云”方便您生活》，《今晚报》2016 年 6 月 28 日，第 9 版。

引进专为盲人或视力有障碍的人设计的屏幕朗读软件；和平区成立“心目影院”，由志愿者为视障人士讲解电影。

针对老年人群体，天津大剧院设置老年人座席，天津市内65岁以上老年人每年可观看一场由政府免费提供的高雅艺术演出。

针对进城务工人员，天津市每两年举办一次“外来务工人员艺术节”，到2016年已经举办了五届；从2014年开始，每两年举办一次“外来务工人员艺术才艺大赛”，丰富外来务工人员的业余生活。另外，天津市各区县也采取一定的措施将外来务工人员纳入公共文化服务体系。例如，河西区在社区菜市场为外来务工人员建立城市书吧，让公共文化服务惠及外来务工群体。

三　实施效果与推广价值

天津市文化惠民工程改变了政府投入文化的方式，引入社会力量参与公共文化服务，实现了与文化产业发展的良性互动，提升了文化活动的丰富性和质量，增强了对群众的吸引力和不同类型文化需求的满足程度。另外，强化公共文化服务中公民的主体地位，将选择权交给公众，最终实现了政府文化供给与公民文化需求的“精准对接”，提高了公众参与文化活动、享受文化成果的积极性，在保障公民文化权益、推动文化市场发展方面取得了较好的效果，并具有一定的推广价值。

（一）实施效果

从总体实施效果来看，天津市政府文化惠民工程解决了文化服务供给与需求脱节的问题，实现了与公民文化需求的更精准对接，提升了文化权利保障的实效。从调研中获得的各项数据来看，该工程在提高公共文化基础设施利用率及公民文化活动参与度、对特定群体的文化权利保护等方面都取得了明显的效果。

文化惠民卡大数据显示，天津各市属院团2015年卖票演出914场，同比增加90.2%；平均上座率88.8%，同比增幅超过1倍。[①] 从文化惠民卡发行至2016年8月，“天津文化惠民卡”项目交易总额为42387175.9元，其中使用

① 陈建强：《天津让文化之光照进每户窗棂》，《光明日报》2016年4月25日，第9版。

文惠卡支付总额为 39302926.42 元；天津 11 家国有院团演出总票房达到 40252795.5 元，平均上座率最高可达 93.44%，演出平均票价低至 25.85 元，承接外来剧目 223 场。2017 年 2 月，天津全市文艺院团已累计推出惠民演出 2700 场，平均每天 4.5 场，惠及 110 万人次。[①] 文惠卡的发行对文化市场的激活作用也是显著的，改变了以往将文化惠民资金直接补给各艺术剧团的方式，由公众自主选择观看的剧目，不仅培养了公众“购票看戏”的消费习惯，更促进了院团演出的积极性，倒逼院团出精品，提升了整个演出市场的质量及水平。文化惠民卡的发起人所说：“文惠卡的发行结束了各院团单兵作战的局面，实现了资源的有效整合。让好戏找到观众，让观众知道好戏；演员更有了激情，剧团之间实现了良性竞争。”东丽区、武清区的演出剧场之前一直处于闲置状态，文惠卡发行以后，激发了公众看戏的热情，仅东丽区在 2016 年就有 136 场演出，每场演出上座率为 70% ~80%。武清区经过 2016 年的尝试，在 2017 年由区财政补贴 350 万元，增发一万张文化惠民卡，与天津市的文惠卡形成绑定，打破了城区之间的界线。“农民点戏，戏进农家”文化惠民活动启动一个月的时间里，已经将 13 场演出送到农民家门口，惠及近万农民，从 2016 年 6 月至 2017 年 2 月，已在 10 个涉农区的 140 个乡镇演出了包括评剧、杂技、儿童剧等在内的 140 多场高水平剧目。

天津文化中心自 2012 年 5 月开放至今，各文化场馆累计举办公益文化普及活动近 3000 场，发放天津文化中心公益文化消费券 14 万张，受益市民达 200 多万人次。截止到 2016 年 10 月，天津文化中心已举办公益文化普及活动 836 场，其中公益讲座 263 场，发放公益文化消费券 4 万余张。据不完全统计，天津博物馆举办展览 13 个，天津美术馆举办展览 29 个。2016 年，共引进高端展览 3 个，分别是《永恒之城——古罗马的辉煌》《达利天津美术馆特展》《彼得夏宫——罗曼诺夫沙皇王朝的珍宝展》。

天津市公共图书馆通借通还建设工程从开通截至 2016 年底，图书外借量已逾 780 万册，流通人次近 700 万。[②] 另外，天津公共文化数字化为民服务平

---

① 王洋：《用惠民卡看演出太合适了》，《城市快报》2017 年 2 月 5 日，第 3 版。

② 周润健：《天津实现全市公共图书馆“通借通还”服务》，2016 年 12 月 21 日，新华社：http：//mt. sohu. com/20161221/n476527004. shtml。

台及“天津文化云”解决了公共文化服务信息知晓率低、受众参与率低、设施利用率低等问题，增强了公共文化服务有效供给能力，提高了公共文化服务综合效能。

对 20 多名老年人、带小孩的家长、青年人进行的随机采访也发现，天津市公民对政府提供的公共文化服务以及基本文化权益保障情况基本持满意态度，而且对各类文化活动表现出了极大的兴趣和极高的热情。有民众表示，以前花上百元才能看的演出现在可能只需要二三十元。更有市民表示，以前一个月进剧场看 3 场演出，有了文惠卡以后，最疯狂的一次是连续 14 天看了 15 场演出。有市民算了一笔账，一场京剧演出，根据所选位置票面价格是 80 元，用文惠卡购票可以打五折，40 元从卡里直接扣除。按 500 元面值中，个人和补贴 1∶4 的比例计算，市民自己实际只掏了 8 元钱。前往天津文化中心的美术馆、科技馆、自然博物馆、历史博物馆进行参观的人络绎不绝，有带小孩的家长表示，在日常生活中密切关注各大场馆的活动信息，只要有适合小朋友的相关展览活动，就会带孩子前来学习知识，增长见识。更有几位老年人表示自己是各大场馆的“常客”。图书馆中有读者对“通借通还”工程给予了肯定，认为这一举措为读者着想，“省时省力、快捷高效”。

（二）推广价值

新闻调查发现，目前我国在公民文化权益保障方面主要存在效能低的问题，具体表现为公共服务缺乏相应的内容保障造成公共文化设施的“空心化”，公共文化服务、产品供给和群众需求的有效匹配度、对接水平较低。[①] 可以说，全国其他省份在文化权益保障方面与天津存在同样的问题和困境。因此，天津市文化惠民工程在实现与公民文化需求精准对接、拓宽文化活动参与渠道、提升便利性及公益性对其他省份及地区在完善公共文化服务体系建设、保障公民基本文化权益方面是具有一定借鉴意义的。尤其是“文化惠民卡”、高端演出及展览补贴政策、“农民点戏，戏进农家”等具有一定首创性且收效较好的措施，具有一定的推广价值。在调研中我们了解到，目前天津市文化惠

① 李国新：《对我国现代公共文化服务体系建设的思考》，2016 年 4 月 6 日，中国人大网：http：//www. npc. gov. cn/npc/xinwen/2016 -04/06/content_ 1986532. htm。

民卡票务管理系统已经成功推广到山西，华北多个地区也在投标中。另外，天津市正在努力推进文化惠民卡在京津冀和华北地区的联网与互通，以扩大文惠卡的辐射范围，打破地域的限制，让更多的人享受文化成果。但是，天津市特色文化惠民工程的成功实施既要有充足的财政资金投入，更需要对天津市居民的具体文化需求有充分的了解，如此才能满足多样性的文化需求。因此，其他地区在借鉴过程中不仅要考虑财政情况等保障措施，更要因地制宜，掌握当地民众不同的文化需求。例如，在一些二线、三线城市引进高端演出及展览并进行补贴就要考虑其实施效果。文化惠民卡发行部门负责人也指出："我们的模式可以扩散到其他有待于开发的文化市场，比如三线文化市场发展较弱的地方，但也一定要有政府财政支持作为基础。"

（三）有待改进之处

尽管目前天津市政府在公民文化权益保障方面取得了较好的效果，但是在座谈以及对天津市民的随机采访中发现，天津市文化惠民工程依然存在一些需要改进的地方，如基层公共文化建设不够均衡，不同区县公共文化服务水平差异较大；包括农家书屋在内的部分基层文化设施发挥作用的空间有待发掘；面向各类弱势群体的文化活动类型需要进一步丰富，农民群体参与文化活动的途径和条件还有待改善。政府部门需要进一步畅通文化管理部门与公民沟通的渠道，使市民的文化需求得到更加充分的表达，扩大文化惠民工程的影响力和受众范围，探索更多的满足市民文化需求的有效机制，使对市民文化权利的保障再上新台阶。

参考文献

［1］潘皞宇：《论公民文化权的保护——以权能范畴为视角》，《江汉论坛》2015 年第 1 期。

［2］吴凡文、王小芳：《中国公民文化权研究》，《理论与改革》2015 年第 5 期。

［3］肖巍、杨龙波、赵宴群：《作为人权的文化权及其实现》，《学术月刊》2014 年第 8 期。

［4］汪习根、王信川：《论文化发展权》，《太平洋学报》2007 年第 12 期。

B.20

立法与政策的性别平等咨询评估机制：对江苏实践的研究与分析

陆海娜　郝万媛*

摘　要： 江苏省是最早在我国探索并建立立法与政策的性别平等咨询评估机制的省份，目前在全国范围内已成为较为成熟的实践典范，对国内其他省份建立立法与政策的性别平等评估机制具有积极的借鉴意义。然而，鉴于立法与政策的性别平等评估机制在我国建立得比较晚，即使是这一领域的先行省份同样处于摸索阶段，存在不少需要加强的方面。因此，本文通过对江苏省性别平等评估机制的现状、特点、面临的挑战、有待完善之处以及借鉴意义这些方面进行分析，为江苏省以及我国其他省份的性别平等评估机制的实践探索与完善提出理论支持与实践构想。

关键词： 立法与政策的性别平等评估机制　实践典范　理论支持　实践构想

引　言

立法与政策的性别平等评估机制是贯彻男女平等基本国策，维护妇女权益

---

* 陆海娜，中国人民大学法学院副教授，国家人权教育与培训基地中国人民大学人权研究中心秘书长，比利时鲁汶大学法学博士；郝万媛，国家人权教育与培训基地中国人民大学人权研究中心研究助理，中国人民大学法律硕士。

的重要环节，它通过评估政策法规对性别的影响，从而推动性别主流化，确保政策法规本身有助于促进性别平等。目前我国各省的性别平等评估对象包括涉及妇女权益的地方性法规、政府规章和行政规范性文件，部分省份还包括立法计划。江苏省形成了省妇联、人大常委会法制委员会、省人民政府法治办公室联合发文、共同组建政策法规，性别平等评估委员会组织实施立法与政策的性别平等咨询评估工作体系。2016 年江苏省新修正的《江苏省制定和批准地方性法规条例》将性别平等评估引入立法程序，再一次为立法与政策的性别平等评估机制提供更加坚实的法律保障。就评估工作而言，江苏省立法与政策的性别平等咨询评估工作形成了以专门咨询评估机构为依托，以决策制定者的参与为保障，以咨询评估过程融入性别视角为核心以及以加强性别主流化宣传为倡导的特点。江苏省已经通过性别平等咨询与评估机制的运作，推动了不少法律、法规的评估，产生了正面的社会效应。然而，江苏省立法与政策的性别平等咨询与评估机制仍然存在诸多亟待完善之处，具体表现为评估机构的性质模糊、评估标准不确定、评估过程不够多样化以及评估机制内部运作存在缺陷等几个方面。本文通过介绍江苏省立法与政策的性别平等咨询评估机制的实施情况，分析其优势、不足、特点以及意义，为江苏省立法与政策的性别平等咨询评估机制的完善提出建议，也为国内其他省份建立立法与政策的性别平等咨询评估机制提供理论支持。

一　江苏省立法与政策的性别平等咨询评估机制：设计蓝图与实施现状

自我国开始探索在立法与政策制定过程中建立性别平等评估机制以来，江苏省的探索与建设一直走在全国前列，这不仅得益于全省范围内的政策支持，也得益于研究和实践经验的积累。例如，2016 年江苏省新修正的《江苏省制定和批准地方性法规条例》，将性别平等评估引入立法程序，成为全国首个将性别平等评估写入地方法规的立法条例。①

① 《江苏“三在三建”推动维权服务普惠妇女》，中华妇女联合会：http://www.women.org.cn/art/2016/11/7/art_20_149043.html（最近访问：2017 年 4 月 4 日）。

江苏省建设立法与政策的性别平等咨询评估机制旨在推动立法中的性别主流化理念，从法律与政策的制定环节入手，从源头上保障妇女权益，弘扬性别文化，在政策法规中体现男女平等的原则。[①] 在建设性别平等评估工作的过程中，江苏省人民代表大会法制委员会联合江苏省人民政府法制办公室和江苏省妇联共同发布了《江苏省政策法规立法与政策的性别平等咨询评估工作指导意见（试行）》（以下简称《指导意见》）作为工作指导，为江苏省立法与政策的性别平等咨询评估机制规划了蓝图。该《指导意见》明确了性别平等评估的政策法规的范围是指："由本省地方性立法机关、行政机关制定的地方性法规、规章以及其他规范性文件。"[②] 按照立法与政策的性别平等咨询评估机制的设计规划，江苏省通过建立专门的立法与政策的性别平等咨询评估机制，按照"接受委托、搜集信息、论证评估、提出意见和建议以及给予反馈"的评估程序对全省范围内与性别平等相关的所有地方性法规、规章以及其他规范性法律文件进行影响评估分析并形成评估报告。评估报告不仅包括法律与政策的立法与政策的性别平等咨询评估情况的客观分析，还将发掘法律与政策制定与执行中的优势经验和不足之处，并结合专家提出的建设性意见，呈交给立法部门等相关决策机构。立法与政策的性别平等咨询评估并非有头无尾的面子工程，它将延续到法律与政策制定后的追踪评估阶段，将是一个兼具阶段性和延续性的贯穿始终的长效机制。因此，立法与政策的性别平等咨询评估机制在设计上既注重立法起草过程中的评估也重视立法后的评估。立法与政策的性别平等咨询评估机制的运作从法律、政策的产生到实施环节，将随着法律与政策在社会中的应用和发展而不断演进，它是一个动态的、全方位的评估过程，与每一项被评估的法律有着相同的存续期。

就江苏省的实践情况而言，在专业性方面，为了确保立法与政策的性别平等咨询评估过程中的合法、合理、公正、公开的原则，江苏省人大法制委、省政府法治办和省妇联联合成立江苏省政策法规性别平等咨询评估委员会作为省级立法与政策的性别平等咨询评估工作机构。各市人大法制委、政府法治机构

① 《江苏省建立地方政策法规性别平等咨询评估机制》，中国妇女研究网：http://www.wsic.ac.cn/academicnews/79936.htm（最近访问：2017年3月10日）。

② 《江苏省建立地方政策法规性别平等咨询评估机制》，中国妇女研究网：http://www.wsic.ac.cn/academicnews/79936.htm（最近访问：2017年3月10日）。

和妇联组织则是市级性别平等咨询评估工作的参与以及建立机构。为了确保性别平等咨询评估工作的专业性，机制内部应该注重聘请从事法学、妇女理论和实务工作的专家、学者担任委员，充分参与到立法与政策的性别平等评估工作中。[①] 同时，评估机构要重视参与性别平等咨询评估工作的人员的专业素养和决策意识，确保立法与政策的性别平等咨询评估的专业化、系统化与有效性。在评估工作实施方面，立法与政策的性别平等咨询评估工作机构将以当年政策法规制订（修订）计划和立法评估计划为依据，制订年度工作计划，与相关立法机构实现职能衔接与配合。实施性别平等评估所依据的原则来自《宪法》、《妇女权益保障法》和《江苏省妇女发展规划》中关于保障男女平等的原则以及我国贯彻落实男女平等基本国策过程中积累的原则。[②] 此外，众多国际人权公约，如《消除对妇女一切形式歧视公约》中保障妇女权益的精神与原则同样对推进性别平等评估具有重要的指导意义。立法与政策的性别平等评估的具体实施方式为：起草单位在政策制定过程中征求本级性别平等咨询评估机构的意见或委托其进行评估，性别平等咨询评估机构通过对政策法规草案进行影响性分析、研究后提出评估报告。立法起草单位根据评估报告采纳其中的建议并就报告中提出建议的采纳情况书面答复至立法与政策的性别平等咨询评估工作机构。政策法规实施后，本级立法与政策的性别平等咨询评估工作机构继续承担监测职责，及时发现法律实施过程中违背性别平等原则的情况并及时与相关立法部门沟通，提出进一步的法律、政策修改意见和建议。在评估标准方面，既坚持在尊重男女生理差异基础上的机会、过程、权利和责任的平等，又衡量为推进实现男女事实上平等所采取的特别措施的必要性、合理性和适当性。性别影响分析评估报告的形成是一个系统而专业的工程。首先，性别平等咨询评估机构成立专门的评估小组，制定评估方案，搜集政策法规的立法信息或执行前后的信息。评估小组通过对信息进行初步分析后对得出的报告进行研究论证及评估，进行专家咨询，同时还需经过调研以及问卷等环节。经过充分论证后的正式报告将被提交至相关部门。一份成熟的性别影响分析评估报告应

① 《江苏省建立地方政策法规性别平等咨询评估机制》，中国妇女研究网：http://www.wsic.ac.cn/academicnews/79936.htm（最近访问：2017 年 3 月 10 日）。

② 《关于建立江苏省地方政策法规性别平等咨询评估机制的指导意见》，江苏省妇联第 20 号文件，2012。

分析兼顾某一性别特殊需求下的男女平等受益情况，对某一性别造成的不利差别对待、排斥和限制情况，消除性别歧视的可行性措施等相关内容。为了确保性别平等咨询评估机构的工作质量，公民、法人和其他社会组织可以通过口头、书面或电子邮件等方式向其提出意见和建议。

江苏省政策立法与政策的性别平等咨询评估机制已经建立四年之久，在其影响下，决策者的性别平等理念不断加深，立法中的平等进程得到推进，也产生了良好的社会反响。截至 2015 年底，省级性别平等咨询评估委员会共参与 64 起法规政策制定咨询，组织专家评估工作 180 人次，参与制定 32 部政策法规，提出建议 256 条。① 以《江苏省劳动合同条例》的性别平等评估为例，评估专家认为："该条例原规定‘用人单位使用劳动者应当与其订立书面劳动合同’不妥，‘使用’一词稍显不平等，易陷‘劳动者’于不利地位，因此建议改成双方的义务（另一角度看，也就是权利），规定‘用人单位与劳动者应当订立书面劳动合同’；此外，本条例没有关于保障妇女权利、推动男女两性平等的相关规定，应进行补充。"② 同时，"在人力资源社会保障政策文件起草制定过程中，提倡适当考虑妇女基于生理特点产生的利益需要，对妇女在劳动环境、劳动强度和劳动时间的限制、生育期间的医疗假期等方面，在政策制定上针对妇女的特点给予特殊保护，切实保障妇女合法权益和特殊利益在政策法规中得到充分体现"。③ 2016 年 1 月 28 日修改的《江苏省制定和批准地方性法规条例》第 44 条规定："涉及老年人、妇女、未成年人和残疾人等法律特殊保护群体权益的，应当专门听取有关群体和组织的意见。听取意见可以采取座谈会、论证会、听证会等多种形式。"④

由此可见，江苏省政策性别平等咨询评估工作在其设计蓝图的指引下，在促进立法中男女平等方面发挥了积极作用。

---

① 《江苏省政策法规性别平等咨询评估机制研究报告》（未发布），江苏省妇女联合会委托中华女子学院研究项目。

② 刘小冰：《是法平等，无分男女》，2014 年 4 月 17 日江苏省政策法规性别平等咨询评估会议交流发言。

③ 《省人力资源社会保障厅官员发言：坚持性别平等，维护妇女权益》，2014 年 4 月 17 日江苏省政策法规性别平等咨询评估会议。

④ 《江苏省政策法规性别平等咨询评估机制研究报告》（未发布），江苏省妇女联合会委托中华女子学院研究项目，第 20 页。

二 江苏省立法与政策的性别平等咨询评估机制的特点

江苏省立法与政策的性别平等咨询评估机制的建立既吸取了国外的先进经验，又挖掘了国内实践中的优良传统，进而形成了符合中国特色的立法与政策的性别平等咨询评估机制，其实践优势主要体现在以下几个方面。

第一，建立了专门的性别平等咨询评估机构，有利于确保评估工作的专业性。通过国外的经验可知，专门化的性别平等咨询评估机构有助于确保评估的客观性、专业性与可操作性。同时，也能够通过系统的工作不断积累经验，推进评估工作的发展与完善。江苏省实行由妇联牵头与地方立法和政府法治部门合作组建咨询评估工作机构的模式。这一实践体现出对妇女权益保障的重视并确保了相关立法部门的高度参与。作为中国维护妇女权益、促进男女平等的重要机构，妇联不仅能够发挥其资源和专业优势，而且可凭借其在推进男女平等工作中的丰富经验，提升相关部门在立法与决策程序中对性别的敏感度，从而确保性别平等评估的各个环节都能够充分体现性别视角。此外，联合政府法制部门和地方人大法制委员会进行评估的实践，便于充分发挥相关机构职能优势，将政策法规的立法与政策的性别平等咨询评估融入法律、政策制定机构的工作程序。这样的实践不仅加强了上述机构在进行立法与政策的性别平等咨询评估中的沟通，提高了评估效率，也促进了各职能部门的相互理解与支持，降低了沟通成本，提高了评估工作的有效性。

第二，确保政策法规制定决策者参与立法与政策的性别平等咨询评估工作。由于政策法规的决策者的性别平等观念与性别敏感度直接影响立法中性别平等理念的推进与贯彻，缺乏决策层的支持，立法与政策的性别平等咨询评估工作举步维艰。江苏省在充分认识到这一现实问题的基础上，注重政策法律制定决策者在立法与政策的性别平等咨询评估工作中的充分参与，在性别评估咨询委员会内部增强性别平等主流化的领导决策意识，同时指导相关部门工作人员传播性别平等理念，注重决策中的性别敏感性。[①] 通过深度参与、对话，不

① 《关于印发〈江苏省政策法规性别平等咨询评估员会工作规程〉的通知》，江苏省妇联第 28 号文件，2012。

仅能使决策人员接受性别平等的专业培训，提升性别平等意识，在工作中提高对性别平等的关注度以及理解力，而且有助于推进性别平等咨询评估机构的工作，加强决策机构内部对性别平等的理解与支持。此外，决策人员的推动也有利于形成上行下效的作风，促进行政区域内各级相关部门对立法中的性别平等的重视。通过与决策者搭建沟通平台，有利于性别平等咨询评估机构扩大自身的评估视角，从不同的视角客观地提出建议，从而推动性别影响评估报告的实施。通过这样的实践，相关部门在各个环节都能够充分沟通，从而有助于发现问题，集思广益，促进评估工作的顺利进行。

第三，将性别视角引入立法与政策的性别平等咨询评估机制。立法与政策的性别平等咨询评估工作中加入性别视角是指通过立法中的性别平等评估，确保男性和女性获得平等的机会和结果。这一实践与我国推进男女平等基本国策中要求将男女平等置于政策体系中最高层次，适用于广泛的社会领域，规范和引导所有的政策法规相符合。[①] 性别视角要求在评估中注意男性和女性之间的关系，即男性和女性对某一项目或政策的制定和运作会产生何种不同的影响以及某一政策或项目所预期达到的目标对男性和女性分别带来何种影响。虽然中国的立法程序中向来注重听取社会各界相关组织、机构、人大代表以及公众等的意见，妇联也具有参与国家立法程序的长久历史，但是这些意见并未通过性别视角对法律与政策的制定对男女平等的影响进行专业性分析，更不具备通过专业的性别分析方法对决策产生影响的能力。将性别视角引入立法与政策的性别平等咨询评估机制，江苏省的这一做法在中国具有开创性的意义。

第四，结合性别主流化宣传与培训，促进立法与政策的性别平等咨询评估工作。立法与政策的性别平等咨询评估工作离不开相关部门的支持，同样也离不开社会各行各业人士的参与。对于立法与政策的性别平等咨询评估工作而言，全社会的性别平等观念与意识不可或缺。江苏省同样在实践中通过各种形式的宣传、培训、研讨和交流等方式，进行理念倡导、意识提升、专业培养以促进性别平等理念的宣传，强化性别意识。[②] 以扬州为例，扬州接受性别平等

① 《男女平等基本国策的意义》，人民网：http：//acwf. people. com. cn/n/2015/0924/c399204 - 27630197. html（最近访问：2017 年 4 月 4 日）。

② 《江苏建性别平等观察员制，面向专家学者等群体招募选聘》，江苏省人民政府网：http：//www. jiangsu. gov. cn/jsyw/201509/t20150910_ 401889. html（最近访问：2017 年 3 月 15 日）。

专业培训的人员既包括来自妇联等相关机构的评估委员也包括来自法院、公安部门的工作人员。除专业培训外，扬州市还通过向市政府机构赠送性别平等类书籍的方式，为相关部门提供专业课程，通过利用大众媒体进行报道宣传等方式，全方位提升整个社会对性别平等的关注。[①] 此外，江苏省妇联还倡导通过传统媒体以及现代传媒大力宣传立法与政策的性别平等咨询评估的意义、范围、程序、方法和成效以及典型经验和做法，宣传有助于保障妇女合法权益，体现性别平等的政策法规。[②] 总之，江苏省对立法与政策的性别平等咨询评估工作的投入不仅限于法律层面，而且扩展至推动社会意识进步的实践中，从而确保性别平等从政策制定、实施以及认识上都能够紧跟时代发展的步伐，全方位地营造良好的性别平等氛围，为立法与政策的性别平等咨询评估工作扫除障碍。

三　江苏省立法与政策的性别平等咨询评估机制面临的挑战

虽然江苏省的立法与政策的性别平等咨询评估机制已经积累了众多有效的经验，但是其在实践中仍存在诸多挑战，以下几个方面仍亟待完善。

第一，立法与政策的性别平等咨询评估主体的性质以及在不同评估环节中如何与各部门配合并不明确。江苏省旨在建立一个专门的性别平等咨询评估机构，也开创性地由妇联、地方立法和政府法治部门合作组建咨询评估工作机构。但是地方立法和政府法治部门本身在法律与政策的制定过程中具有向妇联进行咨询的职能，向相关机构提供建议本身是其工作中的重要组成部分。因此妇联在法律政策制定过程中的参与角色与其在评估工作中的角色容易产生混淆。为了明确立法与政策的性别平等咨询评估主体的地位，应该通过一种制度化的保障，要求政策法规制定机构向性别平等咨询评估委员会提出进行立法与政策的性别平等咨询评估的请求。而基于该种制度化的请求，性别平等咨询评

① 《江苏省政策法规性别平等咨询评估机制研究报告》（未发布），江苏省妇女联合会委托中华女子学院研究项目。

② 《关于建立江苏省地方政策法规性别平等咨询评估机制的指导意见》，江苏省妇联第18号文件，2012。

估机构履行其义务，为其提供咨询和评估的服务，同时也可以根据其职责主动对相关政策法规进行性别平等评估，并检测政策法规的实施效果。然而，目前江苏省对立法与政策的性别平等咨询评估主体的地位尚未进行明确的界定。此外，立法与政策的性别平等咨询评估在实施的过程中并未明确不同的阶段哪些相关部门通过何种方式参与立法与政策的性别平等咨询评估的工作。这一问题集中体现为立法与政策的性别平等咨询评估的各个环节与立法的各个环节之间在配合上，评估工作的启动、实施与完成上缺乏制度化的衔接。

第二，性别平等咨询评估机构的内部运作机制不完善。性别平等咨询评估机构的组成人员大部分并非全职就职于性别平等咨询评估机构。而性别平等咨询评估委员会议事专家也基本上是各相关领域的专业人员，虽然能够保证委员会的专业性，但是由于专家们并非全职进行工作，因而在工作的有效性方面会受到局限。[①] 实践中，性别平等咨询评估委员会的专家们大部分的交流机会停留在会议层面，交流与探讨的机会并不多，评估机构不能完全发挥出预期的效果。在很多情况下，评估委员会会议的作用也较为有限，不足以整合评估资源，深入挖掘问题。虽然评估人员都是性别平等领域的专家，但是由于投入的精力有限，最终形成的意见和建议并不一定能够产生预期的效果。因此在后续的评估工作中，很可能依然存在不少不够明确的疑问需要再次投入精力进行研究评估。缺乏足够的能够保证投入整个评估工作中的常任委员可能会影响立法与政策的性别平等咨询评估工作的有效性与规范性。

第三，立法与政策的性别平等咨询评估程序过于单一。根据《指导意见》可知，性别平等咨询评估机构对政策法规的评估并未进行进一步细化。因此，不同类型的政策法规所适用的评估方式和程序并无差异。虽然我国立法与政策的性别平等咨询评估机制建立的时间不长，还未形成成熟的体系，但是这样比较笼统的、不加区分的评估方式无疑会造成对重大政策法规的评估不够深入，或者对重要性不高的政策法规的评估过量使用资源的情况。因此，很有必要在总体、统一的评估程序的指导下，依据法律与政策的不同性质与类型，设定分类评估的模式，在合理分配评估资源的前提下，提高评估的工作效率。

---

① 《江苏省政策法规性别平等咨询评估机制研究报告》（未发布），江苏省妇女联合会委托中华女子学院研究项目，第 28 页。

第四，评估标准不够明确。《指导意见》将评估标准区分为基本标准和特别措施标准。虽然这样的划分避免了一刀切的做法，但是具体这两个标准之下还应该包括哪些子因素以及不同标准下通过何种指标对法律与政策进行衡量并不明确。在缺乏衡量标准的操作说明，缺乏可依托的衡量子因素的前提下，即使其他程序性工作再完善，立法与政策的性别平等咨询评估工作也难以发挥其作用。这样的情况可能致使性别平等评估中难以把握具体的方向，缺乏针对性，分析报告上升至意见和建议后也可能缺乏统一性和规范性。因此，江苏省目前的实践中还需要探索更加具体的立法与政策的性别平等咨询评估的操作指南，特别是发掘有参考价值的指标和评估因素，在确保灵活性的前提下，提出统一的具有指导意义的实践方案。

第五，立法与政策的性别平等咨询评估机制在运行中存在缺陷。首先，在权威性方面，目前江苏省实行的立法与政策的性别平等咨询评估机制主要是由省人大法制委、省政府法制办公室和妇联联合下发的文件进行规范，在法律位阶上相对于法律、规章和地方性法规、地方性政府规章而言仍然比较低，权威性还比较弱。因此，在贯彻落实的层面并不一定能够发挥出强有力的作用。其次，在职能运作方面，妇联承担的工作较多，省人大法制委、省政府法制办公室所承担的职能较少，三家机构缺乏协调性和平衡性。最后，在咨询评估人员的组织方面，专业委员会面临专业人才资源不足的问题，在立法与政策的性别平等咨询评估机制的关键环节缺乏充足的专家人员的支持。

四　江苏省立法与政策的性别平等咨询评估机制的完善

第一，明确咨询委员会的性质。咨询委员会应该是一个相对独立、第三方的建议性机构。相对性是指委员会并非一个由人民代表大会通过法律途径成立的独立机构，所以不可能有绝对的独立性。但是其相对独立性可以由委员会的多方机制保证。现有的委员会由来自十多个不同部门的领导和业务骨干，以及多位学者专家组成。因此就组成方式而言，委员会较为松散，评估资源聚合力并不强，委员们实际参与评估的机会并不多，这在一定程度上使得多方机制形同虚设，影响了委员会的独立性和公信力。另外，目前委员人数众多，从操作层面上看也不太可能定期召开全体会议进行咨询评估。所以有必要建立一个常设工作机构，在固定一定数量的专业人员的基础上结合委员会多方机制开展工作。第三方是指委员会不同于政策和法规制定机构，自身不参与政策和法律的制定，而只是为决策机构提供建议咨询以及对法规和政策草案进行评估或对已经实施的法规政策进行事后评估。① 委员会的相对独立性和第三方的角色本身有助于提高委员会的专业性和公信力。在工作中，委员会应该致力于避免受立法和行政等部门的影响而具有某种倾向性，并应该致力于不断提高自身的专业水准以提高公信力。此外，性别平等咨询评估委员会与其他政策法律的制定部门等相关机构的配合应该进行明确以便在实践中使委员会的性质与职能更加明晰。在立法的不同阶段的配合需要在程序化和制度化的框架内。比如在相关法律进入起草、审议、讨论、修改和通过等环节都应该制定不同的评估程序加以配合。

第二，完善委员会的组织架构。咨询评估委员会在保持目前的架构不变的情况下，制定详细的组织构架，例如委员们任期 5 年，可连任一次。鉴于有关部门的领导目前已经是委员会的组成人员，这一现状将在推动各部门性别平等意识方面继续发挥积极作用，进而推进立法与政策的性别平等咨询评估工作。因此，应该专门设立一个工作委员会，作为咨询委员会的常设机构，对每一项咨询和评估做出实质性决定。咨询评估委员会可以每半年召开一次全体会议，进行工作计划安排与总结等。如果有重大立法问题，也可由主任发起临时全体会议。工作委员会半个月开一次例会，对法规草案进行立法前评估，如果觉得有必要并且时间允许，可委托专家进行独立评估。专家向工作委员会提交评估报告后，由工作委员会参考专家报告出具最后的评估报告。根据工作委员会的工作需求，内部可设一定数量的管理人员和委员。在这些职位中应该注意跨部门的参与度，如妇联、人大代表或政协委员、专家学者、民间组织、人大常委会、法制办等相关专家。② 鉴于妇联的核心地位，其代表可以担任工作委员会

---

① 《江苏省政策法规性别平等咨询评估机制研究报告》（未发布），江苏省妇女联合会委托中华女子学院研究项目，第 31 页。

② 《江苏省政策法规性别平等咨询评估机制研究报告》（未发布），江苏省妇女联合会委托中华女子学院研究项目，第 31 页。

秘书处秘书长，负责带领秘书处负责处理日常事务。[①] 性别平等咨询评估委员会在人员设置上关键应该保证工作委员会成员具有性别平等意识以及具有符合职务要求的专业能力和相关经验。

第三，制定差异化的法律法规咨询评估制度。咨询评估委员会的评估工作重点以及工作程序的繁简应该有一定的差别。委员会对法律的评估应该作为最重要的环节，其工作的严谨程度应该比法规以及条例等更高。进入立法前评估程序后，每一项法规都应该经过委员会的评估，尽量确保在法律通过之前就能够充分保障并体现性别平等。法规草案经过评估也有助于提高其程序合法性、正当性，可以使法规的实施更具有效性。立法后评估一般应该在法规实施一段时间后进行，具体多长时间不宜做硬性的规定，可视法规的内容和性别影响而定，但并非所有法规都需经过立法后评估。具体评估工作的启动可由工作委员会召开例会进行，如对女性权益有重大影响，还可以决定委托第三方进行评估。对于政策的评估而言，因为政策出台的程序相对简单，也并非刚性，工作委员会不太可能对每一项政策进行前期评估。但工作委员会可以进行政策跟踪评估，对政策制定部门提出评估意见，必要时委托第三方进行专项评估。

第四，明确立法与政策的性别平等咨询评估标准。就目前的评估标准而言，基本标准和特殊标准的设立都较为笼统。然而在这一方面目前中国还未积累出值得借鉴的经验，因此很有必要引进西方已经较为成熟的衡量标准。以英国为例，在对法律或政策进行性别平等评估时需要考虑法律和政策制定的目标。男性和女性从中的获益程度的考量也能够在一定程度上反映出政策中所保证的性别平等情况。这一指标的衡量需要考量男性和女性在政策指导下的参与程度；男性和女性在相关事务或社群中的组成比例以及男性和女性从法律与政策中能够获得的资源分配情况。[②] 另外的衡量标准是立法者为达成男女平等这一目标而采取的措施以及介入的途径。最后还需要注意立法过程中的政策衡量

① 《江苏省政策法规性别平等咨询评估机制研究报告》（未发布），江苏省妇女联合会委托中华女子学院研究项目，第 31 页。

② 《国际发展部门的政策和实践对两性平等和妇女赋权的支持作用的评估》，网址：https：//www.gov.uk/government/uploads/system/uploads/attachment_data/file/67821/ev669.pdf（最近访问：2017 年 3 月 15 日）。

指标本身以及立法中所考量的相关报告。在评估问题的设计上也应该注意分别从男性和女性两个不同的角度去考量。在衡量标准的制定过程中还要注重中国的基本国情，特别关注那些因传统文化的影响而产生的刻板印象与观念，充分结合法律中的性别平等的原则与实施规则以及实际中的维护性别平等的策略。

第五，提升咨询评估委员的法律地位。鉴于对法律与政策的性别平等评估还未上升到权威的法律强制执行的阶段。性别平等评估委员会的工作权威性并不能够得到切实的保障。性别平等咨询评估委员会作为一个咨询建议机构，出具的评估报告对于法规草案而言具有使其程序合法的意义，但评估报告内容本身是建议性的，不具有法律约束力，但是应该具有一定权威性和公信力以及相应的道德约束力。为了提升立法与政策的性别平等咨询评估委员的工作权威性，使立法部门充分重视评估报告中提出的意见，一种有效的方法是通过法律来明确其相关工作，另一种是公布评估报告内容，放在咨询评估委员会网站上，方便公众获取和监督。

五　江苏省立法与政策的性别平等咨询评估机制的意义

除江苏省外，目前在我国广东、江西、宁夏、内蒙古、北京等多个省区市也设立了地方性别平等评估机制。总体而言，江苏省的实践在多个方面更加趋于成熟，对国内其他省份在立法和政策中建立立法与政策的性别平等咨询评估机制具有借鉴意义。

第一，加强性别平等理念的推广，宣传男女平等基本国策。江苏省性别平等评估机制不仅关注政策法规对两性的不同影响，而且注重促进整个社会的平等理念的推进和对男女平等基本国策的宣传。通过对相关部门的工作人员进行专业培训以及搭建部门领导与专家委员的对话机制，从普及男女平等的理念入手，使各省市机关领导的性别平等意识得以增强。这样的实践有助于推动性别平等理念的主流化，促进评估工作的多方合作程序的畅通。因此，各省也可以通过搭建平台宣扬理念，从培养性别平等意识入手，促进性别平等评估工作的进行。尤其是在思想观念十分保守，男女平等意识较为淡薄的省份，男女平等基本国策的推广以及《宪法》中法律面前人人平等以及法律保护妇女权益原

则的宣传是促进立法与政策的性别平等咨询评估工作得以落实的关键。性别平等观念的宣扬仅仅通过打出男女平等的标语宣扬基本国策远不能实现提升平等理念与意识的目标。各省份还需加强专业性知识的培训，尤其是带动政策法规制定决策层的领导们，培养以性别为视角的思维方式，共同推动性别平等理念，进而促进立法中性别平等评估机制的良性运作。

第二，依据省内的立法情况来制订性别平等评估工作计划。江苏的实践中，这些专门的评估工作都由政策法规性别平等咨询委员会来进行。因此，在专门的工作安排方面，江苏省更加注重性别平等评估委员会发挥的作用。部分地方将性别平等评估交由其他职能部门共同研究决定，并未建立起评估委员会，专门工作机构的职责并不明确。因此，各地方部门在评估委员会的建设方面应该注重其在评估工作中的核心以及专门作用。虽然部分地区采取了联席会议制度和专家组的模式，但评估专门机构、立法机关和专家之间的联系与合作工作的明确性也应该提高。

第三，立法与政策的性别平等咨询评估中注重性别视角。我国其他省份的评估标准较为笼统，主要宣扬男女平等的国策以及国际和国内法律文书中的男女平等的政策，对性别维度的考量较为欠缺。江苏省的性别平等评估标准中明确了以性别为基础的衡量标准，在基本标准的基础之上也注重特别措施的衡量。因而以男女两性的差异性需求和所获利益保障为切入点，注重保障男女两性的价值平等和尊严。这一实践有助于将一般的、非专业的意见进行专业化的分析，进而形成专门的立法与政策的性别平等咨询评估，有利于将男女平等的理念深化至每一项专家意见与建议中。江苏省将性别视角纳入立法与政策的性别平等咨询评估，促进了咨询评估的专业化发展，有利于实现各部门之间的对接，也提高了立法与政策的性别平等咨询评估的权威性。

第四，为女性发声，注重发挥女性的作用。性别平等评估的有效性离不开女性的参与。江苏省十分注重女性在其中发挥的作用。以《江苏省社区矫正工作条例》的评估为例，性别平等评估委员会提出，社区服刑人员为女性的，矫正小组中应当有女性成员。[①] 这一意见也成功被该条例所采纳。另一个典型

① 《江苏省政策法规性别平等咨询评估机制研究报告》（未发布），江苏省妇女联合会委托中华女子学院研究项目，第 24 页。

案例为《江苏省公共文化服务促进条例》，该条例中规定："有条件的公共文化设施应该根据女性群体的特殊需求设置母婴室。"事实证明，江苏省性别平等评估机制的运作，起着推动女性权益实现以及充分为女性发声的作用。通过推动立法中的性别平等，关注女性的特殊需求，增强女性的参与度，女性能够从中受益。

B.21
中国民众互联网人权观念调查报告*

周　力**

摘　要：　本文基于全国3140个有效样本的分析研究发现，在对互联网和网络空间的一般认知上，我国民众对互联网技术所带来的便利感受更为强烈，而对互联网技术可能潜在影响社会交往的特性则感受相对较弱，但已对互联网和网络空间有基本的辨识，能对两者有所区分，虽然区分不太分明；大部分民众在观念上已经跨越了对互联网初始功能定位的认识，进到对网络空间生活的认识中。在自由、秩序、安全和开放四大价值中，我国民众最看重的是安全。在对互联网人权的一般观念上，近九成的民众认同接入并使用互联网是每一个人的基本权利，并且都倾向于在上网时访问与母语或与自身文化背景相同的网站，他们已经开始意识到进入和充分使用互联网的重要性，参与感越发强烈。在网络舆论和言论自由方面，我国民众认为我国的网络舆论处于一种真假难辨的状态中；虽然我国民众对网上言论的随意性态度存在一定的立场区分，但对言论边界和法律范围都有一个起码的遵从，面对互联网中的信息传播也同样存在约束感。在人格尊严权和隐私权方面，我国民众认为“人肉搜索”的消极作用大于积极作用；倾向于认为网络公开更容易侵犯带有直接伤害性的隐私权，

* 本文是2016年教育部重点研究基地人权教育与研究中心课题“新兴权利的基本问题研究”（批准号：16JJD820031）的阶段性成果。

** 周力，法学博士，西南政法大学人权研究院科研管理部部长，讲师，主要研究方向为人权法学、人权社会学、法社会学。

而非带有间接伤害性的人格尊严权，对在互联网上保护个人隐私权有明确判断。在对被遗忘权的初步探索中，我国民众对被遗忘权的认识与欧盟的四种条件并不匹配或更为宽松，而更偏向认同“信息自我决定”理论。在我国民众有关于网络公民的认识上，个人的道德和能力已提到了相对重要的位置，社会责任感也成为不可或缺的要求；对网络空间的法律适用性基本持折中的观点。

关键词： 中国民众 网络空间 互联网人权 观念调查

日新月异的互联网技术正不断渗透进社会的政治、经济、文化、教育等领域，改变各个行业的样态和规则，潜移默化地影响民众的生活方式和思维方式。依托于互联网而存在的网络空间也不断表现出新的形态，产生了一些新的权利问题[①]，对国家的稳定和发展提出了新的挑战，对社会治理、公共服务提出了新的要求。[②] 对此，国内学界围绕着全球化与人权[③]、网络时代的人权发展和人权危机[④]、网络与国家和公民社会[⑤]、网络立法[⑥]、互联网管制与人权[⑦]、网络

---

① 姚建宗：《新兴权利研究》，中国人民大学出版社，2011；郭珂琼：《互联网新兴权利保障研究》，吉林大学博士学位论文，2016。

② 参见《习近平九论互联网》，2015 年 10 月 12 日，人民网，http：//politics. people. com. cn/n/2015/1012/c1001 -27687132. html，最后访问日期：2016 年 12 月 31 日；习近平《加快推进网络信息技术自主创新　朝着建设网络强国目标不懈努力》，2016 年 10 月 9 日，新华网，http：//news. xinhuanet. com/politics/2016 - 10/09/c _ 1119682204. htm，最后访问日期：2016 年 12 月 31 日。

③ 何志鹏：《人权全球化基本理论研究》，科学出版社，2008；钱继磊、赵晔：《全球化：人权及其保障的陷阱》，《上海交通大学学报》（哲学社会科学版）2011 年第 3 期。

④ 何志鹏：《网络时代的人权发展》，《光明日报》2013 年 9 月 15 日，第 6 版；李开复：《网络时代的人权危机——斯诺登事件引发的思考》，《领导文萃》2013 年第 18 期。

⑤ 邱道隆：《技术赋权——构建一种政治学分析》，《中国图书评论》2014 年第 7 期；邱道隆：《全球底层社会的崛起》，《社会科学报》2016 年 9 月 22 日，第 6 版。

⑥ 许丽娜：《网络立法需处理好哪三对关系》，《人民论坛》2016 年第 36 期。

⑦ 黄学贤、陈峰：《互联网管制背景下的网络人权保障体系探析》，《法治论丛》2008 年第 2 期。

意识形态[①]、网络政治参与[②]、网络政治人权[③]、互联网传播与人权[④]、表达自由[⑤]、隐私保护[⑥]、信息安全与个人信息保护[⑦]、网络技术与人权问题[⑧]，以及青少年的互联网犯罪[⑨]、私人领域公共化、安全威胁即时化等互联网社会问题[⑩]和互联网人权、法治问题展开讨论。国家也不断在政策和法律上做出相应调整和修正：自20世纪90年代起，即开始围绕网络信息安全、网络知识产权、个人隐私和个人信息保护、电子商务、虚拟财产等制定法律、司法解释、行政法规、部门规章、地方性法规等[⑪]，并针对网络空间中的传播、表达等新问题出台一系列管控措施。2016年，中共中央办公厅、国务院办公厅印发《国家信息化发展战略纲要》，国家互联网信息办公室发布《国家网络空间安全战略》，十二届全国人大常委会第二十四次会议表决通过《网络安全法》，对互联网和网络空间的建设发展做出了指引。

虽然在理论和制度层面取得了重要成果，但是必须意识到，越来越多的个人正通过互联网上的分享、交流、对话、沟通等方式将政治话语、权利话语、价值观念等思维体系带进日常生活之中，进而改变对自由、约束、安全与秩序的认识。因此，有必要增加一个观念层面的考察，把握中国民

---

① 刘阳：《网络意识形态工作：挑战与对策》，《新视野》2008年第2期。

② 杜洁：《互联网对政治参与的影响及政府应对》，《中共浙江省委党校学报》2003年第1期；唐杰：《网络政治人权观对网络参政的影响》，《广州大学学报》（社会科学版）2006年第4期。

③ 唐杰：《论网络政治人权》，《华北电力大学学报》（社会科学版）2004年第4期。

④ 陈力丹：《网络传播的自由与控制》，《新闻传播与研究》1999年第3期；卢燃：《论网络传播中的人权保障——基于网络实名制的思考》，内蒙古大学硕士学位论文，2013。

⑤ 王四新：《表达自由与自我实现——以网络表达为例》，《现代传播》2010年第10期；黄惟勤：《论网络表达自由》，中国社会科学院博士学位论文，2010年。

⑥ 苏令银：《隐私权：信息与网络时代的重要人权》，《社会》2002年第5期；申琦：《中国网民网络信息隐私认知与隐私保护行为研究》，法律出版社，2016；杨芳：《隐私权保护与个人信息保护法：对个人信息保护立法潮流的反思》，法律出版社，2016。

⑦ 洪梅林：《个人信息的民法保护研究》，西南政法大学博士学位论文，2007。

⑧ 杨卫红：《网络技术与人权问题研究》，湖南大学硕士学位论文，2005。

⑨ 康相鹏：《互联网犯罪与互联网安全监管相关问题研讨会纪要》，《青少年犯罪问题》2016年第5期。

⑩ 段兴利、汪中海：《网络社会问题研究现状综述》，《云南民族大学学报》（哲学社会科学版）2008年第3期。

⑪ 北京市互联网信息办公室编《国内外互联网立法研究》，中国社会科学出版社，2014，第159～172页。

众对互联网人权持有的基本认知、主张和要求，这或可为掌握人权观念动态、引领人权舆论方向、进一步尊重和保障民众的互联网人权提供决策指引。

一　调查方案及基本情况

2011 年，西南政法大学人权研究院着手开展“当代中国大众人权观念研究”项目，取得了良好的社会反响。[①] 但其只对传统人权进行了观念考察，并未专门关注民众的互联网人权观念，因此，西南政法大学人权研究院于 2015 年又开启了“中国民众互联网人权观念调查”项目[②]，尝试对人权观念研究做出一种补充。笔者组织实施了此项全国性社会调查的问卷设计、发放、回收和对问卷数据的录入、清理、分析工作，形成了本调查报告。

相对于传统人权，互联网人权有新的内涵和表现，且内容广泛庞杂。因此，项目组在设计调查方案时，在理论基础、调查对象、范围和方法等方面有所调整。考虑到学界对“互联网人权”与“网络人权”两个概念并无严格区分，且与此相关联的研究在政治哲学、政治学、社会学、法学、传播学等学科领域，都基本把概念指向为个人在使用和利用互联网的过程中所享有的一系列基本人权或基本权利。项目组在对这一主题进行概念化和操作化时，参照了联合国的表述[③]，并综合考量学理研究和国家立法中的主流认识，将“互联网人权”或“网络人权”确认为“在基于互联网而形成的网络空间中享有的人权”，并重点围绕言论自由、隐私权利、人格尊严权利、财产权利等具体人权，对不同性别、年龄、民族、受教育状况的民众做出横剖、抽样的问卷调查。

---

① 该课题为西南政法大学校级重大课题，项目编号：2011 - xzzd05。课题成果《中国大众人权观念调查报告》收录于李君如主编的《中国人权事业发展报告 NO. 3（2013）》。

② 该项目属于国家人权教育与培训基地西南政法大学人权研究院“中国大众人权观念系列调查”的 2015 年度调研项目之一，通过问卷调查的形式，来掌握中国民众对互联网人权的基本态度和认识。

③ United Nations：A/HRC/20/L. 13，《在互联网上增进、保护和享有人权》。

（一）抽样设计与执行

本次调查采用分层三阶段抽样方式，覆盖全国东、中、西部及东北地区①共25个②省、自治区、直辖市。各阶段的抽样单位为如下。③

第一阶段：以地市级行政单位为初级抽样单位，抽样框采用西南政法大学行政法学院2014级、民商法学院2013级、2014级本科学生的生源地。

第二阶段：以乡镇、街道为二级抽样单位，抽样框采用初级抽样单位中抽选出来的学生的家庭居住地。

第三阶段：以学生家庭住户和相邻住户为基础并在其中抽选3人为最终单位。

此次调查共抽选出3277个样本，实际抽到3165个样本，其中有效采访3140个样本，有效率为99.2%。各地问卷回收情况如表1所示。

表1　各地问卷回收数量

单位：份

东部地区	北京	天津	河北	上海	江苏	浙江	福建	山东	广东	海南
	36	48	167	72	189	80	88	219	201	184
中部地区	山西	安徽	江西	河南	湖北	湖南				
	71	155	102	228	143	161				
西部地区	广西	重庆	四川	贵州	云南	陕西				
	103	134	267	78	139	59				
东北地区	黑龙江	吉林	辽宁							
	75	80	86							

① 根据中华人民共和国国家统计局网站对我国东、中、西部和东北地区划分的描述，我国可以划分为：东部10省（市）包括：北京、天津、河北、上海、江苏、浙江、福建、山东、广东和海南；中部6省包括：山西、安徽、江西、河南、湖北和湖南；西部12省（区、市）包括：内蒙古、广西、重庆、四川、贵州、云南、西藏、陕西、甘肃、青海、宁夏和新疆；东北3省包括：辽宁、吉林和黑龙江。参见中华人民共和国国家统计局网站，http：//www. stats. gov. cn/tjzs/cjwtjd/201308/t20130829_ 74318. html，最后访问日期：2016年12月31日。

② 本次调查的对象为有上网经历的16～65岁的中国公民，考虑到西部地区部分欠发达省份可能难以保证抽样效果，故本次调查不包括青海、宁夏、甘肃、新疆、西藏、内蒙古6个省份。

③ 本项目以西南政法大学本科学生作为调查员，所有参与调研的学生调查员都经过西南政法大学人权研究院的培训。这种办法有效降低了调查成本，但在具体实施中，存在个别不能严格确认调查对象的情况。

（二）样本的基本分布

基于上述抽样样本，我们的调查对象基本分布情况如表 2 至表 9 所示。

表 2　性别结构

单位：次，%

性别	频率	有效百分比
男	1479	48. 1
女	1598	51. 9
N = 3077		

表 3　年龄结构

单位：次，%

年龄	频率	有效百分比
1998 ~ 2000 年（16 ~ 18 岁）	137	4. 5
1990 ~ 1997 年（19 ~ 26 岁）	1776	58. 5
1980 ~ 1989 年（19 ~ 28 岁）	437	14. 4
1970 ~ 1979 年（29 ~ 39 岁）	423	14
1960 ~ 1969 年（40 ~ 49 岁）	242	7. 9
1956 ~ 1959 年（57 ~ 60 岁）	20	0. 7
N = 3035		

表 4　民族结构

单位：次，%

民族	频率	有效百分比
汉族	2821	93. 4
蒙古族	7	0. 2
满族	12	0. 4
回族	18	0. 6
藏族	12	0. 4
壮族	36	1. 2
维吾尔族	2	0. 1
其他	112	3. 7
N = 3020		

表 5　主要居住地区

单位：次，%

地区	频率	有效百分比
城镇	2010	80.5
农村	487	19.5
N = 2497		

表 6　受教育程度

单位：次，%

受教育程度	频率	有效百分比	受教育程度	频率	有效百分比
未受教育	34	1.1	大学专科	347	11.3
私塾	21	0.7	大学本科	1522	49.4
小学	103	3.3	硕士	113	3.7
初中	308	10.0	博士	25	0.8
中专或技校	196	6.4	其他	8	0.3
高中	405	13.1	N = 3082		

表 7　过去半年的主要就业状况

单位：次，%

就业状况	频率	有效百分比
务农	128	4.2
全职就业	915	30.2
兼职/临时性就业	330	10.9
离退休	69	2.3
无业	289	9.5
从未有工作/在学且未工作	1298	42.9
N = 3029		

表 8　工作单位

单位：次，%

工作单位	频率	有效百分比
没有工作	1334	47.5
党政机关	183	6.5
企事业单位	528	18.8
个体经营	375	13.4
其他	387	13.8
N = 2807		

表 9 个人年收入情况

个人收入(元)	频率(次)	有效百分比(%)
0～24000	1614	64.8
24001～60000	531	21.3
60001～96000	133	5.3
96001～150000	135	5.5
150001～1000000	63	2.5
1000000 以上	14	0.6
N＝2490		

二 对互联网和网络空间的一般认知

互联网在早期只是收发邮件、发布网页或检索信息的媒介，随着信息技术的不断发展，其逐渐成为私人的、社会的、政治的、经济的、文化的互动空间——网络空间。这个崭新而复杂的人类新型场域究竟有怎样的特性？蕴含着怎样的法律价值？又会对人权造成怎样的挑战？探寻民众对这些根本性问题的一般认知，是理解互联网人权及其法治保障的前提基础。

（一）对基本特性的判断

美国学者劳伦斯·莱斯格（Lawrence Lessig）曾说："没有人能够在网络空间和互联网之间划出一道泾渭分明的分界线，但两者确有不同。"① 具体有何不同，可以通过考察民众对互联网和网络空间的基本特性的态度而有所了解和把握。

国内外学者在提及互联网时，一般首先强调的是虚拟性、匿名性、广域性、开放性、交互性、多变性、全球性、技术性等不同于现实社会的特性，然后才是双向或多向互动性、迅捷性和广泛性等特性。② 如图 1 所示，民众认为互联网最大的特性是便捷性（69.9%），其次是即时性（62.4%），然后依次是公开性（50.8%）、直接性（43.4%）、无国界性（42.3%）、匿名性（41.0%）和交

① 〔美〕劳伦斯·莱斯格：《代码 2.0：网络空间中的法律》，李旭、沈伟伟译，清华大学出版社，2009，第 9 页。

② 北京市互联网信息办公室编《国内外互联网立法研究》，中国社会科学出版社，2014，第 7～9、25、49～52 页。

互性（37.0%）。这与学界的认识有不同侧重，我国民众对互联网技术所带来的便利感受更强烈，而对互联网技术可能影响社会交往的特性则感受相对较弱。

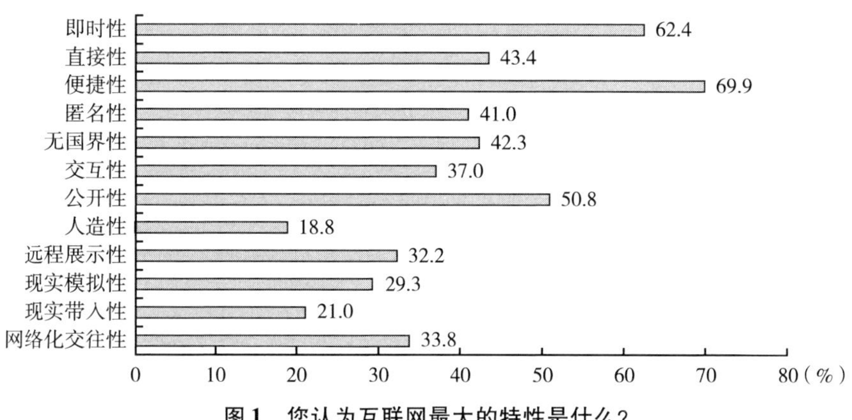

图1　您认为互联网最大的特性是什么？

资料来源："中国民众互联网人权观念调查"数据库，第27题。

更进一步，在对所有与互联网和网络空间相关的12项特性的认识中，民众选便捷性、即时性、公开性、直接性、无国界性、匿名性、交互性等互联网基本特性的比例均高于网络化交往性（33.8%）、远程展示性（32.2%）、现实模拟性（29.3%）、现实带入性（21.0%）和人造性（18.8%）等网络空间的基本特性。① 这表明我国民众能对互联网和网络空间有初步区分。但是，选择比例相差不大也说明的确存在如劳伦斯·莱斯格所说的有所分别却又不太分明的观念。

互联网与网络空间相生相依，因为人的参与，而从一个由网址和密码组成的虚拟技术空间，成为一个客观存在的、具有诸多自身特性的社会空间。为了延展前一考察，项目组对这两者的关联属性也进行了一般性辨察。

较早的学者曾将网络空间界定为："由计算机支持、连接和生成的多维全球网络，或'虚拟'实在。在这一实在中，每一台计算机都是一个窗口，由此所见所闻的对象既非实在的物体，也不一定是实在物体的形象。在形式上，其涉及的符号或操作，都由数据和纯粹的信息构成。"② 而后，享有"网络空

---

① 杨吉、张解放：《在线革命——网络空间的权利表达与正义实现》，清华大学出版社，2013，第116页。

② Michael Benedikt, *Cyberspace: First Step*, Cambridge, MA: MIT Press, 1991, pp. 122－123.

间哲学家”之称的美国学者迈克尔·海姆（Michael Heim）表示：“网络空间表示一种再现的或人工的世界，一个由我们的系统所产生的信息和我们反馈到系统中的信息所构成的世界……当我们觉得正穿过界面转移到一种有其自身维度和规则，相对独立的世界的时候，我们便是住在网络空间里了……最后，则是指人与机器的链接，甚至是人进入一个自足的网络空间。”① 我国则有学者认为：“网络空间具有的社会生活的新特性，是一种虚拟与真实、身体与心灵、全球与地方、私人空间与公共空间的二元交叠的空间特性。”②

国内外学者对现象技术层面、现实社会层面及技术与社会两个层面的关联进行了阐释，由此形成对互联网和网络空间的三种态度：完全虚拟、不完全虚拟，以及虚拟与非虚拟的交互。如图 2 所示，56% 的民众认为互联网并“不完全虚拟，与真实世界的交往类似”，34% 的民众认为互联网是“真实世界的延伸”，只有 10% 的民众认为互联网“完全虚拟，想怎样就怎样”。由此可见，我国大部分民众在观念上已跨越了对互联网初始功能定位的认识，开始进入一种网络空间生活的认识之中。

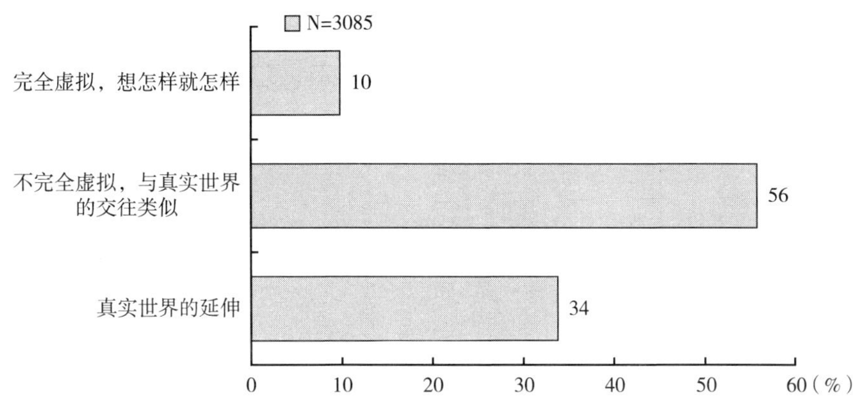

图 2　在您眼里，互联网是怎样的？

资料来源：“中国民众互联网人权观念调查”数据库，第 8 题。

① Michael Heim, *The Metaphysics of Virtul Reality*, New York: Oxford University Press, Inc., 1993, pp. 78 – 79.

② 黄少华：《论网络空间的社会特性》，《兰州大学学报》（社会科学版）2003 年第 3 期。

（二）对基本价值的期待

互联网架构起来的网络空间存在一些潜在的网络风险，人们进入这一场域，会自然地产生一定的价值期许；网络空间容纳人们的社会实践活动，也理应保有基本的自由和秩序，成为“和平、安全、开放、合作的网络空间”。[①] 考察民众关于网络空间基本价值的态度，将有助于对网络空间实施更有效的引导和治理。

图3所列选项都是民众在上网时最常遭遇的不良体验，在这些选项中，首要的是垃圾信息骚扰（79.9%），病毒、恶意软件（64.1%），个人身份信息和数据被泄露和盗用（49.4%）；其次是暴力、色情、诱骗（39.2%），个人浏览信息被记录和追踪（33.0%）、网络赌博（30.2%）；再次是人体器官贩卖的信息（9.3%）。不难看出，互联网和网络空间依凭信息技术而存在，但

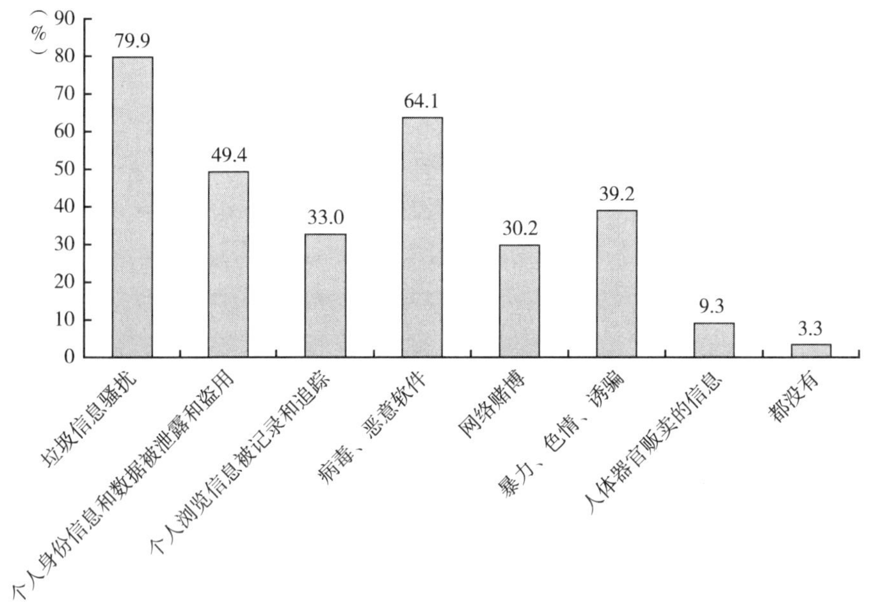

图3　当您上网时，遇到过以下哪些情况？

资料来源：“中国民众互联网人权观念调查”数据库，第12题。

① 《习近平致首届世界互联网大会贺词》，2014年11月19日，中国政府网，http://www.gov.cn/xinwen/2014－11/19/content_2780747.htm，最后访问日期：2016年12月31日。

技术所创造的内容又常常成为影响主体进行正常活动的威胁。价值往往被认为是客体的属性与主体需要满足之间得以关联的桥梁①，正是因为存在这些威胁，主体才产生了对互联网和网络空间的基本价值期待。

如图4所示，在自由、秩序、安全、开放这四大价值中，民众最看重的是安全（66.8%），往下依次是自由（19.9%）、有序（9.0%）和开放（4.3%）。可见，虽然在学界看来自由、秩序等价值对互联网和网络空间最为重要②，但站在我国民众的立场，安全是最受重视的价值。结合我国第一部有关互联网和网络空间的行政法规《中华人民共和国计算机信息系统安全保护条例》及最新的《中华人民共和国网络安全法》《国家网络空间安全战略》的规定，政府治理的侧重点也是在对安全价值的维护上，这一点值得肯定。

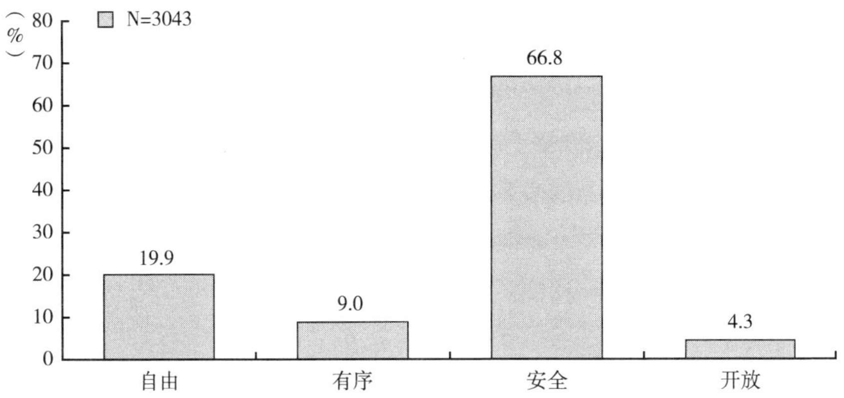

图4　当您上网时，最希望得到保护的是以下哪一项?

资料来源："中国民众互联网人权观念调查"数据库，第11题。

若对这四大价值与性别、年龄、民族、主要居住地、受教育程度做一个交叉分析，可有更清晰的判断。

如表10所示，整体而言，男女及城镇和农村人口重视安全和自由的比例远

① 付子堂主编《法理学进阶》（第四版），法律出版社，2013，第65页。

② 夏燕：《网络空间的法理分析》，西南政法大学博士学位论文，2009，第71页；北京市互联网信息办公室编《国内外互联网立法研究》，中国社会科学出版社，2014，第21~22页。

超过有序和开放。同时，在安全和自由之间，女性和城镇人口看重安全的比例较男性和农村人口要高，男性和农村人口看重自由的比例比女性和城镇人口要高。

表 10　性别和过去半年主要居住地＊当您上网时，最希望得到保护的是以下哪一项？（交叉制表）

单位：%

价值	男	女	城镇	农村
自由	24.7	15.1	17.7	22.3
有序	9.7	8.2	8.4	7.0
安全	60.3	73.4	69.3	67.9
开放	5.3	3.3	4.6	2.8

资料来源："中国民众互联网人权观念调查"数据库，第 1、4、11 题。

如表 11 所示，不同的民族身份在对价值的认识上并无明显规律。相对而言，藏族、壮族人口中重视安全的比例更高，蒙古族、满族、回族人口中重视自由和有序的比例较汉族更高。若对汉族和汉族以外的少数民族的数据进行均值观测，可发现，汉族选择安全和开放的比例（67.1%，4.4%）比少数民族的比例（66.9%，1.2%）高，但在对自由和有序的选择上，少数民族的比例（20.6%，11.3%）高于汉族的比例（19.7%，8.9%）。

表 11　民族＊当您上网时，最希望得到保护的是以下哪一项？（交叉制表）

单位：%

价值	汉族	藏族	回族	满族	壮族	蒙古族	其他民族
自由	19.7	8.3	22.2	25.0	18.2	33.3	16.5
有序	8.9	8.3	11.1	25.0	0.0	16.7	6.4
安全	67.1	83.3	66.7	50.0	81.8	50.0	69.7
开放	4.4	0.0	0.0	0.0	0.0	0.0	7.3

资料来源："中国民众互联网人权观念调查"数据库，第 3、11 题。

在受教育程度与价值期待上，如表 12 所示，接受教育程度较低的群体选择自由的比例较高，受过传统私塾教育和有博士研究生学历的群体选择有序的比例较高，受过专科、本科教育的群体选择安全的比例最高，未受教育和有博士研究生学历的群体选择开放的比例较低。

表 12　受教育程度 * 当您上网时，最希望得到保护的是以下哪一项？（交叉制表）

单位：%

价值	未受教育	私塾	小学	初中	中专、技校	高中	专科	本科	硕士	博士	其他
自由	54.5	42.9	34.4	18.9	20.5	21.7	17.3	17.5	19.6	17.4	37.5
有序	3.0	33.3	16.1	10.6	9.5	10.7	9.1	6.8	11.6	26.1	37.5
安全	33.3	19.0	45.2	67.2	64.2	63.8	71.1	71.1	63.4	47.8	25.0
开放	9.1	4.8	4.3	3.3	5.8	3.8	2.6	2.6	5.4	8.7	0

资料来源："中国民众互联网人权观念调查" 数据库，第 5、11 题。

如表 13 所示，中国 16～28 岁青年也更加看重互联网和网络空间的安全（65.9%），但略低于一般民众的比例（66.8%），不过，在选择自由（21.0%）和开放（4.5%）的比例上略高于一般民众（19.9%，4.3%）。

表 13　16～28 岁青年 * 当您上网时，最希望得到保护的是以下哪一项？

单位：次，%

价值	频率	有效百分比
自由	403	21.0
有序	164	8.5
安全	1265	65.9
开放	87	4.5
N = 1919		

注：课题组结合中国共产主义青年团的标准，将 16～28 岁设定为青年的标准，抽取这一部分人的数据进行单独统计，以与民众整体数据进行对比。

资料来源："中国民众互联网人权观念调查" 数据库，第 2、11 题。

三　对互联网人权的一般观念

网络空间虽然在表面上只是无数电脑终端的交互网络，但在实质上连接的是作为使用和生产的主体的独立个人。在这一场域中，国家与社会不断互动，造就了不同的行为体，形成了一些新的社会关系，出现了一些新的人权问题，让传统的个人权利呈现出一些不同的特征，也孕育了一些新兴权利。在对互联网和网络空间的基本属性和特性，以及基本价值取向有所了解后，可对这些问题进行更进一步的探索。

（一）互联网接入权和互联网上的语言权

互联网已成为促进和保障各国公民积极提高公共生活参与度的重要手段，但随着“全球信息鸿沟”[①] 的出现，包括联合国人权理事会在内的许多国际组织都在呼吁和推动互联网的普及，他们认为每个国家都应当保证本国公民能够自由地使用和访问互联网，并受到尽可能少的限制；而“是否能够在互联网上使用自己的语言，决定着人们能在多大程度上参与新兴知识社会”。[②] 由此，互联网接入权和互联网上的语言权问题也相应地被提出，这两项权利决定着每一个人的发展权、平等权、言论自由等基本人权的充分实现。

虽然已有不少的国际实践试图将互联网接入权纳入当今的国际人权框架内，但互联网接入权在现阶段尚不是国际法上的法定人权，全世界也只有芬兰等几个国家将互联网接入权写入了国内法中，互联网接入权尚未成为一项概念成熟、被普遍接受的权利。[③] 如图 5 所示，83.4% 的民众认同接入并使用互联

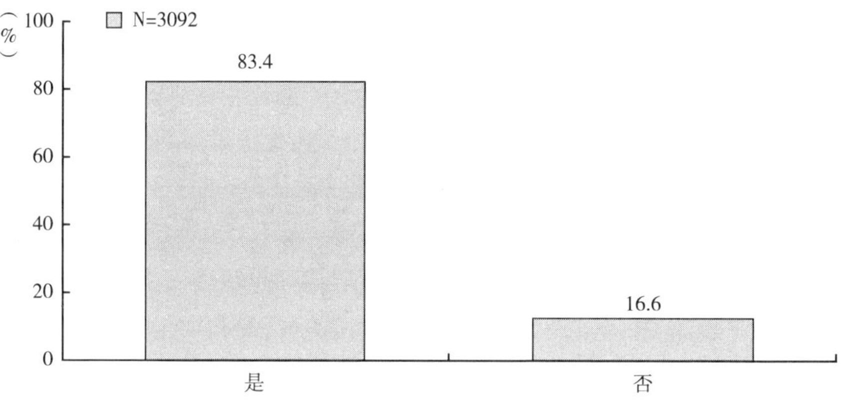

图 5　您是否认为接入并使用互联网是每一个人的基本权利？

资料来源：“中国民众互联网人权观念调查”数据库，第 9 题。

---

① M. Warschauer, *Technology and Social Inclusion: Rethinking the Digital Divide*, Cambridge, MA: MIT Press, 2013, p. 22.

② 联合国教育、科学及文化组织：《促进网络空间使用多种语言的十年》，CI-2015/WS/5。

③ 参见柳华文《从国际法角度看互联网接入权的概念》，《人权》2016 年第 2 期。

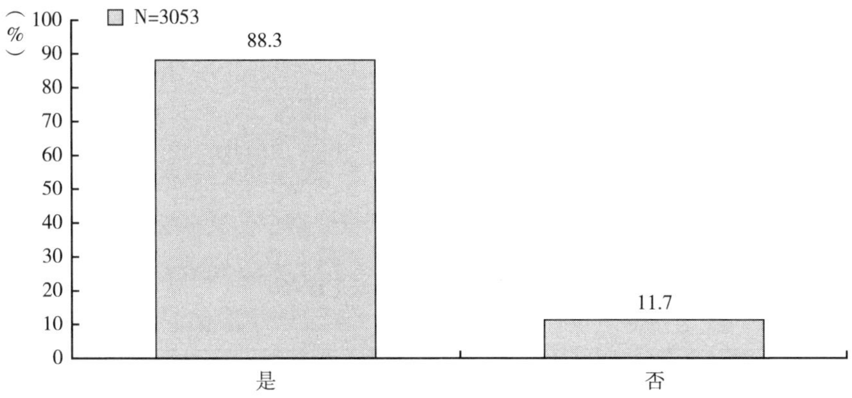

图 6　当您上网时，是否倾向于访问与您母语或文化背景相同的网站？

资料来源："中国民众互联网人权观念调查"数据库，第 10 题。

网是每一个人的基本权利。与此选择相似，88.3%的民众倾向于在上网时访问与母语或与自身文化背景相同的网站。由此可知我国民众已开始意识到进入和充分使用互联网的重要性，参与感越发强烈。

（二）言论自由

"每个人在互联网上都有自由寻找、接收和传递信息而不受审查或其他干扰的权利。"① 互联网为言论自由提供了最充分和最有力的工具和途径，网络表达在给公民带来更加便利的信息传递和交互的同时，也因其匿名性、即时性、交互性、广泛传播性等鲜明特征，而成为网络空间中侵犯公民基本权利的一种最常见和典型的行为模式。且由于微博、微信等自媒体平台的存在，网络谣言时有发生，滋生了不正当的权利表达，对其他公民的人格尊严权和隐私权等都造成了威胁。

如表 14 所示，对"在网上的言论是否会比现实生活中随意"这一问题的回答，34.8%的民众表示肯定，36.4%的民众表示否定，还有28.7%的民众表示要根据情况做出判断。但在网上发表言论时，82.0%的民众都存有尊重他人

① Internet Rights & Principles Coalition, *The Charter of Human Rights and Principles for the Internet*, 2013.

权利和尊重法律权威的意识。可见，虽然我国民众对网上言论的随意性态度存在一定的立场区分，但都有一个起码的对自由边界和法律范围的遵从。在面对信息传播的问题时，45.7%的民众会确认信源的真实性，并且在知晓信源虚假时，55.7%的民众会有所更正，从比例来看，民众对自己在网络上的言论自由行为有一定的约束感和责任意识。

表 14　您会怎样对待以下事项？

单位：%

	会	不会	视情况而定	N =
您在网上的言论是否会比现实生活中随意？	34.8	36.4	28.7	3101
若您在网上的言论可能冒犯别人或触犯法律，您是否还会继续？	7.5	82.0	10.5	3097
您在网上转载消息时是否会首先去确认消息的真实性？	45.7	24.3	29.9	3089
若您发布的消息被证实为虚假消息，您是否会发布更正声明？	55.7	20.1	24.2	3077

资料来源：“中国民众互联网人权观念调查”数据库，第 13 题。

如图 7 所示，除去“非常可信”（1.4%）和“非常不可信”（6.2%）两种明确的态度外，民众对“基本可信”（31.7%）、“基本不可信”（31.1%）

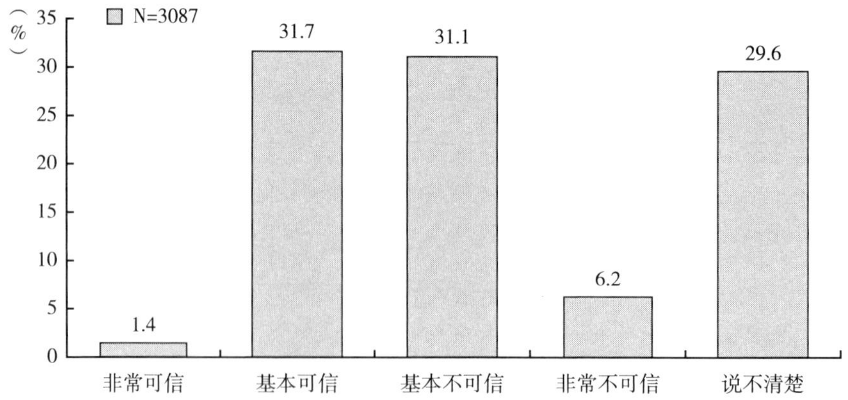

图 7　您认为现在的网络舆论是否真实可信？

资料来源：“中国民众互联网人权观念调查”数据库，第 14 题。

和“说不清楚”（29.6%）有相近的选择比例，这表明，民众认为网络舆论处于一种真假难辨的状态。

（三）人格尊严权和隐私权

互联网作为传播工具的作用已远远超过传统媒体及其他传播方式。网络上的公开行为，也因互联网的直接性、便捷性、广泛性等特点，而给被公开人造成更大的伤害。特别是社会知名人物、政府官员等公众人物，更容易成为舆论攻击的对象。且近年来的“人肉搜索”“网络示众”等事件的发生，更是将网络主体的人格尊严权、隐私权易受到危胁等问题暴露出来。

“人肉搜索”是以互联网为媒介、通过人工方式对搜索引擎所提供的信息、匿名知情人公开的信息进行搜集、公布于网络社区的一种行为。这是Web2.0时代特有的一种信息采集方式，也是中国特有的一种网众力量的表达方式。[①] 这其中，有些对社会的不良、违法行为起到了监督、批评作用，但有些也明显属于侵犯公民个人权利的行为。可以说，“人肉搜索”集中体现着互联网的各种特性和人的参与性，折射出网络空间主体对人格尊严权[②]和隐私权的基本态度。

如图8所示，民众更多地认同“人肉搜索”侵犯个人隐私（60.8%）、损人名誉（56.5%）和可能造成盲目扩散（47.1%），而较少地认同可提供更多真相（37.5%）、可曝光隐秘事件（34.3%）和可扩大监督范围（30.8%）。不难发现，我国民众认为“人肉搜索”的消极作用大于积极作用。

如表15所示，对在互联网上公开权利主体的负面信息，民众倾向于认为更容易侵犯公众人物的权利（44.2%，33.1%），而不是法律否定评价的主体（27.5%，20.9%），对隐私权和名誉权，民众倾向于认为更容易侵犯前者（27.5%，44.2%）而非后者（20.9%，33.1%）。从主体身份的角度讲，通

---

① 陈昌凤、虞鑫：《网络时代的盛世危言——互联网与社会变迁》，北京出版社，2012，第91页。

② 从法理上讲，人格尊严权和名誉权是都属于人格权但又有所区分的两类权利，项目组考虑到调查面向的是全国不同背景的普通民众，故在问卷设计时的概念化和操作化上，以名誉或名誉权来表示人格尊严权，特此说明。

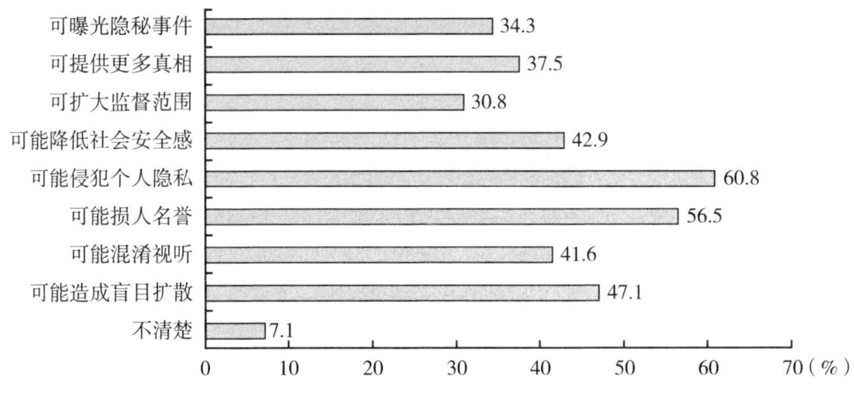

图 8　您怎么看待互联网上的“人肉搜索”？

资料来源：“中国民众互联网人权观念调查”数据库，第 22 题。

表 15　您会怎样看待以下事项？

单位：%

项目	不会	会侵犯隐私权	会侵犯名誉权	不清楚
您认为在互联网上通缉嫌疑犯会侵犯被通缉人的权利吗？	45. 2	27. 5	20. 9	20. 5
您认为在互联网上公开知名演员的嫖娼信息会侵犯其权利吗？	25. 0	44. 2	33. 1	20. 2

资料来源：“中国民众互联网人权观念调查”数据库，第 19、20、21 题。

缉嫌疑犯具有合法性，而知名演员虽为公众人物，但公开的其信息范围仍应有所限定；从权利的角度讲，隐私权具有直接伤害性，名誉权因存在一种认定和主体感受而具有间接伤害性。由此可以认为，我国民众更看重互联网对具有直接伤害性的隐私权的侵犯。

更进一步地对隐私权进行考察，如图 9、图 10 所示，对于公开贪腐官员的生活隐私的问题，38. 6% 的民众认为是合适的，45. 9% 的民众认为不合适，另有 15. 5% 的民众认为说不清楚；而对于公开贪腐官员亲属的生活隐私的问题，16. 7% 的民众认为合适，83. 2% 的民众认为不合适，几乎不存在无法判断的情况。虽然贪腐官员的亲属存在共同犯罪的可能，也有协助调查的义务，但并非必然。可以认为，我国民众对在互联网上保护个人隐私权持有严格的判断。

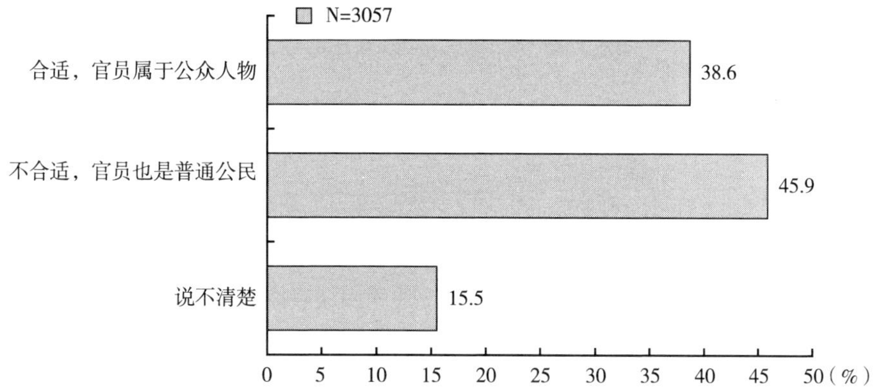

图 9　您认为在互联网上公开贪腐官员的生活隐私是否合适?

资料来源："中国民众互联网人权观念调查"数据库，第 23 题。

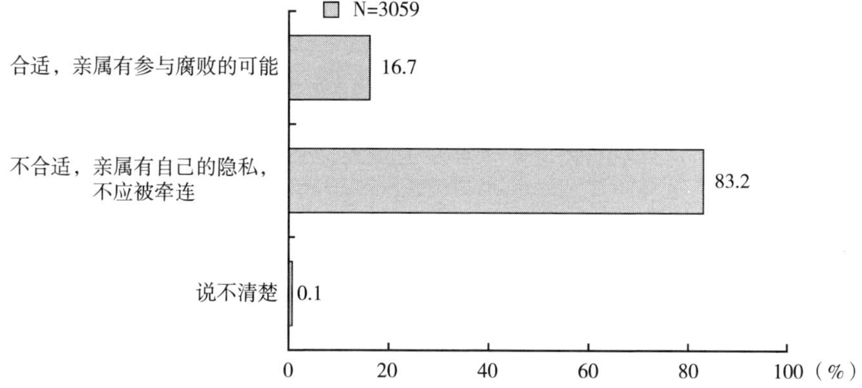

图 10　您认为在互联网上公开贪腐官员亲属的生活隐私是否合适?

资料来源："中国民众互联网人权观念调查"数据库，第 24 题。

（四）被遗忘权

作为一种新型个人信息权，被遗忘权是为了调整互联网和网络空间中的过时个人信息而产生的。通过删除或隐匿搜索引擎上脱离情境的个人信息，信息主体的人格权益得以实现。虽然到目前为止，被遗忘权的概念还有待被人们进一步认识，但它已有大致确定的内容指向，可以做一个初步考察。

有学者认为："个人决定这些信息会怎样，并且即使离开其掌控，也保持着对它的控制。"[1] "被遗忘权代表'信息的自我决定'和以控制为基础的隐私定义，并且试图将个人信息从公共领域转移到私人领域。"[2] 欧盟对此也提出了四种条件。[3] 如图 11 所示，民众更能认同的可以要求删除的内容包括"真实的内容"（54.4%）、"让他觉得尴尬或侮辱、伤害他的内容"（51.2%）、"无论什么内容"（49.4%），相较而言，民众较少认同可以要求删除"可能因为特定因素确认他的身份的内容"（37.6%）、"虚假的内容"（33.5%）和"与他现在和未来的生活不再相关的内容"（30.3%）。由此，我国民众对被遗忘权的认识与欧盟的四种条件并不匹配或更为宽松，更偏向学者所认同的"信息自我决定"理论。

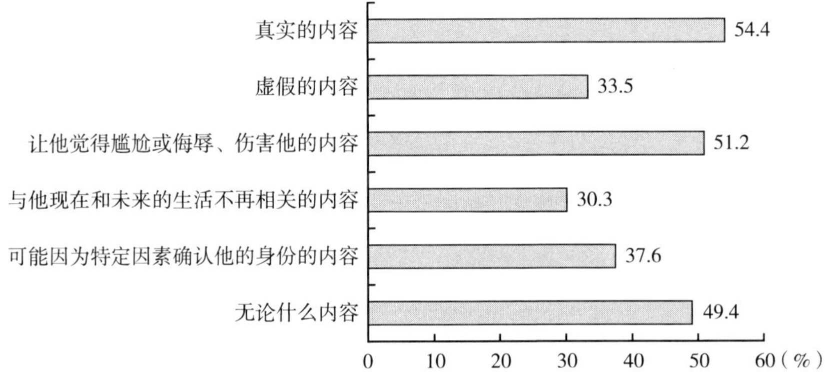

图 11　若某网站发表了关于某人过去生活的报道、链接，您认为他可以要求删除或屏蔽以下哪些内容?

资料来源："中国民众互联网人权观念调查"数据库，第 18 题。

---

① Jef Ausloos, "The 'Right to be Forgotten' Worth Remembering?" *Computer Law & Security Review*, 2012, Vol. 28, No. 2, pp. 1 – 23.

② Meg Leta Ambrose & Jef Ausloos, "The Right to Be Forgotten Across the Pond," *Journal of Information Policy*, 2013, pp. 1 – 23.

③ 邵国松：《"被遗忘权"：个人信息保护的新问题及对策》，《南京社会科学》2013 年第 2 期。根据欧盟提案，在以下四种条件下，权利主体有权要求信息控制者删除与其有关的所有信息或停止此类信息的进一步传播。（1）此类信息已没有被收集或处理的必要。（2）权利主体通过声明或行动表示不再允许其信息为实现一个或多个具体目的被收集；或被收集的信息存储期已经过期，且法律上已没有处理该信息的必要性。（3）权利主体根据自身情况在任何时候都可以反对其个人信息的收集和处理，除非对于该信息的处理对维护信息主体的基本权利至关重要，或是为了维持公共利益的正常运作所必需的，或属于信息控制者既定的官方权利范围之内，或信息收集者对于该个人信息的处理有着超越保护个人信息自由的无可抗拒的立场。（4）对于权利主体个人信息的处理违反个人信息保护的改革方案。

四　对网络公民和网络空间法律适用性的基本观点

由互联网和信息技术所开辟和塑造的网络空间，不仅改变了社会的经济和政治结构，还在公民意识、公民人权观念的传播和提升方面扮演了重要的角色。个人不断通过互联网加入公共领域，获取信息资讯、表达意见、提高社会参与度、行使民主监督权，造就了“网络公民”（Netizen）[①] 群体的出现，同时也让社会的法律规则处于一种前所未有的境遇之中。这些，都要求我们必须有清醒的认识。

美国学者迈克尔·豪本（Michael Hauben）首先将那些“富有社会责任感、关注公共利益的互联网使用者”称作“网络公民”。对这一类人而言，互联网是平台，公民身份是内涵，他们的言行举止影响到网络空间的政治样态和法治价值的实现。

国内外学者也对“网络公民”的基本条件做了说明。[②] 对这些条件，如图12 所示，民众更加认同“网络公民”应首先“有基本的道德修养、个人素质”（82.1%），然后依次是“具备个人独立判断的能力”（72.6%）、“富有社会责任感”（68.1%）、“有理智情绪和反思精神”（64.0%）、“敢于付诸行动并对自己的言行负责”（57.6%）、“关注公共利益、积极介入公共事务”（52.9%）。可以看到，在我国民众有关网络公民的认识上，个人的道德和能力已提到了相对重要的位置，而社会责任感也成为不可或缺的要求。

在影响网络空间的政治参与和社会治理方面，除网络公民问题以外，法律的适用性问题也同样重要。在西方学界，美国芝加哥大学就较早地对网络空间是否应当立法进行过讨论。[③] 国内学界则对网络空间立法模式的选择持三种观点：“保守论者认为，目前我国网络空间发展刚刚起步，各方面的条件

---

① Michael Hauben & Ronda Hauben, *Netizens: On the History and Impact of Usenet and the Internet*, Wiley - IEEE Computer Society Press, 1997.

② Michael Hauben & Ronda Hauben, *Netizens: On the History and Impact of Usenet and the Internet*, Wiley - IEEE Computer Society Press, 1997。舒泰峰、米艾尼：《网络公民不完全报告》，《瞭望东方周刊》2008 年第 30 期；曹思诚：《网络公民崛起：我们发出理性的声音》，《南方都市报》2008 年 3 月 28 日；杨吉、张解放：《在线革命——网络空间的权利表达与正义实现》，清华大学出版社，2013，第 116 页。

③ Lawrence Lessig, “The Law of the Horse: What Cyber Law Might Teach,” *Havard Law Review*, 1993, p. 113. Frank Easterbrook, “Cyberspace and the Law of the Horse,” *University of Chicago Law Forum*, 1996. M. Ethan Katsh, *Law in a Digital World*, Oxford University Press Inc. 1995.

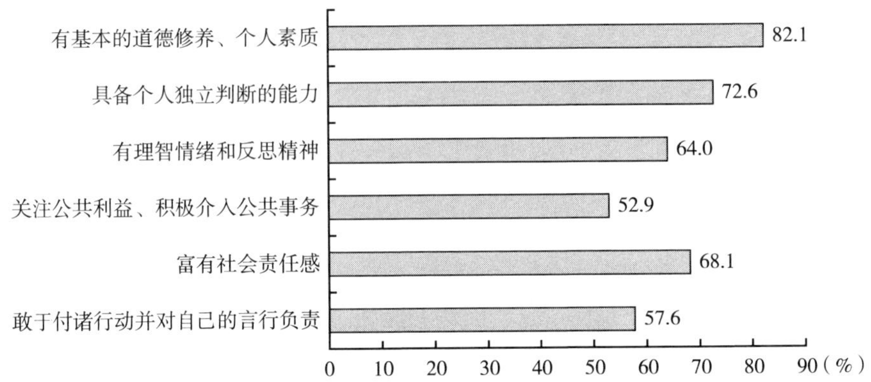

图 12　您认为在互联网上怎样才能算一个好公民？

资料来源："中国民众互联网人权观念调查"数据库，第 29 题。

并不成熟，没有必要也没有能力制定新的法律；激进论者认为，针对网络空间的新特性，制定全新的法律规则；折中论者在认同原有的法律法规基础上，认为针对网络空间的特点加以改进，等到条件成熟以后再制定专门的法律。"① 而在主张立法的观点中，还存在行业自律模式和网络法制模式选择的不同。

如图 13 所示，除了 8.7% 的民众认为"说不清楚"外，多数民众倾向于认为现有法律对网络空间"不完全适用，需修正规范方式"（69.2%），而认为"完全适用"和"完全不适用，需单独立法"的在较低比例上相对持平，分别为 11.7% 和 10.4%。可以认为，我国民众在网络空间的法律适用性上基本持折中的观点。

结　语

人类历史上的每一次技术革新、每一种关键性技术的突破，都会改变人们的生活方式，形成新的生活经验和社会规则。网络空间是新型领域和场所，不只是一个由互联网架构的技术空间，也是一个包含人类生存和思维方式的社会

① 张新宝：《互联网发展的主要法治问题》，《法学论坛》2004 年第 1 期。

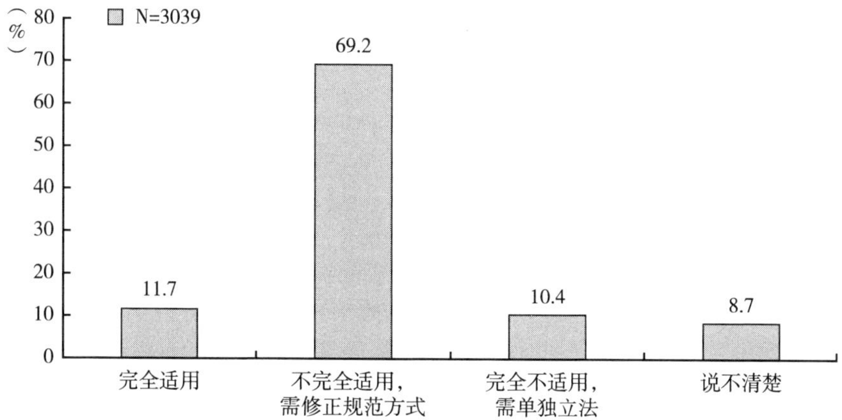

图 13　您认为现有法律对网络空间同样适用吗?

资料来源:“中国民众互联网人权观念调查”数据库，第 28 题。

空间。

在对民众的互联网人权观念做出探索性研究后，应当：注重引导对互联网和网络空间的特征辨识；对个人信息被记录和追踪、网络诱骗等不易被觉察的方面加强防护，保证安全价值的实现；进一步加强舆论引导，增加透明度、解说度、可信度，抵制虚假信息、无效信息。警惕网络公开对隐私权的侵犯，探索拟制公务部门和公民个人的网络公开基本原则和事项范围，避免伤及利益相关人的合法权益。进一步对被遗忘权等新兴权利进行比较研究，结合国际标准、学术标准和我国国情进行综合判断。尤为值得注意的是，我国民众已有初步的网络公民意识，道德、能力和社会责任感是最重要的三项，应采取措施保持三者的协调，并适时、适度调整现行法律，尝试将一些网络空间活动规则写入现行法律之中。

参考文献

[1]〔美〕劳伦斯·莱斯格：《代码 2.0：网络空间中的法律》，李旭、沈伟伟译，清华大学出版社，2009。

[2] Internet Rights & Principles Coalition, *The Charter of Human Rights and Principles for the*

Internet, 2013.

[3] Jef Ausloos, " The 'Right to be Forgotten' Worth Remembering?" *Computer Law & Security Review*, 2012, Vol. 28, No. 2.

[4] M. Warschauer, *Technology and Social Inclusion: Rethinking the Digital Divide*, Cambridge, MA: MIT Press, 2013.

[5] Meg Leta Ambrose, Jef Ausloos, "The Right to Be Forgotten Across the Pond," *Journal of Information Policy*, 2013.

[6] United Nations: A/HRC/20/L. 13,《在互联网上增进、保护和享有人权》。

[7] 北京市互联网信息办公室编《国内外互联网立法研究》，中国社会科学出版社，2014。

[8] 曹思诚:《网络公民崛起：我们发出理性的声音》,《南方都市报》2008 年 3 月 28 日。

[9] 陈昌凤、虞鑫:《网络时代的盛世危言——互联网与社会变迁》，北京出版社，2012。

[10] 陈驰：《网络宪政论纲》，《四川师范大学学报》（社会科学版）2012 年第 3 期。

[11] 杜洁:《互联网对政治参与的影响及政府应对》，《中共浙江省委党校学报》2003 年第 1 期。

[12] 段兴利、汪中海:《网络社会问题研究现状综述》,《云南民族大学学报》（哲学社会科学版）2008 年第 3 期。

[13] 付子堂主编《法理学进阶》（第四版），法律出版社，2013。

[14] 郭珂琼:《互联网新兴权利保障研究》，吉林大学博士学位论文，2016。

[15] 何志鹏:《人权全球化基本理论研究》，科学出版社，2008。

[16] 黄少华、翟本瑞:《网络社会学——学科定位与议题》，中国社会科学出版社，2006。

[17] 黄少华:《论网络空间的社会特性》,《兰州大学学报》（社会科学版）2003 年第 3 期。

[18] 黄惟勤:《论网络表达自由》，中国社会科学院博士学位论文，2010。

[19] 黄学贤、陈峰:《互联网管制背景下的网络人权保障体系探析》,《法治论丛》2008 年第 2 期。

[20] 联合国教育、科学及文化组织:《促进网络空间使用多种语言的十年》，CI-2015/WS/5。

[21] 刘阳:《网络意识形态工作：挑战与对策》,《新视野》2008 年第 2 期。

[22] 柳华文:《从国际法角度看互联网接入权的概念》,《人权》2016 年第 2 期。

[23] 卢燃:《论网络传播中的人权保障——基于网络实名制的思考》，内蒙古大学硕士学位论文，2013。

［24］钱继磊、赵晔：《全球化：人权及其保障的陷阱》，《上海交通大学学报》（哲学社会科学版）2011 年第 3 期。
［25］邱道隆：《技术赋权——构建一种政治学分析》，《中国图书评论》2014 年第 7 期。
［26］邱道隆：《全球底层社会的崛起》，《社会科学报》2016 年 9 月 22 日，第6 版。
［27］邵国松：《“被遗忘权”：个人信息保护的新问题及对策》，《南京社会科学》2013 年第 2 期。
［28］申琦：《中国网民网络信息隐私认知与隐私保护行为研究》，法律出版社，2016。
［29］舒泰峰、米艾尼：《网络公民不完全报告》，《瞭望东方周刊》2008 年第30 期。
［30］苏令银：《隐私权：信息与网络时代的重要人权》，《社会》2002 年第 5 期。
［31］孙强：《刍议网络领域人权建设》，《人权》2014 年第 4 期。
［32］唐杰：《网络政治人权观对网络参政的影响》，《广州大学学报》（社会科学版）2006 年第 4 期。
［33］王四新：《表达自由与自我实现——以网络表达为例》，《现代传播》2010 年第 10 期。
［34］夏燕：《网络空间的法理分析》，西南政法大学博士学位论文，2009。
［35］许丽娜：《网络立法需处理好哪三对关系》，《人民论坛》2016 年第 36 期。
［36］杨芳：《隐私权保护与个人信息保护法：对个人信息保护立法潮流的反思》，法律出版社，2016。
［37］杨吉、张解放：《在线革命——网络空间的权利表达与正义实现》，清华大学出版社，2013。
［38］杨卫红：《网络技术与人权问题研究》，湖南大学硕士学位论文，2005。
［39］姚建宗：《新兴权利研究》，中国人民大学出版社，2011。
［40］张新宝：《互联网发展的主要法治问题》，《法学论坛》2004 年第 1 期。
［41］赵玉林：《处理互联网领域人权保障困境的理论基础探析——兼谈协商权利论的优越性》，《理论导刊》2014 年第 6 期。

附录：

中国民众互联网人权观念调查

●●●（仅供有上网经历的人填写）●●●

尊敬的女士/先生：

您好！我们是重庆市西南政法大学的学生，为了解和研究中国大众有关互联网人权的观念，组织了这次访问调查。问卷中各问题的回答，没有对错之分，请您根据平时的体会和见解作答。问卷不记录您的姓名，对于您的答案我们也将严格保密，对您不会有任何不利影响。我们衷心希望得到您的支持和帮助。谢谢！

答卷人承诺：我知道我的回答将用于学术研究，同意被采用。签名同意：

1. 性别：①男②女　2. 出生年月：＿＿＿＿＿＿年＿＿＿＿＿＿月

3. 民族：①汉族②其他：＿＿＿＿＿＿

4. 您在过去半年里主要居住在：①城镇②农村

5. 受教育程度（包括目前在读的）：
①没有受过任何教育②私塾③小学④初中⑤中专或技校⑥高中
⑦大学专科⑧大学本科⑨硕士研究生⑩博士研究生⑪其他

6a. 请问您在过去半年中的主要就业状况符合以下哪项？
①务农②全职就业③兼职/临时性就业④离退休⑤无业
⑥从未有工作/在学且未工作

6b. 您的工作单位/公司是？
①没有工作②党政机关③企事业单位④个体经营⑤其他

7. 您个人年收入大约是多少？（无工作者请勿填写）

8. 在您眼里，互联网是怎样的？（单选）
①完全虚拟，想怎样就怎样②不完全虚拟，与真实世界的交往类似
③真实世界的延伸

9. 您是否认为接入并使用互联网是每一个人的基本权利？（单选）
①是②否

10. 当您上网时，是否倾向于访问与您母语或文化背景相同的网站？（单选）
①是②否

11. 当您上网时，最希望得到保护的是以下哪一项？（单选）

①自由②有序③安全④开放

12. 当您上网时，遇到过以下哪些情况？（可多选）

①垃圾信息骚扰②个人身份信息和数据被泄露和盗用

③个人浏览信息被记录和追踪④病毒、恶意软件

⑤暴力、色情、诱骗⑥网络赌博⑦人体器官贩卖的信息⑧都没有

13. 您会怎样对待以下事项？（每行单选）

a. 您在网上的言论是否会比现实生活中更加随意？	会	不会	视情况而定
b. 若您在网上的言论可能冒犯别人或触犯法律，您是否还会继续？	会	不会	视情况而定
c. 您在网上转载消息时是否会首先去确认消息的真实性？	会	不会	视情况而定
d. 若您发布的消息被证实为虚假消息，您是否会发布更正声明？	会	不会	视情况而定

14. 您认为现在的网络舆论是否真实可信？（单选）

①非常可信②基本可信③基本不可信④非常不可信⑤说不清楚

15. 您认为以下哪些措施对维护互联网秩序是必要的？（可多选）

①关键词屏蔽②内容审查③信息过滤④实名登记⑤限制操作

16. 您是否同意微博实名注册？（单选）①同意②不同意

17. 您是否会在注册网站前阅读该网站的隐私保护条款？（单选）

①会②偶尔会③不会

18. 若某网站发表了关于某人过去生活的报道、链接，您认为以下哪项合适？（可多选）

①如果是虚假内容，他有权要求删除或屏蔽

②如果是真实内容，他有权要求删除或屏蔽

③如果是让他觉得尴尬或侮辱、伤害他的内容，他可以要求删除或屏蔽

④如果是与他现在和未来的生活不再相关的内容，他可以要求删除或屏蔽

⑤如果他的身份可能因为特定因素所确认，他可以要求删除或屏蔽

⑥无论什么内容，他都有权要求删除或屏蔽

19. 您认为在互联网上通缉嫌疑犯会侵犯被通缉人的权利吗？（可多选）

①不会侵犯②会侵犯隐私权③会侵犯名誉权④不清楚

20. 您认为在互联网上公开知名演员的嫖娼消息会侵犯他的权利吗？（可多选）

①不会侵犯②会侵犯隐私权③会侵犯名誉权④不清楚

21. 您认为在互联网上传播“官员不雅视频”会侵犯官员的权利吗？（可多选）

①不会侵犯②会侵犯隐私权③会侵犯名誉权④不清楚

22. 您怎么看待互联网上的“人肉搜索”？（可多选）

①可曝光隐秘事件②可提供更多真相③可扩大监督范围

④可能降低社会安全感⑤可能侵犯个人隐私⑥可能损人名誉

⑦可能混淆视听⑧可能造成盲目扩散⑨不了解

23. 在互联网上公开贪腐官员的生活隐私是否合适？（单选）

①合适，官员属于公众人物②不合适，官员也是普通公民③说不清楚

24. 在互联网上公开贪腐官员亲属的生活隐私是否合适？（单选）

①合适，亲属有参与腐败的可能②不合适，亲属有自己的隐私，不应被牵连

25. 您认为以下哪些属于您的个人财产？（可多选）

①QQ 好友名单②淘宝买卖记录③电子邮件

④网站注册信息⑤网络游戏中的虚拟物品

26. 您认为像 QQ 币、游戏币、网络游戏中的角色装备等物品可以被继承吗？（单选）

①可以，因为是个人合法财产②不可以，因为不是现实中的财产

27. 您认为互联网最大的特性是？（可多选）

①即时性②直接性③便捷性④匿名性⑤无国界性⑥交互性⑦公开性

⑧人造性⑨远程展示性⑩现实模拟性⑪现实带入性⑫网络化交往性

28. 您认为现有法律对网络空间同样适用吗？（单选）

①完全适用②不完全适用，需修正规范方式

③完全不适用，需单独立法④说不清楚

29. 您认为在互联网上怎样才能算一个好公民？（可多选）

①有基本的道德修养、个人素质②具备个人独立判断的能力

③有理智情绪和反思精神④关注公共利益、积极介入公共事务

⑤富有社会责任感⑥敢于付诸行动并对自己的言行负责

B.22

城市少数民族语文公共服务的保障*

王隆文**

摘　要：随着城市少数民族流动人口的增多、社会参与的扩大和对自我发展期待的提高，城市公共服务开始不适应少数民族自身发展与和谐城市民族关系建设的需要。2011 年至 2016 年，中国政府以政策试点的形式在 28 个大中城市中试点城市进行少数民族流动人口管理服务体系建设，以语言文化为抓手，主要从民族团结宣传教育、生活经营和权利救济三个方面完善少数民族语文公共服务措施。但是，行政部门主导的政策模式使得社会各方资源没有得到充分的整合，未来推行城市民族语文公共服务应进一步将司法部门、非政府组织和公共行业部门纳入其中。

关键词：城市　公共服务　少数民族语文

一　中国城市少数民族语文公共服务政策的演进与成效

（一）新中国成立到改革开放初期：实施地域主要在民族地区

新中国成立后到改革开放初期，基于少数民族主要聚居在边疆地区、偏远地区和农牧区的客观现实，加之我国户籍政策的限制，民族地区与内地城市之

* 基金项目：西南政法大学校级科研项目“中国人权话语对外译介研究”（2016XZCXTD－02）、西南政法大学人权研究专项“中国劳动就业权保障的发展和展望”（HRC2015－JS06）。

** 王隆文，西南政法大学人权研究院讲师，主要研究方向为少数人权利保障。

间的人口流动极少，这也就决定了民族语言与族际语在使用的“空间格局”上处于相对“纵向区隔”的状态，即民族语言的使用空间主要局限在西部民族地区或边疆地区，族际语的使用空间主要局限在民族地区以外的内地或城市。在这一时期，《宪法》《民族区域自治法》《义务教育法》《国家通用语言文字法》等法律及各民族自治地方先后制定的24部“民族语言文字条例”等法律法规构成的保障民族语言文字权利的法律体系①，加之民族地区国家机关和公共行业部门具有一定比例的少数民族工作人员，相对有效地保障了少数民族公民使用和发展本民族语言文字的自由。在这一时期，重点以宪法和法律规定的“政治平等”原则为指导来帮助没有语言文字的少数民族制定本民族的语言文字，进而以“语言平等”促进“政治平等”。1949年，中国人民政治协商会议颁布的《共同纲领》第五十三条规定：“各少数民族均有发展其语言文字、保持或改革其风俗习惯及宗教信仰的自由。”1951年，政务院在《中央人民政府政务院关于民族事务的几项规定》中规定：“帮助尚无文字的民族创造文字，帮助文字不完备的民族逐步充实其文字。”这两项规定成为我国20世纪50年代民族语言文字工作的重点，其核心的理念和精神也很好地融入了五四宪法和现行宪法的相关规定中。例如，五四宪法中无论是第三条关于“各民族都有使用和发展自己语言文字的自由”的规定，还是第七十一条和第七十七条分别关于“自治机关在执行职务的时候，使用当地民族通用的一种或者几种语言文字”的规定和“各民族公民都有用本民族语言文字进行诉讼的权利”的规定，其前提都是宪法上民族平等和民族语言平等地位的确立，它们本质上属于政治权利的范畴，即基于“民族”产生的各项在政治生活中使用少数民族语言文字的权利，都是基于政治上的民族成分而赋予的。

尽管在这一时期“公共服务”几乎没有在有关少数民族语言文字的法律法规条款和政策规定中得到直接表述，但是一些法律法规的具体条款促进了少数民族对于政治和经济生活的参与。例如，《全国人民代表大会组织法》第九条、《全国人民代表大会和地方各级人民代表大会代表法》第四十三条、《全

① 根据国家民族事务委员会的统计，与我国少数民族公民学习和使用本民族语言有关的法律法规包括法律12部、国务院制定的行政法规和规章22项和各级地方人大和政府制定的地方性法规180件。参见国家民委文化宣传司《民族语文政策法规汇编》，民族出版社，2006，第1~13页。

国人民代表大会和地方各级人民代表大会选举法》第二十二条以及《全国人民代表大会议事规则》第二十条均有关于为少数民族公民参与政治生活提供翻译服务的规定。此外，各民族自治地方制定的《少数民族语言文字工作条例》亦有关于公共行业部门使用少数民族语言为少数民族公民提供服务的规定。例如，《内蒙古自治区蒙古语言文字工作条例》第二十三条规定："公共服务行业向使用蒙古语言文字的公民提供服务时，应当使用蒙古语言文字。"《甘肃省阿克塞哈萨克族自治县哈萨克语言文字工作条例》第十四条规定："自治县境内的商业、邮电、金融、交通、卫生等服务行业的工作人员应当用哈萨克语接待哈萨克族顾客及病员，或提供翻译服务。"

这一时期，少数民族语言文字权利的保障以法律上的"政治平等"来实现"语言平等"，同时在民族自治的框架内为促进少数民族参与经济社会生活而提供少数民族语文翻译服务。这个阶段的法律政策不仅通过立法上的"语言平等"增强了少数民族对于国家的认同，也促进了少数民族教育、文化事业的发展，培养了一批忠诚于国家的少数民族精英。

（二）进入21世纪以后：实施地域扩大到内地城市

随着改革开放以后户籍管理的松动，尤其是进入 21 世纪后西部大开发战略的实施，大量少数民族流动人口涌入民族自治地方以外的大中城市寻求发展机会，传统上族际语与少数民族语言的"纵向区隔"的使用空间格局正过渡到"横向互动"的空间格局，加之民族自治地方以外的大中城市的国家机关和涉及民生的公共行业部门鲜有少数民族工作人员，局限在"民族自治"范围内的保障民族语言文字权的现有法律体系显然无法适应语言空间格局变化下民族语言公共服务的需求。相关法律法规的缺位以及缺乏相应的配套措施、人力资源，导致不通汉语或无法熟练使用汉语的城市少数民族流动人口难以融入城市生活，处于一种在城市社会中受排斥和边缘化的地位。2014 年，针对 6 个大城市的 144 名城市维吾尔族流动人口的调查发现能够熟练使用汉语（会说会写）的比例仅占 14.59%。[①] 在这一背景下，为保障城市民族关系的和谐以及促进

① 相关统计数据亦参见迪力木拉提·尼亚孜、何丹《内地大城市公共服务中使用少数民族语言调查研究》，《湖北民族学院学报》（哲学社会科学版）2015 年第 4 期。

城市少数民族流动人口更好地参与城市公共生活，内地的不同部门、不同城市陆续从“公共服务”的层面上探索如何保障少数民族语言文字的适用。例如，在社会治安和行政执法层面，内地各大城市开始陆续招考“双语警察”（藏语警察、维语警察、彝语警察等）和“双语城管”；在司法翻译服务层面，一些地方法院开始聘用少数民族学生或公职人员担任翻译；在公共行业领域，一些城市的大医院亦开始招募志愿者为少数民族就医人员提供医疗口译。以上这些不同部门、不同城市的临时政策实践为中央政府试点“城市少数民族流动人口公共管理服务体系”政策积累了经验。2011 年，国家民委整合不同行政部门之间的资源，开始逐步在全国范围内试点城市少数民族流动人口管理服务，以语言文化为切入点，从政治、经济、文化、教育、社会保障等多个领域促进少数民族更好融入城市生活。此外，2015 年，最高人民法院、国家民族事务委员会联合印发《关于进一步加强和改进民族地区民汉双语法官培养及培训工作的意见》（以下简称《意见》），要求进一步加强和改进民族地区民汉双语法官培养及培训工作，着力解决民族地区人民法院双语法官短缺问题，依法保障民族地区公民的基本权利和诉讼权利。①

这一阶段以地方临时政策实践积累的经验为基础，促进了中央层面统一政策的试点和推广，有效地整合了不同行政部门的资源，促进了少数民族语文公共服务的体系化、专业化和规范化。不仅如此，有关政策的推行，也培养了一批专业素质过硬的城市少数民族干部队伍，同时有关政策的推行也促进了相应经济产业（如民族语文翻译、教育）的发展，产生了一批城市少数民族精英群体。有关全国性政策的试点也为《城市民族语文工作条例》的修订提供了可资借鉴的经验。

二 当前中国城市少数民族语文公共服务的现状

（一）政策试点分批进行

1. 试点城市概况

2011 年，国家民委在《关于开展城市少数民族流动人口服务管理体系建

① 《加强双语法官培训 保障民族地区诉讼权利》，http：//www.chinacourt.org/article/detail/2015/04/id/1581936.shtml，访问时间：2017 年 3 月 11 日。

设试点工作单位的通知》（以下简称《通知》）中指出："少数民族向城市迁移和流动，以及民族地区城市化进程的加快，是不可阻挡的发展趋势。"《通知》要求第一批试点城市以语言服务为先导，根据城市少数民族的特点和需求，在创业就业、儿童就学、法律援助、精神文化等方面加强公共服务和相关管理服务体系建设，进一步促进少数民族融入城市生活。2011～2016 年，国家民委先后公布六批少数民族流动人口服务管理体系建设试点城市。其中第一批至第四批共计 28 个城市（见表 1），包括省会城市 10 个，直辖市 2 个，民族地区城市 9 个（南宁、兰州、昆明、通辽、乌鲁木齐、贵阳、遵义、延吉、银川）。

表 1　前四批城市少数民族流动人口公共管理服务体系试点城市

批次	城市	数量
第一批	黑龙江省哈尔滨市、上海市、浙江省宁波市、山东省青岛市、广西壮族自治区南宁市、甘肃省兰州市、云南省昆明市	7
第二批	河北省唐山市、内蒙古自治区通辽市、广东省深圳市、四川省成都市、新疆维吾尔自治区乌鲁木齐市	5
第三批	湖北省武汉市、孝感市、宜昌市，湖南省吉首市、怀化市，重庆市黔江区、合川区，贵州省贵阳市、遵义市，江苏省南京市	10
第四批	山西省长治市、辽宁省沈阳市、吉林省延吉市、安徽省芜湖市、福建省泉州市、宁夏回族自治区银川市	6

资料来源：《试点城市名单》，http://zcfgs.seac.gov.cn/art/2013/11/15/art_7254_195021.html，访问时间：2016 年 12 月 15 日。

2. 政策试点的主要内容

第一，用少数民族语言加强民族团结宣传教育。以贵阳市为例，其通过多种形式、多种载体将民族团结教育、公民教育和法制教育进行巧妙的对接和融合。贵阳市充分利用报刊、电视、网站等各种宣传媒体和社区相关宣传阵地，在广大的少数民族流动人口和城市居民中宣传党的民族政策；通过举办少数民族传统节日活动、民族联谊活动丰富市民对于民族知识的了解，牢固树立"汉族离不开少数民族，少数民族离不开汉族，少数民族之间也相互离不开"的思想观念，形成各民族间和谐相处、共同发展的良好局面；相关执法部门普及民族知识，结合"六五"普法，将党的民族政策、法律、法规作为法制教育的主要内容加以学习贯彻，努力做到在执法过程中依法办事，切实维护少数

民族的合法权益，提高社会各界对加强少数民族流动人口服务与管理工作重要性的认识。[①]

第二，为少数民族的生活经营和权利救济提供均等化的服务，实现“同城待遇”。重点解决少数民族的劳动就业、职业培训、子女入学、证照办理、住房保障等生活经营方面的困难，为少数民族提供上述政务服务时开设语言服务窗口。此外，在这些试点城市，均建立少数民族法律援助中心或法律援助服务窗口。以武汉市为例，建立专门的少数民族法律援助机构——武汉市法律援助中心民委办事处，通过加强能够熟练使用双语的少数民族法律顾问和律师队伍建设，做好各类法律咨询、矛盾调解、依法维权、法律援助等事务。[②] 一些城市还为少数民族编印双语《生活指南》，为少数民族流动人口生活经营和维权提供便利。以南京市为例，南京市伊斯兰教协会分别编印了汉文版和维吾尔文版的《南京市外来少数民族生活指南》，作为国内流动穆斯林生活和创业的必备手册。生活指南包括 7 个部分，详细介绍了南京市关于少数民族的主要法规，办理暂住证、子女入学手续和营业证，申领清真标志牌的有关规定、程序、办理机构、地址、联系方式，全市清真寺的地址和联系方式，市级所有法律援助机构的办公地址和联系方式，以及维护妇女儿童权益的南京市妇女联合会的地址和联系方式。[③]

第三，建立与少数民族流出地的沟通协调机制。妥善处理涉及少数民族的矛盾纠纷，尤其是针对近年来涉疆涉藏矛盾纠纷增多的趋势，一些城市建立了与有关少数民族流出省份的沟通协调机制，为成功化解相对复杂的涉疆涉藏少数民族社会纠纷提供支持。以南京市为例，鉴于穆斯林流动人口数量不断增加[④]，市政府进一步加大对“在宁西北穆斯林联络组”和“在宁新疆穆斯林联络组”的指导工作，增强对流动穆斯林的纠纷协调处理能力，设立专门的汉

---

① 《贵阳市城市少数民族流动人口服务管理体系建设试点工作实施方案》，http://zcfgs.seac.gov.cn/art/2013/11/15/art_7254_194997.html，访问时间：2016 年 12 月 7 日。

② 《武汉市关于创新少数民族流动人口服务管理体制机制工作的具体实施方案》，http://zcfgs.seac.gov.cn/art/2013/11/15/art_7254_195004.html，访问时间：2016 年 12 月 7 日。

③ 敏俊卿：《南京伊协：来宁就如到家》，《中国穆斯林》2015 年第 3 期。

④ 南京市伊协会会长米寿江先生在接受记者采访时说：“2006 年，南京市流动穆斯林人口 2 万多，2010 年，增至 5.3 万，2015 年，已达 10 万。”敏俊卿：《南京伊协：来宁就如到家》，《中国穆斯林》2015 年第 3 期。

语和维吾尔语双语服务热线，为流动穆斯林提供咨询和求助服务。① 两个联络组分别由市伊协工作人员、阿訇和流动穆斯林骨干人员共同构成，联络组能够有效将宗教、血缘、民族等情感纽带转化为增强对穆斯林流动人口的联络和纠纷调处的政治效果和社会效果。②

（二）政策试点的实施方式

1. 以行政部门主导作为资源优化配置的基本形式

试点城市均以语言文化为抓手，通过行政权力主导模式下的地方行政首长牵头、有关行政部门负责同志作为成员的领导小组进行具体任务的分解，统筹协调推进城市少数民族流动人口公共服务体系建设。以吉首市为例（见表2），领导小组组长由市人民政府市长担任，小组成员包括公安、民政、司法、教育等相关行政部门的负责人。

表2　吉首市少数民族流动人口公共服务管理体系建设的任务分解

工作内容	责任部门
少数民族流动人口信息数据采集	公安局、计生委
开展少数民族创业、就业培训	社保局、工商局、税务局、城管局
开展少数民族流动人员现状及需求调查，编印适应当地少数民族流动人口需求的服务手册	民宗委
开展少数民族流动人口急难救助	民政局
开办少数民族法律援助机构或法律服务窗口，开展法制宣传教育	司法局
对流动人口中少数民族进城务工子女接受义务教育进行协调和督导	教育局
指导医疗卫生机构为少数民族提供医疗卫生服务	卫生局
支持民族传统节日活动，开展民族团结宣传教育活动	文广新局

---

① 《南京市城市少数民族流动人口服务与管理体系建设工作实施方案》，http：//zcfgs. seac. gov. cn/art/2013/11/15/art_ 7254_ 195002. html，访问时间：2016 年 12 月 9 日。

② 2006 年 4 月，南京市伊协在其联络委员会下设“西北在宁穆斯林联络组”，成员共 15 人；2010 年，来宁的新疆籍流动穆斯林人口达到 6000 余人，原有的流动穆斯林人口结构发生了重要变化，为他们提供服务再次成为市伊协的新任务，“新疆在宁穆斯林联络组”便应运而生，成员共 10 人。敏俊卿：《南京伊协：来宁就如到家》，《中国穆斯林》2015 年第 3 期。

2. 以社区建设作为基本单元

在2016年1月召开的全国城市民族工作会议上，中共中央政治局常委、全国政协主席俞正声在阐述管理城市民族事务的基本思路时指出："依法管理城市民族事务，以保障各民族合法权益为核心，以做好少数民族流动人口服务管理为重点，以推动建立相互嵌入的社会结构和社区环境为抓手，推进城市民族工作制度化、规范化、精细化，让城市更好接纳少数民族群众、让少数民族群众更好融入城市，切实加强各民族交往交流交融。"① 以社区为核心、以语言服务为重点的针对城市少数民族流动人口的公共服务体系建设，与当前国际上（以北美、西欧为代表）推行的多语言社区少数人语言权利保障是吻合的，一些城市结合自身情况开展以社区为基本单元的城市少数民族语文公共服务。以贵阳市为例，各社区成立少数民族流动人口服务管理机构和少数民族流动人口管理服务站，设立固定的办公地点和"民族之家"，配备专（兼）职人员负责，增加投入并制定相应的管理措施，加强对少数民族流动人口的沟通、协调和服务管理工作；将少数民族流动人口纳入社区服务之中，吸纳少数民族流动人口参加社区文艺团队，组织他们参加不同形式的联谊会，为各民族友好交流搭建桥梁。②

（三）政策试点经验上升为立法

2011～2015年，城市少数民族流动人口管理服务体系建设的试点为完善城市少数民族工作的思路、制度和方法提供了诸多有益经验，并在《城市少数民族工作条例（2016年征求意见稿）》中得到了全面的体现。一是着重强调在城市公共服务岗位中聘用少数民族人员和培养少数民族干部和各类专业人才，为以语言文化为纽带的城市少数民族公共服务体系建设夯实充足的人力基础。条例第九条规定："城市人民政府根据工作需要，可以录用或者聘用熟悉民族政策、通晓少数民族语言的人员。"第八条规定："城市人民政府应当重视少数民族干部的培养和选拔。城市人民政府有关部门应当重视少数民族专业

① 《全国城市民族工作会议在京召开》，《人民日报》2016年1月7日，第1版。

② 《贵阳市城市少数民族流动人口服务管理体系建设试点工作实施方案》，http://zcfgs.seac.gov.cn/art/2013/11/15/art_7254_194997.html，访问时间：2016年12月25日。

技术人员的培养和使用。城市人民政府鼓励企业招收少数民族职工。”二是将城市民族工作协调机制（领导小组）、跨地区的少数民族流动人口管理机制、社区工作站等有效的工作方法明确作为法律制度纳入条例，分别在条例第四条[①]、第十五条[②]和第十七条[③]中得到体现。

三 城市少数民族语文公共服务存在的问题

（一）立法思路层面存在功能定位不够明确的问题

1. 专门立法的倡议没有充分反映社会需求

我国尚未有一部专门的有关少数民族语言文字的法律。但是，近年来，不断有一些实务部门、学者和有关人士呼吁全国人大制定有关少数民族语言文字保护的专门法律。例如，国家民委曾组织专家起草《少数民族语言文字法（送审稿）》[④]，全国政协委员祁德川亦在2015年全国两会期间建议将《少数民族语言文字法》纳入立法规划。[⑤] 上述立法呼吁和立法建议在立法目的、立法内容重点以及对于“少数民族语言文字权利”的理解和定位上尚未充分回应城市少数民族对于本民族语言文字的使用需求。例如，民族事务行政部门起草的《少数民族语言文字法（送审稿）》总体上类似现有的法律法规涉及民族语文条款的汇编，并没有突出少数民族语言文字权利保护的时代特征和内容。具体而言，一是现有的法律法规中有关民族语文的条款，侧重强调集体性的文化权利的传承和发展，而相对忽视体现不同民族、不同地区、不同个体之间差异

---

① 条例第四条增加一款，作为第三款：“城市人民政府应当建立健全城市民族工作协调机制。”

② 增加一条，作为条例第十五条：“城市人民政府应当根据少数民族流动人员的实际情况，加强与少数民族流动人员户籍所在地人民政府的联系和协作，建立跨地区的少数民族流动人员服务管理机制。”

③ 增加一条，作为条例第十七条：“少数民族人口较多的城市，根据实际需要，依托社区综合服务设施，设立基层服务管理工作站。少数民族人口较多的社区应当配备民族工作联络员。”

④ 参见王学荣、乌尼乌且《当前民族语文专门立法工作的苦难、原因及对策》，《西南民族大学学报》（人文社会科学版）2014年第1期。

⑤ 《尽快出台〈中国少数民族语言文字法〉》，http：//cppcc. people. com. cn/n/2015/0331/c34948 –26773873. html，访问时间：2016年11月23日。

性的语言使用的社会需求；二是对于立法保护侧重的是少数民族有权使用和发展本民族的语言文字，但是现有法律法规中这一权利无论在规定上还是操作上都主要限于民族地区；三是对于这一权利保障的立法目的则长期局限于政治化的民族平等所要求的“语言平等”，法律平等身份建立的资格是基于族别身份而非现代法治国家所强调的国家公民身份。

2. 将“公共服务”作为立法选项存在争议

尽管《城市民族工作条例（修订稿）》突出了少数民族语文公共服务的有关保障措施，但是目前有关实务部门对于推进少数民族语文公共服务的专门立法仍然缺乏共识，对于推进城市少数民族语文公共服务是否会影响和阻碍族际语的推广还没有完全达成一致意见。尽管我国宪法和法律明确了少数民族公民有使用和发展本民族语言文字的权利，但是我国作为多民族统一国家，加之长期受“大一统”政治思维的影响，对于少数人语言文化权利的保护遵循的是“多元一体”思路，即少数民族语言文化权利的实现既要实现本民族文化的发展与传承，也要以不影响主流文化的推广和普及为前提。与之相反，以加拿大、荷兰为代表的西方国家，它们对于少数族裔语言文化权利的保障遵循的是“多元共存”的思路，对于少数人语言的发展和使用更多是基于少数人群体的需求以及尊重少数人语言自身的演变、发展和消亡规律。在“多元一体”思路的影响下，不排除一些人“对少数民族群众学习和使用国家通用语言文字的愿望过于迫切，不尊重语言文字发展的客观规律……主观臆断、急躁冒进地采取相应措施，使少数民族群众使用本民族语言文字的权利受到损害”。①

（二）政策技术层面存在不规范、不够人性化的问题

1. 行政部门主导的政策实施模式导致无法充分整合社会资源

当前城市少数民族公共服务管理体系建设是由行政部门主导，主要由行政机关中的民族事务管理部门进行部际协调工作，并没有充分将涉及城市少数民族语文公共服务的司法机关和涉及国计民生的一些公共（窗口）行业纳入服

① 王学荣、乌尼乌且：《当前民族语文专门立法工作的困难、原因及其对策》，《西南民族大学学报》（人文社会科学版）2014 年第 1 期。

务体系。而司法机关（如检察院、法院）和公共行业（如医院、银行）是与城市少数民族的经济生活和社会参与密不可分的。

2. 司法翻译服务具有较强的随意性

我国《刑事诉讼法》第九条做出如下规定："各民族公民都有用本民族语言文字进行诉讼的权利。人民法院、人民检察院和公安机关对于不通晓当地通用语言文字的诉讼参与人，应当为他们翻译。在少数民族聚居或者多民族杂居的地区，应当用当地通用的语言进行审讯，用当地通用的文字发布判决书、布告和其他文件。"《民族区域自治法》《民事诉讼法》《行政诉讼法》《人民法院组织法》中均有类似的规定。但是，有关规定的执行长期存在较强的随意性。一方面，有关规定在少数民族地区得到了较好的执行，非少数民族地区或内地省份并没有严格执行这一规定。另一方面，司法机关提供的涉及少数民族语言的司法翻译服务，呈现出不同机关（公、检、法）之间、不同省份之间、不同城市之间的较为随意性、灵活性的特征。各地司法机关在寻找翻译时随意性很大，不同程度影响了司法的公正性以及翻译效果。有的城市是司法人员兼任翻译，容易影响翻译的中立性；有的是临时"聘用"少数民族在校大学生担任翻译，使得翻译质量参差不齐；还有的则是聘请少数民族公职人员异地翻译，不仅翻译成本过高，同时协调这类人员的出庭时间亦有较大难度。

3. 公共（窗口）行业尚未采取统一语言服务措施

我国民族地区以外大中城市以银行、邮局为代表的涉及日常经济社会生活的窗口行业，营业网点中几乎不提供少数民族语言服务（包括人工语言和机器语言）。以五大国有银行为例，仅交通银行在成都、武汉、广州等大城市中的 ATM 机上提供包括维吾尔语等在内的共计 10 种语言的服务。窗口行业少数民族语言服务的缺失，极大降低了少数民族对于所居住城市的归属感。一是限制了少数民族的社会参与。少数民族语言没有在涉及少数民族日常生活的银行、火车站、汽车站等公共行业的业务设施上得到广泛应用，导致少数民族社会参与遇到诸多不便，不仅耽误时间，也使得其在工作以外时间不愿过多地日常出行，不利于少数民族积极融入主流社会生活。二是不利于少数民族生命或财产安全的保障。移动、联通、铁路等公共行业客服电话及 120 急救、119 火警、110 报警等关系民生、安全的热线尚未提供民族语言服务，少数民族遇到需要咨询或救助的问题的时候，经常无法第一时间快速地与有关部门进行沟通。

四　完善城市少数民族语文公共服务的建议

（一）立法思路层面：强调和突出发展权利保障的功能

1. 将“公共服务”作为我国少数民族语言文字立法的重要选项

“公共服务”是“十三五”规划反复出现的关键词。将“公共服务”作为少数民族语言文字立法的选项，能够与国家发展规划进行有机的结合，是政府从法律层面促进公共服务资源均等化，为特定群体参与“共享经济”提供基本条件的体现。

2. 立法上应对涉及少数民族语言文字的“公共服务”人权属性进行明确定位

一是在权利属性的定位上，更加强调“社会权利”属性。在以往，我国宪法和法律强调保障少数民族有权使用和发展本民族语言文字权利的基础上，强调少数民族语文“公共服务”是政府为少数民族创造有利条件保障其“共享经济”的时代特征。二是在概念界定的定位上，由针对“特定人的语言服务”转变为针对特定公民的“双语服务”。

3. 立法上处理好少数民族语文公共服务与少数民族自身发展之间的关系

一是处理好少数民族语文公共服务与就业之间的关系。立法上要鼓励或规定少数民族语文公共服务的供给部门应配额招录熟练使用双语的少数民族人口就业，增强城市少数民族的向心力和凝聚力。二是处理好公共服务与经济（产业）发展的关系。立法上要明确鼓励和支持与少数民族语文公共服务相关的软件开发、翻译、教育等有关产业的发展。

（二）政策技术层面：注重专业化、标准化和人性化

1. 实施相对灵活的人力资源和用人制度

一是采用多种就业方式鼓励和支持少数民族大学应届毕业生和民族地区少数民族干部到内地大中省份从事有关工作，在落户、子女和配偶随迁、子女入学等方面给予优惠。二是对于双语法官、双语检察官、双语城管、双语警察等专业性较强的岗位，可采取先录后考的方式。三是对于窗口服务岗位，鼓励招聘少数民族在校大学生从事实习工作并择优录用。

2. 针对城市少数民族流动人口的“双语培训”要注重“因人制宜”和“因时制宜”

优化双语课程教学内容和教学方式，开发专门的试用教材，将“民族文化与主流文化”“爱城市与爱家乡”“爱国与爱教”进行有机结合，并用影视、音乐、表演等喜闻乐见的方式进行教学。

3. 有序推进少数民族语文翻译的标准化工作

一是相关行业协会要推动汉语和少数民族语言之间的医疗口译、法律口译翻译词汇和规则的标准化，并联合有关高校培养相关口译人才，实现少数民族语言文字发展与族际语推广之间的协同。二是由“第三方”提供司法翻译服务。建议由司法行政管理部门或行业协会（律师协会）提供司法翻译服务，防止当前各地司法机关自行实施的临时翻译人员制度下出现影响翻译人员中立性的问题。具体而言就是要建立规范的翻译人员的管理制度，对翻译人员的监督制度，双人交替翻译制度，等等。

4. 支持非政府组织深度参与少数民族语文公共服务

一是对于城市少数民族普遍关心的就医、入学、入户等问题，以政府购买服务的方式让有关非政府组织充分参与，为不通汉语或无法熟练使用汉语的少数民族流动人口提供翻译和陪护。二是支持和发展一批由城市少数民族精英人士、代表人士发起和参与的专事社区双语培训的非政府组织。

5. 在窗口行业逐步普及机器语言服务

一是推广交通银行的 ATM 机语言服务软件，五大国有银行及邮政储蓄银行在大中城市的 ATM 机中逐步安装包括维吾尔语、藏语、蒙古语等少数民族语言在内的语言服务界面。二是在少数民族公共服务管理体系的有关试点城市社区的银行网点中的叫号、取号系统中推广有关少数民族语言服务。

参考文献

[1] 王学荣：《城市民族语文公共服务的原则与思路探析》，《西南民族大学学报》（人文社会科学版）2013 年第 6 期。

[2] 王学荣：《当前民族语文专门立法工作的困难、原因及对策》，《西南民族大学

学报》（人文社会科学版）2014 年第 1 期。

[3] 任文、徐寒：《论我国公共服务领域涉及少数民族语言的口译问题——基于布迪厄的场域分析理论》，《西南民族大学学报》（人文社会科学版）2015 年第 2 期。

[4] 迪力木拉提·尼亚孜、何丹：《内地大城市公共服务中使用少数民族语言调查研究——以维吾尔语在内地大城市的使用为例》，《湖北民族学院学报》（哲学社会科学版）2015 年第 4 期。

[5] 戴庆厦、邓佑玲：《城市化：中国少数民族语言使用功能的变化》，《陕西师范大学学报》（哲学社会科学版）2001 年第 1 期。

[6] 乌兰那日苏：《关于我国少数民族语音文字法律保护现状及立法探讨》，《理论研究》2007 年第 3 期。

B.23
重庆市儿童性教育及免于性侵害状况调查报告*

赵树坤 等**

摘　要：本调研报告立足于重庆市若干小学的学生、教职员工和学生家长三类主体，围绕性认知、预防性侵害意识、遭受性侵害后的救济意识、性教育诉求、性教育开展等主题，展开问卷调查，呈现实际状况，总结问题并提出相应的应对思路和对策。

关键词：儿童　性认知　免于性侵害　性教育

引　言

最近几年，有关儿童遭受性侵害的新闻报道层出不穷。预防儿童免受性侵害、保障儿童基本权利的问题越来越受到关注和重视。2013 年，教育部、公安部、共青团中央、全国妇联联合发布《关于做好预防少年儿童遭受性侵工作的意见》；2015 年，《刑法修正案（九）》获全国人大常委会表决通过，其中明确取消了刑法第三百六十条第二款规定的嫖宿幼女罪，对这类行为适用刑

* 本报告为重庆儿童救助基金会“男生女生”儿童成长教育项目的阶段性成果。

** 赵树坤，西南政法大学教授、博士生导师，人权研究院教育培训部主任，主要研究方向为人权法学、法社会学；周力，法学博士，西南政法大学人权研究院讲师、科研管理部部长，主要研究方向为人权法学。其他作者黄才君、张佰发、朱晓灿均为西南政法大学法学理论硕士研究生。

法关于奸淫幼女以强奸论、从重处罚的规定。这些都是国家在推进保护儿童免于性侵害上的一些现实举措。

重庆市作为西部地区城市，伴随着城市化进程的加快，出现了一系列社会问题，其中便包括儿童遭受性侵害。寄宿制学校增多导致儿童长期处于相对单一的封闭空间，其遭受性侵害的风险增大；留守儿童由于缺乏父母监护而导致其人身安全保障系数降低。为降低儿童遭受性侵害的风险，切实提高儿童免于性侵害的教育水平，更好地帮助和服务于处于偏远地区的弱势儿童，促进儿童权利保护资源均等化，推进社会公平，本课题组依托重庆市儿童救助基金会的项目，进行了本次社会调查，旨在对重庆市的儿童、家长、学校教职人员对性教育及免于性侵害状况的情况做一个摸底调查，并尝试总结出一般性的问题和经验性的对策。

（一）研究方案及基本情况

联合国《儿童权利公约》对儿童的界定是："儿童系指 18 岁以下的任何人，除非对其适用之法律规定成年年龄低于 18 岁。"我国《未成年人保护法》中将 18 岁及以下者界定为未成年人，此规定与联合国《儿童权利公约》中关于儿童的规定一致。同时，考虑到我国普遍性的儿童防性侵教育并未伴随初等教育展开，并且相对于初中生来讲，小学生在面对性侵害时自我防范意识和能力更加不足，从而成为性侵害案件中的常见受害主体，因此，本调查将儿童界定为 6 岁到 14 岁正在接受小学教育的未成年人。

学术界一般认为儿童性侵害是侵害者以满足性欲为目的，通过暴力、诱骗、物质引诱等方式，对儿童进行性侵入或性接触的行为。[①] 韩萍、王进鑫等把儿童性侵犯定义为利用儿童的性活动，从非身体接触的性骚扰、触摸儿童身体的隐私部位或让儿童触摸其性器官，以达到性挑逗的目的，直到最为严重的强奸。[②] 为了全面保护儿童身心健康，本调查中的儿童性侵害概念是从广义上

---

① 李成齐：《儿童性侵害案件中司法访谈的现状及发展趋势》，《中国特殊教育》2008 年第 1 期。

② 韩萍、陈晶琦：《医学生对儿童性侵犯认识的定性研究》，《中国学校卫生》2012 年第 5 期；王进鑫：《青春期留守儿童性安全问题调查研究》，《青年研究》2008 年第 9 期。

说的，即以儿童为对象的，直接或间接地进行性侵入、性接触、性骚扰、性剥削等的行为①，都属于儿童性侵犯。

（二）抽样设计与执行

本次调查采用建立在科学概率抽样基础上的大规模问卷调查方法，通过采访员深入各小学校园亲自发放问卷并指导小学生填写的方式，获取重庆市主城区范围内学生、教职人员和家长的数据。设计好问卷后，我们首先进行试发，然后进一步修改。同时，我们也对问卷发放人员进行了相关培训。此次问卷调查的受访对象确定为小学 1～6 年级的学生及其家长、所在学校的相关教职人员。

本次调查采用异比分层、多阶段、等概率的方式抽取样本，针对学生、家长和教职人员三类主体设计并发放了三类调查问卷，覆盖了重庆市 6 个区县 9 所小学。实际发放问卷总数量 4392 份（其中学生卷 3628 份，家长卷 402 份，教职人员卷 362 份），实际回收问卷总数量 4092 份（其中学生卷 3369 份，家长卷 369 份，教职人员卷 354 份），其中学生卷有效率为 92.8%，家长卷有效率为 91.8%，教职人员卷有效率为 97.8%，形成了“重庆市儿童防性侵教育状况调查”数据库。各区及学校问卷回收及发放情况如表 1 所示。

表 1　问卷发放地点及发放、回收情况

		学生卷	家长卷	教职人员卷
江北区				
民心佳园小学	发放数量	680 份	60 份	50 份
	回收数量	607 份	60 份	49 份
滨江小学	发放数量	260 份	25 份	25 份
	回收数量	243 份	19 份	19 份
鸿恩寺小学	发放数量	240 份	50 份	30 份
	回收数量	237 份	42 份	30 份

① 性侵入是指与儿童发生性关系；性接触指的是在儿童身上故意摩擦其生殖器等身体隐私部位，或者迫使儿童接触其性器官等隐私部位；性骚扰是指用言语对儿童进行性挑逗，给儿童看黄色录像、书籍和照片，向儿童裸露生殖器或者在儿童面前手淫等行为；性剥削，指的是性侵害人胁迫儿童从事卖淫等有损儿童性权利的行为。

		学生卷	家长卷	教职人员卷
沙坪坝区				
康居西城小学	发放数量	640 份	70 份	70 份
	回收数量	600 份	63 份	68 份
南岸区				
城南家园小学	发放数量	300 份	0 份	0 份
	回收数量	236 份	0 份	0 份
渝北区				
空港实验小学	发放数量	300 份	60 份	50 份
	回收数量	280 份	54 份	57 份
巴南区				
龙洲湾小学	发放数量	468 份	59 份	59 份
	回收数量	449 份	59 份	58 份
九龙坡区				
九龙小学	发放数量	340 份	28 份	28 份
	回收数量	329 份	27 份	28 份
石坪桥小学	发放数量	400 份	50 份	50 份
	回收数量	388 份	45 份	45 份

（三）样本基本分布

基于学生、家长和教职人员三种身份在儿童成长环境中所起的不同作用，我们设计了学生卷、家长卷和教职人员卷。在学生卷中我们选择的变量包括：性别、年龄和居住环境。在家长卷中我们选择的变量包括：性别、年龄、婚姻状况、受教育状况和居住环境。在教职人员卷中我们选择的变量包括：性别、年龄、编制形式、工作年限、婚姻状况、受教育状况和居住环境。具体情况如表 2 至表 13 所示。

表 2　学生卷性别变量的样本构成

性别	男		女	
	1665 人	51.9%	1544 人	48.1%
总数（N = 3209）				

表 3　学生卷年龄变量的样本构成

年龄	6 岁	7 岁	8 岁	9 岁	10 岁	11 岁	12 岁	13 岁	14 岁
	47 人 1.6%	179 人 6.0%	314 人 10.5%	345 人 11.6%	565 人 18.9%	660 人 22.1%	628 人 21.0%	238 人 8.0%	8 人 0.3%
总数(N＝2984)									

表 4　学生卷居住环境变量的样本构成

居住环境	城市		非城市	
	2704 人	93.4%	191 人	6.6%
总数(N＝2895)				

表 5　家长卷性别变量的样本构成

性别	男		女	
	111 人	31.4%	243 人	68.6%
总数(N＝354)				

表 6　家长卷年龄变量的样本构成

年龄	29 岁及以下		30～39 岁		40～49 岁		50～59 岁		60 岁及以上	
	24 人	7.0%	228 人	66.1%	51 人	14.8%	19 人	5.5%	14 人	4.1%
总数(N＝345)										

表 7　家长卷婚姻状况变量的样本构成

	未婚		已婚		离婚		再婚		丧偶	
	10 人	2.7%	322 人	87%	19 人	5.1%	9 人	2.4%	8 人	2.2%
总数(N＝370)										

表 8　家长卷受教育状况变量的样本构成

	小学及以下	初中	高中或中专	本科或大专	硕士	博士	其他人
	55 人 15.1%	91 人 25.1%	111 人 30.6%	104 人 28.6%	1 人 0.3%	0 人 0.0%	1 人 0.3%
总数(N＝363)							

表 9　家长卷居住环境变量的样本构成

居住环境	城市		城乡接合部		农村	
	254 人	70.9%	52 人	14.5%	52 人	14.5%
总数（N = 358）						

表 10　教职人员卷性别变量的样本构成

性别	男		女	
	84 人	25.0%	252 人	75.0%
总数（N = 351）				

表 11　教职人员卷年龄变量的样本构成

年龄	29 岁及以下		30 ~ 39 岁		40 ~ 49 岁		50 ~ 59 岁		60 岁及以上	
	111 人	32.3%	120 人	34.9%	74 人	21.5%	21 人	6.1%	10 人	3.0%
总数（N = 344）										

表 12　教职人员卷编制形式变量的样本构成

	事业编制		人事代理		合同聘用		社会化用工		劳务派遣	
	274 人	92.6%	1 人	0.3%	18 人	6.1%	1 人	0.3%	2 人	0.7%
总数（N = 351）										

表 13　教职人员卷工作年限变量的样本构成

工作年限	10 年及以下		11 ~ 20 年		21 ~ 30 年		30 年以上	
	150 人	42.7%	97 人	27.6%	73 人	20.8%	18 人	5.1%
总数（N = 351）								

表 14　教职人员卷婚姻状况变量的样本构成

	未婚		已婚		离婚		再婚		丧偶	
	92 人	26.5%	244 人	70.3%	8 人	2.3%	2 人	0.6%	1 人	0.3%
总数（N = 351）										

表 15　教职人员卷受教育状况变量的样本构成

	小学及以下	初中	高中或中专	本科或大专	硕士	博士	其他人
	1 人	0 人	9 人	339 人	2 人	0 人	0 人
	0.3%	0.0%	2.6%	96.5%	0.6%	0.0%	0.0%
总数（N＝351）							

表 16　教职人员卷居住环境变量的样本构成

居住环境	城市		城乡接合部		农村	
	247 人	73.5%	81 人	24.1%	8 人	2.4%
总数（N＝351）						

一　家长、教职人员和儿童对“性”及“性侵害”的认识

家长和教职人员对“性”和“性侵害”知识了解的程度影响对儿童进行免于性侵害教育的范围和水平。基于此考虑，我们针对儿童、家长、教职人员三类调查对象进行了调查，以掌握他们的认识情况。

（一）家长与教职人员面对“性”方面问题的做法

家长和教职人员在与儿童的日常相处中，常常会经历“性”的场景或要面对孩子提出的关于“性”的问题，他们如何反应在一定程度上说明其对“性教育”的态度。

图 1 数据显示，38.3% 的家长在面对“性”方面的镜头时会告诉孩子正确的性观念；41.0% 的家长会选择马上换台或者支开孩子来逃避面对这种场景；10.5% 的家长选择无所谓；选择其他的比例为 10.2%。由此可以看出，在面对“性”的场景时，持回避或放任态度的家长比持正面面对态度的家长多。

图 2 数据显示，在孩子（学生）提出“性”方面的问题时，大多数家长和教职人员会选择正面回答。相比较而言，教职人员选择正面回答的比例占到

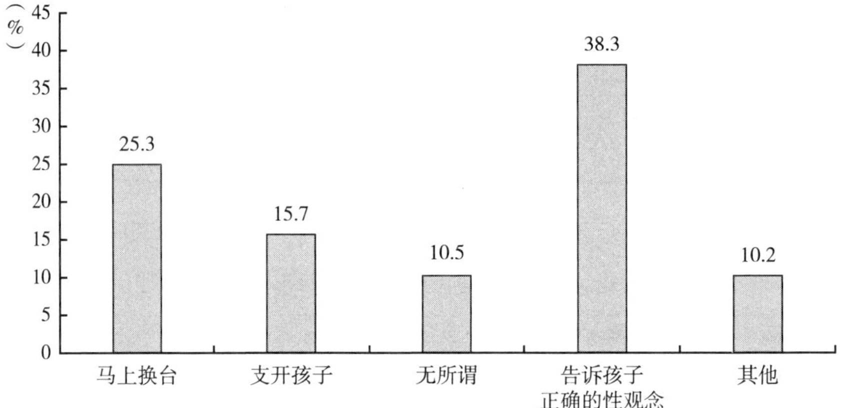

图 1　当您和孩子一起看电视，出现“性”方面的镜头时，您通常会怎么做？

资料来源：“重庆市儿童防性侵教育状况调查”数据库，家长卷 A8。

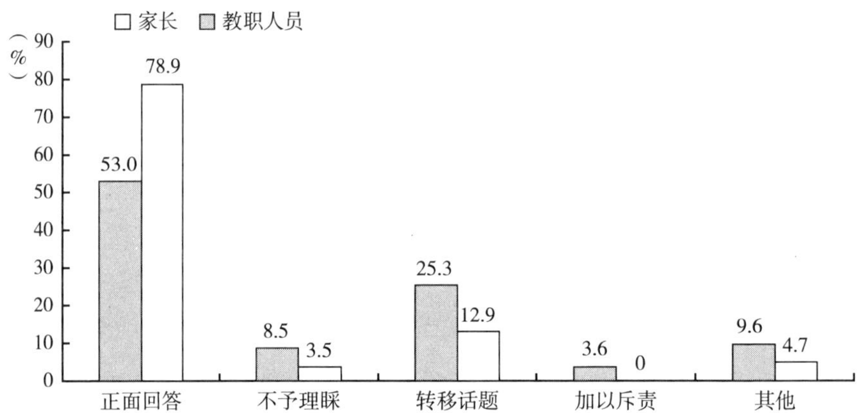

图 2　当孩子（学生）提出“性”方面的问题时，您通常会怎么做？

资料来源：“重庆市儿童防性侵教育状况调查”数据库，家长卷 A9，教职人员卷 A11。

78.9%，选择不予理睬和转移话题的比例明显较低，甚至没有教职人员选择加以斥责。

（二）儿童、家长和教职人员对性侵害的认知情况

性侵害常常涉及身体接触，因此保护儿童免于性侵害的首要任务是完善儿童对身体部位的认知。首先，为了解儿童对隐私部位的认识情况，我们设计了

“以下哪些部位是你不愿意让爸爸妈妈摸的?” 和 “以下哪些部位是你不愿意让爸爸妈妈以外的人摸的?” 两个对比性题目（见图3）。

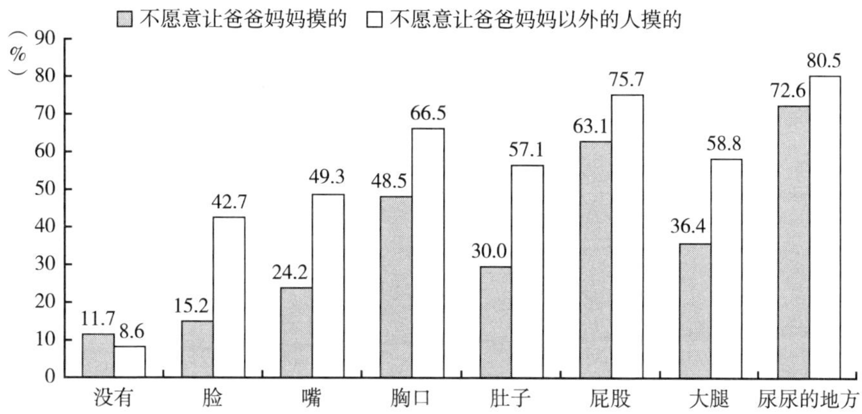

图3　以下哪些部位是你不愿意让爸爸妈妈和爸爸妈妈以外的人摸的?

资料来源：“重庆市儿童防性侵教育状况调查” 数据库，学生卷 A5、A6。

从图3中可以看出，儿童在面对爸爸妈妈以外的人时更倾向于拒绝身体部位的接触，更能意识到哪些部位属于隐私部位。超过半数的儿童不愿意 “尿尿的地方” 与 “屁股” 两个部位被他人摸。对于 “胸口” “大腿” “肚子” 等相对隐私的部位，大多数儿童认为可以让爸爸妈妈摸，相较而言不愿意让爸爸妈妈以外的人摸的比例稍高，分别为66.5%，58.8%和57.1%。对于 “脸” 和 “嘴” 等日常显露的部位，不愿意被爸爸妈妈摸的比例分别占15.2%和24.2%，不愿意让爸爸妈妈以外的人摸的比例分别占42.7%和49.3%。

同时我们也设计了题目以了解儿童对于性侵害行为的认识情况，如表17所示，通过对 “下列这些事哪些人做你不接受” 这一问题的回答可以看出，儿童对于男性做出的行为更倾向于拒绝。对于 “给你看没穿衣服的照片” 这一行为，儿童不接受爸爸这样做比不接受妈妈这样做的比例高，不接受哥哥这样做比不接受姐姐这样做的比例高，不接受叔叔这样做比不接受阿姨这样做的比例高；对于 “长时间地亲你” 这一行为，儿童不接受爸爸这样做比不接受妈妈这样做的比例高，不接受哥哥这样做比不接受姐姐这样做的比例高，不接受叔叔这样做比不接受阿姨这样做的比例高；对于“摸你背心和裤衩遮住的地方”这一行为，儿童不接受爸爸这样做比不接受妈妈这样做的比例高，不接受哥哥这样做比不接受姐姐这样做的比例高，不接受叔叔这样做比不接受阿姨这样做的比例高。

表 17　下列这些事哪些人做你不接受？

单位：%

	爸爸	妈妈	老师	哥哥	姐姐	叔叔	阿姨	陌生人
打招呼时亲你拥抱你	31.4	18.8	75.6	68.2	54.4	84.1	80.4	95.8
帮你洗澡	67.8	48.7	94.6	87.9	81.2	94.4	92.8	97.2
给你看没穿衣服的照片	89.8	87.3	95.4	93.3	92.4	95.1	95.0	97.0
在你面前脱光衣服	86.4	86.8	96.8	92.1	92.1	96.0	96.2	97.0
长时间地亲你	89.4	83.3	97.1	94.2	92.7	96.5	96.2	96.8
摸你背心和裤衩遮住的地方	74.9	64.1	92.9	89.2	85.4	94.3	93.6	97.0
在你面前暴露生殖器	90.1	85.8	96.1	94.3	93.8	96.3	96.0	97.2
摸你的生殖器	94.0	92.6	96.9	94.9	94.9	96.6	96.5	97.4
故意用生殖器摩擦你的身体	95.4	94.4	96.7	95.0	95.0	96.5	96.2	96.9

资料来源：“重庆市儿童防性侵教育状况调查”数据库，学生卷 A9。

此外，社会关系的远近也是影响儿童的防范意识强弱的因素之一，关系越密切，防范意识越薄弱。对于“在你面前脱光衣服”这一行为，86.8% 的儿童不接受妈妈这样做，92.1% 的儿童不接受姐姐这样做，96.2% 的儿童不接受阿姨这样做，96.8% 的儿童不接受老师这样做，97% 的儿童不接受陌生人这样做；对于“在你面前暴露生殖器”这一行为，85.8% 的儿童不接受妈妈这样做，93.8% 的儿童不接受姐姐这样做，96.0% 的儿童不接受阿姨这样做，96.1% 的儿童不接受老师这样做，97.2% 的儿童不接受陌生人这样做；对于“故意用生殖器摩擦你的身体”这一行为，94.4% 的儿童不接受妈妈这样做，95.0% 的儿童不接受姐姐这样做，96.2% 的儿童不接受阿姨这样做，96.7% 的儿童不接受老师这样做，96.9% 的儿童不接受陌生人这样做。

其次，为了了解家长和教职人员对于性侵害行为的认知，我们设计了这样的题目：“您认为下列哪些行为属于对于儿童的性侵害？”

通过表 18 可以看出，大多数家长将所列举的行为认定为性侵害，尤其是对于“触摸或抚弄儿童身体隐私部位”以及“强行与儿童性交”等行为，得到了85%以上家长的认可。但是“用言语对儿童进行性挑逗”和“在儿童同意下与之性交”的行为，仍未引起部分家长的重视，17%的家长认为“用言语对儿童进行性挑逗”不是性侵害，14.9%的家长认为“在儿童同意下与之性交”不是性侵害。同样的情况也发生在教职人员群体中。通过表19可以看出，在我们列出的较为常见的性侵害行为中，相较于“给儿童看黄色录像、书籍、照片”被92.7%的教职人员认定为性侵害，“向儿童暴露生殖器”被94.1%的教职人员认定为性侵害，“在儿童面前手淫”被91.3%的教职人员认定为性侵害，“触摸或抚弄儿童身体隐私部位”被95.8%的教职人员认定为性侵害，却只有80.2%的教职人员认为“在儿童同意下与之性交”属于性侵害。一定比例的家长和教职人员并未将“在儿童同意下与之性交”这一行为定义为性侵害行为，这说明部分家长和教职人员对于性侵害行为的认识仍存在不足。

表18　家长认为下列哪些行为属于对儿童的性侵害?

单位：%

项目	未选	选择
用言语对儿童进行性挑逗	17.0	76.7
给儿童看黄色录像、书籍、照片	7.8	85.8
向儿童暴露生殖器	12.7	81.0
在儿童面前手淫	9.1	84.6
触摸或抚弄儿童身体隐私部位	7.6	86.1
在儿童身上故意摩擦其性器官	10.1	83.5
强行与儿童性交	7.8	85.8
在儿童同意下与之性交	14.9	78.7

资料来源：“重庆市儿童防性侵教育状况调查”数据库，家长卷A11。

表19　教职人员认为下列哪些行为属于对儿童的性侵害?

单位：%

项目	未选	选择
用言语对儿童进行性挑逗	9.8	88.3
给儿童看黄色录像、书籍、照片	5.3	92.7
向儿童暴露生殖器	3.9	94.1
在儿童面前手淫	6.7	91.3

续表

项目	未选	选择
触摸或抚弄儿童身体隐私部位	2.2	95.8
在儿童身上故意摩擦其性器官	14.0	84.1
强行与儿童性交	13.7	84.4
在儿童同意下与之性交	17.9	80.2

资料来源："重庆市儿童防性侵教育状况调查"数据库，教职人员卷 A13。

二　家长、教职人员和儿童对性侵害的反应

儿童性保护是一个由多个步骤连接起来的链条。只有预防没有救济，这种保护是不完整的。倘若伤害已经发生，就需要建构多层次立体化的救济框架。社会是否存在健康的性文化？发生儿童性侵害案件之后，社会大众对此有怎样反应？社会大众是否对受性侵害的儿童有歧视意识？儿童在面临侵害时是否有反抗意识？家长和教职人员在知晓其孩子（学生）遭遇或实施性侵害时通常会做出何种选择？只有了解这些情况，才能从社会、家庭、学校及儿童自身几个方面加强预防和采取相应救济措施，更好地保障儿童健康成长。

（一）家长和教职人员对孩子是否遭受过性侵害情况的把握

为了明晰家长对孩子遭受性侵害情况的了解程度，我们设计了问题"您的孩子是否遭受过性侵害?"图 4 数据显示，4.7% 的家长认为孩子遭受过性侵害，91.1% 的家长认为孩子没有遭受过性侵害，4.2% 的家长不知道孩子是否遭受过性侵害。可以发现大多数家长能回答出孩子有或者没有遭受过性侵害，但是仍有一定比例的家长对孩子是否遭受过性侵害的情况并不了解。

更进一步，我们将居住地与"您的孩子是否遭受过性侵害?"的数据进行交叉分析，发现家长对孩子遭受性侵害情况的认识存在地域差异。

从图 5 可以看出，居住于城市的家长中不知道孩子是否遭受过性侵害的比例为 2.0%，居住于农村的家长中不知道孩子是否遭受过性侵害的比例为 5.8%，而居住于城乡接合部的家长中不知道孩子是否遭受过性侵害的比例达到 11.5%。无论城市、农村还是城乡接合部都存在一定比例的家长不知道孩

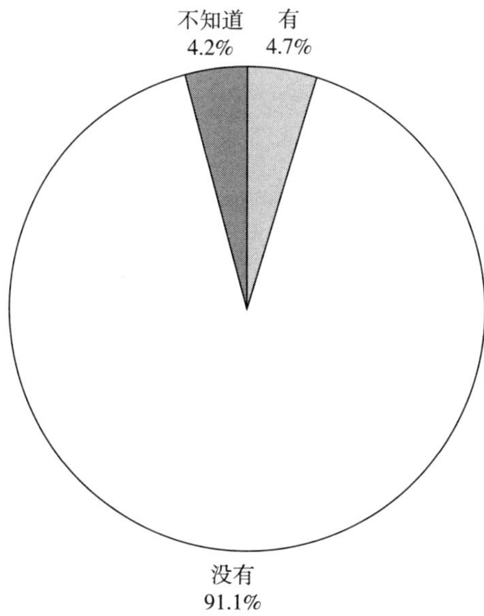

图 4　您的孩子是否遭受过性侵害?

资料来源:“重庆市儿童防性侵教育状况调查”数据库,家长卷 A15。

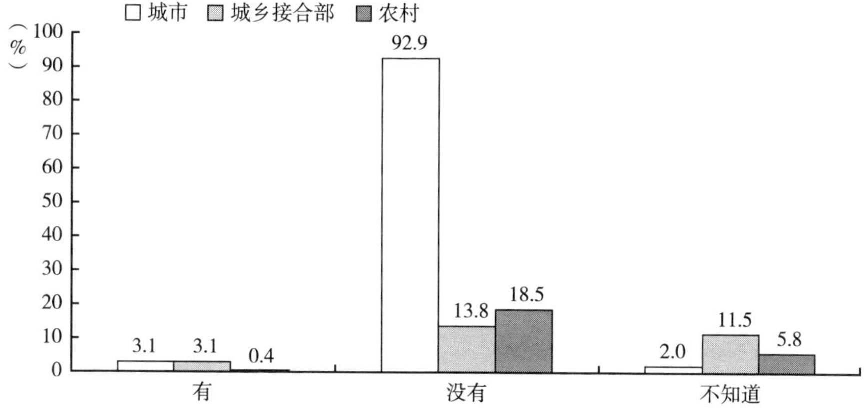

图 5　居住地与“您的孩子是否遭受过性侵害?”

资料来源:“重庆市儿童防性侵教育状况调查”数据库,家长卷 A6、A15。

子是否遭受过性侵害的情况，这说明家长对于儿童遭受性侵害这一问题的关注仍有缺失。其中居住于城乡接合部地区的家长不知道的比例最高，这表明这一地区的儿童遭受性侵害的问题未引起家长足够的关注，也意味着居住于城乡接合部地区的儿童面临着更大的遭受性侵害的危险。

近几年曝光的儿童性侵害案件中大部分的受害者是女童，男童遭受性侵害事件的曝光率低，导致公众对于男童遭受性侵害问题的关注度也较低。我们设计了“您觉得男孩子会遭受性侵害吗?”的问题，了解家长和教职人员对于男童是否会遭受性侵害的看法。

如图 6 所示，89.2% 的教职人员和 77.0% 的家长认为男孩会遭受性侵害，10.8% 的教职人员和 23.0% 的家长认为男孩不会遭受性侵害，认为男孩不会遭受性侵害的家长比例是教职人员比例的两倍。可见，一部分家长和教职人员对于男孩遭受性侵害的事件不够了解，形成了男孩不会遭受性侵害的观念。而且，相对于教职人员，家长更缺乏对男孩免于性侵害的保护意识，家长对男孩遭受性侵害事件的认识具有较大漏洞，是保护男孩免于性侵害中的薄弱环节。

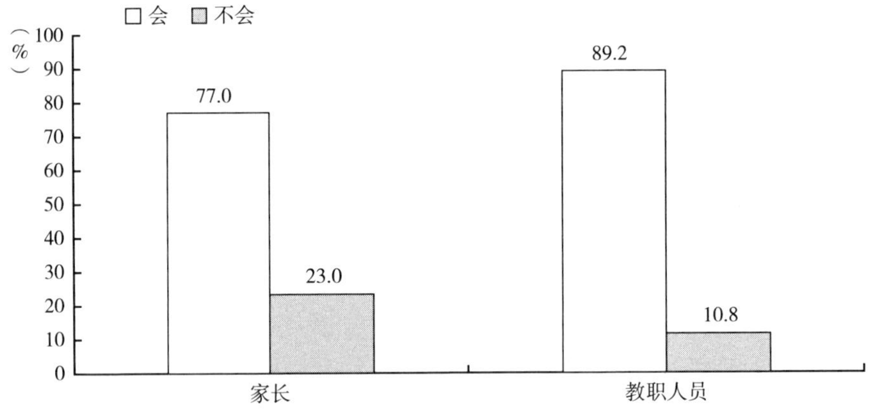

图 6　您觉得男孩子会遭受性侵害吗?

资料来源：“重庆市儿童防性侵教育状况调查”数据库，家长卷 A13，教职人员卷 A15。

（二）儿童遭遇性侵害后的社会歧视问题

儿童遭遇性侵害对其健康成长有重大影响，但是由此引发的二次伤害对其而言更是雪上加霜。对此，在家长卷和教职人员卷中我们设计了题目：“您觉得遭受了性侵害的孩子会被歧视吗?”

如图7所示，67.9%的家长和67.2%的教职人员认为遭受性侵害的孩子会被歧视，32.1%的家长和32.8%的教职人员认为遭受性侵害的孩子不会被歧视，认为会被歧视的家长和教职人员比持相反观点的家长和教职人员的比例高。

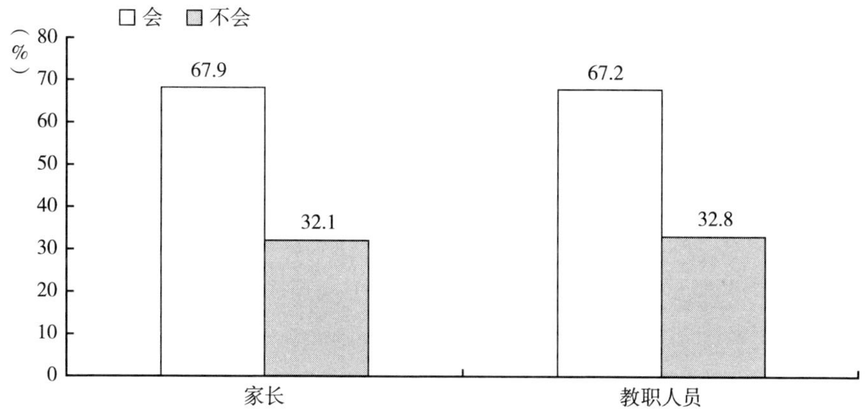

图7　您觉得遭受了性侵害的孩子会被歧视吗?

资料来源：“重庆市儿童防性侵教育状况调查”数据库，家长卷A14，教职人员卷A16。

（三）儿童面对性侵害时的反应

大部分人认为，儿童频繁遭受性侵害的重要原因在于受害儿童的隐瞒。为了考察儿童面临性侵害时的防范意识和行为反应，我们在学生卷中设计了情景型题目：某天，一个叔叔邀请小红去他家里玩，小红答应了。到了叔叔家里，叔叔脱光了小红的衣服，触摸小红的身体，小红觉得很难受。问：①如果你是小红，发生了上面的事，你会怎么办?②如果你是小红，事后你会怎么办?③如果你是小红，叔叔不让你说出去，你还会说吗?④如果有叔叔或阿姨叫你去他/她家里玩，你会怎么办?

图8数据显示，在所调查的学生中，有94.5%的学生在遭遇性侵害时会选择反抗，只有4.1%的学生选择忍着，不知道怎么办的学生占1.4%。

图9显示，学生在遭遇性侵害之后，选择告诉警察叔叔、告诉父母的

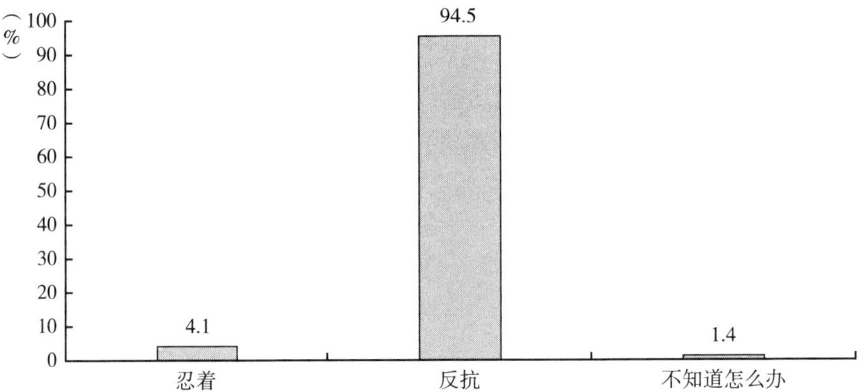

图8　如果你是小红，发生了上面的事，你会怎么办?

资料来源："重庆市儿童防性侵教育状况调查"数据库，学生卷A10（1）。

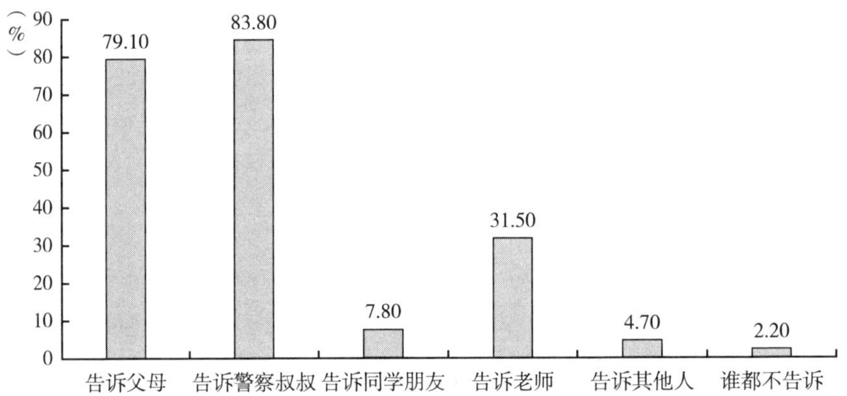

图9　如果你是小红，事后你会怎么办?

资料来源："重庆市儿童防性侵教育状况调查"数据库，学生卷A10（2）。

比例分别居于前两位，选择告诉老师的比例为31.5%。而图10数据显示，当遭遇性侵害之后，即便侵害人不让其说出去，91.4%的学生还是选择告诉外界。

在图11中，面对有叔叔或阿姨叫你去他/她家里玩时，有59.7%的学生会选择事前征求父母意见；30.7%的学生无论什么情况都拒绝；9.1%的学生选择认识就答应，不认识就拒绝；仅0.5%的学生选择都答应。

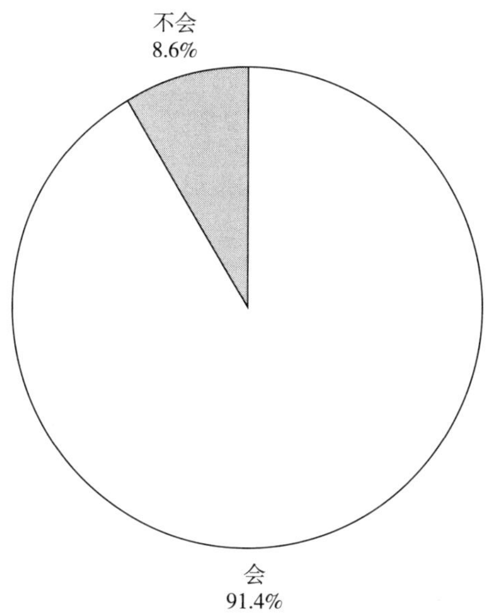

图 10　如果你是小红，叔叔不让你说出去，你还会说吗?

资料来源：“重庆市儿童防性侵教育状况调查”数据库，学生卷 A10（3）。

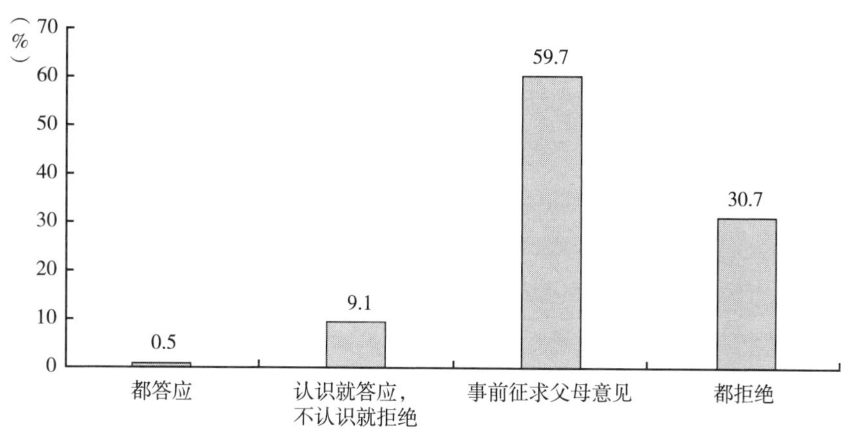

图 11　如果有叔叔或阿姨叫你去他/她家里玩，你会怎么办?

资料来源：“重庆市儿童防性侵教育状况调查”数据库，学生卷 A10（4）。

对四道情景题目的回答数据进行分析，可以得出以下结论。第一，在遭受性侵害时，大部分学生会起来反抗，仅 2.2% 的学生选择将性侵害情况予以隐瞒。第二，大部分学生倾向于将自己所遭受的性侵害情况向警察或父母倾诉，其中选择警察的比例高于父母，达到 83.80%，这表明警察在儿童心目中仍然是重要的保护力量。第三，对于遭受侵害人恫吓的情形，选择说出去的学生的比例仍然较高。第四，面对陌生人的邀请，过半的学生会选择事先征求父母的意见，仅 0.5% 的学生选择盲目答应，表明绝大多数儿童对陌生人有较强的防范心理。

（四）家长和教职人员在儿童遭遇性侵害后的反应

儿童遭遇性侵害后的救济主要依赖法定监护人家长或临时监护人学校及老师。为了解孩子（学生）遭遇性侵害之后家长或教师的反应，我们在家长卷和教职人员卷中设计了相关问题。

根据施加性侵害的主体不同（一般主体和亲属），我们在家长卷中设计了两个对比性题目：（1）如果您的孩子不幸遭遇性侵害，您最倾向于下列哪种做法？（2）如果您的孩子遭遇了来自亲属的性侵害，您最倾向于下列哪种做法？以考察“亲情”因素对家长选择救济手段的影响。

比较图 12 与图 13，在孩子遭遇来自亲属之外人员的性侵之后选择“马上报警”的比例达到 83.8%，可见大部分家长能够选择法定的救济方式。当孩

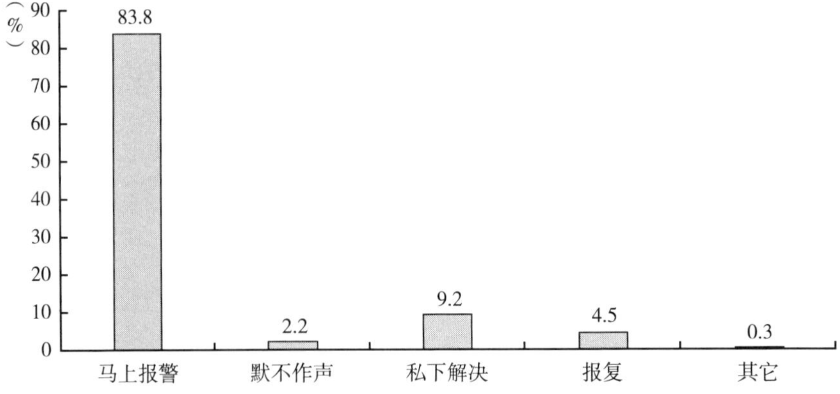

图 12　如果您的孩子不幸遭遇性侵害，您最倾向于下列哪种做法？

资料来源：“重庆市儿童防性侵教育状况调查”数据库，家长卷 A16。

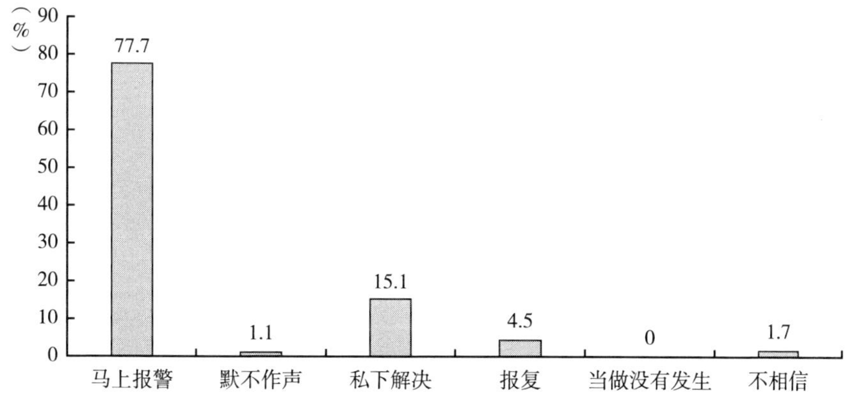

图 13　如果您的孩子遭遇了来自亲属的性侵害，您最倾向于下列哪种做法?

资料来源："重庆市儿童防性侵教育状况调查"数据库，家长卷 A17。

子遭遇来自亲属的性侵害之后，选择"马上报警"这一救济措施的比例下降为 77.7%，同时，选择"私下解决"的比例也从 9.2% 上升到 15.1%。这表明"亲情"因素加入施害者身份中后，影响了家长对救济手段的选择，"为亲者讳"在儿童性保护上仍然是一种阻碍性的文化力量。亲属或非亲属施害时家长选择"报复"的比例完全一样。在性侵害这种具有道德污名的案件中，虽然 4.5% 的比例不高，但是家长选择这种前现代的私力救济方式依然需要引起注意。针对亲属是施害者的，还有 1.7% 的家长选择"不相信"，这一数据显示对"熟人、亲人"实施性侵害的防范意识有待提升。

为进一步了解学校教职人员在学生遭遇性侵害时的反应，在教职人员卷中设计了这样的问题：如果您的学生不幸遭遇性侵害，您最有可能怎么做?

如图 14 所示，教职人员面临学生遭遇性侵害，同家长在孩子遭遇性侵害之后选择的救济方式一样，亦将"立刻报警"作为首选，居于第二位的选择则是"告诉学生家长"。而"不在自己职责范围内，不做反应"和"害怕受到侵害者的报复，当作不知道"两个选项无人选择。

（五）家长和教职人员面对儿童可能实施性侵害情况的反应

在预设儿童是性侵害的受害者的同时，我们注意到儿童尤其是高年级的儿童也可能成为性侵害主体。由此，我们在家长卷和教职人员卷中设计了"如

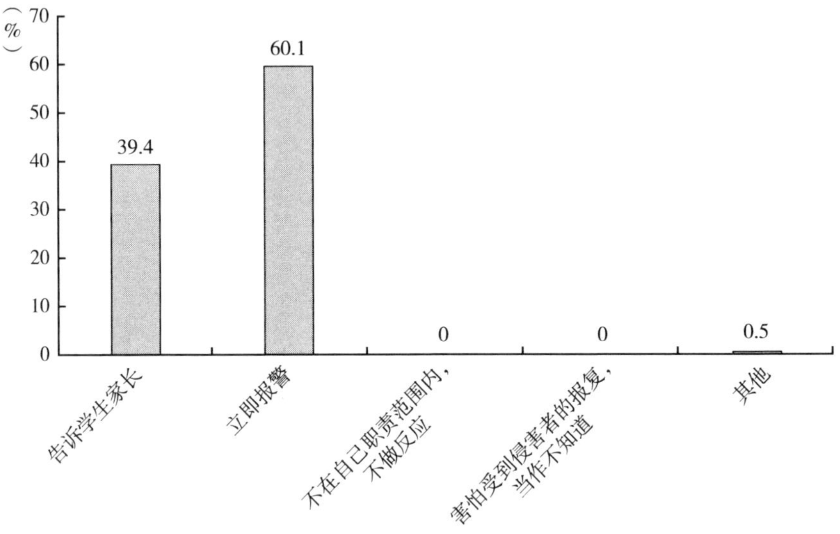

图 14　如果您的学生不幸遭遇性侵害，您最有可能会怎么做?

资料来源：“重庆市儿童防性侵教育状况调查”数据库，教职人员卷 A17。

果您的孩子（学生）有对他人实施性侵害的迹象时，您会怎么做?”这一题目来考察家长和教职人员在儿童实施性侵害后的反应。

如图 15 所示，在孩子作为性侵他人的主体时，家长选择“心理引导”救

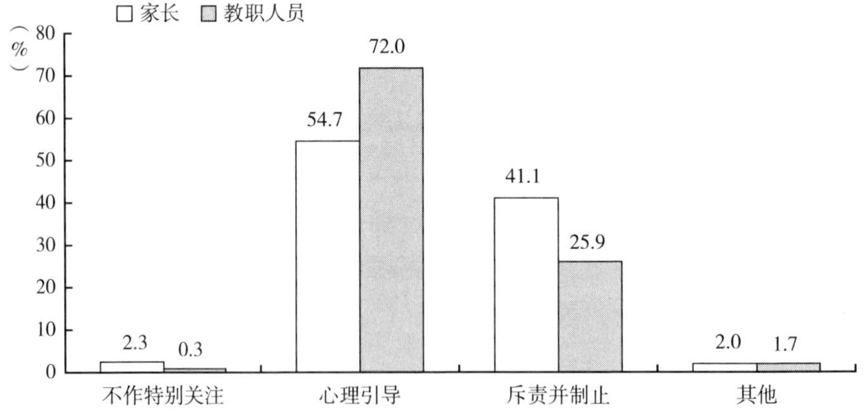

图 15　如果您的孩子（学生）有对他人实施性侵害的迹象时，您会怎么做?

资料来源：“重庆市儿童防性侵教育状况调查”数据库，家长卷 A18，教职人员卷 A18。

济方式的比例为54.7%。一般来说，儿童作为性侵害主体，其动机更多的是性好奇，所以引导其正确认识性是非常重要的。而选择“斥责并制止”的比例占41.1%，表明超过1/3的家长对孩子性侵他人的行为持否定态度，仅2.3%的家长对此不作特别关注。在发现学生有对他人性侵害的迹象时，大部分教职人员会对学生进行心理引导，其次是“斥责并制止”，选择“不作特别关注”的比例只占0.3%。

三 儿童性教育的基本情况及课程开展

儿童生活的空间主要是家庭与学校，预防性侵害的措施也主要涉及家庭性教育和学校性教育课程的开展。同时，本部分也会考察家长和教职人员对性侵害相关法律的了解情况和对当前保障制度的评价。

（一）儿童性教育的基本情况

要提升社会整体的性教育水平和性侵害的防范意识，选择有利的性教育开展手段，首先要了解家长以及教职人员性教育知识的来源。因此，我们对家长和教职人员设计了如下问题：您是如何获得“儿童防性侵”相关知识的？

图16数据显示，家长的“儿童防性侵”相关知识主要来源于电视、广播和网络，分别占72.7%和65.1%，其次为学校教育（47.3%）、日常交流（42.7%）、书刊（40.8%）、社区宣传（31.9%）。教职人员获取“儿童防性侵”相关知识的主要途径为网络和电视、广播，分别占91.2%和87.5%，其次为学校教育（56.1%）、书刊（49.6%）、日常交流（47.0%）、社区宣传（30.2%）。由数据可以看出，无论是家长还是教职人员，“儿童防性侵”相关知识大多来源于网络和电视、广播等现代新媒体。虽然其他途径的数据相差不大，但是教职人员选择学校教育、书刊等来源的比例都要高于家长。

家长和教职人员对我国保护儿童免于性侵害相关法律的了解程度，直接关系到儿童免于性侵害的保障力度和救济效果。因此，我们针对家长和教职人员设计了“您了解哪些涉及保障儿童免于性侵害的法律？”这一问题。

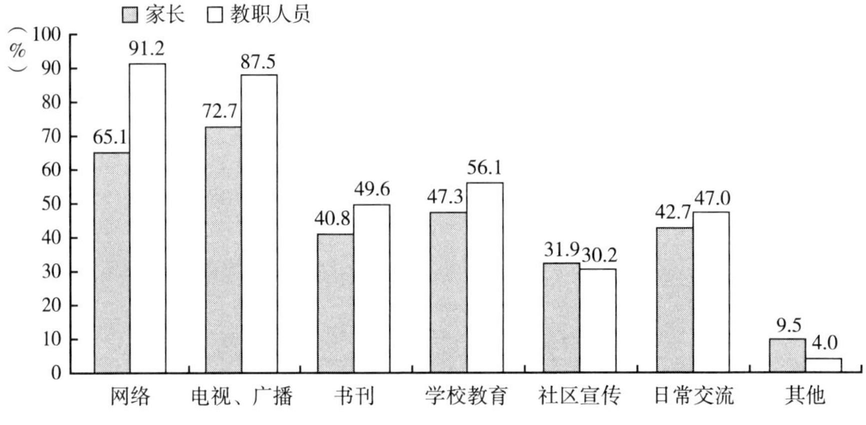

图 16　您是如何获得“儿童防性侵”相关知识的?

资料来源:“重庆市儿童防性侵教育状况调查”数据库,家长卷 A19,教职人员卷 A10。

如图 17 所示,90.5% 的家长表示自己了解《未成年人保护法》,53.5% 和 45.4% 的家长分别表示了解《预防未成年人犯罪法》和《儿童权利公约》,了解其他法律的比例较低。在教职人员中,同样有相当多的人选择了《未成年

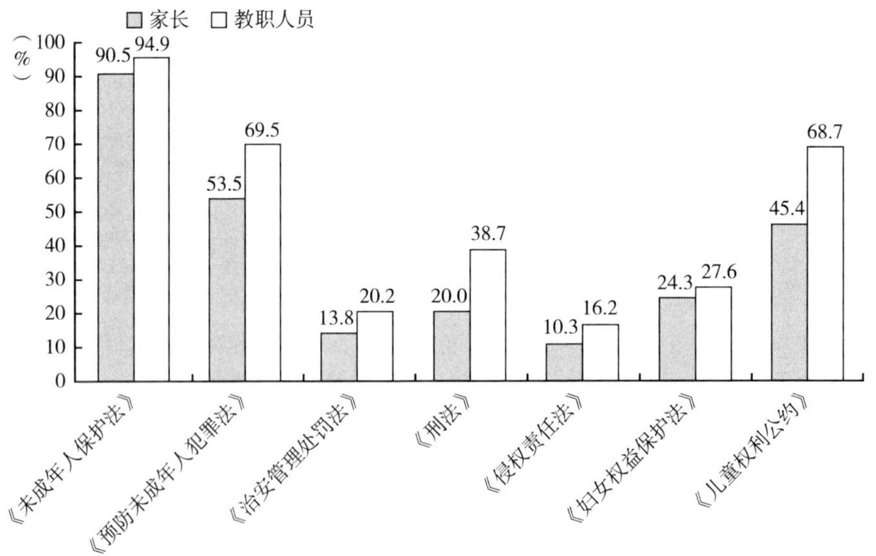

图 17　您了解哪些涉及保障儿童免于性侵害的法律?

资料来源:“重庆市儿童防性侵教育状况调查”数据库,家长卷 A23,教职人员卷 A22。

人保护法》，占94.9%，69.5%和68.7%的教职人员分别选择了《预防未成年人犯罪法》和《儿童权利公约》。无论是家长还是教职人员仅对名称中含“未成年人”“儿童”等字眼的法律选择较多，对其他保护儿童免于性侵害的法律知之甚少。

在了解家长和教职人员对性教育知识掌握的基本情况后，我们对家长和教职人员关于儿童免遭性侵害的法律保障程度的满意度进行了调查。

如图18所示，用数字0到10表示满意程度由低到高。根据数据，家长和教职人员对我国儿童免遭性侵害的法律保障程度的评价大体一致，选择满意度为4或5的居多。15.0%的家长选择了表示满意度很低的0或者1，而这个阶段教职人员的选择比例仅为5.8%，不满意的家长比例高于教职人员。整体来看，家长和教职人员对我国儿童免遭性侵害的法律保障的满意度不高，我国儿童免遭性侵害的法律保障体系有待完善。

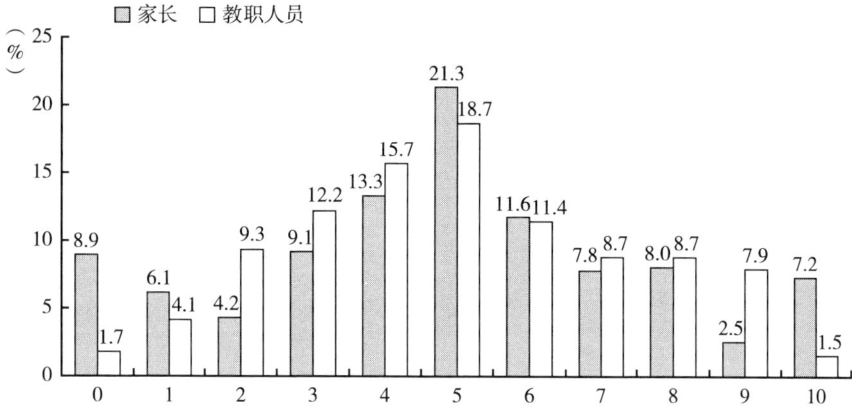

图18　您觉得目前法律对儿童免遭性侵害的保障程度如何？

资料来源：“重庆市儿童防性侵教育状况调查”数据库，家长卷A24，教职人员卷A22。

（二）“性”及“性侵害”的日常教育

儿童性侵害教育是长远解决儿童性侵案件频发现象的重要途径，只有广泛而有效的日常教育，才能真正形成稳固的儿童性保护观念。因此，我们对目前的日常性教育开展情况进行了分析。

为了考察家长和教职人员针对儿童个体化教育的情况，我们在学生卷中设计了“家长有没有告诉过你身体某些部位不能被别人摸?”和“老师有没有告诉过你身体某些部位不能被别人摸?”两个问题，从家长或者临时监护人的角度，了解其是否对儿童进行过基础的性教育。

图 19 和图 20 的数据显示，83.5%的儿童选择了家长告诉过自己身体的某些部位不能被别人摸，选择老师告诉过自己相关内容的比例稍低，占 74.6%，大部分儿童接受过来自家长或者教职人员的基础的性教育，但是仍然有少部分儿童没有接受过相关教育。

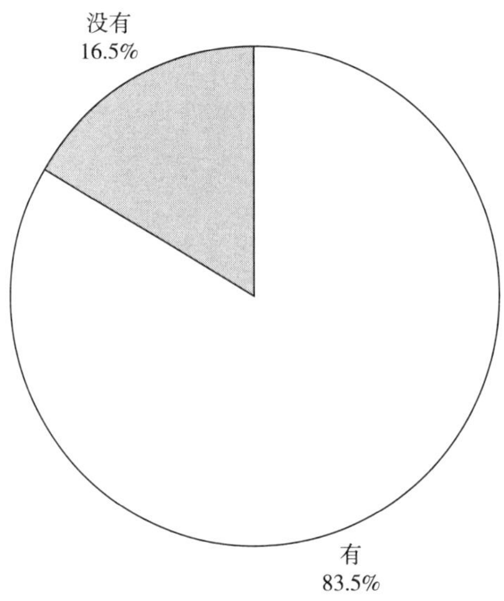

图 19　家长有没有告诉过你身体某些部位不能被别人摸?

资料来源：“重庆市儿童防性侵教育状况调查”数据库，学生卷 A7。

从表 20 的数据可以看出，居住在城市的儿童接受过来自家长和教职人员的基础的性教育的比例分别为 84.4%和 74.1%，居住地在非城市的儿童接受过来自家长和教职人员的基础的性教育的比例分别为 69.1%和 66.1%，城市儿童接受基础的性教育比非城市儿童比例高。

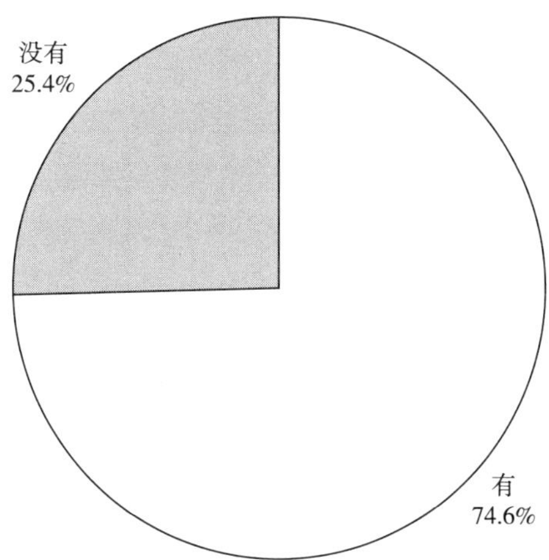

图 20　老师有没有告诉过你身体某些部位不能被别人摸?

资料来源:“重庆市儿童防性侵教育状况调查”数据库,学生卷 A8。

表 20　居住地与儿童接受的基础性教育交叉分析

		家长有没有告诉过你身体某些部位不能被别人摸?		老师有没有告诉过你身体某些部位不能被别人摸?	
		有	没有	有	没有
你家是住在城市里面吗?	是	2149(84.4%)	397(15.6%)	1868(74.1%)	652(25.9%)
	不是	123(69.1%)	55(30.9%)	119(66.1%)	61(33.9%)

资料来源:“重庆市儿童防性侵教育状况调查”数据库,学生卷 A4、A7、A8。

从图 21 可以看出,家长对孩子进行过性教育和没有进行过性教育的比例相当,有一部分家长没有对孩子进行过相关教育。教职人员进行过性教育的比例较高,占 70.3%,由此也可以看出,教职人员更具有性教育的意识。

如图 22 所示,家长和教职人员选择“告诉孩子(学生)男女有别”的比例均最高,分别占 81.9% 和 85.7%。家长进行性教育的内容中占比第二位的是“认识身体隐私”(63.9%),选择其他内容的比例相近。教职人员中,居于第二位的是“讲解男女生如何相处”。可见,家长和教职人员进行性教育的

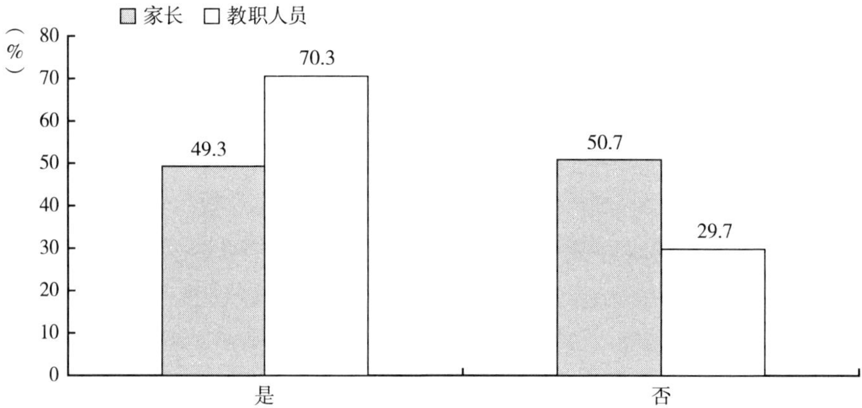

图 21　您是否对孩子（学生）进行过“性”方面的教育？

资料来源：“重庆市儿童防性侵教育状况调查”数据库，家长卷 A10（A），教职人员卷 A12（A）。

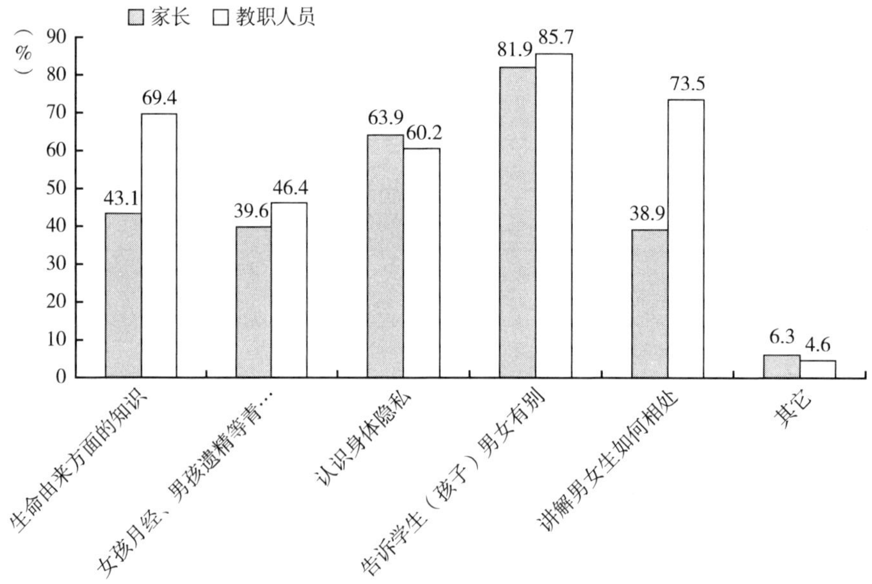

图 22　您对孩子（学生）进行过哪些“性”方面的教育？

资料来源：“重庆市儿童防性侵教育状况调查”数据库，家长卷 A10（B），教职人员卷 A12（B）。

侧重点有所不同。

另外，家庭是儿童免于性侵害教育的重要空间，专业化的儿童防性侵课程必须与家庭教育相配合。由此针对家长的防性侵教育设计了以下两个问题："您是否对孩子进行过预防性侵害的教育?" 和 "您对孩子进行过哪些预防性侵害的教育?"

图 23 数据显示，61.6% 的家长对孩子进行过预防性侵害的教育，38.4% 的家长未对孩子进行过相关教育，可见，进行预防性侵害的家庭教育比较薄弱。

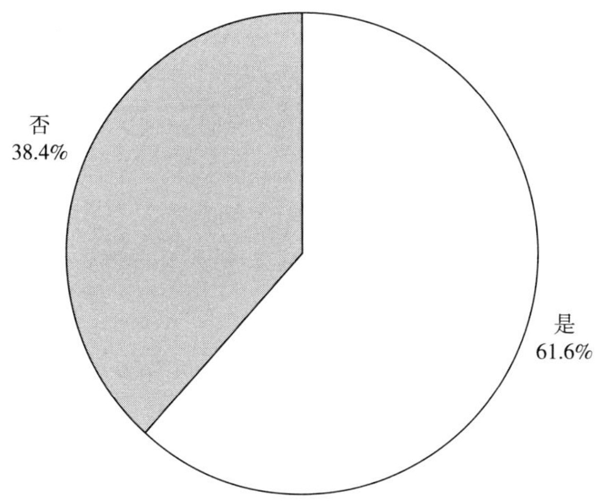

图 23　您是否对孩子进行过预防性侵害的教育?

资料来源："重庆市儿童防性侵教育状况调查" 数据库，家长卷 A20（A）。

如图 24 所示，家长对孩子进行过预防性侵害的教育中，最多的是教育孩子如何保护自己的隐私部位，比例达到 82.5%，其次是教育孩子如何回应陌生人的邀请，比例达到 74.2%。而选择 "遭遇性侵犯如何自救" 和 "如何面对熟人的异常行为" 的比例都相对不高，家长进行的预防性侵害以及如何自救等方面的性教育不充分。

（三）儿童防性侵教育课程

学校是儿童活动的重要场所，我国的小学生平均每天在学校的时间为

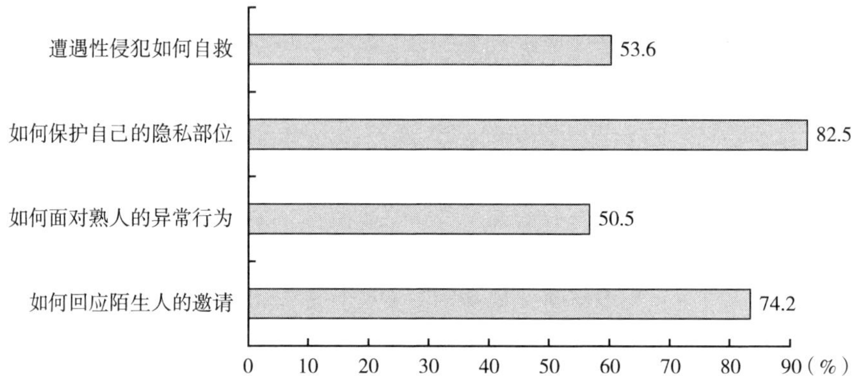

图 24　您对孩子进行过哪些预防性侵害的教育？

资料来源："重庆市儿童防性侵教育状况调查"数据库，家长卷 A20（B）。

7～8 小时，学校是否开设"儿童防性侵"课程，是否实行规模化、可持续的专业教育，对于提升儿童性保护意识，提高性教育水平显得尤为重要。

要保证防性侵教育的长期、持续开展，学校是教育环节中的重中之重，所以要求学校设置常态化的、具体的、专门的防性侵教育课程。由此，我们设计了"您所在的学校是否开设了'儿童防性侵'的相关课程？"这一题目。

由图 25 可以发现，在调查的学校中，开设了"儿童防性侵"相关课程的仅占 39.1%，普及程度并不高。

图 26 的数据显示，超过 90% 的家长和教职人员支持将"儿童防性侵"教育纳入学校正规教育体系。但也有小部分人反对，加上无所谓的选项，分别有 8.2% 和 6.9% 的家长和教职人员对开展正规"儿童防性侵"教育持不支持态度。

图 27 显示，家长认为在儿童 11～14 岁这个年龄段对儿童进行预防性侵害教育比较好，占 47.2%；图 28 显示，教职人员认为学校在小学高年级（三年级以后）开设"儿童防性侵"课程比较好，占 43.0%，家长与教职人员在何时开展"儿童防性侵"课程方面观点不同，即家长倾向在更高年龄段开设。

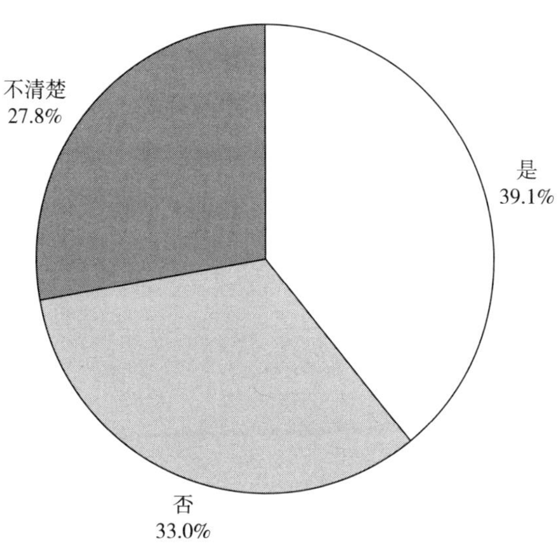

图25　您所在的学校是否开设了“儿童防性侵”的相关课程？

资料来源：“重庆市儿童防性侵教育状况调查”数据库，教职人员卷 A19。

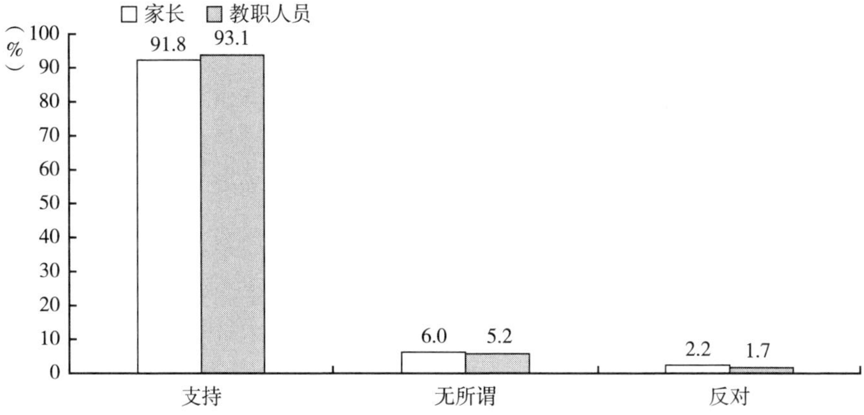

图26　您是否支持将“儿童防性侵”教育纳入学校正规教育体系？

资料来源：“重庆市儿童防性侵教育状况调查”数据库，教职人员卷 A20。

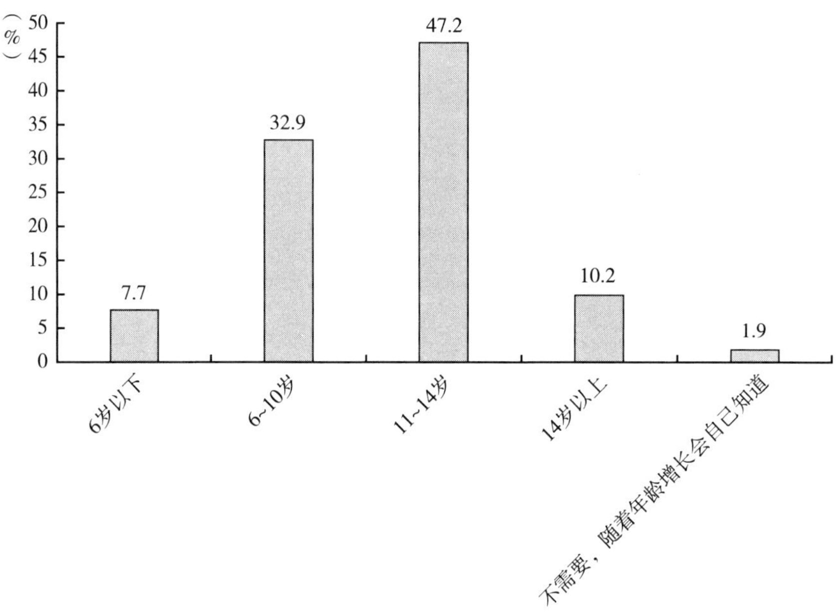

图 27　家长认为在哪个阶段对儿童进行预防性侵害教育比较好？

资料来源："重庆市儿童防性侵教育状况调查"数据库，家长卷 A21。

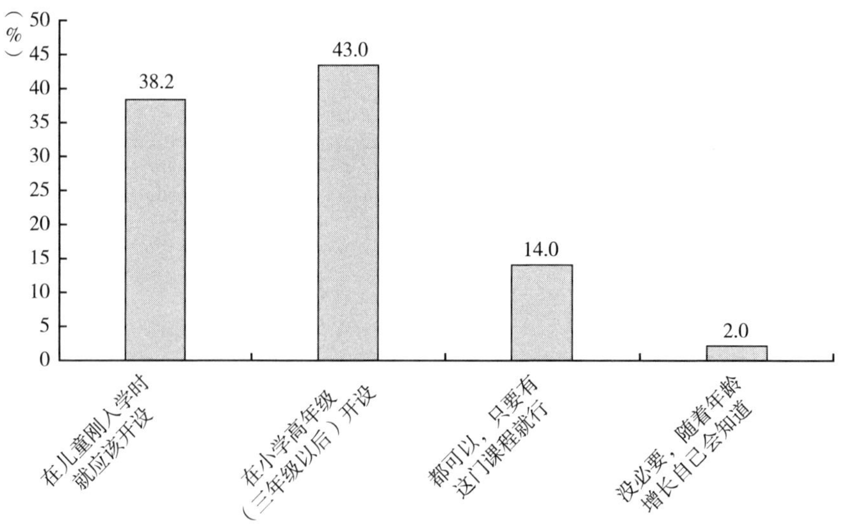

图 28　教职人员认为学校在哪个阶段开设"儿童防性侵"课程比较好？

资料来源："重庆市儿童防性侵教育状况调查"数据库，教职人员卷 A21。

四 问题与对策

（一）当前儿童免于性侵害教育存在的问题

1. 儿童、家长和教职人员对“性”及“性侵害”的认知亟须完善

第一，儿童对隐私部位的保护意识存在缺陷。儿童对隐私部位有一定认识，对明显的侵害隐私部位的行为也有辨别和拒绝意识，但这种认识停留在最基本的层面，且在面对亲近程度不同的人时会发生改变，对关系越密切的人，儿童在拒绝来自他/她们的“不当行为”时，防范保护意识越薄弱。同时，在面对性别不同的主体时，儿童对男性的防范意识要高于对女性的防范意识。

第二，家长和教职人员面对儿童提出“性”方面问题时的某些做法欠妥，对儿童性侵害存在极为狭义的理解，对性侵害行为的多样性认识不足，边界认识模糊。这会导致儿童免于性侵害教育范围变窄，也会相应降低部分儿童免于性侵害的范围。

第三，家长对孩子是否遭受过性侵害缺少关注，这在居住于城乡接合部地区的家长身上表现得最为明显。这表明儿童遭受性侵害的问题未引起家长足够重视，也意味着居住于城乡接合部地区的儿童存在遭受性侵害后无法得到及时救济的危险。

2. 当儿童遭受性侵害时，家长、教职人员及其自身的反应性做法存在误区

第一，遭受性侵害的儿童存在面临社会歧视的潜在风险。这种主观认知受到客观事实的支持，可能导致儿童遭受性侵害后的二次伤害。

第二，儿童应对性侵害的风险和现实危害缺少足够判断。在遭遇性侵害时，虽然大部分孩子会起来反抗，倾向于将自己所遭遇的性侵害情况向警察或父母倾诉，在遭受侵害人恫吓的情况下，仍然有一定比例儿童选择说出去，针对陌生人的邀请，过半的学生会选择事先征求父母意见；但依然有一定比例的儿童不知如何反应，隐瞒、盲目答应陌生人邀请，需要针对儿童对性侵害的前期预防方法进行教育。

第三，面对儿童遭受性侵害，家长一般可以选择合法的救济途径，但是，当有“亲情”因素加入性侵施害者时，家长选择私力救济的比例会提高。合法的公力救济方式会受到私力因素的挤压。

3. 缺乏系统的、专业的儿童免于性侵害教育

第一，所进行的性教育范围狭窄。停留在男女生如何相处、生命由来等基础生理知识的层面，缺乏深层次的预防、规范、救济等多维的免于性侵害教育。

第二，性教育的程度存在地区差异。城市儿童接受性教育的比例高于非城市儿童，非城市地区的性教育严重缺失，城乡接合部的家长、教职人员性教育观念堪忧。

第三，家长和教职人员进行免于性侵害教育的渠道不够宽广。家长和教职人员“儿童防性侵”相关知识主要来源于网络和电视、广播等媒体，途径单一，缺乏专业的培训。

第四，家长和教职人员对保障儿童免于性侵害的法律了解不足。仅仅对法律名称中含有“未成年人”“儿童”等明显字眼的法律有所了解，缺失对法律保障与救济等信息的了解，隐含了儿童遭受性侵害救济不足的风险。

第五，强烈的社会呼声与实质开展情况不匹配，针对低龄儿童的性教育课程匮乏。超过90%的家长和教职人员赞同开展性教育课程，但目前实际情况是仅仅38.5%的学校有相关课程。既有的性教育课程仍然限于最一般、最明显的隐私知识、信息和基础防范教育，缺少权利教育、法律保障教育、反歧视教育、去性耻文化教育的内容。

（二）加强儿童免于性侵害教育与保护的建议

基于前述调查结果，结合《儿童权利公约》第十九条、第三十四条及我国《未成年人保护法》等的规定，提出以下建议。

1. 倡导制度层面的立法完善

尽快修改《教育法》《义务教育法》《教师法》等法律中关于儿童教育的部分，增加“儿童利益最大化”“平等”等与当代法治建设与人权保障相契合的原则、精神。在《刑法》《反家庭暴力法》《未成年人保护法》等的修改完善中加强对儿童免于性侵害、性剥削的法律保障力度，填补当前法律保护儿童免于性侵害的诸多漏洞。

为地方性法规、规章、规范性文件等的贯彻实施提供建议和意见。如根据国务院《中国儿童发展纲要（2011－2020）》的要求，各级政府在制定本辖区内儿童发展纲要时，为其提供保障儿童免于性侵害防范、规范、救济教育上的建议或意见。

积极推进教育管理部门有关儿童免于性侵害教育的制度建设。

2. 推进完善学校开展儿童免于性侵害教育工作，开设系统的儿童性教育课程，建立体系化的性教育制度

倡导学校分阶段、分步骤地建立系统化的性教育制度，针对不同年级的儿童分别进行低级阶段、初级阶段和高级阶段的性教育。

倡导开发包括身体知识、人身安全、性别平等、免于性侵害和法律权益等内容在内的知识读本和教材。紧密配合国家教育部门，加快调查研究的步伐，大胆先行先试，探索编写儿童性教育知识读本，出版一套符合地情、国情的儿童性教育教材。

确保中小学阶段有一定学时的儿童免于性侵害内容的法律知识的教育，组织学生观看儿童预防性侵害科教片，传授应对性侵害的正确方法，对遭受了性侵害后出现心理困扰的儿童进行心理疏导，等等。

试点开展相应的师资培训，近期以学校已有的德育教师、班主任等群体为重点，长远以专职承担中小学法治教育课程的师资对象为重点。要确保师资培训的规划性、连续性。在教育培训中必须融入性别平等、权利保障等意识和视角，如“不对学生实施性别歧视、性骚扰、性挑逗、性触摸、性贿赂、性要挟、性攻击等性别侵害与骚扰行为”，强化教师的责任感。

在地区发展不平衡、师资不足的情况下，相关教育行政管理部门需要考虑调动社会资源参与提供儿童免于性侵害教育服务及保障儿童权利的现实，进一步放开政策空间、增加支持力度，鼓励各类社会组织、志愿者等参与，提供覆盖范围更广、形式更多样的教育服务，尤其要优先惠及偏远、贫困地区的困境儿童，使他们远离性侵害。

3. 推广容易理解的儿童免于性侵害的法律信息

鉴于家长、儿童进行自我教育的重要价值，为了在最广泛意义上提升儿童免于性侵害的保障意识，为保障儿童免于性侵害的可理解度，应该着力做好以下几点。

创新教育形式。针对低龄孩子开发绘本等载体形式，为其提供更易理解的信息；针对文化程度不同的家长，开发儿童免于性侵害服务手册；依托社区、村委会，提供包括电影、小剧场、纪录片等在内的多类型、多形式的儿童免于性侵害教育；在妇女节、儿童节等节日进行专门的主题活动等。

拓展电视、网络等媒体以外的性知识来源和途径；制作更丰富的儿童权利保障节目。

高度重视网络新技术的力量，开发慕课、在线课堂等，利用智能手机日益广泛的影响，开发便于在线传播法律信息的移动应用软件（APP），配合现有的网络就业、云客服等新的服务与支持形式，融入法律和儿童免于性侵害的信息。

4. 营造更为宽容的社会文化环境，渐进地消除社会歧视

应以科学有效的方式向社会大众进行宣传，加强去除“性恶”“性羞耻”文化的教育。探索建立针对受害儿童的心理咨询和辅导机构，针对不同的受害儿童采取不同的心理辅导策略。

附　　录

Appendices

B.24
中国人权大事记·2016

许　尧*

一月

4日

国务院副总理张高丽在北京市调研并主持召开大气污染防治工作座谈会，听取北京市委市政府的汇报和意见建议。张高丽强调，要抓住关键、突出重点，大力实施冬季大气污染防治强化措施，切实加强重污染天气应对。

5日

由中国社会科学院主办的第五部反腐倡廉蓝皮书——《中国反腐倡廉建设报告 No. 5》发布会在北京举行，报告从高压惩治腐败、完善监督格局等六个方面，分析了2015年度中国反腐的实践与成效。

* 许尧，管理学博士，南开大学人权研究中心（国家人权教育与培训基地）、南开大学周恩来政府管理学院副研究员，研究方向为人权政策、公共冲突管理。

5日

国家卫生计生委公布《中共中央、国务院关于实施全面两孩政策 改革完善计划生育服务管理的决定》。中国将实行生育登记服务制度，对生育两个以内（含两个）孩子的，不实行审批，由家庭自主安排生育。

5~6日

全国城市民族工作会议在北京召开。全国政协主席俞正声批示指出，以保障各民族合法权益为核心，推进城市民族工作制度化、规范化、精细化，让城市更好接纳少数民族群众、让少数民族群众更好融入城市，加强各民族交往交流交融。

6日

《人民检察院提起公益诉讼试点工作实施办法》发布，对检察机关提起公益诉讼的线索来源、线索移送、立案程序、调查核实、举证责任等内容作了规定，对诉前程序等内容作了进一步强调。

6日

最高人民法院印发《关于审理抢劫刑事案件适用法律若干问题的指导意见》，明确了审理抢劫刑事案件的基本要求，抢劫犯罪部分加重处罚情节和转化型抢劫犯罪的认定，法定八种加重处罚情节、抢劫共同犯罪、累犯的刑罚适用等。

8日

《最高人民法院　最高人民检察院关于办理刑事赔偿案件适用法律若干问题的解释》发布，主要内容包括界定刑事赔偿内涵、明确属于终止追究刑事责任的情形、明确侵犯财产权的情形、明确特定情形下逾期申请赔偿的受理等。

8日

国家卫生计生委、国家发展改革委、科技部、工业和信息化部、民政部、财政部、人力资源和社会保障部、国务院国资委、安全监管总局、全国总工会联合印发《关于加强农民工尘肺病防治工作的意见》，对预防、控制和消除尘肺病危害，保障农民工职业健康和相关权益进行了系统安排。

12日

最高人民法院网发布《关于依法切实保障律师诉讼权利的规定》。就依法保障律师诉讼权利规定了更加具体的措施，进一步明确了人民法院对律师知情权、阅卷权、出庭权、辩护辩论权、有关申请权等诉讼权利以及人身安全的保障。

12日

国务院印发《关于整合城乡居民基本医疗保险制度的意见》。就整合城镇居民基本医疗保险和新型农村合作医疗两项制度，建立统一的城乡居民基本医疗保险制度提出明确要求。

14日

国务院办公厅印发《关于解决无户口人员登记户口问题的意见》，对切实保障每个公民依法登记户口的基本权利做出明确规定。明确了解决无户口人员登记户口问题的指导思想、基本原则、任务目标和具体政策措施。

15日

2016 年全国教育工作会议的信息显示：2015 年，中国高等教育的毛入学率达到 40%，学前三年毛入园率达 75%，九年义务教育巩固率达 93%，均达到或超过中高收入国家平均水平。同时，重点高校定向录取贫困地区农村学生 7.5 万名。

17日

国务院办公厅印发《关于全面治理拖欠农民工工资问题的意见》，从规范企业工资支付行为、健全工资支付监控和保障制度、推进企业工资支付诚信体系建设、依法处置拖欠工资案件、改进建设领域工程款支付管理和用工方式等五个方面提出十六条具体治理措施。

20日

司法文明协同创新中心在北京举行《中国司法文明指数报告（2015）》新闻发布会。报告对全国 20 个省、自治区、直辖市的司法文明指数进行了测量和排名。

22日

最高人民检察院发布《人民检察院办理羁押必要性审查案件规定（试行）》，对羁押必要性审查相关案件的立案、审查、结案等提出了具体的要求。

27日

国务院常务会议部署全面加强农村留守儿童关爱保护。会议提出，建立强制报告、干预、帮扶等机制，打击侵害留守儿童的各种违法行为；加大寄宿制学校等的建设；推进农民工市民化，引导扶持其返乡创业就业，从源头上减少留守儿童。

27日

中共中央、国务院印发《关于落实发展新理念加快农业现代化实现全面小康目标的若干意见》，这是改革开放以来指导“三农”工作的第18份中央一号文件。

28日

国家质检总局、中央综治办、国家标准委在北京召开《社会治安综合治理基础数据规范》国家标准发布会。该规范将为社会治安综合治理工作和综治信息化建设提供重要支撑和保障。

二月

1日

全国优秀农民工和农民工工作先进集体表彰大会在北京召开。国务院农民工工作领导小组对981名全国优秀农民工和100个全国农民工工作先进集体进行了表彰。

1日

中共中央办公厅、国务院办公厅印发《关于加大脱贫攻坚力度 支持革命老区开发建设的指导意见》，为推动老区全面建成小康社会，让老区人民共享改革发展成果做出了具体部署。

5日

财政部信息显示，2015年中央财政大力推动义务教育均衡发展，安排1051亿元支持落实农村义务教育经费保障机制和城市学生免除学杂费政策。约1.1亿名农村学生全部享受免学杂费和免费教科书政策，约2944万名城市学生享受免学杂费政策或获得相应补助。

6日

财政部、国家发展改革委等八部门联合发布通知，扩大新一轮退耕还林还草规模。将确需退耕还林还草的陡坡耕地基本农田调整为非基本农田，加快贫困地区新一轮退耕还林还草进度，及时拨付新一轮退耕还林还草补助。

14日

国务院印发《关于加强农村留守儿童关爱保护工作的意见》，提出要以促进未成年人健康成长为出发点和落脚点，不断健全法律法规和制度机制，强化家庭监护主体责任，加大关爱保护力度，逐步减少儿童留守现象，确保农村留守儿童安全、健康、受教育等权益得到有效保障。

17日

国务院印发《关于进一步健全特困人员救助供养制度的意见》，提出要以解决城乡特困人员突出困难、满足其基本需求为目标，坚持托底供养、属地管理、城乡统筹、适度保障、社会参与等原则，将符合条件的人员全部纳入救助供养范围。

18日

由中国社会保障学会、人民出版社联合主办的《中国社会保障发展报告 · 2016》首发式在北京举行。报告对社会保障发展进行了整体描绘、评价与展望，并就社会救助、农村扶贫、养老保险、医疗保险、养老服务业、儿童福利、残疾人福利、住房保障等专题进行了分析。

23 日

教育部发布《2015 年全国义务教育均衡发展督导评估工作报告》。截至 2015 年底，全国共有 1302 个县（市、区）通过督导评估认定。

26 日

民政部成立未成年人（留守儿童）保护处。其职责包括：拟定未成年人保护发展规划、工作方针、政策，推进农村留守儿童和农村留守妇女关爱保护或服务工作，指导未成年人保护机构管理并拟订建设、服务标准及管理规范等。

29 日

《中国法院的司法改革》（白皮书）发布。中共十八届四中全会确定由最高人民法院牵头的司法改革任务有 29 项，已完成 11 项。人民法院“四五改革纲要”确定的 65 项改革举措，已完成 24 项，32 项有实质性进展。

29 日

国家统计局发布的《2015 年国民经济和社会发展统计公报》显示，2015 年中国农村贫困人员从 2014 年的 7017 万人减少到 5575 万人。

三月

1日

修订后的《公安机关人民警察执法过错责任追究规定》正式施行。因故意或者重大过失造成错案，不受执法过错责任人单位、职务、职级变动或者退休的影响，终身追究执法过错责任。

2日

外交部人权事务特别代表刘华在联合国人权理事会第31次会议上就国际人权交流提出四点原则性建议：各国应恪守《联合国宪章》的宗旨和原则，应该尊重各国人民的自主选择，应该建设性处理分歧，平衡推进两类人权。

3~14日

中国人民政治协商会议第十二届全国委员会第四次会议在人民大会堂召开。会议听取俞正声关于政协全国委员会常务委员会工作的报告。2100多位政协委员围绕“十三五”规划纲要草案和有关报告建言献策。

5~16日

第十二届全国人民代表大会第四次会议在人民大会堂召开。会议听取和审议了政府工作报告，审查国民经济和社会发展第十三个五年规划纲要，审查国务院关于2015年国民经济和社会发展计划执行情况与2016年国民经济和社会发展计划草案，审查国务院关于2015年中央和地方预算执行情况与2016年中央和地方预算草案等。近3000名全国人大代表出席了会议。

10日

国务院发布《全国社会保障基金条例》。条例按照审慎稳健、公开透明的原则，规定了基金管理运营的多项风险防控措施。

11日

全国绿化委员会发布《2015年中国国土绿化状况公报》。公报显示，2015年全国完成造林632.45万公顷，沙化土地治理面积191.9万公顷，新建自然保护区11万公顷，新增湿地保护面积34.5万公顷，建设草原围栏275.4万公顷，完成森林抚育面积831.4万公顷。

13 日

中央电视台一套节目播出电视专题片《“人权卫士”的人权纪录》，从多个侧面和角度分析美国的人权问题，评判美国的人权标准，呈现了美国真实的人权状况。

15 日

中国常驻联合国日内瓦办事处和瑞士其他国际组织代表团临时代办傅聪大使 15 日在联合国人权理事会第 31 次会议上就国别人权议题发言，批评一些西方国家在理事会上将人权问题政治化的做法。

16 日

第十二届全国人民代表大会第四次会议通过《中华人民共和国慈善法》。在规范慈善组织设立运营、慈善财产来源和使用、开展慈善服务、促进慈善事业发展等方面作出规定，明确每年 9 月 5 日为“中华慈善日”。

18 日

2016 年《法治蓝皮书》《中国地方法治蓝皮书》《四川法治蓝皮书》发布暨中国法治发展与展望研讨会在北京举行。

21 日

傅聪大使在联合国人权理事会第 31 次会议上发言，代表不同地区的 28 个国家提出在应对毒品问题时应遵循三项原则：维护现行禁毒制度的权威，通过全面、综合和平衡的方式处理毒品问题，本着责任共担原则加强国际合作与援助。

22 日

国家主席习近平主持召开中央全面深化改革领导小组第二十二次会议，审议通过了《关于健全生态保护补偿机制的意见》《关于建立贫困退出机制的意见》《关于加强儿童医疗卫生服务改革与发展的意见》等。

24 日

国务院办公厅印发修订后的《国家自然灾害救助应急预案》，从组织指挥体系、灾害预警响应、信息报告和发布、国家应急响应、灾后救助与恢复重建、保障措施等方面对应急救助的开展提出了明确要求。

30 日

由司法部和澳大利亚人权委员会联合主办，湖南省司法厅、省监狱管理局承办的“中澳监狱女犯待遇研讨会”在长沙召开。中澳双方各自介绍两国监狱女犯管理情况，并就关于对女犯的管理和矫正、特殊女犯的权益保障、女犯教育改造工作社会化等专题进行了研讨。

四月

1日

第四届核安全峰会在华盛顿举行。国家主席习近平出席并发表题为《加强国际核安全体系，推进全球核安全治理》的重要讲话，介绍中国核安全领域的新进展，宣布中国将继续加强核安全举措。52个国家的领导人或代表，以及国际组织负责人参会。

5日

国家发展改革委、财政部、水利部、国务院扶贫办联合印发《关于切实做好水库移民脱贫攻坚工作的指导意见》，强调要遵循精准扶贫、精准脱贫基本方略，用政策组合拳打赢水库移民脱贫攻坚战，让贫困移民得到优先扶持。

5~10日

中国国际广播电台、郑州市委宣传部、郑州人民广播电台联合举办“中国人权纪实·郑州行”全媒体采访报道活动。来自中国国际广播电台的21位编辑记者，包括5位外国记者，前往郑州、登封等地，将所见所闻所感进行多语种传播。

6日

《最高人民法院关于审理毒品犯罪案件适用法律若干问题的解释》发布，对部分新类型毒品的定罪量刑数量标准进行了调整，加大了对制毒物品犯罪的惩处力度，全面规定各类毒品犯罪定罪量刑标准，强化对毒品犯罪的源头惩治。

7日

教育部发布中国高等教育质量系列报告，包括1本总报告《中国高等教育质量报告》和3本专题报告《中国工程教育质量报告》《全国新建本科院校教学质量监测报告》《新型大学新成就——百所新建院校合格评估绩效报告》。

12 日

第二届中美残疾人事务协调会在北京召开。来自国务院法制办、外交部、教育部、司法部、中国残联，美国国务院、教育部、劳工部以及有关高校和非政府组织的代表围绕残疾人权益保障和残疾人教育进行了交流互动。

12 日

中国与非盟在非盟总部举行首次人权磋商。中国外交部人权事务特别代表刘华与非盟委员会政治事务司司长卡贝莱共同主持磋商。双方就各自人权观和所做工作、多边人权工作、人权技术合作等交换了意见，并同意建立定期人权磋商机制。

13 日

最高人民法院公布修改后的《中华人民共和国人民法院法庭规则》。该规则明确，在押被告人或上诉人出庭受审时，不着“号服”；一般情况下，不得对被告人或上诉人使用戒具。该规则更加注重权利保障、庭审规则公平、保障法庭安全、规范法庭秩序、庭审活动公开和司法礼仪。

14 日

国务院新闻办公室发表《2015 年美国的人权纪录》及《2015 年美国侵犯人权事记》。人权纪录从不同方面列举了美国存在的人权问题，分为导言、公民权利、政治权利、经济和社会权利、种族歧视、妇女和儿童权利、粗暴侵犯他国人权等部分。

14 日

中国与南非在南非比勒陀利亚举行首次人权磋商。中国外交部人权事务特别代表刘华与南非国际关系与合作部副总司长迪塞科共同主持，双方就各自人权观、多边人权工作、人权技术合作等交换了意见，并同意建立定期人权磋商机制。

14 日

最高人民法院与澳大利亚人权委员会联合在海南法官学院举办“刑事冤错预防与救济理论和实务培训班”，来自全国各地公、检、法系统的负责同志和业务骨干 300 余人参加了培训班。

17 日

中国扶贫志愿服务促进会成立大会暨第一届会员代表大会在北京召开。来自中华慈善总会、北京大学、国家开发银行、中国电信集团、腾讯、京东等75家单位和社会各界的会员代表参加了会议。

2日

国务院办公厅印发《2016年政务公开工作要点》。要求围绕民生改善，进一步加大扶贫政策、扶贫成效、贫困退出，城乡低保、特困人员救助供养、义务教育、随迁子女入学，就业创业、环境保护、棚户区改造、农村危房改造、卫生、食品药品安全等领域的信息公开。

21日

国家公共文化服务体系建设协调组第四次全体会议在北京召开。中宣部、文化部等26个部委相关负责人参加了会议，审议2016年公共文化工作要点，提出要加快推进《公共文化服务保障法》《公共图书馆法》等立法工作。

22日

国务院副总理张高丽在纽约联合国总部出席《巴黎协定》高级别签署仪式，代表中国签署《巴黎协定》，并发表题为《推进落实〈巴黎协定〉共建人类美好家园》的讲话，指出中国将贯彻创新、协调、绿色、开放、共享的发展理念，为应对全球气候变化不懈努力。

23日

复旦大学人权教育与培训基地召开“人权保障与现代国家治理”研讨会，与会专家围绕人权与现代国家治理的关系、人权保障与国家治理现代化的国际实践与经验、人权保障与国家治理的中国实践等议题进行了研讨。

五月

4日

国务院办公厅印发《2016年全国打击侵犯知识产权和制售假冒伪劣商品工作要点》，强调要结合推动供给侧结构性改革，依法严惩影响创新发展、妨碍公平竞争和侵害消费者合法权益的侵权假冒违法犯罪。

7日

由中国人权研究会主办，武汉大学法学院、人权研究院承办的“新发展理念与中国人权保障——纪念联合国《发展权利宣言》通过30周年理论研讨会”在武汉召开，来自全国有关高校和人权研究机构的60余名人权专家学者参加了会议。

8日

由国务院新闻办公室指导，中国国际扶贫中心与中国互联网新闻中心联合主办的“2016中国扶贫国际论坛暨南南合作减贫知识分享网站开网仪式”在北京举行，主题为“可持续发展目标下的中国扶贫经验分享”，国内外近百位嘉宾参加。

10日

中澳人权技术合作项目“生殖健康权利保护培训班”在天水市举办。来自内蒙古、甘肃、青海、宁夏、新疆五省（自治区）的40多名学员参加了培训。

11日

国务院办公厅印发《2016年食品安全重点工作安排》，从健全法规标准入手，突出源头严防、过程严管、违法严惩，加快完善统一权威监管体制，提升食品安全治理能力和水平，切实维护广大人民群众“舌尖上的安全”。

16日

最高人民法院发布通知，自2016年5月16日起，各级人民法院做出的国家赔偿决定涉及侵犯公民人身自由权的，赔偿金标准为每日242.3元。最高人民检察院通知要求各级人民检察院办理自身作为赔偿义务机关的国家赔偿案件时，执行新的日赔偿标准242.3元。这一标准比2015年度增加了22.58元。

17日

中国瑞士第9次人权对话在北京举行，由中国外交部人权事务特别代表刘华和瑞士外交部人权特使乌尔施共同主持。中国最高人民法院等部门和瑞士内政部等部门派人参加。双方围绕各自人权观和人权新进展、司法和刑罚体系、少数群体权利、多边人权工作和人权技术合作等问题交换了意见。

20日

全国妇联儿童工作部启动“让爱留守·关爱农村留守儿童特别行动”。行动旨在发挥妇联组织关爱服务优势，通过深化家庭教育指导、加强亲情关爱服务、推进快乐家园建设、开展主题实践活动等，促使留守儿童健康快乐成长。

20日

国家主席习近平主持召开中央全面深化改革领导小组第二十四次会议，会议审议通过了《关于统筹推进城乡义务教育一体化改革发展的若干意见》《关于深化公安执法规范化建设的意见》《关于支持和发展志愿服务组织的意见》等。

20日

全国普通高等学校毕业生就业创业工作电视电话会议在北京召开。国务院总理李克强批示指出：要进一步实施大学生就业创业促进计划，加强就业市场供需衔接和精准帮扶，深入推进简政放权和商事制度改革，加快发展新经济，不断催生新技术、新产业、新业态、新模式，创造更多适合高素质年轻群体的就业岗位。

23日

中国政府代表团出席在内罗毕召开的第二届联合国环境大会。阐述中国政府推动2030议程实施并实现可持续发展目标的具体行动。来自联合国173个成员国的代表，国际组织以及非政府组织等近2000名代表出席了会议。

24日

外交部副部长李保东会见来华访问的前联合国人权高专、加拿大最高法院前法官阿博尔，双方就中加关系、联合国维和事务、多边人权工作等问题交换了意见。

23~24日

中国商务部副部长钱克明作为中国政府代表参加在伊斯坦布尔举行的首届世界人道主义峰会，并就中国的人道主义工作发表演讲。峰会涉及难民援助、自然灾害、气候变化、性别平等等全球性重要议题。

25~26日

由全国妇联主办的二十国集团妇女会议在西安召开。会议主题是“平等参与，创新发展”，二十国集团成员、嘉宾国和国际组织代表近200人出席。与会者就全球经济治理中的性别视角、妇女创业就业及社会保障等议题进行了讨论，通过了《2016年二十国集团妇女会议公报》。

26日

农业部、国家发展改革委、财政部、中国人民银行、国家林业局、国家旅游局、银监会、保监会、国务院扶贫办联合印发《贫困地区发展特色产业促进精准脱贫指导意见》。

28 日

国务院印发《土壤污染防治行动计划》。要求到 2020 年，受污染耕地安全利用率达到 90% 左右，污染地块安全利用率达到 90% 以上；到 2030 年，受污染耕地安全利用率达到 95% 以上，污染地块安全利用率达到 95% 以上。

30 日

人力资源和社会保障部公布《2015 年度人力资源和社会保障事业发展统计公报》。公报显示，2015 年全国就业人员达 77451 万人，比 2014 年末增加 198 万人；其中城镇就业人员为 40410 万人，比 2014 年末增加 1100 万人。

六月

1 ~ 9 日

世界粮食计划署与中国农业部共同举办的南南合作政策对话在北京举行。此次活动的主要目的是让来自发展中国家的代表体验和学习中国在消除贫困和饥饿问题上的成功经验，以促进政策对话、贫困救济和发展项目的经验分享。

2 日

国务院新闻办公室发表《新疆的宗教信仰自由状况》（白皮书），重点阐述了新疆的宗教历史、保障公民宗教信仰自由权利、满足信教公民正常宗教需求、依法管理宗教事务、开展宗教对外交流、防范和打击宗教极端、发挥宗教界积极作用等内容。

2 日

中国外交部人权事务特别代表、国际司副司长刘华在吉隆坡会见了马来西亚外交部多边事务司副司长拉妮，双方就人权立场、多边人权工作和人权技术合作等问题交换了意见。

4 日

环保部发布《2015 中国环境状况公报》。截至 2015 年底，全国共建立各种类型、不同级别的自然保护区 2740 个，总面积约 14703 万公顷，其中陆地面积约 14247 万公顷，占全国陆地面积的 14.8%。全国现有森林面积 2.08 亿公顷，森林覆盖率达 21.63%；草原面积近 4 亿公顷，约占国土面积的 41.7%。

6 日

首届联合国教科文组织女童和妇女教育奖颁奖仪式在北京人民大会堂举行。联合国教科文组织总干事博科娃出席，国际女童和妇女教育研修班学员、有关国家驻华使节和国际组织驻华代表以及北京院校学生代表等 300 多人参加。该奖由中国政府提议并资助，是联合国教科文组织在这一领域设立的首个奖项。

8 日

国务院总理李克强主持召开国务院常务会议，部署实施健康扶贫工程，提升农村贫困人口医疗保障和健康水平。确定发展和规范健康医疗大数据应用的措施，通过互联网 + 医疗更好地满足群众需求。

13 日

中国常驻联合国日内瓦办事处和瑞士其他国际组织代表马朝旭大使在联合国人权理事会第 32 次会议上，代表近 140 个国家作题为“通过对话与合作促进和保护人权”的共同发言，提出推动国际人权对话与合作的 7 项原则。

13 ~ 17 日

西南政法大学张永和教授、吉林大学何志鹏教授等代表中国人权研究会赴日内瓦参加联合国人权理事会第三十二届会议第一周会议，并分别以“人的全面发展是人权实现的终极目标”和“移徙工人权利保护”为题做大会发言。

14 日

国务院新闻办公布《〈国家人权行动计划（2012 – 2015 年）〉实施评估报告》。报告显示，到 2015 年底，如期完成了行动计划预定的主要目标任务，其中约 48% 的约束性指标、50% 以上的涉及民生的指标提前或超额完成。

14 ~ 16 日

中国常驻联合国副代表吴海涛大使率团出席联合国《残疾人权利公约》第九次缔约国大会。中国残联副理事长贾勇在会议一般性辩论中代表中国发言。代表团参加了消除所有残疾人贫困和不平等、促进心理和智力残疾人权利、加强信息技术无障碍以及包容性发展圆桌会议，及庆祝公约通过 10 周年互动对话。

16 日

国务院印发《关于加强困境儿童保障工作的意见》，针对困境儿童生存发展面临的突出困难和问题，从保障基本生活、保障基本医疗、强化教育保障、落实监护责任、加强残疾儿童福利服务等五方面提出具体措施。

16 日

国务院食品安全办等六部门联合印发《关于进一步强化学校校园及周边食品工作安全的意见》。明确将完善管理制度、落实食品安全主体责任、加强食品安全教育、加强食品安全监管、加强综合治理和严厉打击食品安全违法行为作为工作重点。

21 日

国家卫生计生委、国务院扶贫办等 15 个部门联合印发《关于实施健康扶贫工程的指导意见》。要求加大健康扶贫工作力度，到 2020 年实现贫困地区人人享有基本医疗卫生服务，为农村贫困人口实现小康提供健康保障。

21 日

国务院办公厅印发《关于促进和规范健康医疗大数据应用发展的指导意见》，从夯实应用基础、全面深化应用、规范和推动“互联网＋健康医疗”服务、加强保障体系建设等四个方面部署了 14 项重点任务或重大工程。

27 日

《中国全面小康发展报告·拉萨样本》首发仪式在拉萨市举行。拉萨样本是“中国全面小康（样本）发展报告”系列丛书第三本、西部第一本地市（县/区）样本，“幸福指数”是衡量其小康水平的最大特点。

29 日

农业部印发《农村土地经营权流转交易市场运行规范（试行）》，要求各地督促尚未建立流转交易市场的地方特别是粮食主产区抓紧建立市场并完善规则，推动流转交易公开、公正、规范运行，维护交易双方合法权益。

七月

6 日

由中国工程院组织的《大气污染防治行动计划》实施情况中期评估报告

发布。报告指出，2013～2015 年，全国城市空气质量总体改善，各污染要素浓度逐年下降，重度及严重污染天数降幅显著。

5～6 日

中国民间组织国际交流促进会和中国联合国协会在青岛举办 2016 年二十国集团民间社会（C20）会议，主题为“消除贫困、绿色发展、创新驱动与民间贡献”。国家主席习近平发信祝贺。来自 50 多个国家和地区的 170 多个民间组织的 210 多名代表与会。会议讨论通过《2016 年二十国集团民间社会会议公报》。

6 日

国家发改委会同国家卫生计生委、人力资源和社会保障部、财政部发出《关于印发推进医疗服务价格改革意见的通知》，全面推进医疗服务价格改革，提出到 2020 年基本理顺医疗服务比价关系。

7 日

国务院残疾人工作委员会在人民大会堂举行纪念联合国《残疾人权利公约》通过十周年大会。联合国秘书长潘基文应邀出席并致辞，赞扬中国政府为制定和履行公约所做的积极贡献。国务院残工委副主任、中国残联主席张海迪回顾了中国的做法和成就，表明了中国政府继续加强残疾人权利保障的态度。

11 日

国务院印发《关于统筹推进县域内城乡义务教育一体化改革发展的若干意见》，要求推进县域内城乡义务教育学校建设标准统一、教师编制标准统一、生均公用经费基准定额统一、基本装备配置标准统一和“两免一补”政策全覆盖。

13 日

司法部和最高人民检察院联合印发《人民监督员选任管理办法》，最高人民检察院印发《关于人民监督员监督工作的规定》。人民监督员由司法行政机关负责选任管理，可对检察机关办理直接受理立案侦查案件工作实施监督。

14 日

最高人民法院发布《关于人民法院办理执行信访案件若干问题的意见》，要求各级人民法院建立和落实执行信访案件交办督办制度。

20 日

联合国可持续发展高级别政治论坛在纽约联合国总部举行，中国外交部副部长李保东就中国落实《2030 年可持续发展议程》作了国别自愿陈述。

22 日

世界银行、世界卫生组织和中国财政部、国家卫生计生委、人力资源和社会保障部在北京发布中国医改联合研究报告。提出要采取一系列关键举措深化卫生服务体系改革，满足人民不断增长的健康需求，进一步控制不合理费用的增长。

25 日

国家主席习近平在人民大会堂会见世界卫生组织总干事陈冯富珍。习近平介绍了中国在卫生领域的进展和规划。陈冯富珍表示，世界卫生组织高度评价中国政府在全球卫生合作领域的重要贡献。

28 日

中共中央办公厅、国务院办公厅印发《保护司法人员依法履行法定职责规定》，细化了司法人员各类权益保障机制、拓展了司法职业保障范围。

八月

12 日

人力资源和社会保障部印发《关于在打赢脱贫攻坚战中做好人力资源社会保障扶贫工作的意见》。提出要建立和完善输出地与输入地劳务对接机制，提高劳务输出脱贫的组织化程度。

15 ~ 23 日

联合国赤贫和人权问题特别报告员菲利普 · 奥尔斯顿（Philip Alston）对中国进行了首次访问。其间，奥尔斯顿走访了北京和云南两地，并与中央和地方政府、非政府组织、国际组织代表和学界专家进行了会谈和交流。

17 日

国务院印发《“十三五”加快残疾人小康进程规划纲要》，要求各地区制定当地规划，将纲要的主要任务指标纳入当地国民经济和社会发展总体规划；各部门将纲要的主要任务指标纳入有关专项规划，统筹安排、同步实施。

19～20日

全国卫生与健康大会在北京召开。国家主席习近平出席会议并发表讲话强调，要把人民健康放在优先发展的战略地位，以普及健康生活、优化健康服务、完善健康保障、建设健康环境、发展健康产业为重点，加快推进健康中国建设。

26日

中共中央政治局召开会议，审议通过《"健康中国2030"规划纲要》。

29日

中国国际广播电台"中国人权纪实·2016"采访组到宜昌市就长江生态治理"宜昌实验"、智慧城市建设等十个选题进行专题采访报道。

30日

最高人民检察院发布《人民检察院国家司法救助工作细则（试行）》，明确规定了检察机关进行国家司法救助的对象和范围、救助的方式和标准、救助工作的具体程序、救助资金保障和管理，以及救助工作中违法责任追究等问题。

九月

2日

全国人大常委会办公厅印发《关于完善人大代表联系人民群众制度的实施意见》，对如何密切人大代表同人民群众的联系提出了具体要求。

6日

国务院办公厅印发《国家残疾预防行动计划（2016－2020年）》，提出通过控制出生缺陷和发育障碍致残、防控疾病致残、减少伤害致残等具体举措，减少和控制从出生到老年的残疾发生、发展。

12日

国务院新闻办公室发表《中国司法领域人权保障的新进展》（白皮书），包括不断健全人权司法保障机制、进一步完善人权司法保障程序、努力提高人权司法保障执行力和切实保障被羁押人合法权利等部分。

16 日

在联合国人权理事会第 33 次会议上，中国常驻联合国日内瓦办事处和瑞士其他国际组织代表马朝旭代表近 140 个国家作题为《发展促人权》的共同发言，强调发展对保护和促进人权至关重要。

19 日

国务院总理李克强在联大解决难民和移民大规模流动问题高级别会议上表示，中国将向有关国家和国际组织提供专门用于应对难民问题的人道主义援助；积极研究把中国－联合国和平与发展基金的部分资金，用于支持发展中国家难民移民工作；积极探讨同有关国际机构和发展中国家开展三方合作。

19 日

首届丝绸之路沿线国家妇女论坛在乌鲁木齐召开，主题为“妇女创业就业的机遇与挑战”。来自中国、法国、伊朗、亚美尼亚、印度尼西亚、泰国、越南、俄罗斯等丝路沿线的 19 个国家和国际组织亚信 CICA 的代表百余人参加。

19 ~ 23 日

国务院新闻办公室主办的《不断发展进步的中国人权事业》图片展在纽约联合国总部举办，展出了精准扶贫，经济、社会和文化权利，公民权利和政治权利，特定群体权利，国际人权交流与合作等板块的 80 多幅图片。

21 日

中国人权研究会理事、南开大学人权研究中心副主任常健教授，武汉大学人权研究院执行院长汪习根教授，在日内瓦万国宫出席由中方主办的“联合国《发展权利宣言》30 年：中国的实践及民间社会的贡献”边会并发言。

22 日

外交部副部长李保东在纽约联合国总部出席第 71 届联大纪念《发展权利宣言》通过 30 周年高级别会议并发言，强调应尊重各国自主选择的发展道路，促进全面协调的发展，推动创新包容的发展，致力于开放共赢的发展。

22 日

最高人民法院、最高人民检察院、公安部、司法部联合发布《关于进一步加强社区矫正工作衔接配合管理的意见》，对社区矫正适用前，社区服刑人员交付接收、监督管理、收监执行等方面的衔接配合管理提出具体要求。

26 日

最高人民法院公布《罪犯生活不能自理鉴别标准》，其标准与 WHO 最新公布的《国际功能分类》有关“自理”的标准一致，对罪犯因疾病、伤残、年老体弱等造成身体机能下降而不能自主处理自己日常生活的情况进行全面鉴别。

27 日

国务院办公厅转发民政部、国务院扶贫办、中央农办、财政部、国家统计局、中国残联联合发布的《关于做好农村低保制度与扶贫开发政策有效衔接的指导意见》，明确了相关原则、目标、重点任务和工作要求。

28 日

由中国人权研究会主办，西南政法大学人权研究院承办的“2016·中欧人权研讨会”在重庆召开。来自中欧人权领域的 50 多位专家学者围绕少数民族权利保障问题进行了研讨交流。

29 日

由国务院新闻办公室和外交部牵头编制的《国家人权行动计划（2016－2020 年）》发布。包括导言，经济、社会和文化权利，公民权利和政治权利，特定群体权利，人权教育和研究，人权条约履行和国际交流合作，实施和监督等内容。

十月

5 日

第 71 届联合国大会负责社会、人道主义和文化的第三委员会就社会发展问题举行一般性辩论。中国常驻联合国副代表吴海涛呼吁国际社会应更加重视消除贫困问题，将其作为社会发展的首要任务。

9 日

纪念《中华人民共和国老年人权益保障法》颁布实施 20 周年座谈会在北京举行。全国人大常委会副委员长王胜俊，全国老龄委主任王勇出席会议并讲话，对加大《老年人权益保障法》等法律法规的落实力度提出了新要求。

10 日

最高人民法院、最高人民检察院、公安部、国家安全部、司法部联合印发《关于推进以审判为中心的刑事诉讼制度改革的意见》。要求不得强迫任何人证实自己有罪，要在规范的讯问场所讯问犯罪嫌疑人，对讯问过程全程同步录音录像，对采取刑讯逼供、暴力、威胁等非法方法收集的言辞证据，应依法予以排除。

10 日

全国妇联在北京举办“女童与可持续发展”研讨会。全国妇联联合中国儿童少年基金会等 10 家公益机构，从营造男女平等良好社会氛围、创造亲情和谐家庭环境、铺实贫困女童就学之路等五方面，发出了“女童与可持续发展”倡议。

10 日

由中国人权研究会组织编写的《中国人权事业发展报告（2016）》发布。重点分析了中国政府对发展理念的创新及在贫困人口权利、医疗权利、医护人员权利、乡村教师权利、环境权利、诉讼权利、法律援助权利、宗教信仰自由权利、特定群体权利等方面新的政策措施。

16 日

2016 年扶贫日减贫与发展论坛在北京举行。论坛启动了中国大病社会救助平台，该互联网平台是由国家卫生计生委指导，中国人口福利基金会组织实施的国家级健康扶贫大病救助项目，具有大病救助政策指南、大病救助慈善项目、大病救助在线求助、大病救助信息验证等多项功能。

16 日

中国残联与国务院扶贫办在北京主办 2016 扶贫日减贫发展论坛——残疾人精准扶贫平行论坛，主题为“激发信心、凝聚力量”。与会人员分享了残疾人脱贫典型案例及相关研究成果，一些社会组织和企业围绕精准康复、精准电商扶贫、帮助贫困残疾人脱贫进行了成果展示和交流研讨。

17 日

中国检察学研究会未成年人检察专业委员会在北京成立。最高人民检察院检察长曹建明要求，各级检察机关要充分发挥检察职能，在未成年人司法保护中履职尽责。要积极参与校园暴力、欺凌等专项治理。

17 日

国务院新闻办发布《中国的减贫行动与人权进步》（白皮书）。改革开放 30 多年来，7 亿多贫困人口摆脱贫困，农村贫困人口减少到 2015 年的 5575 万人，贫困发生率下降到 5.7%，基础设施明显改善，基本公共服务保障水平持续提高。

17 日

中共中央办公厅、国务院办公厅印发《脱贫攻坚责任制实施办法》。按照中央统筹、省负总责、市县抓落实的工作机制，构建起责任清晰、各负其责、合力攻坚的脱贫攻坚责任体系。

17 日

中宣部在北京召开人权宣传工作座谈会，中央政治局委员、中央书记处书记、中央宣传部部长刘奇葆出席会议并讲话，强调要深入学习贯彻习近平总书记关于人权事业发展的重要讲话精神，坚定人权自信，进一步做好人权宣传工作，展示好中国人权事业的发展进步。

19 日

国务院办公厅印发《老年教育发展规划（2016 - 2020 年）》，对加快发展老年教育、扩大老年教育供给、创新老年教育体制机制、提升老年教育现代化水平做出部署。

20 日

国务院印发《全国农业现代化规划（2016 - 2020 年）》，对“十三五”期间全国农业现代化的基本目标、主要任务、政策措施等做出全面部署安排。

22 ~ 23 日

中国社会科学院国际法研究所在北京举办“人权领域的国际合作与中国视角”国际研讨会。来自中国、英国、荷兰、瑞典、意大利、澳大利亚和南非的 50 多位专家学者参会。

24 日

中共中央办公厅、国务院办公厅印发《信访工作责任制实施办法》，要求进一步落实各级党政机关及其领导干部、工作人员信访工作责任，从源头上预防和减少信访问题发生，推动信访问题及时就地解决，依法维护群众合法权益。

24 日

民政部印发《关于做好“寒冬送温暖”专项救助工作的通知》，强调要真正做到“视救助对象为亲人”，充分发挥救助管理机构“兜底线，救急难”的作用。

25 日

中共中央、国务院印发《“健康中国 2030”规划纲要》，确定了规划目标和实施举措。要求以人民健康为中心，坚持以基层为重点，以改革创新为动力，预防为主，中西医并重，把健康融入所有政策。

27 日

国务院印发《关于加快发展康复辅助器具产业的若干意见》。围绕老年人、残疾人和伤病人多层次、多样化的需求，对康复辅助器具产业发展做出全面部署。

27 ~ 28 日

中国外交部人权事务特别代表、国际司副司长刘华和英国外交部亚太司司长李丰在伦敦共同主持中英第 23 次人权对话。双方就人权领域新进展、人权司法保障、国际人权领域合作等问题交换了意见。

28 日

第 71 届联合国大会投票选举 2017 ~ 2019 年人权理事会成员，中国以 180 票成功连任，这是自人权理事会成立以来中国第四次当选。

30 日

中共中央办公厅、国务院办公厅印发《关于完善农村土地所有权承包权经营权分置办法的意见》。要求逐步建立规范高效的“三权”运行机制，不断健全归属清晰、权能完整、流转顺畅、保护严格的农村土地产权制度。

31 日

中国常驻联合国副代表吴海涛大使在第 71 届联大三委人权议题一般性辩论时发言，认为人权与各国价值观标准、历史文化传统、政治经济制度息息相关，中方建议要坚持平等相待，推动包容发展，尊重人民选择，平衡两类人权。

十一月

1 日

国务院发布《中国应对气候变化的政策与行动 2016 年度报告》。中国气候变化事务特别代表解振华表示，中国政府高度重视应对气候变化工作，积极采取政策行动，有效控制温室气体排放，增强适应气候变化的能力。

5日

最高人民法院院长周强向全国人大常委会报告深化司法公开、促进司法公正情况。他表示，人民法院将依托信息化实现审判执行工作全程留痕，将审判权和执行权的运行更好地置于社会的广泛监督之下，促进公正高效廉洁司法。

5日

最高人民检察院检察长曹建明在十二届全国人大常委会第二十四次会议上汇报加强侦查监督、维护司法公正的情况和关于检察机关提起公益诉讼试点工作情况的中期报告。

7日

十二届全国人大常委会第二十四次会议通过《中华人民共和国网络安全法》。明确加强对个人信息的保护力度，打击网络诈骗。自2017年6月1日起施行。

7~8日

中德第14次人权对话在柏林举行，中国外交部国际司司长李军华和德国联邦政府人权事务专员贝贝尔·科夫勒共同主持。双方重点围绕各自人权领域的新进展和保护难民权利等问题交换了意见。

8~11日

第16次亚欧非正式人权研讨会在北京举办，主题为“残疾人与人权”。亚欧会议成员政府代表、学者专家、非政府组织代表等100余人参加会议。

8日

中共中央办公厅、国务院办公厅转发《国务院深化医药卫生体制改革领导小组关于进一步推广深化医药卫生体制改革经验的若干意见》，要求运用典型经验，推动医改向纵深发展。

12~13日

南开大学人权研究中心举办“公务员人权培训师资讲习班”和“公务员人权培训研讨会”。来自北京、天津、河北、吉林、辽宁、陕西、山西、山东、河南、浙江、江苏、新疆、广西、安徽、福建等十五个省份的党校、行政学院、警官学校的40余名教师和教研部负责同志参加。

10日

国务院办公厅印发《〈关于全面推进政务公开工作的意见〉实施细则》，要求推进决策、执行、管理、服务、结果公开。国务院各部门要就本部门本系统主动公开的内容、主体、时限、方式等编制目录并动态更新。

15日

最高人民法院通报修改后的《关于办理减刑、假释案件具体应用法律的规定》，进一步完善了刑罚执行变更的法律制度，统一了全国减刑、假释案件的办案理念、裁判尺度和执法标准。

20日

国际救助儿童会、北京市社会组织发展服务中心、北京市协作者社会工作发展中心和北京博源拓智儿童公益发展中心在北京联合开展“联合国《儿童权利公约》27周年纪念暨《儿童公益组织行为准则指南》倡导活动”。

21~24日

由中国国家卫计委和世界卫生组织共同主办的第九届全球健康促进大会在上海举行，大会发表了《2030可持续发展中的健康促进上海宣言》，呼吁在所有可持续发展目标中促进健康，为全球健康治理规划新方案。

22日

第四届中国儿童大病救助论坛在北京举行，探索解决大病儿童家庭因病致贫、因病返贫问题。来自公益机构、企业、高校、媒体的代表参加了论坛，中国红十字基金会等8家公益机构联合发布《儿童大病联盟统一标准共识》。

25日

中宣部副部长、国务院新闻办公室副主任崔玉英在北京主持召开会议，学习贯彻人权宣传工作座谈会精神。中央和国家机关有关部门、中央主要新闻单位、国家人权教育与培训基地及地方外宣办相关负责同志40余人参加会议。

27日

《中共中央　国务院关于完善产权保护制度 依法保护产权的意见》正式公布。明确了进一步完善现代产权制度、推进产权保护法治化的五个原则，明确了加强各种所有制经济产权保护等十大任务。

十二月

1日

国务院新闻办公室发表《发展权：中国的理念、实践与贡献》（白皮书），除前言、结束语外，共包括八个部分，分别是与时俱进的发展权理念、日臻完备的发展权保障制度、有效实现经济发展、不断完善政治发展、努力促进文化发展、全面提升社会发展、加快落实绿色发展、推动实现共同发展。

2~3日

由跨文化人权研究中心主办，南开大学人权研究中心和荷兰人权研究院承办的“第五届跨文化人权国际研讨会”在天津举行。来自荷兰、南非、澳大利亚等13个国家以及国内高校或机构的60多位专家围绕“传统精神和文化价值观念与人权的本土源头”进行了研讨。

4~5日

国务院新闻办公室和外交部举办“纪念《发展权利宣言》通过30周年国际研讨会”。国家主席习近平发贺信，希望国际社会以联合国《2030年可持续发展议程》为新起点，努力走出一条公平、开放、全面、创新的发展之路。中央政治局委员、中央书记处书记、中央宣传部部长刘奇葆在会上宣读了习近平的贺信并致辞。来自40多个国家、地区和国际组织的150多名官员、学者等出席了研讨会。

6日

中国与巴西在北京举行第2次人权磋商。中国外交部人权事务特别代表、国际司副司长刘华与巴西外交部人权与社会事务司司长吉斯莱尼共同主持。双方就人权领域新进展、国际人权形势、多双边人权合作等交换了意见。

8日

由中国人权发展基金会、德国弗里德里希·艾伯特基金会共同主办的“2016·中德人权发展论坛”在北京召开。来自中德两国人权领域的专家学者围绕“和平发展与人权保障”主题进行了研讨。

12日

国务院办公厅印发《湿地保护修复制度方案》，对新形势下湿地保护修复作出部署安排。方案指出，要实行湿地面积总量管控，到 2020 年，全国湿地面积不低于 8 亿亩。

13 日

教育部发布《盲校义务教育课程标准》（2016 年版）《聋校义务教育课程标准》（2016 年版）和《培智学校义务教育课程标准》（2016 年版）。共涉及 42 门学科，包括课程性质、基本理念、课程目标、教学内容和实施建议等。

15 日

国务院教育督导委员会办公室印发《中小学（幼儿园）安全工作专项督导暂行办法》。对推动建立科学化、规范化、制度化的中小学（幼儿园）安全保障体系和运行机制，提高安全风险防控能力作出了部署。

16 日

教育部、国家发展改革委、民政部、财政部、人力资源和社会保障部、国务院扶贫办联合印发《教育脱贫攻坚“十三五”规划》。提出到 2020 年，贫困地区教育总体发展水平显著提升，建档立卡等贫困人口教育基本公共服务实现全覆盖，不让一个学生因家庭困难而失学。

22 日

《最高人民法院关于审理拐卖妇女儿童犯罪案件具体应用法律若干问题的解释》公布。对婴幼儿采取欺骗、利诱等手段使其脱离监护人或者看护人的，视为“偷盗婴幼儿”。医疗机构、社会福利机构等单位的工作人员以非法获利为目的，将所诊疗、护理、抚养的儿童出卖给他人的，以拐卖儿童罪论处。

23 日

中国人权研究会第四届全国理事会第一次会议在北京召开，审议通过《中国人权研究会第三届全国理事会工作报告》和修改后的《中国人权研究会章程》，推举产生第四届全国理事会理事、常务理事及领导机构。全国人大常委会副委员长向巴平措当选为会长，全体理事、顾问及有关人员约 200 人参加会议。

23 日

中国人权发展基金会第三届理事会第一次会议在北京召开，审议通过了《中国人权发展基金会第二届理事会工作报告》《中国人权发展基金会 2017 – 2021 年发展规划纲要》和修改后的《中国人权发展基金会章程》，推举产生新

一届理事会领导成员。全国工商联名誉主席黄孟复当选为新一届理事会理事长。

27 日

中国社会科学院和国务院扶贫办联合编辑出版的首部扶贫蓝皮书《中国扶贫开发报告（2016）》发布。报告全面回顾和总结了 1949 年以来中国扶贫的基本历程，从政策措施和成效两个方面分析和评价了不同时期扶贫开发取得的成就。

28 日

由中国人民大学主办的《2016 中国大学生创业报告》发布会暨高校创新创业教育院长论坛在北京举办，报告基于一项覆盖全国 31 个省区市 1767 所高校的 43 万多名在校或刚毕业大学生的大规模问卷调查，对中国大学生创业现状、成就和面临的挑战进行了研究。

Abstract

This is the seventh Blue Book on China's human rights, which focuses on the latest progress of China's human rights cause in 2016.

The book includes general reports, thematic reports, research reports, and case studies, and appendices.

The general report focuses on the impact of the all-out effort to enforce strict Party discipline on the development of China's human rights cause, pointing out that the all-out effort to enforce strict Party is an important measure to completing the process of building a moderately well-off society in all aspects and guaranteeing human rights at a higher level. The Sixth Plenary Session of the Eighteenth Central Committee of the Communist Party of China examined and approved the "Some Standards of Political Life within the Party under the New Situation" and the "Regulations on Inner-Party Supervision of the Communist Party of China", which called for further serious and standardizing political life within the Party, strengthening ideological party building and institutional governance, improving the implementation of the party discipline system, focusing on the party's leading organs and leading cadres to strengthen the party building. These initiatives are of great significance for preventing infringement, opposing privileges, effectively punishing corruption, safeguarding the rights of the person under review and strengthening the leadership of the Party on human rights cause.

17 thematic reports are focusing on the development of China's human rights undertakings in various fields in 2016. The new column on development rights includes two research reports, which analyze respectively on China's researches on the right to development in 2016, the new progress of researches on the status of the right to development in the human rights system. In the area of economic, social and cultural rights, there are six reports covering the new progress in the protection of human rights of the poverty in poverty alleviation, the protection of citizens' right to health in regulation of vaccine and, the protection of the rights of pneumoconiosis

workers in China, the protection the right to health in prevention of soil pollution, the new progress of civil rights protection in the comprehensive prevention and control of air pollution in Beijing, Tianjin and Hebei Province, as well as the protection of farmers' rights in land circulation. In the civil and political rights, there are four reports to discuss respectively the new progress equal rights protection in the reform of the household registration system, the protection of the right to a fair trial in the judge responsibility system, and human rights protection in regulating the administrative law enforcement, the civil rights protection in Internet and its governance. There are three reports on the protection of human rights of specific groups, which related respectively on the protection of the minorities' human rights in the partner assistance to Xinjiang, the protection of the rights of the troubled children, as well as the protection of human rights for children and adolescents in anti-campus violence. There are two reports covering human rights legislation in 2016 and the international cooperation and exchanges in the field of human rights, respectively.

In the part of research report and case studies, there are five reports involving respectively the Tianjin Cultural Project for Benefiting People, the advisory and evaluation mechanism for safeguarding gender equality in legislation and policy making in Jiangsu Province, the survey on the concept of Chinese people on human rights in the Internet, the supply of public service on minority language in urban areas, and the investigation on the education of sexuality and the prevention of sexual abuse to children in Chongqing.

2 appendices related respectively to the Chronicle of China's human rights in 2016 and the laws and regulations enacted, amended or modified in 2016 that directly related to human rights.

All reports are written with serious attitude and follow the blue book requirements on authority, frontier, originality, positive, forward-looking and timeliness. The authors try to realistically reflect the actual development of China's human rights cause in 2016, objectively analyze the progress and the problems, and make policy recommendations to promote the protection of human rights and prediction on the prospects of China's human rights cause on the basis of a full study.

Contents

I General Report

Abstract: Comprehensively and strictly administering the party is an important measure to build a well-off society in an all-round way and safeguard human rights at a higher level. The Sixth Plenary Session of the 18th CPC Central Committee passed "The Guiding Principles on the Political Life of the Party under the New Situation" and "The CPC Supervision Regulations within the Party", requiring further seriously regulate the political life of the party, strengthen the ideological construction and systematic governance of the Party, improve the Party's discipline implementation system, strengthen party building focusing on the leading organs and cadres of the Party to. These initiatives has important significance to prevent the infringement, against privilege, effectively punishing corruption, safeguard human rights, protect the rights ofthe persons under examination, strengthen the leadership of the party to the cause of human rights.

Keywords: the Communist Party of China; China's Human Rights Cause; Administrating the Party Strictly; Fight against Corruption

Ⅱ Thematic Reports

B.2 Review of Chinese Research on the Right to Development in 2016 *Wang Xigen, Liu Yuan* / 019

Abstract: On the occasion of the 30 anniversary of the Declaration on the Right to Development, the year 2016 witnessed China's tremendous achievements in research on the right to development. In the two academic events on the right to development held in 2016, Chinese scholars have launched lively discussion on the issues related to the right to development, which fully demonstrated the unremitting efforts and remarkable achievements of Chinese academic community in the research on the right to development. It also reveals the global influence of discourse system of the right to development in China.

Keywords: The Right to Development; Declaration on the Right to Development; Research Review

B.3 New Progress in the Study of the Status of the Right to Development in the Human Rights System *Chang Jian* / 031

Abstract: In Commemoration of the 30 anniversary of the United Nations Declaration on the Right to Development, the Chinese academic circles have made a further study on the status of the right to development in the human rights system. Chinese scholars studied not only the morphology and priority of theright to development, but also the position and functions of the right in the human rights system, proposed the right as the core right in the human rights system, playing the functions of unifying, coordinating and integrating human rights, and proposed the developmental perspective of human rights which is based on the core position of the right to development is an effort of reconstructing traditional human rights theory. These views form a strong challenge to liberalism which has dominated the international field of human rights for quite long time.

Keywords: Right to Development Rights; Human Rights System; Human Rights Theory; the Core Right

Abstract: 2016 is the beginning year of the "Thirteenth Five-Year Plan" and that of a poverty alleviation battle, in which policy of targeted poverty alleviation has entered a completely new stage. The supporting system of targeted poverty alleviation is basically established, emphasizing objectives management and differentiated measures, enhancing the support of fiscal, finance and land policy, highlighting the institutional and mechanical support. All policies where of have been comprehensively implemented, by which China's rural population in poverty has been reduced by 12. 4 million and the agricultural production and living of the rural poor population further improved, and opportunity to development further expanded. However, the battle of poverty alleviation that will last for 5 years is just getting started. Poverty alleviation is still a formidable mission, since most of the poor populations who are left to be lifted out of poverty and backwardness are the poorest and the least developed. Therefore, numerous tasks of poverty alleviation and human rights protection of rural poor population still needs to be implemented and improved, especially the governance of abuse of power, the precaution of formalism wherein, the effective solutions to the difficulty of implementation of such policy as poverty alleviation by photovoltaic power generation program timely and the effective solutions to reduce and eliminate negative elements of targeted poverty alleviation.

Keywords: Poverty Alleviation Battle; Targeted Poverty Alleviation; Protection of Human Rights

B. 5 Vaccine Safety and Protection of Citizen's Rights of Health

Jia Ping, Liu Ruiyi / 065

Abstract: Vaccine safety is essential for the protection of citizen's rights of health. The government of China consistently attaches great importance to vaccine safety for the purpose of providing solid protection of people's health. In 2016, the regulation system, as well the legal protection of vaccine safety are further enhanced, and the remedy of vaccine takers with paradoxical reactions has been specially protected with the establishment of a new compensation mechanism. In future, the governmental regulation of vaccine safety could be further enhanced by improving the legalization level, the management system, as well as the compensation mechanism for vaccine takers with paradoxical reactions.

Keywords: Vaccine Regulatory System; Rights of Health; Legal Protection

B. 6 Protecting Rights of Workers with Pneumoconiosis in China

Gao Wei, Zhang Wanhong / 077

Abstract: Pneumoconiosisis a challenge in the process of economic development in China. In 2016, progresses made on protecting rights of workers with pneumoconiosis include: improving relevant law and policies; ensuring medical and financial support to workers; enhancing collaboration with social organizations; exploring systems for rehabilitation and re-employment; and strengthening prevention pneumoconiosis. Based on good local practice, this paper suggests that: (1) a specialized nationwide fund should be established to support prevention of pneumoconiosis, medical and rehabilitation services as well as financial support for workers with pneumoconiosis; (2) a comprehensive and community-based rehabilitation mode should be explored to ensure workers with pneumoconiosis to effectively participate in society and live with dignity.

Keywords: Workers with Pneumoconiosis; Prevention and Treatment of Pneumoconiosis; Specialized Pneumoconiosis fund; Right Protection; Community-Based Rehabilitation

Abstract: The year of 2016 is the beginning of thirteenth five-year-plan and also the third year of separation of contractual right of land in the view of central government. This year, the central and local government build kinds of documents to improve the transfer of rural land. The farmers get clear right with the land ownership certification and more income with greater transfer of rural land. However, there are still something to be improved in the scale, speed, usage and interests division of rural land transfer. We must respect farmers' right to decide, control the agricultural usage and transfer scale of rural land. At the same time, it's necessary to build the transfer structure of rural land and matching systems to protect it from risks.

Keywords: The Transfer of Rural Land; Farmers' Rights; The Contractual Right of Land; Separation of Three-Rights

Abstract: In 2016, china makes improvement in soil pollution control, from releasing "Soil Pollution Prevention Action Plan", formulating relevant laws and standards, perfecting environmental protection supervision and management system, supporting environmental public interest litigation to further preventing heavy metal pollution in order to improve soil environment quality, which benefits civil health rights protection. The work of soil pollution control cannot meet the urgent requirements of soil protection. In order to protect public health rights, the current prevention system should be perfected from formulating special laws and corresponding standards, improving the management system, strengthening environmental information disclosure, reforming public participation system, enhancing the ability of environment and health management, to realize public health right.

Keywords: Soil Pollution Control; Health Rights; Legal Protection

Abstract: The serious air pollution in Beijing-Tianjin-Hebei region has aroused people's high attention. To protect the environmental right and the related right to health, Beijing, Tianjin and Hebei have respectively issued air pollution prevention and control regulations, clarified the government's tasks and major initiatives, and actively explore inter-governmental cooperation mechanisms. In 2016, they have done a lot of work to control the pollution from coal burning, industrial enterprises, motor vehicle exhaust, dust and emergency management of heavy pollution. As the result, the air quality has been improved at a certain degree. At the same time, we have to face many difficult challenges, because the air pollution governance must be a long-term, complex and systematic process. It is necessary to further the adjustment of industrial and energy structure, strengthen related technological innovation, promote coordination among governments, improve social participation and optimize the governance mechanisms.

Keywords: Comprehensive Control of Air Pollution; Environmental Rights Protection; Beijing-Tianjin-Hebei Collaborative Governance

Abstract: In order to guide the comprehensive reform of the household registration system, Chinese government has continued to improve the policies for the reform of the household registration system, publish the policy documents on the reform of the household registration system since "The Opinions of on Further Promoting the Reform of the Household Registration System" were issued by state council in 2014. The local governments of China implement fully the central government's resolution onthe reform of household registration system, explore activelyan effective way to promote the reform of the household registration system by combining the local actual situation thereby the urbanization rate of household population is significantly improved.

Keywords: Reform of the Household Registration System; Right of Equality; Human Rights Protection

Abstract: 2016 is a crucial year of China's judicial system reform. The General Office of the CPC Central Committee and the General Office of the State Council of PRC issued *Provisions on the protection of judicial personnel to perform their statutory duties according to the law.* The Supreme People's Court of PRC and The Supreme People's Procuratorate of PRC issued *Suggestions on the establishment of the accountability system for judges and prosecutors.* Based on attaching importance to the professional guarantee of judge, China has made specific provisions on the accountability system for judges, especially on its subject, scope, exemption, ascertainment and realization. The reform of the accountability system in china contributes to ensuring the exercise of the powers of judges pursuant to law, regulating the duty behavior of judges and promoting the realization of fair trial.

Keywords: Accountability System for Judges; Professional Liability; Misconduct of Judges; Fair Trial

Abstract: The standardization of administrative law enforcement is crucial in

Legal Government construction. We have reached considerable progress providing a standardized, digital and professional administrative law enforcement process in the year 2016, with citizens' legitimate rights well protected and their attitude towards administrative law enforcement agency significantly improved. Meanwhile, there are still some shortcomings in urban management, public security, food and drug supervision and other administrative law enforcement practice for the present. It is worth our further study, exploration and practice to solve these problems and improve administrative law enforcement in the future to come.

Keywords: Administrative Law Enforcement; Human Rights Protection; Public Security, Food and Drug Supervision

B.13 Network Governance and the Protection of Citizens' Rights *Liu Ming* / 190

Abstract: As of June 2016, the scale of Chinese Internet users reached 710 million. The popularity of the network bring convenience to the lives of citizens, the risk of violations of citizens' rights is also increasing. In 2016, China continued to strengthen the network legislation and management. China promulgated "The network security law of the People's Republic of China", governing the network to protect citizens' rights of property, intellectual property rights, rights of privacy and other human rights according to the law.

Keywords: Internet; Right of property; Right of Privacy; Legalization

B.14 Peer to Peer Support of Xinjiang and Protection of Minority Rights *Gulazat Tursun* / 201

Abstract: The protection of development rights of minority rights in Xinjiang faced some challenges because of special ethno-geography of Xinjiang. In order to help Xinjiang to solve development issue and promote the development rights of minority there, Central government organized peer to peer support and arranged developed provinces and cities to help Xinjiang in economy, education and infrastructure development. Currently, Peer to peer support of Xinjiang achieved great progress. In order to full use of the role of peer to peer support, we advise that supporters to strengthen their economic and educational support, and promote the development rights of ethnic minorities.

Keywords: Peer to Peer Support; Development Rights; Minority

Abstract: In 2016, China has put the rights of classified security about the plight of children into an important part of protecting the rights of children. The Chinese government has gradually improved the legal policy support system, the formation of the protection of multiple subjects, strengthen the classification of the plight of children, established and improved the work system, structuring and improving the work system for children protection and reinforce work safeguards of the plight of children. However, the protection about the rights of children in difficult situations still faces a lot of challenges. We need to improve the existing system through following three aspects: completing the legal system of the plight of children, enhancing the linked mechanism of inter-departmental cooperation, standardizing the government to buy social service behavior.

Keywords: Rights of the Plight of Children; Classified Security System; Legal Protection

Abstract: In 2016, measures had been taken by Chinese government in the prevention of school violence, including strengthening policy guide and implementation oversight, implementing school violence prevention measures; establishing a comprehensive school violence prevention system, as well as promoting legal education in schools, etc.. However, there are still challenges in the prevention of school violence due to insufficient legal measure for school violence prevention, lacking of human rights protection concepts as well as social common sense against violence, and the absence of professional institutes in the prevention of school violence. In order to improve the effect of school violence prevention, we must strength the legal liability of schools, perfecting judicial punishment measures, laying more emphasis on early education against violence, as well as make the leading role of schools functional in the prevention of school violence.

Keywords: School Violence; Minor's Rights; Legal Protection

B.17 Analysis Report on China's Human Rights Related Legislation in 2016

Ban Wenzhan / 248

Abstract: In 2016, the NPC, its Standing Committee and the State Council of China continuously carried out a series of human rights related legislative activities. Dozens of laws or regulations relating to the rights to adequate standards of living, education, health, social security, cultural life, freedom of association, freedom of expression, privacy, honor and property were adopted or amended. While China made a new progress in human rights related legislation, it still has onerous tasks in this field in the near future.

Keywords: Human Rights; Legislation; Law; Regulation

B.18 The Development of China's International Cooperation and Exchanges in Human Rights Field in 2015

Luo Yanhua / 273

Abstract: In 2016, China made new progress in conducting international cooperation and exchanges in human rights field and acted more actively and more initiatively than before. It mainly displays as that China pointed out some new ideas about international human rights cooperation and exchanges; made use of the moment of the 30 anniversary of the Declaration of the Right to Development to speak out China's ideas about human rights; and dealt with human rights challenges more calmly. Specifically, China actively promoted international cooperation in protecting specific group's rights, and had new performance in cooperation with the specialized human rights agencies in the UN. Officially multilateral human rights cooperation is the major part for China. In addition, the official bilateral human rights cooperation and exchanges put up some new characteristics, among them the human rights consultation with the developing countries become the new highlight. Meanwhile, the international exchange activities in non-official level are very active and show some new forms.

Keywords: China; Human Rights; International Cooperation; International Exchanges

Ⅲ Research Report and Case Study

Abstract: In order to safeguard the cultural rights of the citizens more efficiently, and realize the equalization of basic public cultural services in urban and rural areas, Tianjin Municipal faces up to the challenges, actively explores an effective incentive mechanism, and implements the Cultural Benefit Projects. The projects ensure that public cultural services can effectively meet the demands of the people and provide more flexible modes and efficient services for the public to participate in cultural activities and enjoy cultural achievements through the library coordinated loan and return, cultural cards, subsidy for advanced exhibition and show, providing shows chosen by farmers themselves, digital construction of public cultural service and so on. The projects have won a favorable effect and also provide the reference for other regions about how to improve the construction of public cultural service

system.

Keywords: Cultural Right; Cultural Benefit Projects; Public Cultural Service; Tianjin

Abstract: Jiangsu Province is the very first province, which has established the mechanism of gender impact assessment in legislation in China. Currently, Jiangsu has become a model province in this area and many other provinces are trying to learn from its successful experiences. However, due to the fact that the mechanism of gender impact assessment in legislation is quite new in China, many aspects are still need to be improved even in Jiangsu's mechanism. Therefore, this article focuses on the analysis of the practice of the mechanism of gender impact assessment in legislation in Jiangsu Province and to exam its advantages, disadvantages and challenges. Ultimately, this article will conclude with recommendations concerning the improvements for Jiangsu's mechanism and the suggestions for other provinces which are seeking to establish the same mechanism.

Keywords: Mechanism of Gender Impact Assessment in Legislation; Model Province; Theoretical Support; Practical Suggestions

Abstract: Based on the analysis of 3140 valid samples in the whole country, we can see that, in the aspect of general cognition on internet and cyberspace, the general public feel more strongly on the convenience brought by internet techniques than the characteristics hidden in internet techniques which probably influence social communication. The general public already has a basic identification, but this is not quite clear. Most people in their mind have beyond the understanding of initial function of internet, and extended into the knowledge of cyberspace life.

In the freedom, order, security and publicity these four core values of internet, the general public emphasize security most. On the general conceptions of internet, near 90% people accept the right to access to internet should be fundamental human right, and they be more likely to browse networks of familiar cultural or language. The general public has recognize the importance of internet and become eager to join internet.

In the aspect of public opinion on the internet, the general public thinks that it is hard to distinguish truth and false. Although the general public has a basic standpoint on arbitrariness to public opinion on the internet, there is still an obedience to speech line and legal restriction. In the aspect of the right to personality and privacy, the general public thinks that the cyber manhunt shows more negative influence other than positive influence, the general public inclines to agree with that the internet publicity would be more harmful to privacy than personality.

In the preliminary study of the right to be forgotten, the general public's cognition on the right to be forgotten doesn't match with the four principles of EU, and is inclined to accept the theory of self-decision information. On the cognition of *Netizen*, the general public puts morality and capability onto a more comparative level, social responsibility would be an indispensable content, and the attitude to the legal applicability is compromise.

Keywords: Chinese General Public; Cyberspace; Human Rights on Internet; Survey on Conceptions

Abstract: With the increase of urban minority population, the expansion of social participation and the improvement of self-development, urban public service is becoming more and more unsuitable to the needs of ethnic minority's own development and harmonious urban ethnic relations. From 2011 to 2016, the

Chinese government, in the form of policy pilot, was carrying out the Management Service System Construction in of Ethnic Minority Floating Population in 28 large and medium cities. It began with the point of language and culture and focused on three levels of national unity propaganda education, life management and rights relief to improve the public services of ethnic minority languages. However, the administrative department-led policy model does not fully make the resources of all sectors of society integrated, the future promotion of urban national ethnic minority language public service work should further integrate the resources of judiciary, non-governmental organizations and public sector.

Keywords: City; Public Service; Ethinc Minority Language

Abstract: This report is based on the several samples from primary schools which are including the members of students, staffs and parents in the city of Chongqing and theses interviews which are focus on cognition of sex, prevention of sexual abuse, and sexual abuse awareness after the relief consciousness, education demand, sex education and other topics. And the whole investigation takes the present situation as the basic facts and summarizes the problems and puts forward constructive measures and corresponding resolutions.

Keywords: Sexual Cognition of Children; Protection from Sexual Abuse; Sex Education

Ⅳ Appendices

皮书起源

“皮书”起源于十七、十八世纪的英国，主要指官方或社会组织正式发表的重要文件或报告，多以“白皮书”命名。在中国，“皮书”这一概念被社会广泛接受，并被成功运作、发展成为一种全新的出版形态，则源于中国社会科学院社会科学文献出版社。

皮书定义

皮书是对中国与世界发展状况和热点问题进行年度监测，以专业的角度、专家的视野和实证研究方法，针对某一领域或区域现状与发展态势展开分析和预测，具备原创性、实证性、专业性、连续性、前沿性、时效性等特点的公开出版物，由一系列权威研究报告组成。

皮书作者

皮书系列的作者以中国社会科学院、著名高校、地方社会科学院的研究人员为主，多为国内一流研究机构的权威专家学者，他们的看法和观点代表了学界对中国与世界的现实和未来最高水平的解读与分析。

皮书荣誉

皮书系列已成为社会科学文献出版社的著名图书品牌和中国社会科学院的知名学术品牌。2016 年，皮书系列正式列入“十三五”国家重点出版规划项目；2012~2016 年，重点皮书列入中国社会科学院承担的国家哲学社会科学创新工程项目；2017 年，55 种院外皮书使用“中国社会科学院创新工程学术出版项目”标识。

中国皮书网

发布皮书研创资讯，传播皮书精彩内容
引领皮书出版潮流，打造皮书服务平台

栏目设置

关于皮书：何谓皮书、皮书分类、皮书大事记、皮书荣誉、
皮书出版第一人、皮书编辑部

最新资讯：通知公告、新闻动态、媒体聚焦、网站专题、视频直播、下载专区

皮书研创：皮书规范、皮书选题、皮书出版、皮书研究、研创团队

皮书评奖评价：指标体系、皮书评价、皮书评奖

互动专区：皮书说、皮书智库、皮书微博、数据库微博

所获荣誉

2008 年、2011 年，中国皮书网均在全国新闻出版业网站荣誉评选中获得“最具商业价值网站”称号；

2012 年,获得“出版业网站百强”称号。

网库合一

2014 年，中国皮书网与皮书数据库端口合一，实现资源共享。更多详情请登录 www.pishu.cn。

权威报告 · 热点资讯 · 特色资源

皮书数据库

ANNUAL REPORT(YEARBOOK) DATABASE

当代中国与世界发展高端智库平台

所获荣誉

- 2016年，入选“国家‘十三五’电子出版物出版规划骨干工程”
- 2015年，荣获“搜索中国正能量 点赞2015”“创新中国科技创新奖”
- 2013年，荣获“中国出版政府奖 · 网络出版物奖”提名奖
- 连续多年荣获中国数字出版博览会“数字出版 · 优秀品牌”奖

WWW.PISHU.COM.CN

成为会员

通过网址www.pishu.com.cn或使用手机扫描二维码进入皮书数据库网站，进行手机号码验证或邮箱验证即可成为皮书数据库会员（建议通过手机号码快速验证注册）。

会员福利

- 使用手机号码首次注册会员可直接获得100元体验金，不需充值即可购买和查看数据库内容（仅限使用手机号码快速注册）。
- 已注册用户购书后可免费获赠100元皮书数据库充值卡。刮开充值卡涂层获取充值密码，登录并进入“会员中心”—“在线充值”—“充值卡充值”，充值成功后即可购买和查看数据库内容。

数据库服务热线：400-008-6695
数据库服务QQ：2475522410
数据库服务邮箱：database@ssap.cn
图书销售热线：010-59367070/7028
图书服务QQ：1265056568
图书服务邮箱：duzhe@ssap.cn

S 子库介绍
Sub-Database Introduction

中国经济发展数据库

涵盖宏观经济、农业经济、工业经济、产业经济、财政金融、交通旅游、商业贸易、劳动经济、企业经济、房地产经济、城市经济、区域经济等领域，为用户实时了解经济运行态势、 把握经济发展规律、 洞察经济形势、 做出经济决策提供参考和依据。

中国社会发展数据库

全面整合国内外有关中国社会发展的统计数据、 深度分析报告、 专家解读和热点资讯构建而成的专业学术数据库。涉及宗教、社会、人口、政治、外交、法律、文化、教育、体育、文学艺术、医药卫生、资源环境等多个领域。

中国行业发展数据库

以中国国民经济行业分类为依据，跟踪分析国民经济各行业市场运行状况和政策导向，提供行业发展最前沿的资讯，为用户投资、从业及各种经济决策提供理论基础和实践指导。内容涵盖农业，能源与矿产业，交通运输业，制造业，金融业，房地产业，租赁和商务服务业，科学研究，环境和公共设施管理，居民服务业，教育，卫生和社会保障，文化、体育和娱乐业等 100 余个行业。

中国区域发展数据库

对特定区域内的经济、社会、文化、法治、资源环境等领域的现状与发展情况进行分析和预测。涵盖中部、西部、东北、西北等地区，长三角、珠三角、黄三角、京津冀、环渤海、合肥经济圈、长株潭城市群、关中—天水经济区、海峡经济区等区域经济体和城市圈，北京、上海、浙江、河南、陕西等 34 个省份及中国台湾地区 。

中国文化传媒数据库

包括文化事业、文化产业、宗教、群众文化、图书馆事业、博物馆事业、档案事业、语言文字、文学、历史地理、新闻传播、广播电视、出版事业、艺术、电影、娱乐等多个子库。

世界经济与国际关系数据库

以皮书系列中涉及世界经济与国际关系的研究成果为基础，全面整合国内外有关世界经济与国际关系的统计数据、深度分析报告、专家解读和热点资讯构建而成的专业学术数据库。包括世界经济、国际政治、世界文化与科技、全球性问题、国际组织与国际法、区域研究等多个子库。

法律声明